beck'sche reihe

bsr

Seit dem Zusammenbruch der Sowjetunion sind die Vereinigten Staaten von Amerika die einzige verbliebene Supermacht. Diese einzigartige Stellung, die es ihnen heute erlaubt, ihre Macht praktisch in jedem Winkel der Erde geltend zu machen, ist das Resultat einer historischen Entwicklung, die sich durch das ganze 20. Jahrhundert hindurchzieht. Stephan Bierling schildert diesen Weg zur Supermacht von 1917 bis heute, und er stellt dabei zugleich die wichtigsten Konzepte und Akteure der amerikanischen Außenpolitik vor. Ein besonderer Vorzug seiner ausgewogenen Darstellung liegt in der genauen Beschreibung des außenpolitischen Entscheidungsprozesses, dessen Grundlagen in einem einführenden Kapitel vorgestellt werden.

Stephan Bierling ist Professor für Internationale und Transatlantische Beziehungen an der Universität Regensburg. Er hat zahlreiche Veröffentlichungen zur deutschen und amerikanischen Außenpolitik vorgelegt.

Stephan Bierling

Geschichte der amerikanischen Außenpolitik

von 1917 bis zur Gegenwart

Verlag C.H. Beck

1. Auflage 2003

Für Dieter und Janni

2., durchgesehene Auflage, 2004
Originalausgabe

Satz: Fotosatz Janß, Pfungstadt
Druck und Bindung: Druckerei C.H. Beck, Nördlingen
Umschlagabbildung: Colin Powell, George W. Bush, Donald Rumsfeld (v. l. n. r.), © dpa-Fotoreport
Umschlagentwurf: +malsy
Printed in Germany
ISBN 3 406 49428 5

www.beck.de

Inhalt

Vorwort

Zu Beginn des 21. Jahrhunderts ist die amerikanische Außenpolitik umstritten wie seit Jahrzehnten nicht mehr. Die Ablehnung des Kyoto-Protokolls und des Internationalen Strafgerichtshofs, die Kündigung des ABM-Vertrags und der Aufbau einer Raketenabwehr, vor allem aber der Krieg gegen den Irak stoßen auf breite internationale Kritik und Unverständnis. Historisch gesehen haben Hegemonialmächte meist versucht, ihre Vormachtstellung unilateral zu zementieren. Das Geheimnis des amerikanischen Erfolgs nach dem Zweiten Weltkrieg bestand aber darin, dass die USA ein System errichteten, das die eigenen Interessen geschickt mit denen der Partner verwob. Die Teilnahme am «Empire by Invitation» der Vereinigten Staaten bot auch anderen Ländern Sicherheit, Freiheit und Wohlstand. Seit dem 11. September 2001, vor allem aber seit der Fokussierung der Bush-Regierung auf den Sturz Saddam Husseins steuert Washington allerdings einen Kurs, der die Bedenken der Partner und Rivalen zu übergehen bereit ist. Dies erhöht zwar kurzfristig den eigenen Handlungsspielraum, kann aber mittel- und langfristig die amerikanische Vormachtstellung unterminieren.

Was ist, fragen sich viele Beobachter, aus den USA geworden, die den Marshall-Plan initiierten und den hungernden Europäern CARE-Pakete schickten, die eine internationale Ordnung etablierten, in der sich die Demokratien Europas und Asiens zuhause fühlen und es sich wohlig einrichten konnten, die mit viel Geschick den Kalten Krieg abwickelten und als Geburtshelfer bei der deutschen Wiedervereinigung fungierten? Zu verstehen ist dieses Schwanken zwischen Multi- und Unilateralismus, zwischen kalkulierender Interessen- und missionarischer Moralpolitik nur, wenn man sich die Besonderheiten der amerikanischen Außenpolitik vergegenwärtigt: ihr exzeptionalistisches Selbstverständnis, ihre scheinbar unbegrenzten Ressourcen, ihre außergewöhnliche historische Erfahrung, die Kämpfe zwischen Exekutive und Legislative um ihre Gestaltung, die große Bedeutung der Zielvorgaben und des Führungsstils des Präsidenten, schließlich die Offenheit des außenpolitischen Systems für gesellschaftliche Einflüsse.

Dieses Buch hat sich zum Ziel gesetzt, jene Besonderheiten herauszuarbeiten und die großen Linien der Geschichte der amerikanischen Außenpolitik seit dem Ersten Weltkrieg aufzuzeigen. Nur eine solche Kombination ermöglicht es, die handlungsleitenden Motive der Entscheidungsträger in den USA zu begreifen, die oft so anders sind, als wir Europäer es aus unserer Geschichte gewohnt sind. Bei diesem Unterfangen konnte ich auf die Hilfe geschätzter Kollegen und Freunde vertrauen: Prof. Dr. Edwina Campbell, Prof. em. Dr. Dieter Grosser, Janni Grosser und Viola Schenz M.A. haben das Manuskript gelesen und durch ihre zahlreichen inhaltlichen und stilistischen Anregungen verbessert. Ihnen gebührt mein herzlichster Dank. Verbunden bin ich dem Verlag C.H.Beck, insbesondere seinem Cheflektor Dr. Detlef Felken, von dessen kritischem Geist und wachem Verstand das Buch in großem Maße profitierte. Meine Kollegen am Regensburger Institut für Politikwissenschaft, Prof. Dr. Karlfriedrich Herb, Prof. Dr. Jerzy Maćków und Prof. Dr. Clemens Kauffmann (jetzt Universität Erlangen-Nürnberg), haben dort ein Klima geschaffen, in dem freundschaftlicher Umgang und Ringen um die stichhaltigste wissenschaftliche Erklärung Hand in Hand gehen. Meine wissenschaftlichen Mitarbeiter Herbert Maier M.A. und Andreas Grimminger M.A. sowie Oliver Hidalgo M.A. regten mich durch viele Gespräche, nicht nur beim ‹Tuesday Lunch›, zum Nachdenken an. Lyndsey Remner, Nicole Richter, Nikola Heckmann, Manfred Groß und Alexander Wulffius unterstützten mich bei der Literaturbeschaffung und beim Design der Tabellen und Graphiken, meine Sekretärin Hildegard Meinhardt half beim Erstellen des Manuskripts. Die Fragen meiner Studenten in Vorlesungen und Seminaren ermöglichten mir herauszufinden, wo mehr Informationen erwünscht oder zu viele geboten wurden, wo Klärungsbedarf bestand. Last but not least gilt mein Dank der Universität Regensburg und dem Pacific Council on International Policy an der University of Southern California, die mir während der Abfassung des Manuskripts eine intellektuelle Heimat boten. Das einzige, worauf ich bei diesem Buch alleinigen Anspruch erhebe, sind seine Fehler und Versäumnisse. Für entsprechende Hinweise bin ich dankbar unter Stephan.Bierling@politik.uni-regensburg.de.

Regensburg, im Frühjahr 2003
Stephan Bierling

I. Grundlagen

1. Geographie, Ideen, Ressourcen, Geschichte

Die Außenpolitik eines Landes entsteht nie im luftleeren Raum. Ihre Inhalte, die ihr zugrundeliegenden Entscheidungsprozesse und die zu ihrer Umsetzung angewandten Mittel werden bestimmt durch ein Bündel von Faktoren. Die Vereinigten Staaten bilden hier keine Ausnahme. Bevor die zentralen Akteure dargestellt werden, gilt es deshalb zunächst, die materiellen und immateriellen Rahmenbedingungen für die amerikanische Außenpolitik zu erörtern. Die wichtigsten sind: die geographische Lage der USA, die leitenden Ideen ihrer Elite und ihrer Bevölkerung, die wirtschaftlichen und militärischen Ressourcen des Landes, seine politische Stabilität und kulturelle Attraktivität sowie seine Geschichte.

Die geographische Lage

Ein Buch über die Außenpolitik eines Landes mit Bemerkungen zur geographischen Lage zu beginnen, mag in einer Zeit globaler Telekommunikation, weltumspannender Transportnetze und strategischer Atomwaffen, die jeden Ort der Erde innerhalb von Minuten erreichen können, antiquiert erscheinen. ‹Raum› wird in der modernen Welt immer unwichtiger und verliert als Kategorie der Politikwissenschaft zunehmend an Gewicht. Aber internationale Politik war stets und ist auch heute noch zu einem gutem Teil Geopolitik. Die Lage und die Topographie einer Region legen nahe, woher die Bedrohungen kommen, was die eigenen Einflusszonen sind, welche Strategien und Instrumente zur Durchsetzung seiner außenpolitischen Ziele man wählt. Europa zum Beispiel ist ein kleiner zerklüfteter Kontinent mit langen Küsten. In ihm konnten sich viele unabhängige Territorialeinheiten mit oft starken Flotten herausbilden und um die Vorherrschaft kämpfen. Gleichzeitig hatte sich Europa aufgrund der riesigen Landmasse im Osten immer wieder gegen Inva-

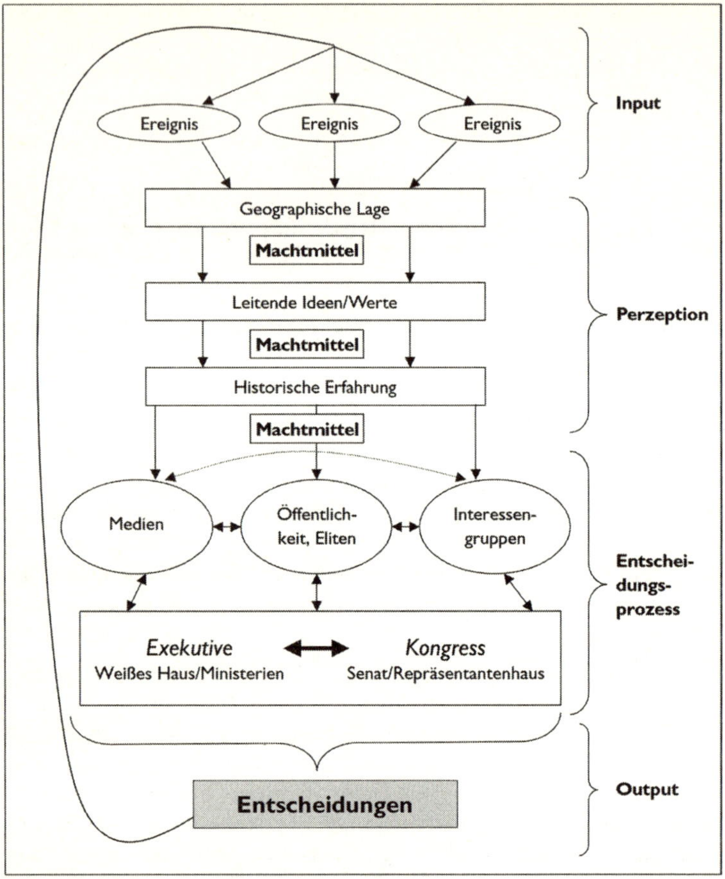

Graphik 1: Die außenpolitische Entscheidungsfindung in den USA

soren zu wehren, unter anderem gegen Perser, Hunnen, Mongolen, Araber, Türken und Russen.

Die USA dagegen waren durch zwei Ozeane von existenzieller Bedrohung geschützt. Mit Ausnahme des amerikanisch-britischen Krieges von 1812 bis 1814 mussten die Vereinigten Staaten für den größten Teil ihrer Geschichte nie um ihr Überleben durch eine Gefahr von außen bangen. Die beiden Nachbarn im Süden und Norden waren immer zu schwach, um sie erfolgreich herausfordern zu können. Nur vor diesem Hintergrund konnten es sich die USA überhaupt leisten, ihre Außenpolitik in so starkem Kontrast zu Europa zu definieren. «Eine Stadt auf dem Hügel» (a city on the hill), «eine Nation mit einer besonderen Bestimmung» (a nation with a special destiny) «Gottes eigenes Land» (God's own country) – solche verbalen, religiös verbrämten Dokumente eines exzeptionalistischen Selbstverständnisses konnten nur in einem Land entstehen, das ohne direkte Gefährdungen war und sich nicht in die Niederungen zwischenstaatlicher Machtpolitik begeben musste. Erst der japanische Angriff auf Pearl Harbor im Dezember 1941 kratzte an dieser Unverwundbarkeits-Erfahrung der USA. Es war aber vor allem der Start des sowjetischen Sputnik-Satelliten im Oktober 1957, der den Vereinigten Staaten den Status eines Sanktuariums nahm und sie zu einem Teil der realen Welt machte. Jetzt konnten auch die USA vernichtet werden, und zwar durch Interkontinentalraketen mit Nuklearsprengköpfen. Nicht umsonst ist dieses Ereignis als der ‹Sputnik-Schock› in das kollektive Gedächtnis der Nation eingegangen. Seither bemühen sich Politiker in Washington sporadisch darum, den Status quo ante wieder herzustellen. Der Reiz und die Popularität von Reagans ‹Strategischer Verteidigungsinitiative› und Bush jrs. ‹Nationaler Raketenabwehr› bestand und besteht gerade in der Aussicht, das Land soweit wie möglich in den alten Zustand der Unversehrbarkeit zurückzuversetzen. Die Terroranschläge islamischer Fundamentalisten vom 11. September 2001 bedeuteten deshalb eine tiefe Zäsur für die USA. Nicht nur starben in den Trümmern des World Trade Center, des Verteidigungsministeriums und der vier von den Terroristen gekaperten Flugzeuge mehr als 3000 Menschen, sondern zum ersten Mal seit 1814 war das amerikanische Festland auch wieder einem Angriff von außen ausgesetzt. ‹Nine-Eleven›, wie die Amerikaner den Tag des Anschlags nennen, hat der gesamten Nation deutlich vor Augen geführt, dass sich in einer hochvernetzten Welt kein Land, am wenigsten die Supermacht USA, vom internationalen Umfeld isolieren kann.

Oft versteht man die außenpolitischen Interessen eines Staates besser, indem man sich buchstäblich in seine Lage versetzt. Wenn in Deutschland die ‹Tagesschau› läuft, dann ist meist eine Karte der Welt im Hintergrund zu sehen mit Europa in der Mitte, flankiert von Amerika im Westen und Asien im Osten. Wenn in Russland ‹Wremja› Weltnachrichten verkündet, dann ist Russland in der Mitte mit Europa im Westen und Amerika im Osten. Wenn Amerikaner ‹Nightly News› sehen, dann sind die USA in der Mitte mit Asien im Westen und Europa im Osten. Und die Chinesen nennen ihr Land seit Jahrtausenden ganz unverblümt das ‹Reich der Mitte›. Aus jedem Blickwinkel sieht die Welt jedoch anders aus: Deutschland liegt mitten in Europa, das wiederum den Ausläufer der riesigen eurasischen Landmasse bildet; Russland nimmt den größten Teil Eurasiens ein und hat mehr Nachbarn als jeder andere Staat der Erde, verfügt aber über keinen direkten Zugang zu den warmen Meeren; und die USA sind eine Insel von kontinentalem Ausmaß zwischen pazifischem und atlantischem Ozean.

Natürlich ist es zu einfach zu sagen, die Lage eines Landes bestimmt seine Außenpolitik. Um aber die nationalen Interessen und die Entwicklung der Außenpolitik eines Landes besser zu verstehen, ist es hilfreich, sich zu vergegenwärtigen, aus welcher Perspektive, oder besser: aus welchem Winkel, es die Welt sieht. Ein Beispiel: Die Vereinigten Staaten verfügen bis auf die Einflussnahme auf den eigenen ‹Hinterhof› in der Karibik und in Zentralamerika über keine von der geographischen Lage vorgegebenen außenpolitischen Interessen in einer bestimmten Region der Welt. Der Persische Golf ist von den USA genauso weit entfernt wie Japan; Europa liegt auf der anderen Seite des Ozeans und fand in erster Linie dann Beachtung, wenn es unter die Dominanz einer Washington feindlich gesinnten Macht zu geraten drohte. Ein starkes Landheer war für die Vereinigten Staaten deshalb nur bei der Erweiterung ihres Territoriums und bei der Teilnahme an Kriegen außerhalb der eigenen Hemisphäre von Nöten. Kanada und Mexiko konnten die USA nie ernsthaft bedrohen. Unverzichtbares Instrument einer wirkungsvollen Außenpolitik bildete stets eine schlagkräftige Seestreitmacht. Nicht umsonst wurde das Marinekorps zu einem der wichtigsten Instrumente amerikanischer Militärpolitik.

Die leitenden Ideen

Die geographische Lage allein macht die amerikanische Außenpolitik also schon zu etwas Besonderem, vor allem, wenn man sie mit den Außenpolitiken der europäischen Staaten vergleicht. Verstärkt wurde dieser Unterschied dadurch, wie man in den USA über Außenpolitik dachte.

Die ‹Founding Fathers› gründeten die Vereinigten Staaten nämlich als bewusste Zurückweisung Europas. Die USA sollten kein weiterer ‹normaler Staat› sein. Die Gründerväter wollten vielmehr eine neue Demokratie errichten, die durch ihr Beispiel die Möglichkeiten der menschlichen Freiheit aufzeigte. Thomas Jefferson drückte nur eine unter seinen Landsleuten weit verbreitete Stimmung aus, als er davon sprach, dass die Vorsehung die Vereinigten Staaten auserkoren habe, «ein Imperium der Freiheit» zu schaffen. Und der einflussreiche Poet Ralph Waldo Emerson schrieb im vorletzten Jahrhundert ganz in diesem Sinne, Amerika sei «ein Leuchtturm, der der ganzen Welt die Wege der menschlichen Bestimmung weist». Dieser Glaube an eine historische Mission ist bis heute tief in die amerikanische Psyche eingegraben. Europa stand für Krieg, Machtpolitik, Tyrannei und Unterdrückung, Amerika für Frieden, Freiheit, Demokratie und Ideale. Dieser Exzeptionalismus kulminierte in der Ansicht, dass es die ‹gottgewollte Bestimmung› (manifest destiny) der USA sei, der Welt als Vorbild zu dienen und ganz Nordamerika mit den eigenen zivilisatorischen Errungenschaften zu beglücken. Nachdem die kontinentale Expansion Ende des 19. Jahrhunderts abgeschlossen war, wollten die Vereinigten Staaten den ‹American way of life› auch in andere Länder tragen. Der Politikwissenschaftler Walter McDougall spricht vom Wandel der USA vom «Leuchtturm-» zum «Kreuzfahrer-Staat».[1]

Präsident Theodore Roosevelt war die Inkarnation diesen Wandels. 1904 verkündete er, die Vereinigten Staaten müssten in ihrer Hemisphäre «internationale Polizeimacht» ausüben. Dabei bezog er sich auf die letzte von drei Forderungen, die Präsident James Monroe 1823 in einer Rede vor dem Kongress aufgestellt hatte. In ihr betonte Monroe, die USA schuldeten es angesichts der fundamentalen Unterschiede zwischen den absolutistischen Staaten Europas und der amerikanischen Demokratie ihrer «Aufrichtigkeit zu erklären, dass [sie] jeden Versuch von deren Seite, ihr System auf irgendeinen Teil dieser Hemisphäre auszudehnen, als gefährlich für [ihren] Frieden und [ihre] Sicherheit betrachten». Diese Aussage zielte auf die reaktionären Mächte in Europa, die sich nach den Napoleonischen Kriegen in der ‹Heiligen Allianz› zusammengefunden hatten. Monroe fürchtete, Spanien könne versuchen, in den gerade unabhängig gewordenen Republiken Lateinamerikas mit französischer Hilfe neue Monarchen zu installieren. Zwar hatten schon Politiker vor Roosevelt die Aussagen Monroes uminterpretiert, um sie zur weltanschaulichen Unterfütterung ihrer Expansionspolitik zu nutzen, aber erst dieser Präsident erhob sie zu einer Säule der amerikanischen Außenpolitik. Er folgerte aus der Forderung Monroes, die Vereinigten Staaten hätten die moralische Pflicht, «Übeltaten» in der westlichen Hemisphäre zu unterbinden, selbst wenn dies militärische Interventionen bedeute. Diese Ausweitung der Monroe-Doktrin wurde schnell als ‹Roosevelt-Folgesatz› (Roosevelt Corollary) bekannt. Die USA rechtfertigten ihre Aktivitäten in Zentralamerika, in der Karibik und den Philippinen von nun an damit, es sei ihre Mission, diesen Ländern Stabilität und Ordnung zu bringen. Bis in die 1980er Jahre zogen Präsidenten Roosevelts Interpretation der ‹Monroe-Doktrin› immer wieder explizit oder implizit zur Legitimierung von politischen und militärischen Interventionen in Lateinamerika heran.

Als die USA im April 1917 in den Ersten Weltkrieg eintraten, wollten sie damit verhindern, dass ein Staat – Deutschland – das Gleichgewicht in Europa massiv zu seinen Gunsten veränderte. Ideologisch überhöht wurde dieses machtpolitische Ziel aber mit dem Versprechen, eine neue Epoche von Demokratie und Frieden einzuleiten. «Der Krieg, um alle Kriege zu beenden» (the war to end all wars), lautete der Schlachtruf der liberalen Internationalisten beim Eintritt in den Konflikt. Hatten sich die USA freilich erst einmal zu internationalem Engagement durchgerungen, so mussten sie die Gerechten belohnen, die Sünder bestrafen und das Böse auslöschen. Mit wenigen Ausnahmen nutzten amerikanische Präsidenten deshalb immer wieder moralische Kategorien, um Freunde und Gegner zu identifizieren. Als man die Sowjetunion im Kampf gegen das Dritte Reich brauchte, konnte dies natürlich nicht auf der Basis einer bloßen Interessengemeinschaft erfolgen. Nein, Stalin musste in positivem Licht erscheinen, zwar nicht als Erzdemokrat, aber zumindest als potenziell kooperations- und friedenswilliger und um sein Volk besorgter Herrscher. Der brutale Diktator wurde in den USA als «Uncle Joe» verniedlicht, und in den High Schools lernten die Schüler Gedichte über ihn. Als die Sowjetunion dann zum Feind Nr. 1 mutierte, reichte es nicht aus, den Konflikt mit dem Kampf um Einfluss- und Herrschaftszonen zu erklären. Nicht nur die aggressive UdSSR musste bekämpft, sondern auch die zugrundeliegende Ideologie – der Kommunismus – ausgerottet werden. Reagans Wort von der Sowjetunion als «Reich des Bösen» sollte nach den langen Jahren der Entspannungspolitik wieder die Frage nach Gut und Böse in den Mittelpunkt der Auseinandersetzung rücken. Auch genügte es im Golfkrieg 1990/91 nicht, dass Bush das amerikanische Eingreifen gegen den Irak mit strategischen und wirtschaftlichen Argumenten begründete. Saddam Hussein musste als «schlimmer als Hitler» bezeichnet werden, um den Einsatz vor der eigenen Bevölkerung zu rechtfertigen. Mit dem Bösen konnte es keinen Kompromiss geben. Wer es wagte, ‹Gottes eigenes Land› herauszufordern, musste damit rechnen, seinen ganzen Zorn zu spüren zu bekommen.

Dieses typisch amerikanische Herangehen an die Beziehungen mit der internationalen Umwelt hatte weitreichende Folgen für die Entwicklung der Außenpolitik: Erstens widmeten sich die Vereinigten Staaten nur widerwillig Fragen außerhalb ihrer Hemisphäre und in der Regel nur dann, wenn eine Gefahr nicht mehr ignoriert werden konnte. In den ersten 150 Jahren ihres Bestehens entwickelten die USA so nur selten außenpolitische Initiativen. Zweitens führte der amerikanische Moralismus im Kriegsfall zu einem Alles-oder-Nichts-Ansatz: entweder sich gar nicht auf die schmutzige Machtpolitik der Europäer einzulassen oder das Übel an seiner Wurzel auszurotten. Dieser Moralismus ließ und lässt die US-Außenpolitik oft wild zwischen Indifferenz und Intervention hin- und herschwingen. Zugrunde lag und liegt diesem Exzeptionalismus eine einzigartige Sichtweise der internationalen Politik. Die USA halten von Menschen geschaffene Institutionen für verbesser-, ja für perfektionierbar. Friede ist deshalb der Normalzustand und Konflikt eine Verirrung. Im europäischen Staatensystem dagegen wurde Konflikt immer als der Naturzustand gesehen und Harmonie als die Ausnahme. Sehr oft neigten Amerikaner dazu, die Realität des Konflikts zwischen Nationen in Europa nicht anzuerkennen. Differenzen zwischen Staaten waren in ihren Augen unnatürlich. Hindernisse konnten überwunden und Frieden und Harmonie erreicht werden, wenn man nur bereit war, an einer Lösung der Konflikte zu arbeiten. ‹Macht› war für sie nicht die Grundsubstanz der internationalen Politik oder ein Instrument klassischer Diplomatie, Macht war inhärent schlecht und meistens unnötig. Macht ging immer mit der Gefahr einher, dass man sie missbrauchte. Nur im Kampf gegen das Böse durfte sie überhaupt legitim eingesetzt werden.

Wilson verkörperte diesen frühen außenpolitischen Stil der USA perfekt. Er versuchte, die Vereinigten Staaten solange wie möglich aus dem Ersten Weltkrieg herauszuhalten. Als er sie schließlich in den Konflikt führte, wurde daraus ein Kreuzzug für die belagerten

Demokratien Europas. Franklin Delano Roosevelt war beides, ein Idealist und ein Pragmatiker. Als Pragmatiker hatte er keine Probleme, mit Stalin eine Allianz einzugehen. Als Idealist wollte er Wilsons Völkerbundvision in Form der Vereinten Nationen mit neuem Leben füllen. Diese Kombination finden wir auch bei den meisten Nachkriegspräsidenten. Die Eindämmungspolitik (containment), die Amerika vierzig Jahre lang leitete, entsprach diesen Erfordernissen vollkommen: Sie bedeutete eben nicht nur die Eindämmung einer konkurrierenden euroasiatischen Großmacht – das wäre auch von Europäern so gesehen worden –, sondern auch immer die Eindämmung einer den eigenen Gesellschaftsvorstellungen zuwiderlaufenden Ideologie, des Kommunismus.

Ohne diesen Glauben an die eigene moralische Überlegenheit war und ist Außenpolitik in den USA kaum möglich. John F. Kennedys Motto der «neuen Grenzen» hieß auf internationalem Terrain, dass die Vereinigten Staaten – vertreten durch das Friedenskorps – der Dritten Welt die Vorzüge von demokratischer Regierungsform und Menschenrechten lehren sollten. Lyndon Johnson glaubte an die Überlegenheit amerikanischer Werte und fühlte eine Verpflichtung, die eigene Lebensart auch mit anderen Völkern zu teilen. Als Jimmy Carter 1977 Präsident wurde, wollte er nach dem Trauma des Vietnamkriegs und der Machtpolitik Nixons und Fords eine neue ethische Basis für die Außenpolitik legen. «Weil wir frei sind», sagte er in seiner Inauguralansprache, «können wir dem Schicksal der Freiheit anderswo nie gleichgültig gegenüberstehen». Obwohl sich sein Nachfolger Ronald Reagan in vielen gesellschaftspolitischen Fragen am anderen Ende des politischen Spektrums befand, teilte er Carters prinzipiellen außenpolitischen Ansatz. Die Welt bestand aus Gut und Böse, und Aufgabe der USA war es, das Gute zu stärken und das Böse zu schwächen. Während Carter jedoch auf Abrüstung und Dialog baute, setzte Reagan auf eine Politik der militärischen Stärke, um zu einer friedlicheren Welt zu gelangen. Selbst George Bush sr., der von sich behauptete, mit großen Visionen nichts anfangen zu können, bediente sich immer wieder idealistischer Appelle, um seine Außenpolitik innenpolitisch zu legitimieren. Sein Versprechen einer «neuen Weltordnung» sollte Amerikas Mitwirkung an der internationalen Politik auch nach dem Ende des Kalten Kriegs rechtfertigen. Bill Clinton stellte seine Außenpolitik gar unter den Begriff «Ausweitung» und meinte damit natürlich die Ausweitung von Demokratie und Marktwirtschaft. Nur so, argumentierte er ganz in der Tradition von Immanuel Kants Schrift ‹Zum ewigen Frieden›, könne letztlich eine friedliche Welt erreicht werden. Auch George Bush jr. bediente sich nach den Anschlägen vom 11. September 2001 idealistischer Formeln, um Amerika auf einen langen Kampf gegen den internationalen Terrorismus einzustimmen. Die Attacken auf die Symbole der amerikanischen Wirtschafts- und Militärmacht interpretierte der Präsident als Angriff auf «unsere Freiheiten». Deshalb kann sich das US-Kriegsziel auch nicht darauf beschränken, die Verantwortlichen für die Attentate zu bestrafen und die Gefahr künftiger Angriffe zu reduzieren. Vielmehr wollen die Vereinigten Staaten den Terrorismus insgesamt ausrotten und die «Achse des Bösen» unfähig machen, die amerikanisch dominierte Weltordnung zu bedrohen. Europäer fühlen sich oft unbehaglich angesichts des moralischen Sendungsbewusstseins der ‹auserwählten Nation›. Häufig wird die Verbindung von idealistischer Rhetorik und Interessenpolitik als heuchlerisch interpretiert. Für die meisten Außenpolitiker der USA und den Großteil der Bevölkerung fallen Moral und Macht aber zusammen, ist das eine ohne das andere nicht denkbar und legitimieren sie sich gegenseitig.

Die Ressourcen

Eine dritte wichtige Voraussetzung für die Außenpolitik sind die zur Verfügung stehenden Ressourcen. Nur wer die nötigen Machtmittel hat, kann aktiv am internationalen Geschehen teilnehmen und seine Ziele auf andere Regionen projizieren. Diese Mittel können vielfältiger Natur sein, ihre für die Außenpolitik wichtigsten Erscheinungsformen sind jedoch wirtschaftliche und militärische Stärke sowie politische und kulturelle Attraktivität. Die folgende Graphik zeigt den Anteil der Vereinigten Staaten an ausgewählten Machtressourcen.

Ihre ökonomische Stärke liefert den USA den nötigen Unterbau für eine Weltmachtrolle. Ende des 19. Jahrhunderts überholten sie Großbritannien als größte Volkswirtschaft der Erde und haben diese Position seitdem nicht wieder abgegeben. Nach dem Zweiten Weltkrieg, als Europa und Japan am Boden lagen, erwirtschafteten die Vereinigten Staaten fast 50 Prozent des Weltsozialprodukts, d. h. jedes zweite produzierte Gut, jede zweite erbrachte Dienstleistung war amerikanischen Ursprungs. Zwar ging der US-Anteil mit dem Wiederaufbau der ehemaligen Kriegsgegner zurück, aber seit Anfang der 1970er Jahre hat er sich bei etwa 30 Prozent stabilisiert. Heute (2000) liegt das

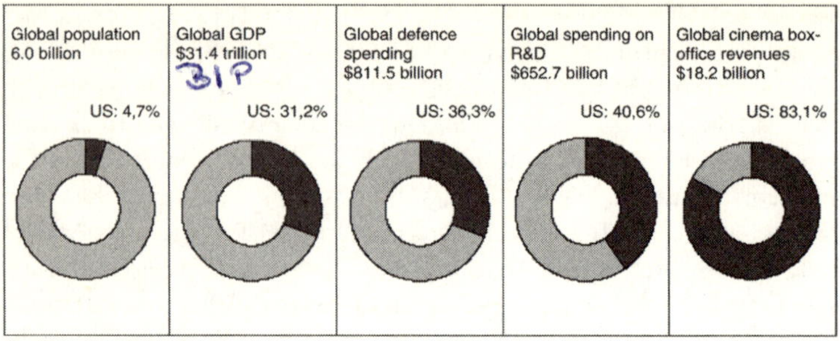

Graphik 2: Anteil der USA an ausgewählten Machtressourcen (The Economist, Supplement ‹Present at the Creation›, 29. 6. 2002, 4)

Bruttoinlandsprodukt (BIP) der Vereinigten Staaten mit 9,84 Billionen Dollar vor dem Japans (4,84 Bio.) und Deutschlands (1,87 Bio.) und ist größer als das der vier nächsten Länder zusammengenommen.

Entwicklung des Bruttosozialprodukts in % («Hegemon» = 100 %)							
	US	Britain	Russia	Japan	Germany	France	China
1870	**108**	*100*	90	–	46	75	–
1950	***100***	24	35	11	15	15	–
1985	***100***	17	39	38	21	19	46
1997	***100***	15	9	38	22	16	53
2000	***100***	15	13	35	21	15	52

Tabelle 1: Die Wirtschaftskraft der USA im Vergleich (ebd., 6)

Pro Kopf erwirtschafteten die USA 2000 ein Bruttoinlandsprodukt von 34 100 $, was nur der Kleinstaat Luxemburg (45 470 $) übertraf; es folgten die Schweiz, Norwegen und Island. Die amerikanische Wirtschaft rutschte 2001 zwar in eine Rezession, hatte aber in den zehn Jahren davor die längste ununterbrochene Wachstumsperiode ihrer Geschichte durchlaufen. Im Vergleich zu den anderen Industriestaaten sind zu Beginn des 21. Jahrhunderts Arbeitslosigkeit und Verschuldung niedrig (wobei sich die Haushaltsüberschüsse der späten Clinton-Jahre aber wieder in Defizite verwandelt haben), Innovationskraft und Produktivität im Industriesektor hoch. Nach wie vor bilden die USA das mit Abstand attraktivste Ziel für ausländische Portfolio– und Direktinvestitionen sowie motivierte Arbeitskräfte aus der ganzen Welt. Im Jahr 2000 zum Beispiel war die Hälfte aller Computerspezialisten im Silicon Valley nicht in den Vereinigten Staaten geboren. Schließlich führen amerikanische Firmen in vielen Zukunftstechnologien wie der Computer-Hard- und -Software, dem Internet-Geschäft, der Medienindustrie, der Medizintechnik, der Bio- und Gentechnologie. Mit dieser technologischen Überlegenheit gehen bisweilen konkrete außenpolitische Vorteile einher: Da etwa das Internet in den USA entwickelt wurde, muss das amerikanische Schatzministerium jeder Änderung im zentralen Verzeichnis der Adresszonen, der ‹Domains›, zustimmen. Seit dem Sommer 2001 ist die für den Irak reservierte «.iq»-Adresse nicht mehr zugänglich. Irakische Einrichtungen haben deshalb ihre Homepages über «.com», «.net» oder «.org» registrieren lassen. Fachleute sehen dies als Versuch Washingtons, ein Informationsmonopol für die Region und eine Plattform für Gegenpropaganda im Internet zu erlangen.[2]

Die Perspektiven für die US-Wirtschaft sind nicht zuletzt wegen der demographischen Entwicklung günstig. Denn während die Bevölkerung Japans und Europas stagniert und vergreist, wächst die der Vereinigten Staaten ungebrochen weiter. Verantwortlich dafür sind die höhere amerikanische Geburtenrate und die größere Zahl an Immigranten. Hatten die USA 1950 mit 152 Millionen Bürgern nur halb so viele Einwohner wie die 15 Länder, die 2003 die EU bilden, so werden sie zwischen 2030 und 2040 gleichziehen. Schon die Volkszählung des Jahres 2000 ergab die unerwartet hohe Zahl von 281 Millionen US-Bürgern. Dabei bleiben die Vereinigten Staaten ein ‹junges Land›. Der Demograph Bill Frey von der University of Michigan geht davon aus, dass das mittlere Alter in den USA im Jahr 2050 bei 36,2 Jahren, in Europa bei 52,7 Jahren liegen wird. Bevölkerungszuwachs und günstige Altersstruktur fördern freilich die wirtschaftliche Vitalität, die ihrerseits die zentrale Voraussetzung für eine kraftvolle Außenpolitik ist.[3]

Mit einem Anteil von 15 Prozent am globalen Güteraustausch sind die USA vor Deutschland und Japan die größte Handelsmacht der Erde. Die Gewährung des Zugangs zum amerikanischen Markt ist ein bedeutendes politisches Instrument. Seit den 1980er Jahren erwirtschaften die Vereinigten Staaten allerdings hohe Defizite im Außenhandel. 2002 erreichte das Defizit im Warenaustausch mit 484 Milliarden Dollar und damit fast 5 Prozent des Bruttoinlandsprodukts einen neuen Rekordwert, wobei das Minus mit China (103 Mrd.), Westeuropa (89 Mrd.) und Japan (70 Mrd.) am größten war. Ein Überschuss in der Dienstleistungsbilanz von 49 Milliarden Dollar reduzierte das Defizit beim Warenaustausch nur leicht. Auch wenn die Welt das US-Handelsdefizit bisher durch Kapitaltransfers vor allem in Form von Portfolio- und Direktinvestitionen finanziert, wird sich dies nicht auf Dauer fortsetzen lassen. Ursache für das Defizit ist zum einen, dass die Wirtschaft der Vereinigten Staaten schneller wächst als die der meisten Handelspartner und deshalb amerikanische Unternehmen mehr Investitions- und Konsumgüter importieren als exportieren, zum anderen, dass die USA in wichtigen Sektoren wie dem Automobilbau und der Unterhaltungselektronik deutliche Wettbewerbsschwächen aufweisen. Ein weiterer Grund für das Handelsdefizit sind die Rohöleinfuhren, die mehr als die Hälfte des Verbrauchs decken und für die die Vereinigten Staaten zwischen 2000 und 2002 im Durchschnitt 83 Milliarden Dollar pro Jahr ausgaben. Zwar beziehen die USA heute nur ein Fünftel ihrer Ölimporte aus dem Persischen Golf (zum Vergleich: Japan fast 90 %), aber da dort zwei Drittel der nachgewiesenen globalen Reserven lagern, haben sie als Verbraucher von 30 Prozent der jährlichen Weltölproduktion ein großes Interesse an der Region.

Nach wie vor ist der US-Dollar die mit Abstand wichtigste Reserve- und Transaktionswährung der Welt. Mehr als zwanzig Länder, darunter China, Hongkong, Malaysia, Saudi-Arabien und Kuba, binden ihre Währung an den ‹Greenback› oder nutzen ihn wie Panama, Ekuador, El Salvador und viele Karibikstaaten als offizielle Währung. Von 1991 bis 2000 ist der Anteil des Dollar an den globalen Devisenreserven von 51 % auf 68 % gestiegen, an den Reserven der Industriestaaten sogar von 44 % auf 73 %. Dies hat für die amerikanische Regierung den Vorteil, sich in ihrer eigenen Währung verschulden zu können. Zudem wird ein großer Teil des internationalen Handels in Dollar abgewickelt, werden für die Weltwirtschaft unverzichtbare Güter wie Rohöl oder Mikrochips in Dollar fakturiert. Damit sind die USA weniger von Wechselkursschwankungen abhängig als andere Staaten. Die Börsen und Zentralbanken Europas und Asiens orientieren sich maßgeblich an der Wall Street und den Zinsentscheidungen der amerikanischen Zentralbank (Federal Reserve Board = FED).

Im Internationalen Währungsfonds (IWF) verfügen die USA als einziges Mitglied über eine Vetoposition und können die Politik der Organisation bei der Vergabe von Darlehen an Länder, die in akute Zahlungskrisen geraten sind, stark beeinflussen. Auch in der Weltbank, der Welthandelsorganisation (WTO) und den Wirtschaftshilfeausschüssen der UNO spielen sie die zentrale Rolle. Zudem bestimmt die Kreditwürdigkeitseinstufung eines Landes durch die privaten New Yorker Rating-Agenturen ‹Moody's› und ‹Standard and Poors› den Zinssatz, den dieses Land für die Anleihen an den internationalen Kapitalmärkten zu bezahlen hat, und damit ganz wesentlich seine Wirtschaftspolitik. Ihre leistungsfähige Ökonomie stellt den USA also nicht nur die notwendigen Ressourcen für eine aktive Außenpolitik zur Verfügung, sondern setzt auch oft die Regeln für die globalen Wirtschaftsbeziehungen. Die weltweiten Wirtschafts- und Handelsinteressen der Vereinigten Staaten erfordern schließlich geradezu ein ständiges internationales Engagement.

Bei all ihrer ökonomischen Stärke ist den USA in den vergangenen Jahrzehnten in der EU ein Rivale erwachsen, dessen Anteil an Weltsozialprodukt und Welthandel dem amerikanischen ebenbürtig ist. Der Verlauf der letzten GATT-Runden und Finanzministertreffen der G7 belegte, dass Washington seinen Willen nicht mehr ohne weiteres durchsetzen kann. Ihr riesiges Handelsbilanzdefizit macht die USA zudem vom Zustrom von Geldern aus Europa und Ostasien abhängig. Auch wird die Einführung des Euro durch zwölf EU-Staaten die dominierende Rolle des Dollar langfristig schwächen.

Während sich die USA im wirtschaftlichen Bereich also auf eine egalitärere Ordnungsstruktur einstellen müssen, wächst ihre Suprematie im militärischen. Mit ihrem Eintritt in den Zweiten Weltkrieg verwandelte sich die größte Friedens- in kurzer Zeit in die größte Kriegswirtschaft der Erde, versorgte ihre Soldaten und die ihrer Alliierten mit einem nicht versiegenden Nachschub an allen kriegsrelevanten Gütern und entschied damit den Konflikt mit Deutschland und Japan. Auch wenn die UdSSR und der Warschauer Pakt in den Tagen des Kalten Kriegs mehr Soldaten und Panzer aufzubieten hatten, so machten dies die USA und die von ihr geführten Bündnisse durch technologische Überlegenheit wett. Nach dem Kollaps der Sowjetunion und dem Niedergang Russlands in den 1990er Jahren gibt es kein Land, das den Vereinigten Staaten im Rüstungsbereich Paroli bieten kann. Zwar besitzt Moskau noch immer mehrere tausend strategi-

Ausgaben für Verteidigung in % («Hegemon» = 100%)							
	US	Britain	Russia	Japan	Germany	France	China
1870	**68**	*100*	120	–	65	113	–
1950	***100***	16	107	–	–	10	–
1985	***100***	10	109	5	8	8	10
1997	***100***	13	26	17	14	17	13
2000	***100***	11	20	15	10	12	14

Tabelle 2: Die Rüstungsausgaben im internationalen Vergleich (ebd.)

sche Nuklearwaffen, aber diese sind für die militärischen Herausforderungen nach dem bipolaren Konflikt kaum mehr relevant. Was seither zählt, sind Truppenmobilität, High-Tech-Waffen, Kenntnis des Terrains und überlegene Kommunikation. In allen diesen Bereichen sind die USA ohne Rivalen. Die Verteidigungsausgaben, die während des Koreakriegs mit einem Anteil von 15 Prozent am Bruttoinlandsprodukt den höchsten Stand seit 1945 erreichten, schwankten in den Tagen des Kalten Kriegs und des Vietnamkonflikts meist zwischen 5 und 9 Prozent. Zum Vergleich: Die Sowjetunion wendete in diesem Zeitraum 25 bis 30 Prozent des BIP für Rüstung auf. Heute (2002/03) macht der amerikanische Verteidigungshaushalt 3,5 Prozent aus. Mit 355 Milliarden Dollar ist er mehr als dreimal so hoch wie der Russlands, des Landes mit den zweithöchsten Rüstungsausgaben. Die Vereinigten Staaten lassen sich heute ihr Militär so viel kosten wie die folgenden 13 Mächte zusammen (Russland, Japan, Frankreich, Deutschland, Großbritannien, China, Italien, Südkorea, Taiwan, Spanien, Indien, Israel und Brasilien).

Zur quantitativen kommt die schon angedeutete qualitative Überlegenheit: Die amerikanischen Streitkräfte führen in allen Waffenkategorien, insbesondere bei hochmodernen, für das Radar unsichtbaren ‹Stealth›-Bombern, ferngesteuerten Präzisionslenkwaffen, unbemannten Drohnen und der Satellitenaufklärung. Der Kosovokrieg im Frühjahr 1999 hat deutlich gemacht, wie wenig selbst die Europäer mit der militärtechnologischen Entwicklung der USA mithalten können. Außerdem sind die Vereinigten Staaten mit ihren fast 250000 dauerhaft im Ausland oder auf See stationierten Soldaten bei einer Truppenstärke von insgesamt 1,4 Millionen und 1,3 Millionen Reservisten in allen strategisch wichtigen Regionen der Erde präsent. Sie verfügen über 725 Stützpunkte außerhalb der Landesgrenzen, davon 17 vollausgestattete Basen.

Mit der 2002 eingeleiteten Reorganisation ihrer militärischen Führungs- und Kommandostrukturen erweitern die USA zudem ihre Handlungsfreiheit bei internationalen Operationen. Europa wird für die Vereinigten Staaten damit künftig stärker als logistischer Stützpunkt Bedeutung haben denn als militärischer Partner. Das europäische Oberkommando der US-Truppen (EUCOM – European Command) ist in Stuttgart. Neben den vier in amerikanischen Gewässern liegenden Flotten mit ihren jeweils 30 bis 50 Schiffen finden sich auch Verbände im Persischen Golf (5. Flotte, Manama/Bahrain), im Mittelmeer (6. Flotte, Gaeta/Italien) und im Fernen Osten (7. Flotte, Yokosuka/Japan). Besondere Bedeutung beim Schutz der globalen Interessen der Vereinigten Staaten kommt den 12 Flugzeugträgern mit ihren jeweils ca. 80 Kampfmaschinen und 6000 Mann Besatzung sowie den 154 Langstreckenbombern vom Typ B 52, B1 und B2 zu. Beim Kosovo- und Afghanistankrieg etwa konnten die Piloten ihren B-2-Tarnkappenbomber mit einer Reichweite von mehr als 14 000 km auf der ‹Whiteman Air Force Base› in Missouri besteigen, zum Zielgebiet fliegen, ihre Bomben abwerfen und, wenn nötig nach einer Luftbetankung, nach Hause zurückkehren. Der Begriff ‹Supermacht› wird oft definiert als Fähigkeit, an jedem Ort der Welt innerhalb von 24 Stunden militärisch eingreifen zu können. Die Vereinigten Staaten sind Anfang des 21. Jahrhunderts die einzige dazu fähige Macht und werden es auf absehbare Zeit auch bleiben.

Allerdings sind selbst die militärischen Fähigkeiten der USA nicht unbegrenzt und gegen jeden Feind anwendbar. Internationalen Terroristen, die seit den frühen 1980er Jahren in zunehmendem Maße Anschläge gegen amerikanische Einrichtungen verüben, ist etwa mit derartigen Machtmitteln kaum beizukommen. Dasselbe gilt auch für andere Phänomene der globalisierten Welt: internationalen Drogenschmuggel, Hackerangriffe, organisierte Kriminalität, Umweltkatastrophen. Bei der Bekämpfung solcher Sicherheitsbedrohungen sind auch die Vereinigten Staaten auf nicht-militärische Mittel und multilaterale Kooperation angewiesen. Der Politologe Joseph Nye spricht deshalb zu Recht vom «Paradox der amerikanischen Macht» und stellt fest: «Unter dem Einfluss der Informationsrevolution und der

Globalisierung verändert sich die Weltpolitik in einer Weise, die es den Amerikanern unmöglich macht, alle ihre internationalen Ziele allein zu erreichen.»[4] Die Demokratien Europas und Südost- und Ostasiens sollten dabei die natürlichen Verbündeten der USA sein und die Beziehungen zu ihnen von Washington besonders gepflegt werden.

Trotzdem wird den Vereinigten Staaten selbst unter den von Nye skizzierten Bedingungen auf absehbare Zeit eine Sonderrolle in der internationalen Politik zukommen. Sie sind die einzige Macht, die sich aufgrund ihrer ökonomischen und militärischen Potenz eine Welt umspannende Außenpolitik leisten können, wenn sie das wünschen. Aber selbst wenn die USA nicht am internationalen Geschäft teilnehmen wollten, ist ihr ökonomisches, politisches und militärisches Gewicht so groß, dass der Rest der Welt davon beeinflusst wird. Ohne die aktive Mitwirkung der Vereinigten Staaten gibt es keine Erfolg versprechenden Kampfeinsätze von UNO und NATO, keine wichtigen Handelsabkommen, kein stabiles Wechselkursregime, keinen globalen Umweltschutz. In Ostasien sichern die USA durch ihre Militärbasen und ihre politischen Garantien das Gleichgewicht in der Region und mildern damit die Ängste Japans, Taiwans und Südkoreas vor China und Nordkorea. Ohne die amerikanische Präsenz wären ein Rüstungswettlauf und eine daraus resultierende Destabilisierung wahrscheinlich. Auch in der anderen Region von weltweiter Bedeutung, dem Nahen Osten, verhindert das politische und militärische Engagement der Vereinigten Staaten das Aufkommen von Hegemonialmächten, die ihre Nachbarn und die Interessen des Westens gefährden. Allerdings werden die anderen Mächte die globalen Ambitionen der USA nur dann dauerhaft akzeptieren, wenn Washington sie über Multilateralismus und Völkerrecht legitimiert. Die Vorgeschichte des Irakkriegs hat gezeigt, dass die meisten UN-Mitgliedstaaten und die Weltöffentlichkeit nicht bereit sind, einen amerikanischen Führungsanspruch hinzunehmen, der sich auf Unilateralismus, die Betonung der eigenen Vormachtsstellung und das Übergehen des Sicherheitsrats gründet.

Eine weitere Ressource für eine aktive Außenpolitik ist die «weiche Macht» (soft power), wie Nye die Stabilität und Ausstrahlungskraft eines politischen Systems sowie die kulturelle Attraktivität eines Landes bezeichnet. Nur ein Staat, dessen Energien nicht durch ständige innenpolitische Querelen absorbiert werden, kann kraftvoll an der internationalen Politik mitwirken. Auch in diesem Bereich nehmen die

Vereinigten Staaten eine Sonderrolle ein. Zusammen mit Island und der Schweiz gehören sie zu den ältesten Demokratien der Erde. Seit 1787 besitzen die USA dieselbe Verfassung, die nur wenige Male verändert wurde, und wählen alle vier Jahre ihren Präsidenten. Durch innere Faktoren war die staatliche Existenz der USA nur während des Bürgerkriegs (1861–1865) gefährdet. Revolutionäre Bewegungen sind nie zu Einfluss gelangt. Das Zweiparteiensystem bewies eine erstaunliche Überlebens- und Innovationskraft. Lediglich zweimal im letzten Jahrhundert konnten mit Theodore Roosevelt 1912 und Ross Perot 1992 Präsidentschaftskandidaten einer dritten Partei mit einem Stimmenanteil um die 20 Prozent Achtungserfolge erzielen. Das Trauma des Vietnamkriegs, das viele Beobachter an der Fortsetzung einer aktiven weltpolitischen Rolle zweifeln ließ, ist heute überwunden.

Auch ist die kulturelle Attraktivität der USA hoch. Mehr als jedes andere Land stehen sie für individuelle Freiheit, Demokratie und Wohlstand. Im Gegensatz zu anderen Hegemonialmächten missbrauchten sie bisher ihre überlegene militärische und wirtschaftliche Position nur selten zur Nötigung der Partner, sondern suchten meist die Zusammenarbeit. Es hatte zum Beispiel große moralisch-strategische Bedeutung, dass amerikanische Soldaten und ihre Familien während des Kalten Kriegs an der Seite, ja gemeinsam mit den Westdeutschen lebten, während die sowjetischen Truppen in Ostdeutschland kaserniert und vom Alltag der Bevölkerung abgeschottet waren. Die Anziehungskraft des ‹American way of life› lässt die Vereinigten Staaten zum Ziel von Millionen von Immigranten werden, von denen viele sogar ihr Leben riskieren, um in das ersehnte Land zu gelangen. Hollywood-Produktionen dominieren den weltweiten Kinomarkt, selbst im Nahen Osten kamen die zehn erfolgreichsten Filme zwischen 1985 und 2000 aus den USA. Fernsehserien, Pop-Musik, Jugendmode, Freizeittrends, Erfrischungsgetränke und Fast-Food-Ketten sind amerikanische Exportschlager, die Universitäten des Landes Magnet für Hunderttausende ausländische Studenten und Wissenschaftler. 2002/03 studierten fast 600 000 Ausländer an amerikanischen Colleges und Universitäten. Natürlich ist es von Vorteil, wenn etwa die Eliten anderer Länder ihre Ausbildung in den Vereinigten Staaten absolvieren und die Offenheit der Gesellschaft und die Transparenz des politischen Systems kennen lernen. Gleichzeitig geben sich breite Schichten aber den Konsumexporten Amerikas hin, ohne dass dies ihr politisches Denken oder Handeln beeinflusst. Andere wiederum sehen im weltweiten Erfolg der US-Kultur sogar eine Bedrohung, die es zu bekämpfen gilt. Amerikanische Firmen repräsentieren für sie den globalen Kapitalismus, der ihrer Meinung nach für Armut, Ungleichheit und Umweltzerstörung verantwortlich ist. Nicht von ungefähr wurde ein französischer Bauer zum Idol der weltweiten Globalisierungsgegner, weil er mit seinem Traktor ein McDonald's-Restaurant verwüstete. Den islamischen Fundamentalisten gilt der amerikanische Lebensstil gar als Inkarnation von Dekadenz und sein Siegeszug als Gefahr für die Reinheit der eigenen Lehre und für ihre tradierte patriarchalische Gesellschaftsform. Solange die USA aber ihre eigenen Werte nicht kompromittieren und eine arrogante Politik verfolgen, dürfte ihre «weiche Macht» ihre Stellung in der Welt stärken. Umso besorgter sollten amerikanische Entscheidungsträger über den globalen Ansehensverlust der Vereinigten Staaten infolge ihrer Irakpolitik sein.[5]

Die historische Erfahrung

Viele Amerikaner und Europäer sind der Meinung, dass die USA bis zum Ersten Weltkrieg eine isolationistische und danach eine internationalistische Außenpolitik verfolgten. Diese Ansicht ist in dieser Form nicht haltbar. Ein Blick auf die großen Phasen der amerikanischen Außenpolitik bis 1917 verdeutlicht, dass der Begriff ‹Isolationismus› nicht gut gewählt ist, um die Haltung der USA zu ihrer internationalen Umwelt zu charakterisieren. Wenn man Isolationismus nämlich definiert als Politik der Nicht-Involvierung mit dem Ausland, dann waren die USA nie isolationistisch. Natürlich mischten sie sich nicht in europäische Politik ein, dazu besaßen sie lange Zeit weder Anlass noch die ökonomischen und militärischen Ressourcen. Aber die Anwesenheit von vier Kolonialmächten – England, Spanien, Frankreich und Russland – mit Territorialansprüchen in Nordamerika musste zwangsläufig zu einer Fülle von Kontakten mit diesen Staaten führen. Indes war die US-Außenpolitik lange Zeit nicht von dem Willen getragen, dauerhaft am internationalen Geschäft mitzuwirken. Mit dem Anwachsen seiner politischen und wirtschaftlichen Macht wuchs aber auch die Teilnahme Amerikas an der Weltpolitik.

Seit ihren frühesten Tagen als unabhängiger Staat betrieben die USA eine aktive Außenpolitik. Schon die 13 Kolonien hatten enge Beziehungen zu Frankreich gepflegt, 1778 sogar einen Bündnisvertrag mit Paris abgeschlossen, um militärischen und politischen Beistand im

Unabhängigkeitskampf gegen England zu erhalten. In der Tat hatten es die abtrünnigen Kolonien den Franzosen zu verdanken, dass sie 1781 die entscheidende Schlacht von Yorktown gegen die Briten gewannen. Dabei wurden sich die amerikanischen Politiker aber zunehmend der Gefahr bewusst, nur ein Stein im Spiel der europäischen Großmächte um Macht und Einfluss zu sein. Vor allem aufgrund der Spannungen in der Allianz mit Frankreich riet Amerikas erster Präsident George Washington in seiner Abschiedsansprache 1796 der Nation deshalb, «verstrickende Bündnisse (entangling alliances) mit jedem Teil der Außenwelt» zu vermeiden und in außergewöhnlichen Notlagen auf «zeitweilige Bündnisse» zu vertrauen. Den amerikanischen Politikern musste es in dieser Phase vor allem darum gehen, ihren jungen Staat nach innen zu festigen und zu verhindern, in die Konflikte der Europäer hineingezogen zu werden. Eine Politik der ‹Nicht-Bindung› (non-alignment) erwies sich auch als recht vorteilhaft, um den eigenen kommerziellen Interessen mit allen Streitparteien ungehindert nachgehen zu können.

Mit zunehmender Stärke verfolgten die USA das Ziel, ihr Territorium auf dem nordamerikanischen Kontinent zu vergrößern und die Europäer aus der Neuen Welt zu verdrängen. Im Laufe des 19. Jahrhunderts wuchsen die Vereinigten Staaten rapide. 1803 verdoppelten sie ihr Territorium, als Präsident Thomas Jefferson mit dem ‹Louisiana Purchase› Napoleon New Orleans und ein riesiges Gebiet westlich des Mississippi für 15 Millionen Dollar abkaufte. 1810 besetzten und 1812 annektierten die Vereinigten Staaten Westflorida, wie der Küstenstreifen Mississippis und Alabamas damals hieß. Aber schon wenig später überstanden sie nur mit Mühe eine Existenz bedrohende Krise. Wegen Londoner Dekreten, die den Handel der Vereinigten Staaten mit dem von Napoleon beherrschten europäischen Kontinent behinderten, der britischen Praxis, desertierte Seeleute von amerikanischen Schiffen zu requirieren, und des Verdachts, England unterstütze Indianer-Aufstände, erklärte der Kongress Großbritannien im Juni 1812 den Krieg. Sein Verlauf war ein Fiasko für die junge Republik: Der Versuch, Kanada zu erobern, schlug fehl. Der Gegner gewann Schlacht um Schlacht, und die Seeblockade der Royal Navy ruinierte die Wirtschaft. 1814 nahmen britische Truppen sogar die Hauptstadt Washington ein und brannten sie nieder. Nur die Kriegsmüdigkeit in England erlaubte es den USA, im Vertrag von Gent 1815 den Vorkriegsstatus wiederherzustellen. Allerdings gelang es ihnen durch den

Krieg, von den europäischen Mächten künftig ernster genommen zu werden, die ausländische Einflussnahme auf die Indianer zu beenden und den Weg für die weitere Expansion zu ebnen, die die amerikanische Außenpolitik für den Rest des Jahrhunderts dominieren sollte. Schon 1819 nutzten die USA die Schwierigkeiten Spaniens bei der Kontrolle seiner amerikanischen Kolonien und übernahmen mit dem ‹Adams-Onis-Vertrag› das heutige Florida.

In den nächsten Jahrzehnten wuchsen die USA über den gesamten Kontinent. 1836 erklärte sich Texas nach einer chaotischen Rebellion von Mexiko unabhängig und wurde neun Jahre später als 28. Staat in die Union aufgenommen. Gleichzeitig erhoben die Vereinigten Staaten Anspruch auf das zwischen Texas und Mexiko umstrittene Gebiet östlich des Rio Grande. Präsident James Polk, ein erklärter Expansionist, sah darin aber nur einen Zwischenschritt auf dem Weg zur Annexion der mexikanischen Provinz Kalifornien. Ende 1845 forderte er das militärisch und wirtschaftlich schwache Mexiko auf, den Vereinigten Staaten ihr gesamtes Territorium nördlich des 32. Breitengrads, also in etwa das heutige Kalifornien, Arizona, Nevada, New Mexiko, Utah und das südliche Colorado, für 40 Millionen Dollar zu überlassen. Als sich Mexiko weigerte, provozierte Polk den Nachbarn durch Truppenbewegungen im umstrittenen Rio-Grande-Territorium so lange, bis dieser den USA den Krieg erklärte. Die militärische Überlegenheit der Amerikaner in den folgenden Auseinandersetzungen, die in der Einnahme von Mexiko City durch US-Truppen mündeten, ließ Mexiko keine andere Wahl, als im Vertrag von Guadalupe Hidalgo 1848 das geforderte Land für eine Summe von 15 Millionen Dollar abzutreten. Fünf Jahre später erwarben die Vereinigten Staaten im ‹Gadsden-Purchase› für 10 Millionen Dollar weitere Gebiete im heutigen New Mexiko und Arizona von der mexikanischen Regierung. Schon 1846 hatte London nach drei Jahrzehnten gemeinsamer englisch-amerikanischer Verwaltung das Oregon-Gebiet an Washington übergeben. Die USA nahmen nun, Mitte des 19. Jahrhunderts, nahezu ihr heutiges Festlands-Territorium ein. Der letzte Teil kam zwanzig Jahre später dazu: Alaska. Seit Ende des 18. Jahrhunderts hatte Russland an der dortigen Küste Handelsposten errichtet und sich damit einen Anspruch auf das Gebiet erworben. Da die Pelzgeschäfte jedoch schon bald keinen Profit mehr abwarfen, immer mehr amerikanische Trapper und Händler in die Region vordrangen und die russischen Siedlungen im Konfliktfall nur schwer zu verteidigen waren, stimmte der Zar 1867 einem Vorschlag von US-Außenminister William Seward zu, das Gebiet für 7 Millionen Dollar zu verkaufen. Die Vereinigten Staaten hatten damit ihre kontinentale Expansion abgeschlossen.

Sporadisch wurden die Vereinigten Staaten in diesen Jahren auch schon außerhalb des eigenen Kontinents aktiv. 1854 fuhr Matthew Perry mit Kanonenbooten nach Japan und zwang das Land, sich dem internationalen Warenaustausch zu öffnen. Hawaii, wichtigste pazifische Anlegestelle für den Handel mit China, geriet zunächst in ökonomische Abhängigkeit von den USA, dann in politische und musste 1875 zugestehen, keinen Hafen und kein Territorium an ein anderes Land zu verpachten oder zu verkaufen. 1887 sicherten sich die Vereinigten Staaten das Exklusivrecht auf Pearl Harbor als Flottenstützpunkt. Mit zentralamerikanischen Ländern verhandelte Washington über den Bau eines interozeanischen Kanals. Zudem versuchten die USA, Kuba und Santo Domingo unter ihre Kontrolle zu bekommen. Im Gegensatz zur kontinentalen Expansion war die Außenpolitik, die über Nordamerika hinaus reichte, aber noch ohne große Vision und ohne ein strategisches Konzept.

Symbol des Aufbruchs in eine neue außenpolitische Ära war der amerikanisch-spanische Krieg von 1898. Abgesehen von Großbritannien, das Kanada und einige Inseln in der Karibik kontrollierte, war Spanien die wichtigste europäische Kolonialmacht in der westlichen Hemisphäre. Als die Spanier eine 1895 auf Kuba ausgebrochene Rebellion niederschlugen, wuchs die Kriegsstimmung in der US-Bevölkerung, angeheizt durch eine wild agitierende Presse unter Zeitungsmagnat William Randolph Hearst, rasch an. Die wahrscheinlich durch einen Unfall verursachte Explosion des amerikanischen Schlachtschiffs Maine im Hafen von Havanna am 15. Februar 1898 ließ die Spannungen eskalieren. Unter dem Druck des Kongresses forderte Präsident William McKinley die spanische Regierung ultimativ auf, einen Waffenstillstand mit den Aufständischen herbeizuführen und die Unabhängigkeit Kubas zu akzeptieren. Spanien war dazu nur unter Bedingungen bereit. McKinley bat den Kongress nun um die Vollmacht zur Intervention auf Kuba, um den Konflikt zwischen Kolonialmacht und Rebellen zu beenden. Daraufhin erklärte Madrid den USA den Krieg. Die spanische Niederlage in den folgenden militärischen Auseinandersetzungen kam schnell und war total. Nach zehn Wochen bat Spanien um einen Waffenstillstand. Im

Vertrag von Paris erklärte es sich bereit, nicht nur zwei seiner ehemaligen Kolonien, die Pazifikinsel Guam und Puerto Rico, an die Vereinigten Staaten abzutreten, sondern Washington für 20 Millionen Dollar auch die Philippinen zu überlassen. Auf Kuba etablierten die USA ein ihnen ergebenes Regime und sicherten sich im ‹Platt-Amendment›, das Havanna 1901 in die Verfassung aufnehmen musste, das Recht zur Intervention in die inneren Angelegenheiten des Inselstaats. Zudem ließen sie sich genug Land verpachten, um einen Flottenstützpunkt – die spätere Guatánamo Naval Station – zu errichten. Die Vereinigten Staaten hatten damit die letzte konkurrierende Macht aus der eigenen Hemisphäre verdrängt und sich Außenposten in der Karibik, im Pazifik und in Asien gesichert. Der Boden für eine Weltmachtrolle war bereitet.

Die USA begannen nun, Anfang des 20. Jahrhunderts, systematisch in zwei Weltregionen aufzutreten: in Lateinamerika und in Südostasien. In Lateinamerika, das im Zuge der Entkolonisierung politisch instabil und ökonomisch schwach war, intervenierten die USA wiederholt, um vor allem ihre wirtschaftlichen Interessen durchzusetzen. Schon 1850 hatten Washington und London einen Vertrag unterzeichnet, der ihnen eine gemeinsame Kontrolle etwaiger Kanal- oder Eisenbahnverbindungen am Isthmus von Zentralamerika sicherte – ohne ein Land der Region zu konsultieren oder zu beteiligen. Aber erst nach dem Krieg mit Spanien wendeten sich die Vereinigten Staaten unter der Führung von Präsident Theodore Roosevelt verstärkt dieser Frage zu und beschlossen ihr bis dahin ehrgeizigstes, teuerstes und strategisch bedeutendstes außenpolitisches Projekt: den Bau eines Kanals zwischen Atlantik und Pazifik. Dazu drängten sie zunächst erfolgreich Großbritannien, den Vertrag von 1850 aufzuheben. Als sich Kolumbien den US-Plänen widersetzte, unterstützte Washington 1903 die Sezession von dessen Provinz Panama und ließ sich nach erfolgter Abspaltung von der dortigen Regierung das Recht einräumen, einen Kanal zu bauen, zu betreiben und zu verwalten. Zudem wurde eine zehn Meilen breite Zone der amerikanischen Hoheit unterstellt. In den folgenden drei Jahrzehnten schickten die USA fast zwanzig Mal Truppen in die Region, um Aufstände niederzuschlagen, alte Regime an der Macht zu halten oder neue an die Macht zu bringen, um die politische Stabilität wiederherzustellen. Am häufigsten intervenierte Washington in Nicaragua, der Dominikanischen Republik, Haiti und Mexiko. Die tieferen Ursachen waren so vielfältig wie die Schlagworte, die die Lateinamerika-Politik der Präsidenten dieser Epoche charakterisierten: ‹Big Stick› und ‹Gun Boat Diplomacy› (Roosevelt), ‹Dollar Diplomacy› (Taft), ‹New Freedom› (Wilson). Gemein war ihnen, dass sie mit der ‹Monroe-Doktrin› legitimiert wurden und erbitterten Widerstand in den betroffenen Ländern hervorriefen. 1898 war auch in Südostasien ein Schlüsseljahr für die amerikanische Außenpolitik. In diesem Jahr annektierten die Vereinigten Staaten Hawaii und traten nach dem Sieg über Spanien dessen territoriales Erbe im Pazifik an. Nachdem US-Truppen die Verbände der philippinischen Revolutionsregierung niedergekämpft hatten, folgten vier Dekaden amerikanischer Herrschaft. Die Bemühungen der von Washington entsandten Gouverneure, ein Grundschulsystem einzuführen, die Wirtschaft zu stimulieren und eine politische Klasse für die spätere Übernahme der Regierungsgeschäfte auszubilden, veränderten zwar die gesellschaftlichen Strukturen nur langsam, aber verbesserten zumindest die bilateralen Beziehungen sukzessive.

Roosevelt führte trotz des Widerstands des Kongresses generell eine sehr aktive Außenpolitik. 1903 ließ er die gesamte amerikanische Flotte auffahren, um Deutschland, Großbritannien und Italien von einer gemeinsamen Militäraktion gegen das bei den Vereinigten Staaten hochverschuldete Venezuela abzubringen. 1905 vermittelte er einen Friedensvertrag zwischen Russland und Japan, ein Jahr später entschärfte er die von Kaiser Wilhelm II. entfachte Krise mit Frankreich über die Kontrolle Marokkos. Roosevelt erhielt dafür 1906 nicht nur den Friedensnobelpreis verliehen, sondern er etablierte die USA auch als Großmacht, die die Europäer ernst zu nehmen hatten. Er war der erste Präsident, der die gewachsene wirtschaftliche und militärische Potenz der Vereinigten Staaten für die Durchsetzung außenpolitischer Ziele auf dem ganzen Globus nutzte. Damit gab er seinen Landsleuten wie der Welt einen Vorgeschmack davon, zu welchen Taten der erwachende Gigant in den nächsten einhundert Jahren fähig sein würde.

2. Der Präsident

Außenpolitik wird in den Vereinigten Staaten von einer Vielzahl von Akteuren formuliert und exekutiert. Während in den meisten europäischen Demokratien Außenpolitik vor allem Sache der Regierung ist und Parlament oder gesellschaftliche Gruppen kaum Mitsprache haben, schalten sich in den USA Kongress und Lobbys regelmäßig und mit großer Durchsetzungskraft ein. Der gesamte außenpolitische Prozess ist in den Vereinigten Staaten offener als in anderen Ländern, und deshalb sind außenpolitische Entscheidungen oft nur zu verstehen, wenn man sich ihre innenpolitische Dimension vergegenwärtigt.

Folgt man der Berichterstattung der Medien, steht im Zentrum der US-Außenpolitik der Präsident. In der Tat weisen ihm Artikel II der Verfassung («die Exekutivgewalt soll bei einem Präsidenten liegen») und die historische Entwicklung sechs zentrale außenpolitische Funktionen zu: Oberbefehlshaber der Streitkräfte, höchster Diplomat, Regierungschef, Staatschef, Gesetzesinitiator, Stimme des Volkes.

Als *Oberbefehlshaber der Streitkräfte* besitzt der Präsident die letzte Autorität über das Militär. Seit dem Zweiten Weltkrieg haben die Präsidenten dieses Recht sehr breit definiert und Dutzende Male Truppen im Ausland eingesetzt: Truman schickte Streitkräfte nach Korea, Johnson und Nixon führten Krieg in Vietnam, Reagan ließ Grenada einnehmen, Bush sr. befreite Kuwait mit Militärgewalt, Clinton zwang Serbien mit Luftschlägen zum Einlenken im Kosovo, und Bush jr. entsandte Verbände nach Afghanistan und befahl einen Feldzug gegen den Irak – und das alles ohne eine explizite Kriegserklärung, die nur dem Kongress zusteht. Als *höchster Diplomat* fungiert der Präsident als Chefunterhändler Amerikas bei Verhandlungen mit anderen Staaten und internationalen Organisationen. Die zunehmende Gipfeldiplomatie der Staats- und Regierungschefs, wie sie sich unter anderem in der Einführung regelmäßiger G-7 bzw. G-8-Treffen der wichtigsten Industriestaaten manifestiert, lassen den Präsidenten immer öfter als Leiter von großen Delegationen in Erscheinung treten. Alle Amtsinhaber von Nixon bis Bush jr. verhandelten persönlich mit sowjetischen bzw. russischen Staatsführern über Rüstungskontroll-

und Abrüstungsverträge. Carter verbrachte 1978 dreizehn Tage in Klausur mit dem israelischen Premier Menachem Begin und Ägyptens Staatspräsidenten Anwar As-Sadat, um die Camp David-Verträge auszuhandeln. Bush sr. führte mehr als eintausend Telephonate mit ausländischen Entscheidungsträgern, viele davon während des Aufbaus der Anti-Irak-Koalition vor dem Golfkrieg. Clinton versuchte im Herbst 1998 in Wye und im Sommer 2000 in Camp David, persönlich zwischen Israelis und Palästinensern zu vermitteln, und Bush jr. warb am Telephon und bei bi- und multilateralen Treffen für seine Anti-Terror-Koalition. Als *Regierungschef* ist der Präsident Leiter der Exekutive, alle Minister (secretaries) und Mitarbeiter agieren gemäß seiner Wünsche und Beschlüsse. Es liegt an ihm, wen er als Berater aussucht und wie er seine Entscheidungen fällt. Es gibt kein der Geschäftsordnung der Bundesregierung vergleichbares Regelwerk, keine bindenden Kabinettsabstimmungen, keinen Koalitionsvertrag. Ja, es gibt keine Auflagen der Verfassung, wie der Präsident seine Regierung und damit seinen außenpolitischen Apparat zu strukturieren hat. Als *Staatschef* repräsentiert er das amerikanische Volk nach außen und ist eine wichtige moralische Instanz. Als *Gesetzesinitiator* spielt der Präsident die zentrale legislative Rolle. Obwohl die Gesetzgebungshoheit formal beim Kongress liegt, werden viele Initiativen im Weißen Haus oder in den Ministerien vorbereitet und über Parteifreunde im Parlament eingebracht. Dazu gestaltet der Präsident den Gesetzgebungsprozess über sein Veto, das nur von einer Zweidrittelmehrheit beider Kammern zurückgewiesen werden kann, entscheidend mit. Als *Stimme des Volks* spricht der Präsident für die Nation. Er ist neben dem in der Regel wenig bedeutenden Vizepräsidenten der einzige Politiker, der von allen Amerikanern gewählt wird und der nicht Vertreter eines Wahlkreises oder Bundesstaats ist.

Alle diese Rollen lassen den Präsidenten außerordentlich mächtig erscheinen. Gleichzeitig gibt es jedoch gewichtige Akteure, die seine Macht einschränken: die Bürokratie, die sich oft der Implementierung seiner Politik widersetzt; die Interessengruppen, die ihre eigene Agenda verfolgen; die Medien, die ihn konstant beobachten und Schwächen bloßlegen; die Gerichte, die seinen Machtbereich einschränken können; die öffentliche Meinung, die ihn bisweilen zwingt, seine Politik zu ändern; und vor allem der Kongress, der Außenpolitik in ihrer Substanz beeinflussen kann. Präsident Truman bedauerte deshalb seinen Nachfolger, den Weltkriegsgeneral Dwight D. «Ike» Eisenhower:

«Er wird hier sitzen und sagen: ‹Tu dies, tu das!› Und nichts wird passieren. Armer Ike – es wird nicht ein bisschen so sein wie in der Armee. Er wird es sehr frustrierend finden.»[1]

Vom Eintritt der USA in den Zweiten Weltkrieg bis in die 1960er Jahre galt, dass der Präsident in der Außenpolitik relativ freie Hand besaß. Aaron Wildavsky hat dies in einem berühmten Aufsatz als die These von den «zwei Präsidentschaften» in die Politikwissenschaft eingeführt.[2] Die eine Präsidentschaft, die innenpolitische, ist demnach gekennzeichnet von geringem Einfluss des Präsidenten, weil dort die Einzelstaaten, der Kongress und die Lobbys das Sagen haben. Die andere Präsidentschaft, die außenpolitische, gibt dem Präsidenten dagegen vielfältige Gestaltungsmöglichkeiten. Diese Aussage war plausibel für Wildavskys Untersuchungszeitraum, die 1950er und frühen 1960er Jahre des 20. Jahrhunderts. Seitdem hat sich aber viel verändert. In der Außenpolitik wurde es für den Präsidenten schwieriger, seinen Willen durchzusetzen, zumindest bis zu den Terroranschlägen vom 11. September 2001. Das hing vor allem damit zusammen, dass mit dem Vietnamkrieg der Nimbus von der überlegenen außenpolitischen Kompetenz der Exekutive zusammenbrach. Zudem erodierte mit dem Ende des Kalten Kriegs der langjährige internationalistische Konsens in Parlament und Öffentlichkeit. Zu Beginn des 21. Jahrhunderts waren die außenpolitischen Akteure zahlreicher, die Interessen divergenter als zu jedem anderen Zeitpunkt in der amerikanischen Geschichte. Allerdings ließ die Bekämpfung des internationalen Terrorismus nach den Anschlägen alle Gruppen in den USA zusammenrücken und stärkte damit die Handlungsfähigkeit der Exekutive. Erfolgreiche Außenpolitik erfordert heute mehr als früher einen in internationalen Fragen versierten, permanent involvierten Präsidenten. Wie er seine Vorstellungen dann umsetzt, liegt nicht zuletzt daran, auf welche Art er seinen außenpolitischen Apparat organisiert.

Das außenpolitische System

Weder die amerikanische Verfassung noch die relevante Gesetzgebung wie das ‹Nationale Sicherheitsgesetz› von 1947 zeigen auf, wie die Außenpolitik formuliert und entschieden werden soll. Ein in der Verfassung verankertes Kabinetts- und Ressortprinzip wie in der Bundesrepublik ist in den USA unbekannt. Jedem Präsidenten bleibt es überlassen, ein eigenes System für den Entscheidungsprozess in seiner Administration zu entwickeln. Die Struktur dieses Systems ist aber sehr wichtig, da das ‹Wie› der Politikformulierung sehr oft auch das ‹Was› bestimmt. Der Präsident muss dabei nicht nur entscheiden, wen er in seine außenpolitische Mannschaft beruft, sondern auch, wie die einzelnen Mitglieder seines Teams interagieren sollen, so dass er jederzeit informiert ist, ihm klare Optionen vorliegen und seine Entscheidungen auch implementiert werden. Seine fünf wichtigsten außenpolitischen Berater sind dabei in der Regel:

– der Außenminister. Er leitet das 1789 gegründete Außenministerium (State Department) und den Auswärtigen Dienst (Foreign Service) der USA mit 16000 Angestellten und 260 Botschaften und Konsulaten. In den ersten fünfzehn Jahren des Kalten Kriegs war der Außenminister der bedeutendste außenpolitische Berater des Präsidenten, seither ist sein Einfluss allerdings zurückgegangen. Er ist aber auch heute noch meist der wichtigste außenpolitische Sprecher und Diplomat des Präsidenten und vertritt die Regierungspolitik vor den Kongressausschüssen.
– der Verteidigungsminister. Er leitet das 1947 gegründete Verteidigungsministerium (Department of Defense = DoD, auch Pentagon) mit einem Budget von 355 Milliarden Dollar (2002/03) und übersieht die vier Teilstreitkräfte (Army, Navy, Air Force, Marines) mit 1,4 Millionen Soldaten. Ihm untergeordnet ist der Vorsitzende des Vereinigten Generalstabs (Joint Chiefs of Staff = JCS) als wichtigster militärischer Berater. Der Verteidigungsminister ist per Gesetz immer ein Zivilist.
– der Nationale Sicherheitsberater. Er leitet den außenpolitischen Stab des Präsidenten von heute etwa 150 Mitarbeitern und spielt seit den 1960er Jahren eine zentrale Rolle im Entscheidungssystem. Er berichtet dem Präsidenten jeden Morgen über die außenpolitische Lage. Im ‹Situation Room› im Keller des Westflügels des Weißen Hauses laufen alle wichtigen Meldungen der Ministerien und der Geheimdienste zusammen und werden vom NSC-Stab ausgewertet. Der Sicherheitsberater soll als neutraler Makler sicherstellen, dass die entscheidenden Informationen auf den Tisch des Präsidenten gelangen und die oft divergierenden Ansichten der Minister Gehör finden. Er berät den Präsidenten und führt bisweilen diplomatische Missionen aus. Sein Büro ist meist nur wenige Schritte entfernt vom ‹Oval Office›, dem Amtszimmer des Präsidenten im Weißen Haus, und er verbringt in der Regel mehr Zeit mit dem Präsidenten als jeder andere außenpolitische Berater.

Amtszeit	Präsident	Außenminister	Kriegs- (K)/Verteidigungsminister	Sicherheitsberater
1933–1945	Franklin D. Roosevelt	Cordell Hull Edward Stettinius	George Dern (K) Harry Woodring (K) Henry Stimson (K)	
1945–1953	Harry S. Truman	James Byrnes George Marshall Dean Acheson	Robert Patterson (K) Kenneth Royall (K) James Forrestal Louis Johnson George Marshall Robert Lovett	Sidney Souers James Lay
1953–1961	Dwight D. Eisenhower	John Foster Dulles Christian Herter	Charles Wilson Neil McElroy Thomas Gates	Robert Cutler Dillon Anderson William Jackson Robert Cutler Gordon Gray
1961–1963	John F. Kennedy	Dean Rusk	Robert McNamara	McGeorge Bundy
1963–1969	Lyndon B. Johnson	Dean Rusk	Robert McNamara Clark Clifford	McGeorge Bundy Walt Rostow
1969–1974	Richard Nixon	William Rogers Henry Kissinger	Melvin Laird Elliot Richardson James Schlesinger	Henry Kissinger
1974–1977	Gerald Ford	Henry Kissinger	Donald Rumsfeld	Henry Kissinger Brent Scowcroft
1977–1981	Jimmy Carter	Cyrus Vance Edward Muskie	Harold Brown	Zbigniew Brzezinski
1981–1989	Ronald Reagan	Alexander Haig George Shultz	Caspar Weinberger Frank Carlucci	Richard Allen William Clark Robert McFarlane John Poindexter Frank Carlucci Colin Powell
1989–1993	George Bush	James Baker Lawrence Eagleburger	Richard Cheney	Brent Scowcroft
1993–2001	Bill Clinton	Warren Christopher Madeleine Albright	Les Aspin William Perry William Cohen	Anthony Lake Samuel Berger
2001–	George W. Bush	Colin Powell	Donald Rumsfeld	Condoleezza Rice

Tabelle 3: Die außenpolitischen Akteure in der US-Regierung seit 1933

– der Direktor der CIA. Er leitet nicht nur den 1947 gegründeten ‹Zentralen Nachrichtendienst› (Central Intelligence Agency = CIA, auch «the Agency»), sondern ist auch für die 13 anderen Dienste der einzelnen Ministerien und der Streitkräfte-Gattungen verantwortlich. Der CIA-Direktor muss dem Präsidenten und den Überwachungsausschüssen des Kongresses über alle geheimdienstlichen Aktivitäten berichten. Die Spionage-, Abhör- und Aufklärungsdienste haben insgesamt mehr als 100 000 Mitarbeiter und ein Budget von 33 Milliarden Dollar (2002/03).

- der Schatzminister. Er leitet das Schatzministerium (Department of Treasury) und ist mit dem wachsenden Gewicht ökonomischer Fragen in der Außenpolitik zu einem wichtigen Berater des Präsidenten aufgestiegen. Sein Haus entwickelt meist die amerikanische Politik bei internationalen Währungs- und Schuldenkrisen sowie bei der Kreditvergabe, vertritt die USA in den internationalen Finanzorganisationen und bereitet die Treffen der G-7 vor.

Diese Personen leiten große Bürokratien, die eine eigene Agenda verfolgen. «Wo du in einer Frage stehst, hängt davon ab, wo du sitzt», lautet ein geflügeltes Wort in Washington. Das heißt, dass ein Spitzenbeamter ein außenpolitisches Problem meist durch die Linse jener Institution sieht, für die er arbeitet. Und von diesen Institutionen gibt es viele. Neben die bereits Erwähnten traten in den 1960er und 1970er Jahren unter anderem das Friedenscorps, die Agentur für Internationale Entwicklung (AID), die Rüstungskontroll- und Abrüstungsbehörde (ACDA), das US-Informationsamt (USIS) und das Büro des Handelsbeauftragten (USTR). Heute beschäftigen sich mehr als 40 000 Mitarbeiter in gut einem Dutzend Ministerien und Behörden mit unterschiedlichen Facetten der Außenpolitik. Aus ihren divergierenden Aufträgen leiten die Bürokratien spezifische Interessen ab, die sie im Tagesgeschäft vertreten und befördern wollen. «Die Teilnehmer bei einer politischen Entscheidung prüfen jeden Vorschlag, um abzuschätzen, ob er ihrer eigenen Organisation bei der Ausführung ihrer Mission hilft oder nicht», stellte Morton Halperin in seiner klassischen Studie ‹Bureaucratic Politics and Foreign Policy› treffend fest.[3] Er gab folgendes Beispiel: Der Vertrag über das Verbot einer Raketenabwehr (ABM) zwischen den USA und der UdSSR aus dem Jahr 1971 sicherte der Armee einen größeren Haushalt und eine wichtigere Rolle in der strategischen Kriegsführung. Das State Department dagegen interessierte sich weniger für Kosten und Fähigkeiten zur Kriegsführung als dafür, wie die Entscheidung die Beziehungen zu den Partnern und Rivalen beeinflussen würde. Unterschiedliche Ziele der beiden Bürokratien führten also zu divergierenden Einschätzungen eines außenpolitischen Problems. Selbst die fast 200 Koordinierungsgruppen zwischen den Ministerien und

Behörden können Grabenkämpfe nur selten verhindern. Eine zentrale Aufgabe des Sicherheitsberaters ist es zu garantieren, dass die verschiedenen außenpolitischen Akteure dem Präsidenten ihre Einschätzungen ungefiltert vortragen können. Bürokratische Rivalitäten sind allgegenwärtig bei der Formulierung der amerikanischen Außenpolitik. Sie beeinflussen die Implementierung vor allem dann negativ, wenn ein Präsident keine klare außenpolitische Philosophie besitzt (Carter), nicht an Außenpolitik interessiert ist (Reagan während seiner ersten Amtszeit) oder der Sicherheitsberater zu schwach ist, um zwischen den Ministerien und Behörden zu vermitteln (Allen unter Reagan).

Die Bürokratien und die sie leitenden Personen können nur dann effektiv zusammenarbeiten, wenn der Präsident vorher einige Fragen geklärt hat. Die drei wichtigsten lauten: Soll der außenpolitische Entscheidungsprozess seinen Mittelpunkt im Weißen Haus oder im Außenministerium haben? Soll der Prozess zentralisiert oder dezentralisiert sein? Soll der Prozess offen oder geschlossen für Mitarbeiter sein?

Entscheidungsmodelle

Es gibt dabei grundsätzlich zwei Modelle, um den außenpolitischen Apparat zu organisieren. Falls ein Präsident die großen Linien seiner Außenpolitik selbst bestimmen, sich aber nicht mit den Details ihrer Ausführung belasten will, wird er hauptsächlich auf das Außenministerium vertrauen, um seine Politik umzusetzen. Truman, Eisenhower, Johnson, Ford und zeitweise auch Reagan haben das so getan. Will ein Präsident dagegen selbst aktiv in allen Facetten der Außenpolitik mitwirken, dann wird er ein System etablieren, das die Kontrolle der Tagesaktivitäten im Weißen Haus ansiedelt. Kennedy, Nixon, Carter, Bush sr. und Clinton entschieden sich für diese Möglichkeit. Auch unter Bush jr. werden die wichtigsten außenpolitischen Projekte im Weißen Haus formuliert und überwacht.

Während des Zweiten Weltkriegs führte Franklin Delano Roosevelt die amerikanische Außenpolitik weitgehend im Alleingang durch Sondergesandte wie Harry Hopkins ohne Beteiligung des Parlaments und der Ministerien. Nach Roosevelts Tod richtete der Kongress einen Nationalen Sicherheitsrat (National Security Council = NSC) ein, um seine Kontrolle über die Außenpolitik zu verbessern. Ihm sollten der Präsident, der Vizepräsident, der Außen- und der Verteidigungsminister als Mitglieder angehören, der CIA-Direktor und der Vorsitzende aller Streitkräftegattungen als feste Berater.

Truman war der erste Präsident, der mit dem NSC-System leben musste. Er hielt erwartungsgemäß nicht viel von einer Idee, die seine Entscheidungsfreiheit eingeschränkt hätte, ging fast nie zu NSC-Sitzungen und nutzte das Gremium allenfalls als Beratungs-, nie als Entscheidungsorgan. Die wichtigsten Beschlüsse fällte er meist nach Konsultationen mit seinem Außenminister. Eisenhower dagegen darf als der Präsident gelten, der am ausgiebigsten auf den Nationalen Sicherheitsrat zurückgriff und außenpolitische Initiativen dort in einem sehr formalisierten Prozess diskutieren ließ. Allerdings zog er mehr und mehr Mitarbeiter zu den regelmäßigen Sitzungen hinzu, so dass ein konzentriertes Arbeiten immer schwieriger wurde. Unter Eisenhowers Nachfolgern verkümmerte der NSC als institutionalisiertes Beratergremium. Sie wollten sich nicht mehr auf eine Rolle im Hintergrund beschränken, sondern die Führung der Außenpolitik selbst in die Hand nehmen.

John F. Kennedy machte 1961 den Anfang. Er führte das Scheitern der Schweinebucht-Invasion nämlich auf den schlechten Rat des Außenministeriums zurück, das noch immer unter dem personellen Aderlass infolge der Kommunistenhatz der McCarthy-Jahre litt. Anstatt das State Department zu reformieren, baute Kennedy eine eigene außenpolitische Bürokratie im Weißen Haus auf. Der Stab des NSC, der ursprünglich vor allem Sekretariatsfunktion hatte und die Sitzungen des Rats vor- und nachbereitete, avancierte nun zu einer eigenständigen Größe. Vor allem der ‹Sonderassistent für Angelegenheiten der nationalen Sicherheit›, kurz: der Nationale Sicherheitsberater, mutierte zu einer zentralen Figur im außenpolitischen Entscheidungsprozess. Er war nun ein gleichberechtigter, manchmal sogar ein wichtigerer Akteur als der Außenminister. Formale NSC-Sitzungen gab es kaum noch, der NSC-Stab wurde mehr und mehr zum persönlichen Stab außenpolitisch aktiver Präsidenten. Wenn Washingtoner Insider heute vom «NSC» sprechen, so meinen sie damit meist nur noch den Stab, nicht mehr das Beratergremium.

Der außenpolitische Entscheidungsprozess unter Kennedy verlief dezentral und egalitär. Der Präsident bevorzugte eine offene Diskussion mit einer Handvoll seiner engsten Berater. Das Modell gleicht einem Rad, in dem der Präsident die Nabe bildet und alle Speichen auf ihn zulaufen. Um gut zu funktionieren, bedarf es eines führungsstarken Präsidenten, der auch abweichende Meinungen zu erörtern bereit ist. Die Kubakrise von 1962, in der sich Kennedy unterschiedliche Optionen präsentieren ließ, aktiv in die Diskussionen eingriff und selbst die Entscheidungen fällte, gilt als Paradebeispiel für ein funktionierendes informelles System. Auch Kennedys Nachfolger Johnson setzte zunächst auf wenig formalisierte Beratungen im kleinen Zirkel. Während des Vietnamkriegs traf sich der Präsident jeden Dienstag mit seinen wichtigsten außenpolitischen Ratgebern zum Mittagessen (Tuesday lunch group) und diskutierte die amerikanischen Optionen. Je länger der Krieg jedoch andauerte, desto mehr wurden Teilnehmer mit abweichenden Ansichten ausgeschlossen. Am Ende war Johnson nur noch von Leuten umgeben, die seine harte Linie gegenüber Nordvietnam teilten. Das informelle Entscheidungssystem führte zum ‹Gruppendenken› (groupthink), bei dem sich die Teilnehmer gegenseitig in ihren Auffassungen bestärkten, ohne Alternativen auszuloten.

Was unter Kennedy und Johnson eingeleitet wurde, nämlich der Aufstieg des Sicherheitsberaters, erreichte ab 1969 unter Nixon seinen Zenit. Der neue Präsident verstand mehr von Außenpolitik als die meisten seiner Vorgänger, und er war entschlossen, dies auch zu demonstrieren. Dafür brauchte er eine Person, die Außenpolitik aus dem Weißen Haus heraus betrieb. Er fand sie in Harvard-Professor Henry Kissinger. Als Sicherheitsberater schuf dieser das zentralisierteste außenpolitische Entscheidungssystem in der Nachkriegsgeschichte der USA. Das Nixon-Kissinger-Modell kontrollierte, ja umging bisweilen die gesamte außenpolitische Bürokratie. Selbst Außenminister Rogers wurde über wichtige Initiativen nur mehr informiert – und manchmal nicht einmal das. Entscheidungen im Duett Präsident-Sicherheitsberater und Geheimdiplomatie ohne Einbeziehung des State Department waren charakteristisch für dieses Modell. Als Rogers 1973 frustriert zurücktrat, übernahm Kissinger auch noch das Außenministerium. Da Nixon immer tiefer in den Watergate-Sumpf geriet, kontrollierte Kissinger nun zu einem hohen Grad die amerikanische Außenpolitik.

Das Nixon-Kissinger-Modell funktionierte sehr gut in Fragen, in denen die beiden Akteure hohe Kompetenz besaßen und die sie ihrer Aufmerksamkeit für wert befanden. Die Beendigung des Vietnamkriegs, die Entspannungspolitik mit der Sowjetunion und die Öffnung gegenüber China dürfen als die herausragenden Erfolge ihrer Amtszeit gelten, die auch durch das hochzentralisierte Entscheidungssystem ermöglicht wurden. Dagegen offenbarte das Modell seine Schwächen, wenn es darum ging, alternative Szenarien zu entwerfen oder Regionen und Politikbereiche zu berücksichtigen, die nicht auf der mentalen Landkarte der beiden Akteure lagen. So gesteht Kissinger in seinen Memoiren ein, die Entwicklungen in Chile vor dem Wahlsieg Salvador Allendes 1971 nicht früh genug beachtet zu haben, weil er mit anderen Dingen zu beschäftigt war. Mitarbeiter warfen ihm vor, weltwirtschaftliche Fragen zu vernachlässigen. Unter Nixons Nachfolger Ford blieb Kissinger zwar Außenminister, musste aber das Amt des Sicherheitsberaters an Brent Scowcroft abgeben.

Jimmy Carter trat 1977 sein Amt mit dem Versprechen an, das zentralistische Entscheidungsmodell in der Außenpolitik abzuschaffen, Kissingers «Ein-Mann-Show» zu beenden und mehr auf den Rat der zuständigen Kabinettsminister zu vertrauen. Da er aber gleichzeitig die Details der Außenpolitik selbst überwachen wollte, musste er an einem starken NSC-Stab festhalten. Der Konflikt mit dem Außenministerium war damit vorgezeichnet. Verstärkt wurde dieser Konflikt durch die gegensätzliche außenpolitische Philosophie der beiden Hauptberater: Zbigniew Brzezinski, der Sicherheitsberater, war harter Anti-Kommunist, Cyrus Vance, der Außenminister, ein moderater Pragmatiker. Dieses System hätte einen starken Präsidenten mit eigenem außenpolitischen Weltbild erfordert, der seine Berater kontrollieren kann. Carter gelang diese Imitation des Kennedy-Modells aber nur zu Beginn seiner Regierungszeit. Je rauer das Verhältnis zu Moskau wurde, desto stärker versuchten Brzezinski und Vance, den Präsidenten von der Richtigkeit ihrer Philosophie zu überzeugen. Als Carter sich nach dem Einmarsch der Sowjetunion in Afghanistan Ende 1979 auf die Seite seines Sicherheitsberaters schlug, gab Vance auf. Zum zweiten Mal innerhalb von acht Jahren hatte ein Sicherheitsberater den Rücktritt eines Außenministers verursacht.

Ronald Reagan wollte Lehren aus den ständigen Machtkämpfen in der Exekutive um die Gestaltung der amerikanischen Außenpolitik ziehen: Er versprach, das State Department zu stärken, und berief mit Alexander Haig einen Mann, dessen Durchsetzungsfähigkeit unbestritten war. Es zeigte sich jedoch schon bald, dass Außenpolitik zu wichtig war, als dass man sie alleine den Ministerien überlassen konnte. Immer wieder gerieten nämlich Außenminister Haig und

Verteidigungsminister Weinberger aneinander. Einen starken Sicherheitsberater, der hier hätte vermittelnd eingreifen können, sah die Organisationsstruktur nicht vor. Reagan selbst war viel zu sehr auf seine innenpolitische Agenda fixiert und zu desinteressiert an außenpolitischen Details, dass er Streitfragen hätte schlichten können. Als Haig dann noch den Fehler beging, sich nach dem Attentat auf Reagan im März 1981 als Stellvertreter des Präsidenten aufzuspielen, fiel er im Weißen Haus in Ungnade. Nach einem guten Jahr akzeptierte Reagan eine seiner zahlreichen Rücktrittsdrohungen und ersetzte ihn durch George Shultz. Lehre aus dem ganzen Tohuwabohu war, dass die amerikanische Außenpolitik einen starken Exponenten in der Nähe des Präsidenten brauchte. Bis Reagan einen solchen Mann fand, dauerte es aber noch vier Jahre. Zunächst wurde zwar mit William Clark ein Mann Sicherheitsberater, der Reagans Vertrauen hatte und so auch zwischen den sich befehdenden Ministerien vermitteln konnte, aber so wenig von Außenpolitik verstand, dass er als ernsthafter Gesprächspartner nicht in Frage kam. Seine beiden Nachfolger, Robert McFarlane und John Poindexter, waren vor allem bemüht, Reagan seine außenpolitischen Wünsche von den Augen abzulesen. In diesem Klima kam es zur ‹Iran-Contra-Affäre›. Nach ihrer Aufdeckung musste Reagan eingestehen, dass sein distanzierter außenpolitischer Führungsstil gepaart mit einem konfusen Entscheidungsfindungssystem den Skandal erst ermöglicht hatte. Nur in seinen letzten beiden Amtsjahren gelang es dem Präsidenten, ein funktionierendes System zu etablieren und mit Frank Carlucci und Colin Powell Sicherheitsberater zu finden, die seine persönlichen Schwächen kompensierten und eine konsistente Außenpolitik ermöglichten.

Neben Eisenhower und Nixon war Bush sr. unter den Nachkriegspräsidenten der am besten für die Führung der amerikanischen Außenpolitik vorbereitete Amtsinhaber. Er umgab sich mit regierungserfahrenen Mitarbeitern, die seine außenpolitische Autorität akzeptierten, seinen Philosophie teilten und auch persönlich miteinander harmonierten. Sicherheitsberater Scowcroft garantierte, dass alle wichtigen Berater Zugang zum ‹Oval Office› hatten und nicht befürchten mussten, von einem Konkurrenten ausgestochen zu werden. Bushs System kann am ehesten mit dem Kennedy-Modell verglichen werden. Die reibungslose Zusammenarbeit der Akteure trug wesentlich zum erfolgreichen Management so epochaler internationaler Ereignisse wie der deutschen Wiedervereinigung, des Golfkriegs und des Zerfalls der Sowjetunion bei.

Im Gegensatz zu seinem Vorgänger konzentrierte sich Bill Clinton anfangs primär auf innenpolitische Fragen. Trotz seiner geringen außenpolitischen Erfahrung wählte er aber wie Bush sr. das Kennedy-Modell der Entscheidungsfindung, da es seinem aktiven Führungsstil entsprach. Der Präsident liebte ausführliche Diskussionen, verfügte über eine rasche Auffassungsgabe und wollte, wenn er ein Problem für bedeutsam erachtete, in jede Phase seiner Beratung involviert sein. Wichtige Verhandlungen führte er wie Roosevelt am liebsten selbst. Mit Warren Christopher übertrug Clinton zunächst so auch einem Mann die Führung des State Department, der keine eigene außenpolitische Agenda besaß. Seine Sicherheitsberater, Anthony Lake während der ersten und Samuel Berger während der zweiten Amtszeit, spielten eine prominente Rolle, weil die meisten außenpolitischen Fragen im Amtszimmer des Präsidenten entschieden wurden. Trotz einer gewissen Konzentration der Außenpolitik im Weißen Haus blieb Clintons System offen für andere Berater. So war es zum Beispiel Außenministerin Madeleine Albright, die den Präsidenten im Frühjahr 1999 von der Notwendigkeit des Luftkriegs gegen Serbien überzeugte. Konflikten zwischen den außenpolitischen Hauptberatern versuchte Sicherheitsberater Berger dadurch vorzubeugen, dass er einmal in der Woche mit dem Verteidigungsminister und der Außenministerin ein Arbeitsfrühstück abhielt. Mit Albright telefonierte er an einem typischen Tag etwa dreißig Mal. Da das Clinton-System in hohem Maße vom Input des Präsidenten lebte, offenbarte es allerdings in dem Augenblick seine Schwächen, wo sich der Amtsinhaber nicht für ein außenpolitisches Problem interessierte.

George Bush jr. war bei seinem Amtsantritt der Präsident mit der geringsten Erfahrung in internationalen Angelegenheiten seit Truman. Er versammelte deshalb ein Team von altgedienten und führungsstarken Außenpolitikern um sich. Während Außenminister Powell, Verteidigungsminister Donald Rumsfeld und Vizepräsident Richard Cheney tief in die Konzeption und Exekution der amerikanischen Außenpolitik involviert sind, profiliert sich Sicherheitsberaterin Condoleezza Rice als Maklerin zwischen den Behörden und zentrale Ratgeberin des Präsidenten. Das Bush-System baut wie das Kennedy-Modell auf den Input einer Reihe von wichtigen Beratern, ist aber weniger auf die aktive Beteiligung des Präsidenten ausgelegt. Es erinnert an ein Großunternehmen, in dem sich der Direktor verschiedene Optionen unterbreiten und von seinen Abteilungsleitern diskutieren lässt, schließlich die Entscheidung fällt und ihre Ausführungen dem zuständigen Mitarbeiter überträgt. Als z. B.China die Besatzung eines notgelandeten amerikanischen Aufklärungsflugzeugs im April 2001 festhielt, bestimmte Bush seinen Außenminister dazu, auf diplomatischem Wege für die Freilassung zu sorgen. Nach den Terrorattentaten präsentierte sich Bush als führungsstarker und entschlossener Präsident, der den Mitgliedern seines Teams klare Rollen zuteilte.

Die Frage, welches außenpolitische Modell – das zentralisierte oder das dezentralisierte – besser funktioniert, lässt sich nicht eindeutig beantworten. Der Führungsstil des Präsidenten stellt den wichtigsten Faktor bei der Etablierung eines Entscheidungssystems dar. Daher muss dieses System seine Stärken betonen und seine Schwächen kompensieren. Positive Beispiele sind das formalisierte NSC-System von Eisenhower, das zwar seiner in langen Militärjahren erworbenen Vorliebe für systematisches und diszipliniertes Vorgehen entgegenkam, aber durch die Einbindung starker Persönlichkeiten kreativ blieb. Auch das informelle Modell von Bush sr., das seinem Hang zu persönlichen Konsultationen entsprach, funktionierte deshalb sehr gut, weil der Sicherheitsberater für die Präsentation aller Optionen sorgte. Dagegen gehen die meisten außenpolitischen Fehlschläge der USA seit 1941 mit Schwächen im Entscheidungssystem einher. Johnsons Vietnampolitik litt unter dem Ausschluss von Personen mit nicht-konformen Ansichten, Carters Sowjetunionpolitik unter dem ungelösten Konflikt zwischen Sicherheitsberater und Außenminister. Reagan geriet in die Iran-Contra-Affäre, weil er es an Kontrolle und klaren Richtlinien für seinen außenpolitischen Stab fehlen ließ. Ein besseres System kann zwar keine bessere Außenpolitik garantieren, aber es kann zumindest bisweilen verhindern, dass schlechte Außenpolitik implementiert wird. Ebenso wichtig für den außenpolitischen Erfolg des Präsidenten ist es allerdings, dass er bei den anderen außenpolitischen Akteuren ständig für seine Vorstellungen wirbt. Vor allem dem Kongress kommt hierbei eine zentrale Rolle zu.

3. Der Kongress

Das Ringen um die Gestaltung der Außenpolitik innerhalb der Regierung findet man abgemildert auch in anderen politischen Systemen. Dagegen ist der Kampf zwischen Exekutive und Legislative um die Kontrolle der Außenpolitik ein typisch amerikanisches Phänomen. Zugrunde liegt ihm das Politikverständnis jener 39 Juristen, Plantagenbesitzer, Ärzte und Kaufleute, die im September 1787 die Verfassung der Vereinigten Staaten unterzeichneten und als die ‹Gründerväter› (founding fathers) in die Geschichte eingingen. Hin- und hergerissen zwischen der Angst vor einer übermächtigen Regierung und dem Wunsch nach einer effizienten Führung der Amtsgeschäfte etablierten sie auch für die Außenpolitik ein System, das zwei konkurrierende Prinzipien miteinander verband: Sie kombinierten Montesquieus Lehre von einer strikten Teilung der Gewalten mit der Idee, der Dominanz einer Seite durch ein System der ‹Gewichte und Gegengewichte› (checks and balances) vorzubeugen. Effizienz und Kohärenz wurden zugunsten der wechselseitigen Kontrolle zurückgedrängt. Richard Neustadt, der Doyen der amerikanischen Präsidentenforschung, hat auf diesen Aspekt nachdrücklich hingewiesen: «Die verfassungsgebende Versammlung von 1787 soll eine Regierung von ‹getrennten Gewalten› geschaffen haben. Sie hat nichts derartiges getan. Was sie vielmehr getan hat, war eine Regierung von getrennten Institutionen zu schaffen, die sich die Gewalten teilen».[1]

Diese Verschränkung von Kompetenzen treffen wir fast immer an, wenn die Verfassung die Außenpolitik erwähnt. So wird der Präsident als Oberbefehlshaber der Streitkräfte eingesetzt, der Kongress freilich ermächtigt, Krieg zu erklären und für die Aufstellung und den Unterhalt der Armee zu sorgen. Vertragsverhandlungen mit auswärtigen Mächten sind zwar ebenso wie die Personalpolitik als Vorrechte des Präsidenten ausgewiesen, jedoch ist er in beiden Fällen von «Rat und Zustimmung» (advice and consent) des Senats abhängig. Zugleich blieb die Verfassung in zentralen Passagen zur Außenpolitik recht allgemein und wenig verbindlich. Andere Aspekte, wie ein geregelter Informationsaustausch zwischen Administration und Parlament, die

Stationierung von Truppen im Ausland oder Verwaltungsabkommen, wurden gar nicht angesprochen. Alles, was die Verfassung mache, resümierte der Historiker Edward Corwin, sei es, dem Präsidenten gewisse außenpolitische Kompetenzen zuzuweisen, andere Befugnisse in der gleichen generellen Form dem Senat, wieder andere dem gesamten Kongress; wer jedoch letztendlich den Gang der Außenpolitik bestimme, entscheide sich immer am konkreten Fall. Die Verfassung sei, so Corwin, «eine Einladung zum Kampf um das Privileg, die amerikanische Außenpolitik zu führen».[2]

Zweihundert Jahre Rivalität

Was die Verfassung also ‹wirklich› meinte, musste sich in der politischen Praxis erweisen. Präzedenzfälle ließen auch nicht lange auf sich warten. Bereits George Washington, der erste Präsident der Vereinigten Staaten, begann, die verfassungsmäßige Grauzone in seinem Sinne zu interpretieren. Unter anderem proklamierte er einseitig die Neutralität der jungen Republik im 1793 ausgebrochenen Krieg zwischen Paris und London, erkannte die neue französische Regierung aufgrund seiner Befugnis an, die Vertreter anderer Staaten zu empfangen, und verweigerte dem Repräsentantenhaus mit dem Hinweis auf den geheimen Charakter des Dokuments Einblick in den umstrittenen Jay-Vertrag mit England. Obwohl Washingtons Vorgehen weithin akzeptiert wurde, gelang es der Exekutive in den folgenden 150 Jahren nicht, das Kräfteverhältnis eindeutig zu ihren Gunsten zu verändern. Das lag zum einen daran, dass die nationale Aufmerksamkeit bis zum Ende des 19. Jahrhunderts der Frage der Sklaverei und der Erschließung des Westens galt. Außenpolitische Themen rückten nur sporadisch ins Blickfeld, und somit fehlte der Stoff für längere Auseinandersetzungen. Zum anderen zeigten sich selbst starke Präsidenten wie Washington, Jefferson oder Lincoln durchaus um Zusammenarbeit mit der Legislative bemüht.

Mit dem Eintritt der USA in den Zweiten Weltkrieg änderte sich ihre internationale Rolle grundlegend. Außenpolitik begann nun zum ersten Mal seit der Staatsgründung wieder eine existenzielle Rolle zu spielen. Noch 1870 konnten ein Minister und 52 Mitarbeiter im State Department die amerikanische Außenpolitik führen. Jetzt stieg die Zahl der Beschäftigten in die Tausende. Damit wuchs freilich das Potenzial für Konflikte zwischen den beiden Regierungsgewalten. Dass es im Vierteljahrhundert nach 1941 zu keinem gravierenden Streit zwischen Exekutive und Legislative um die Gestaltung der Außenpolitik kam, lag daran, dass man angesichts der steten nationalen Bedrohungen Überparteilichkeit (bipartisanship) zum Leitprinzip in auswärtigen Belangen erhob. Denn Krisen, vom Weltkrieg und dem Beginn des Kalten Kriegs über den Korea- bis hin zum Vietnamkrieg, bestimmten die Außenpolitik in dieser Zeit. Der berühmte Ausspruch des langjährigen Sprechers des Repräsentantenhauses, Sam Rayburn, «Die politische Auseinandersetzung endet an der Küste» (politics stops at the water's edge), gab die Haltung der Parlamentarier bis in die späten 1960er Jahre treffend wieder. Auch die Wissenschaft stimmte in diesen Tenor ein. Neustadt etwa argumentierte, die Nation müsse in Zeiten nationaler Bedrohung einem starken Führer vertrauen. Selbst der Historiker Arthur Schlesinger jr., später ein vehementer Fechter gegen die Usurpation durch das Weiße Haus, glorifizierte mit seiner Kennedy-Biographie das Präsidentenamt. Die Ecksteine der US- Nachkriegspolitik – die Eindämmung der UdSSR, der Marshall-Plan, die Gründung der NATO – wurden noch unter Truman gelegt, vorgeschlagen vom Präsidenten, getragen vom Kongress. Unter Eisenhower setzte sich diese Tradition fort. War Überparteilichkeit in der Außenpolitik für Truman Ausdruck seines Pragmatismus gewesen, machte sein Nachfolger sie zur Regierungsphilosophie. Der Weltkriegsgeneral, angetreten als Staatsmann, nicht als Parteipolitiker, verstand es so geschickt, die Legislative in seine Außenpolitik einzubinden, dass diese kaum als eigenständiger Faktor in Erscheinung trat. Kennedy profitierte ebenfalls von dieser Zurückhaltung des Kongresses. Die meisten Parlamentarier fühlten sich unbehaglich bei dem Gedanken, zu tief in die Außenpolitik hineingezogen zu werden.

Auch Johnson definierte seine außenpolitischen Befugnisse recht großzügig: Als Präsident wollte er die gleiche Behandlung erfahren, die er als Mehrheitsführer im Senat Eisenhower gegenüber an den Tag gelegt hatte. Unter ihm erreichte die willige Unterordnung des Kongresses unter die Führung des Präsidenten ihren Höhepunkt. Symbol für diese Dominanz wurde die ‹Tonkin Golf-Resolution› vom August 1964, die Johnson eine Blankovollmacht für die Kriegführung in Indochina ausstellte. Selbst die Entsendung von Bodentruppen führte zu keinerlei nennenswertem Protest im Kongress. Im Gegenteil, kein Parlamentarier wollte den Eindruck erwecken, er verweigere der Exekutive in Zeiten der Krise die Gefolgschaft. Sogar langjährige dezidierte

Opponenten einer Einmischung in Vietnam wie der Vorsitzende des Streitkräfteausschusses des Senats, Richard Russell, begannen nun, die Regierungslinie zu unterstützen. «Wir sind jetzt dort», schrieb Russell einem seiner Wähler im August 1965, «und die Zeit der Debatte ist vorbei. Unsere Fahne ist verpflichtet und – wichtiger – amerikanische Jungs sind unter Feuer».[4] Mit der zunehmend kritischeren Medienberichterstattung und dem Anwachsen der öffentlichen Proteste schwand jedoch die Bereitschaft der Legislative, die Regierungspolitik weiter zu stützen.

Im Gegensatz zu Johnson fühlte sich sein Nachfolger Richard Nixon in der Frage des Vietnamkriegs weniger auf die Unterstützung des Kongresses angewiesen als sein Vorgänger. Schon bald nach seiner Amtsübernahme gab er etwa die in Misskredit geratene ‹Tonkin Golf-Resolution› als Begründung für seine Entscheidungen in der Vietnampolitik auf. Er stellte klar, dass er den Krieg aufgrund seiner Vollmachten als Oberkommandierender der Streitkräfte weiterführe. Beobachter haben darauf verwiesen, dass Nixons Missachtung des Parlaments die Zusammenarbeit zwischen den beiden Regierungsgewalten belastete. Das ist sicher richtig, aber es gab auch andere Faktoren. So war Nixon der erste Präsident seit 120 Jahren, der sich bei seinem Amtsantritt zwei oppositionellen Kammern gegenübersah. Auch begannen viele Demokraten, die Johnsons Vietnampolitik aus Gründen der Parteidisziplin stillschweigend geduldet hatten, jetzt die republikanische Regierung offen zu attackieren. Das Klima zwischen Exekutive und Legislative kühlte zunehmend ab. Senator Fulbright beklagte im März 1971 den Zusammenbruch jedweder Kommunikation mit dem Weißen Haus. Die Enttäuschung über die Missachtung des Kongresses wurde dadurch zusätzlich geschürt, dass Nixon ohne Konsultation mit den Parlamentariern Operationen der US-Streitkräfte in Kambodscha und Laos anordnete. Freilich dauerte es noch viele Monate, bis die Legislative ihre symbolischen Aktionen einstellte und die Vietnampolitik direkt zu beeinflussen begann. Erst nach dem Abzug der amerikanischen Bodentruppen nutzten die Parlamentarier ihre Budgethoheit (power of the purse) und strichen alle für eine Wiederaufnahme der Kriegshandlungen erforderlichen Mittel. Schlesinger rechnete jetzt ab mit der «imperialen Präsidentschaft» – so der Titel seines Aufsehen erregenden Buchs aus dem Jahr 1973. Vietnamkrieg und Watergate-Affäre hatten dafür gesorgt, dass Misstrauen, Argwohn und Verdächtigungen Washington beherrschten.

Der neue Kongress
Der Kongress, mit dem es die Präsidenten seit Ford zu tun haben, hat nicht mehr viel gemein mit der Institution während der Amtszeit Trumans, Eisenhowers, Kennedys oder Johnsons. Bis in die frühen 1970er Jahre lag die Macht bei einer Hand voll Parlamentarier mit langjähriger Kongresszugehörigkeit, die als ‹die Barone› oder ‹die alten Bullen› bezeichnet wurden. Sie standen meist an der Spitze wichtiger Ausschüsse und waren Mitglieder der Demokratischen Partei, die seit den 1950er Jahren die Mehrheit in beiden Häusern innehatte. Unter den Demokraten waren es meist die konservativen Abgeordneten aus den Südstaaten, die in die Spitzenfunktionen aufstiegen, weil sie aus den stabilsten Wahlkreisen kamen und damit öfter Seniorität in den Ausschüssen erreichten als Parlamentarier aus anderen Regionen. 1971 etwa befanden sich die drei wichtigsten Ausschussvorsitze im Repräsentantenhaus und die vier wichtigsten im Senat allesamt in der Hand von Demokraten aus dem Süden der USA.

Im Zuge des Vietnamkriegs und der Watergate-Affäre gelangte eine große Zahl junger demokratischer Abgeordneter in die beiden Häuser des Kongresses, die möglichst schnell an die Schalthebel der Macht wollten, um die amerikanische Politik zu verändern. Die von ihnen initiierten ‹Sunshine-Reformen› entmachteten die Ausschussvorsitzenden, entflochten das Ausschusssystem und machten namentliche Abstimmungen zur Regel. Die Folge war eine Dezentralisierung der Macht und eine Verschiebung der Abhängigkeiten weg von den ‹Baronen› und der Partei hin zum heimischen Wahlkreis und zu den Lobbys. Die außenpolitischen Ambitionen der Parlamentarier führten auch zu einem Anwachsen der Stäbe: Die Zahl der Mitarbeiter des Außenpolitischen Ausschusses des Repräsentantenhauses stieg von 21 (1970) über 54 (1975) auf 82 (1979), die seines Pendants im Senat von 31 über 62 auf 75. Mehr als siebzig Ausschüsse und Unterausschüsse beschäftigten sich jetzt in der ein oder anderen Form mit internationalen Fragen. Die Administration hatte es nun mit außenpolitisch besser informierten und aktiveren Abgeordneten zu tun als früher. Außenminister Kissinger reflektierte 1975: «Als ich mit Herrn Nixon 1969 in die Regierung kam, war es ziemlich einfach, mit dem Kongress zu verhandeln. Es gab 12 bis 15 Abgeordnete im Haus, mit denen wir sprechen mussten, und das war alles. Wir setzten uns nicht notwendigerweise immer durch, aber wir wussten, woran wir waren. Jetzt weiß ich nicht mal mehr, mit wem ich reden muss – oder präziser: egal, mit wem ich rede, ich kann der Ergebnisse nicht sicher sein.»[6] Nicht nur wurde der Kongress schwieriger einzuschätzen, sondern die Abgeordneten versuchten jetzt auch, die Außenpolitik aktiv zu beeinflussen. Böse Zungen sprachen bereits davon, dass die USA 536 Außenminister hätten – einen im State Department und 535 im Parlament.

Die Machtbereiche 1974–2003

Seit Mitte der 1970er Jahre hat sich das Zusammenspiel zwischen Präsident und Kongress in allen außenpolitischen Machtbereichen also von Grund auf gewandelt: bei den Kriegsvollmachten, den Verträgen, der Handelspolitik und den Sanktionen, der Auslandshilfe, der Personalernennung und der Kontrolle der Geheimdienste.

Die Kriegsvollmachten: Obwohl die USA von ihrer Gründung bis zum Jahr 1970 137 Militäraktionen unternahmen, erklärte der Kongress dabei nur fünf Mal den Krieg: gegen England 1812, Mexiko 1845 und Spanien 1898 sowie in den beiden Weltkriegen. Das Vietnam-Fiasko führte im Kongress jedoch zu Bestrebungen, das Procedere für den Einsatz von Truppen im Ausland zu regeln. Die Parlamentarier verabschiedeten deshalb 1973 das ‹Kriegsvollmachtengesetz› (War Powers Act), das die Kompetenzen des Präsidenten bei Militäreinsätzen beschneiden sollte. Nixons Veto wiesen sie mit einer Zweidrittelmehrheit in beiden Kammern zurück. Obwohl dieses Vorgehen verfassungsrechtlich umstritten war, wollte der Kongress ein Zeichen setzen, dass unerklärte Kriege wie der in Vietnam der Vergangenheit angehören sollten und die Zeit der imperialen Präsidentschaft vorüber war. Der ‹War Powers Act› sah folgende Neuregelungen vor:

- der Präsident wird verpflichtet, den Kongress vor einem Truppeneinsatz «in jedem möglichen Fall» zu konsultieren (Abschnitt 3);
- der Präsident muss dem Sprecher des Repräsentantenhauses und dem Präsidenten pro tempore des Senats binnen 48 Stunden über die Umstände des Truppeneinsatzes, seine verfassungsrechtlichen und gesetzlichen Grundlagen, den Umfang und die Dauer der Militäraktion schriftlich berichten (Abschnitt 4a);
- falls der Kongress keine andere Entschließung fasst, müssen die Streitkräfte binnen sechzig Tagen abgezogen werden, wobei diese Frist um maximal dreißig Tage verlängert werden kann, um einen sicheren Rückzug zu gewährleisten (Abschnitt 5b);

– der Kongress kann durch eine gemeinsame Entschließung (concurrent resolution) einen früheren Rückzug anordnen (Abschnitt 5c).

Auf den ersten Blick sahen die neuen Rechte des Kongresses imponierend aus. In der Praxis erfüllte der ‹War Powers Act› aber die in ihn gesetzten Erwartungen nur teilweise. Dies lag zum einen daran, dass die Präsidenten das Gesetz durchweg ablehnten und seine Bestimmungen in konkreten Fällen meist mit wenig überzeugenden Erklärungen als nicht praktikabel ignorierten. So erklärten sie ihre Weigerung, Kongressmitglieder zu informieren oder in den Entscheidungsprozess einzubinden, wiederholt mit Hinweisen auf den großen Zeitdruck, die notwendige Geheimhaltung oder fehlende Ansprechpartner. Zum anderen unternahm der Kongress nur wenig, um dem Gesetz Geltung zu verschaffen. Das lag vor allem an der inneren Dynamik von Krisensituationen, die der Exekutive in die Hände spielen, weil sie schnelles, entschlossenes Handeln erfordern. Hatte der Präsident aber erst einmal US-Truppen entsandt, dann scharten sich in der Regel die Parlamentarier um ihn (‹Rally around the flag›-Phänomen). In den fast fünfzig Fällen, in denen seit 1974 amerikanische Soldaten im Ausland zum Einsatz kamen, wurde das Gesetz nur zweimal formal angewendet: 1975 bei der Befreiung der Crew eines von Kambodscha in internationalen Gewässern aufgebrachten US-Handelsschiffs und 1982 bei der Stationierung von Marines im Libanon als Puffer zwischen den Konfliktparteien. In fast allen anderen Fällen setzten Präsidenten die Streitkräfte autonom ein.

Kritiker des ‹War Powers Act› klagten deshalb, das Gesetz beschränke die Exekutive nicht, sondern gebe ihr in der Praxis freie Hand für eine 90tägige Kriegsführung. Allerdings waren die Präsidenten bei allen Truppeneinsätzen seit Mitte der 1970er Jahre darauf bedacht, nicht in längere Auseinandersetzungen hineinzugeraten, die Kämpfe mit überlegener Schlagkraft zu führen und über eine klare Exit-Strategie zu verfügen. Dies hatte aber mehr mit den traumatischen Erfahrungen des Vietnamkriegs als mit den Bestimmungen des ‹War Powers Act› zu tun. 1983 schwächte das Verfassungsgericht das Gesetz zusätzlich, indem es in seinem Spruch ‹INS v. Chadha› Entscheidungen des Kongresses verbot, die vom Präsidenten nicht mit einem Veto belegt werden können. Davon war nämlich Abschnitt 5c des ‹War Powers Act› betroffen, der dem Kongress einräumte, jeden Truppeneinsatz durch eine gemeinsame Resolution beenden zu können. Seitdem spielt es in der Praxis kaum mehr eine Rolle. Als Bush sr.

zum Beispiel 1990 ankündigte, die irakischen Invasoren mit Militärgewalt aus Kuwait zu vertreiben, erhielt er dafür knappe Mehrheiten in Haus und Senat. Aber der ‹War Powers Act› wurde nicht ausgelöst. Trotz seiner geringen Wirkung scheiterten republikanische Parlamentarier Mitte der 1990er Jahre aber mit ihrem Versuch, das Gesetz wieder abzuschaffen. Eine Mehrheit der Volksvertreter betrachtete es nach wie vor als Symbol ihres Mitsprachewillens bei der Kriegführung und war nicht zu einer Revision bereit. Clinton und Bush jr. hielten an der Strategie ihrer Vorgänger fest. Clinton ordnete den Luftkrieg gegen Serbien im Frühjahr 1999 an, ohne auf den ‹War Powers Act› Bezug zu nehmen. Nach dem 11. September 2001 autorisierte das Parlament Bush, «alle notwendige und angemessene Gewalt» gegen Nationen, Organisationen oder Individuen anzuwenden, die in Terrorakte involviert sind oder Terroristen beherbergen. Ein gutes Jahr später ermächtigte es den Präsidenten zu einem Waffengang gegen den Irak. Damit gaben die Abgeordneten Bush ähnlich freie Hand für einen Militäreinsatz wie dereinst Johnson in Vietnam. Selbst eine Erwähnung des ‹War Powers Act› in den entsprechenden Resolutionen konnte das Weiße Haus verhindern. In einer Zeit nationaler Bedrohung wollte sich kaum ein Parlamentarier den Vorwurf zuziehen, den Präsidenten nicht aktiv unterstützt zu haben.

Verträge und Verwaltungsabkommen: Beim Abschluss von internationalen Vereinbarungen ist es dem Kongress seit Mitte der 1970er Jahre dagegen teilweise gelungen, seine Position gegenüber der Regierung zu stärken. Bei Verträgen war die Mitwirkung des Parlaments schon immer recht groß, da der Senat jedem Vertrag mit einer Zweidrittelmehrheit zustimmen muss und den Vertragstext darüber hinaus durch Zusätze (amendments) verändern kann. Der Politikwissenschaftler Ernst Fraenkel hat diesen Passus einmal als die einzige Fehlkonstruktion der amerikanischen Verfassung bezeichnet, da sie ein kohärentes Mitwirken der USA an der internationalen Politik erschwert. Die Regierung hat dem entgegenzuwirken versucht, indem sie viele Verpflichtungen über Verwaltungsabkommen (executive agreements) einging, die dieselbe völkerrechtliche Bindewirkung wie Verträge besitzen, aber keiner Zustimmung des Senats bedürfen. Dieser Trend beschleunigte sich mit dem Aufstieg der USA zur Weltmacht. Während die Vereinigten Staaten von 1789 bis 1945 826 Verträge und 1241 Verwaltungsabkommen schlossen, lauteten die Zahlen für die folgenden vierzig Jahre 650 und 10 000. Nixon bediente sich der Verwaltungsabkommen wie kein Präsident vor ihm. Selbst wichtigste Vereinbarungen wie seine Zusagen aus dem Jahren 1972 und 1973 an den südvietnamesischen Staatschef Thieu, seinem Land bei einem Angriff Nordvietnams «mit aller Macht» beizustehen, erfolgten einseitig durch den Präsidenten, ohne dass der Kongress davon informiert worden war. Der Unmut des Parlaments über diese Praxis mündete aber nicht in konkrete Gesetze. Hauptursache dafür war das Konkurrenzverhältnis zwischen den beiden Kammern: Das Repräsentantenhaus suchte nämlich eine Vetomöglichkeit gegen alle Verwaltungsabkommen durchzusetzen, die eine nationale Verpflichtung eingingen, und damit seine Mitsprache in der Außenpolitik festzuschreiben. Der Senat hingegen, von der Verfassung bei der Ratifizierung von Verträgen privilegiert, wollte möglichst nichts von seinen Kompetenzen abgeben und wichtige Verwaltungsabkommen als Verträge übermittelt bekommen. Der Administration bot sich damit die Gelegenheit, die beiden Kammern gegeneinander auszuspielen und dafür zu sorgen, dass sich ihre Gesetzesvorschläge gegenseitig paralysierten.

Dagegen schaltet sich der Senat seit den 1970er Jahren sehr aktiv in die Ratifizierung von Verträgen ein. Während die Regierung in den Tagen des Kalten Kriegs kaum Probleme hatte, die Zustimmung der kleinen Kammer zu Verträgen zu erhalten, änderte sich dies im Zuge des Vietnamkriegs. Die Senatoren nahmen nun die Vertragstexte unter die Lupe, brachten eigene Vorschläge ein und zwangen die Regierung zu Nachverhandlungen. Spektakuläres Beispiel bildete 1977 die Ratifizierung des Panamakanalvertrags, der eine Rückgabe der amerikanischen Kanalzone zum 31. 12. 1999 vorsah. Während der Debatte über die Annahme des Vertrags brachten die Senatoren 145 Zusätze, 26 Vorbehalte und 18 Bedingungen ein, reisten 42 Senatoren persönlich nach Panama, um sich vor Ort zu informieren oder mit Staatspräsident Torijos zu diskutieren. Es bedurfte aufwändigen Lobbyings des Weißen Hauses unter Aufgebot von ehemaligen Außenministern und Präsidenten sowie zahlreicher Kompensationsangebote an unentschlossene Parlamentarier, um eine knappe Mehrheit zu sichern. Die Widerstände gegen den SALT II-Rüstungskontrollvertrag waren 1979 sogar so groß, dass ihn Präsident Carter wenige Monate nach Übersendung unverrichteter Dinge zurückzog. Zwar sind scharfe Konflikte über Verträge selten, aber die Ablehnung des Atomteststoppvertrags und des Chemiewaffenvertrags dokumentierten Ende der 1990er Jahre, wie wenig eine Regierung auf die Unterstützung einer umstrittenen

Politik durch den Senat zählen kann, besonders, wenn die Kammer von der Opposition kontrolliert wird.

Handelspolitik und Sanktionen: Nach Artikel I, Absatz 8 der Verfassung steht dem Kongress das alleinige Recht zu, «die Wirtschaftsbeziehungen mit anderen Nationen zu regulieren». Nach der Großen Depression der 1930er Jahre begann der Präsident aber, die Außenhandelspolitik zu dominieren. Das war im Interesse beider Seiten: Der Präsident konnte außenpolitische Führungskraft demonstrieren, die Abgeordneten, die meist freihändlerisch orientiert waren, konnten sich dem Druck protektionistischer Interessengruppen entziehen. Dieses Arrangement funktionierte so lange, wie die US-Wirtschaft der internationalen Konkurrenz nur in geringem Maße ausgesetzt war. Das änderte sich jedoch seit den 1970er Jahren rapide. Hing 1970 nur jeder zehnte amerikanische Arbeitsplatz vom Außenhandel ab, war es 2000 jeder vierte. Protektionismus begann sich zunehmend innenpolitisch auszuzahlen. Für den Präsidenten wurde es deshalb immer schwieriger, Mehrheiten für eine Politik des Freihandels zu erhalten, zumal bei Handelsverträgen beide Kammern des Kongresses zustimmen müssen, auch das populistischer ausgerichtete Repräsentantenhaus. Schon Reagan und Bush sr. mussten Abstriche an ihrer Freihandelspolitik machen. In den 1990er Jahren zerbrach das alte Arrangement schließlich. Zwar konnte Clinton noch Mehrheiten im Kongress für die ‹Uruguay-Runde› des GATT und das ‹Nordamerikanische Freihandelsabkommen› (NAFTA) erhalten. Aber er war nicht mehr imstande, das Parlament zu einer Verlängerung seiner 1994 ausgelaufenen Verhandlungsvollmacht zu bewegen, die jeder Präsident seit 1974 erhalten hatte. Sie ist deshalb so wichtig, weil sie verhindert, dass der Kongress Handelsverträge mit Zusätzen versehen kann. Bush jr. wurde die Verhandlungsvollmacht erst nach einer harten Lobbying-Kampagne und vielen Zugeständnissen gewährt.

Gleichzeitig nimmt unter den Parlamentariern die Tendenz zu, ihre zentrale Rolle in der Außenwirtschaftpolitik zur Durchsetzung eigener außenpolitischer Vorstellungen zu nutzen. Vor allem in den 1990er Jahren verhängten sie eine Unzahl von Sanktionen. Der politische Vorteil liegt auf der Hand: Angesichts organisierter Lobbys können die Abgeordneten mit diesem Instrument Aktivität demonstrieren, ohne harte Entscheidungen treffen zu müssen, und die Kosten tragen in der Regel ausländische Unternehmen und die betroffenen Staaten. Allein zwischen 1993 und 1996 belegten die USA 35 Länder mit neuen Sanktionen. Ob es um die Proliferation von Massenvernichtungswaffen, die Unterstützung des Terrorismus, den Drogenschmuggel oder die Verletzung der Menschenrechte geht, meist hält der Kongress Sanktionen für die angemessene Antwort. Ein besonders markantes Beispiel ist das ‹Helms/Burton-Gesetz› aus dem Jahr 1996. In ihm untersagt das Parlament Firmen und Individuen, mit jenen kubanischen Staatsunternehmen Handel zu treiben, die nach der Revolution von 1959 enteignetes Gut von US-Bürgern nutzen. Bei Zuwiderhandlung werden Sanktionen angedroht. Da die USA selbst keine Wirtschaftsbeziehungen zu Kuba unterhalten, sind Europäer, Kanadier und Lateinamerikaner die Hauptbetroffenen. Zwar hat sich Clinton wegen der Bedeutung der kubanischen Lobby in den wahlarithmetisch wichtigen Bundesstaaten Florida und New Jersey nicht zu einem Veto durchringen können, aber das Inkrafttreten der Sanktionen immer wieder ausgesetzt. Bush jr. ist ihm in dieser Politik gefolgt. Sein Außenminister Powell war der erste führende Politiker seit vielen Jahren, der öffentlich erklärte, die Inflation von Sanktionen eindämmen zu wollen, weil sie der Kohärenz amerikanischer Außenpolitik schweren Schaden zufüge.

Auslandshilfe: Bis zur Präsidentschaft Nixons erregte die Auslandshilfe nur selten das Interesse des Kongresses. Ohne eigene Klientel blieb der Bereich ein Anliegen der außenpolitischen Elite, dem der Durchschnittsparlamentarier im besten Fall indifferent, in der Regel jedoch ablehnend gegenüberstand. In den 1970er Jahren entdeckten die Abgeordneten die Auslandshilfe allerdings als ein Vehikel, um ihre politischen Überzeugungen öffentlich zu machen und gegenüber der Administration durchzusetzen. Dabei sind mehrere Tendenzen feststellbar, die fast alle mit dem Vietnamkrieg zusammenhängen.

Erstens versuchten die Abgeordneten, die Vergabe von Auslandshilfe immer dann zu verhindern, wenn sie den Eindruck gewannen, die USA könnten dadurch in neue Konflikte hineingezogen werden. So stornierten sie gegen die Proteste von Präsident Ford die Militär- und Wirtschaftshilfe an Südvietnam, Kambodscha und den antikommunistischen Widerstand in Angola. In den frühen 1980er Jahren untersagte es der Kongress der Reagan-Regierung in den ‹Boland-Amendments›, die antisandinistischen Contra-Rebellen in Nicaragua zu unterstützen. Zweitens erhoben die Parlamentarier die Einhaltung der Menschenrechte zu einem wichtigen Kriterium bei der Vergabe von Auslandshilfe. Der Präsident oder das Außenministerium muss nun in vielen Fällen schriftlich feststellen, dass sich die Menschenrechtssituation im Empfängerland verbessert hat, bevor die Mittel abfließen können. Wo das nicht der Fall war, wie im El Salvador der 1980er Jahre, kürzte der Kongress die Hilfe oder setzte sie ganz aus. Auch verpflichtete er die Exekutive, in multilateralen Organisationen wie der UNO oder der Weltbank gegen die Vergabe von Geldern an repressive Regime zu stimmen. Drittens begannen die Volksvertreter, amerikanische Waffenverkäufe genauer zu kontrollieren, vor allem, wenn es um Lieferungen an potenzielle Gegner Israels ging. Präsident Reagan etwa gelang es nur mit Mühe, den Verkauf von AWACS-Aufklärungsflugzeugen an Saudi-Arabien durchzusetzen. Die geplante Lieferung von Stinger-Luftabwehrraketen an Jordanien musste der Präsident dagegen 1984 fallen lassen, zahlreiche andere Projekte zurückschrauben. Viertens spielte der Zusammenbruch der hierarchischen Strukturen im Kongress den außenpolitischen Lobbys und dabei vor allem den ethnischen Interessengruppen in die Hände. Das ‹Amerikanisch-israelische politische Aktionskomitee› (AIPAC) war nicht nur bei der Verhinderung von Waffenverkäufen an arabische Staaten von zentraler Bedeutung, sondern auch bei der Festlegung der Höhe der US-Militär- und Wirtschaftshilfe an den jüdischen Staat. Auch wegen der Tätigkeit von AIPAC ist Israel seit Jahrzehnten der größte Empfänger amerikanischer Gelder. Der griechischen Lobby gelang es 1978 sogar gesetzlich zu verankern, dass jede Militärhilfe an Griechenland und die – so viel größere und strategisch sehr viel bedeutendere – Türkei mindestens im Verhältnis von 7:10 erfolgen muss. Insgesamt spielt der Kongress heute eine starke Rolle bei der Vergabe der amerikanischen Auslandshilfe, die freilich bei den meisten Abgeordneten unpopulär bleibt. Vor allem nach dem Ende des Kalten Kriegs wurde es für die Regierung immer schwieriger, Unterstützung für ihre Vorschläge zu finden. Allerdings ist es nicht immer der Kongress, der amerikanischen Hilfen kritisch gegenübersteht. So legte er auf Betreiben von zwei Senatoren Anfang der 1990er Jahre ein Finanzpaket zur Sicherung der ex-sowjetischen Nukleararsenale auf. Mit einem Anteil der Auslandshilfe von 0,1 Prozent am Bruttoinlandsprodukt liegen die USA freilich seit Jahren am Ende der OECD-Staaten. Erst seit den Terroranschlägen vom September 2001 findet die Vergabe von Auslandshilfe wieder mehr Zustimmung. So kündigte Bush im Frühjahr 2002 eine Erhöhung der Mittel um 50 % bis 2006 an.

Personalbestätigungen: Verstärkt nutzen die Senatoren auch das wenig bekannte Mittel, vom Präsidenten für außenpolitische Posten nominierte Kandidaten abzulehnen und damit ihren Vorstellungen Gehör zu verschaffen. McMurtie Godley zum Beispiel wurde Anfang der 1970er Jahre deshalb nicht Abteilungsleiter für Ostasiatische Angelegenheiten im Außenministerium, weil die kleine Kammer ihren Unmut über Nixons Vietnampolitik zum Ausdruck bringen wollte. Präsident Carter musste seinen Kandidaten für das Amt des CIA-Chefs, Ted Sorensen, nach heftigem Protest wichtiger Senatoren wegen dessen angeblich allzu liberalen Einstellung fallen lassen. Auch Ronald Reagan konnte seine Nominierungen nicht immer durchsetzen. Sein Kandidat für den Posten des Abteilungsleiters für Menschenrechte im State Department diente dem Senat als Blitzableiter für die Kritik an der Menschenrechtspolitik der Regierung. Er warf nach einem 13:4-Votum gegen ihn im zuständigen Ausschuss das Handtuch. Zu einer wahren Meisterschaft im Blockieren von außenpolitischen Personalvorschlägen brachte es Senator Jesse Helms. Schon in den 1980er Jahren zögerte er immer wieder die Bestätigung von Spitzenbeamten hinaus, die ihm zu liberal erschienen. Als Vorsitzender des Außenpolitischen Ausschusses des Senats von 1995 bis 2001 nutzte er dieses Instrument wiederholt, um von der Administration Gegenleistungen zu erzwingen. Als Clinton etwa den republikanischen Ex-Gouverneur von Massachusetts, William Weld, für den Botschafterposten in Mexiko nominierte, lehnte Helms seinen Parteifreund mit der Begründung ab, dessen Aussagen zur Drogenpolitik seien ihm zu weich und der Mann sei deshalb gerade in Mexiko fehl am Platze. Bush jr. schließlich musste seinen Kandidaten für das Amt des Abteilungsleiters für Lateinamerika im Außenministerium, John Negroponte, zurückziehen, weil er den Senatoren durch seine Zeit als Botschafter in Honduras während der Reagan-Jahre vorbelastet erschien.

Diese ‹Geiselnahmen› von Außenpolitikern in der kleinen Kammer haben sich als wirkungsvolles Instrument erwiesen, den eigenen Vorstellungen Gehör zu verschaffen. Zwar kommt es selten zu einer direkten Ablehnung durch den Senat, aber oft musste das Weiße Haus umstrittene Kandidaten fallen lassen oder im Vorfeld Zugeständnisse machen. Dabei genießt der einzelne Senator, zumal wenn er im zuständigen Ausschuss sitzt, breite Individualrechte. Diese räumen vor allem jenen Mitgliedern der Kammer, denen ideologische oder individuelle Ziele wichtiger sind als die Kooperation mit den Kollegen, Parteikohärenz und das Wohlwollen der Regierung, große Möglichkeiten ein, die amerikanische Außenpolitik zu beeinflussen.

Kontrolle der Geheimdienste: Lange Zeit zeigte der Kongress wenig Interesse an einer Kontrolle der Geheimdienste. Die meisten Abgeordneten waren froh, nicht zu tief in diesen Bereich hineingezogen zu werden, und die Dienste drängten niemandem Informationen auf. Das alles änderte sich zu Beginn der 1970er Jahre. Zunächst wurde Nixons Order an die CIA publik, die Arbeit der Strafverfolgungsbehörden bei der Untersuchung der Watergate-Affäre zu unterlaufen. Wenig später gelangten Details über die Rolle der CIA beim Militärputsch in Chile 1973 an die Öffentlichkeit. Als Reaktion untersagte der Kongress mit dem ‹Hughes/Ryan-Amendment› den Geheimdiensten alle Aktivitäten, die über das Sammeln von Informationen hinausgingen. Sollte sich der Präsident zu einer verdeckten Operation entschließen, so musste dies schriftlich fixiert und die zuständigen Kongressgremien in Kenntnis gesetzt werden. Unter der Leitung von Senator Frank Church durchleuchtete ein Untersuchungsausschuss wenig später die Arbeit der Geheimdienste und wies ihnen schwere Vergehen nach. Unter anderem deckte er auf, dass die CIA in den 1960er Jahren Gegner des Vietnamkriegs bespitzelt (Operation CHAOS) und mehrmals versucht hatte, den kubanischen Staatschef Fidel Castro zu ermorden. Präsident Ford verbot daraufhin 1976 mit Exekutivanordnung 11 905 alle gezielten Anschläge. Der Kongress antwortete auf die Enthüllungen mit einer Reihe demonstrativer Maßnahmen: Nicht nur wurden zwei neue Ausschüsse zur Überwachung der Nachrichtendienste eingerichtet und die rechtlichen Bestimmungen für ihre Tätigkeit verschärft, sondern die Abgeordneten untersagten der CIA auch, die angolanische Bürgerkriegspartei UNITA im Kampf gegen die durch Moskau geförderte MPLA mit Geld, Waffen und Know-how zu unterstützen. 1980 verabschiedete der Kongress darüber hinaus ein Gesetz, das den CIA-Direktor als Chef sämtlicher Nachrichtendienste verpflichtete, sie «über alle Geheimdienstaktivitäten vollständig auf dem Laufenden» zu halten.

Damit hatte der Reformeifer des Kongresses seinen Höhepunkt aber überschritten. Nach der Revolution im Iran und dem Einmarsch der Sowjetunion in Afghanistan 1979 waren die Abgeordneten wieder eher bereit, eine aktive Rolle der Geheimdienste zu akzeptieren. In den folgenden Jahren erhöhte die CIA die Zahl ihrer verdeckten Operationen, ja kündigte manche von ihnen auch öffentlich an. Gerade wenn es um die Durchsetzung der ‹Reagan-Doktrin› ging, also die Förderung antisowjetischer Widerstandsgruppen in Ländern der Dritten

Welt, flossen die Mittel mehr oder weniger offen: Die Unterstützung der Mujaheddin in Afghanistan und der Contras in Nicaragua vollzog sich unter hoher Publizität. Meist hielt sich die Regierung auch an ihre Informationspflicht. Mitte der 1980er Jahre kam es jedoch zu zwei Eklats, die das Vertrauen des Kongresses in die Kooperationsbereitschaft der Exekutive erschütterten. Zunächst erfuhren die Parlamentarier im April 1984 durch einen Bericht des ‹Wall Street Journal›, dass die CIA den Contras nicht nur die gebilligte logistische Hilfe hatte zukommen lassen, sondern auch direkt an der Verminung nicaraguanischer Häfen beteiligt gewesen war. Der Kongress machte daraufhin seiner Empörung mit einem Gesetzeszusatz Luft, in dem er allen Geheimdienstorganisationen untersagte, Budgetmittel für verdeckte Operationen in Nicaragua zu verwenden. Gut zwei Jahre später, im November 1986, kam heraus, dass Mitarbeiter des NSC Waffenlieferungen an den Iran angeordnet hatten, obwohl das Außenministerium das Land auf einer Liste führte, die seiner Ansicht nach Terrorismus unterstützten. Im Gegenzug sollte Teheran auf die Hisbollah im Libanon einwirken, ihre amerikanischen Geiseln freizulassen. Mit den Erlösen aus den Waffenverkäufen finanzierte Oliver North vom NSC die Guerilla-Aktivitäten der Contras. In beiden Teilen der ‹Iran-Contra-Affäre› hatte die Regierung den Volksvertretern bewusst Informationen vorenthalten und gegen gesetzliche Regelungen verstoßen. Reagan blieb nichts anderes übrig, als die Verantwortung für das Fiasko zu übernehmen, eine schonungslose Aufklärung anzuordnen und neue Richtlinien für die Durchführung verdeckter Operationen zu verabschieden, die sich weitgehend an den Vorschlägen des Geheimdienstausschusses orientierten.

Mit dem Ende der Sowjetunion ging die Bedeutung von verdeckten Operationen zurück und damit auch das Konfliktpotenzial zwischen den beiden Regierungsgewalten. Nach der Machtübernahme der Republikaner im Kongress im Januar 1995 drängte dieser die Administration sogar, die CIA zum Sturz des irakischen Diktators Saddam Hussein einzusetzen, und bewilligte dafür Mittel, um die das Weiße Haus gar nicht ersucht hatte. Nach dem 11. September 2001 erfuhr die CIA eine massive Aufwertung. Bush beauftragte den Geheimdienst, alles zu unternehmen, um das Terrornetz der Al Khaïda zu zerstören. Dazu genehmigte er Sondermittel im Umfang von einer Milliarde Dollar und setzte das 1976 erlassene Tötungsverbot für die Führungsgruppe der Al Khaïda und der Taliban außer Kraft.

4. Die gesellschaftlichen Akteure

Präsident und Kongress sind zwar die wichtigsten Protagonisten in der amerikanischen Außenpolitik, aber die obigen Ausführungen haben bereits deutlich gemacht, wie sehr die Inhalte dieser Politik von gesellschaftlichen Akteuren – den Eliten, der Öffentlichkeit, den Interessengruppen, den Medien – mitbestimmt werden. Die folgenden Abschnitte untersuchen deshalb ihren Einfluss etwas genauer.

Die außenpolitische Elite

Außenpolitik wird in den USA wie in den meisten anderen Staaten auch wesentlich von einer Elite getragen. Man bezeichnet sie als das außenpolitische ‹Establishment› oder die außenpolitische ‹Community›. Ihre Ansichten sind aber nicht immer homogen, und die Zahl ihrer Mitglieder schwankt. Der größte Teil der außenpolitischen Elite der Vereinigten Staaten arbeitet ‹inside the beltway›, innerhalb des Autobahn-Rings um Washington. Ihre einflussreichsten Vertreter sind oft Mitglieder des ‹Council on Foreign Relations› oder der ‹Trilateralen Kommission›. Seit dem Zweiten Weltkrieg lassen sich vier große Phasen in der weltanschaulichen Ausrichtung der außenpolitischen Elite unterscheiden: Die Phase des antikommunistischen Konsenses (1947–1967), während der eine kleine Gruppe ‹weiser Männer› (wise men) von der Ostküste die Grundlinien der Außenpolitik festlegte, die Phase der Diffusion der Schulen in der Nach-Vietnam-Ära (1968–1991), die durch eine Öffnung des politischen Prozesses gekennzeichnet ist, die Phase des Suchens nach einer neuen außenpolitischen Leitlinie vom Ende des Kalten Kriegs bis zu den Terroranschlägen in New York und Washington (1992–2001) und die Phase des antiterroristischen Einvernehmens (2001–).

Nach dem Zweiten Weltkrieg gab es in Washington keinen Masterplan für die Außenpolitik der USA. Nur langsam setzte sich die Einsicht durch, dass dem heißen Krieg mit Deutschland und Japan ein kalter mit der Sowjetunion folgen würde. Die UdSSR wurde zunehmend als aggressive und expansive Macht gesehen, die mit einer Gruppe gefügiger Satelliten die Weltrevolution anstrebte. Der antikommunistische Konsens entwickelte sich allerdings nicht über Nacht, schließlich war Moskau ein wichtiger Verbündeter im Krieg gewesen. Ende der 1940er Jahre stimmten die meisten Politiker und der größte Teil der Bevölkerung jedoch darin überein, dass Amerika alles tun müsse, um die Sowjetunion einzudämmen, selbst wenn dies ein weiteres Engagement in der Welt und den Einsatz von Gewalt bedeutete. Liberale, moderate und konservative Politiker standen hinter diesem Kurs. Die außenpolitische Debatte drehte sich um taktische Fragen, stellte die langfristige Richtigkeit des Containment-Kurses aber nicht in Frage. David Halberstam beschrieb diese breite internationalistische und antikommunistische Bewegung folgendermaßen: «Sie war eine ideologische und überparteiliche Bewegung, sie erfreute sich der Unterstützung der Presse, der Kirchen, Hollywoods. Es gab in ihr phänomenal wenig Debatte oder eine feinere Unterscheidung der Grade des Antikommunismus. Sie war ganz auf Aktion ausgerichtet und politisch sehr sicher; alles andere war politisch gefährlich.»[1] Nur aufgrund dieses breiten weltanschaulichen Konsenses ist erklärbar, dass Senator Joe McCarthy mit seiner Kommunistenjagd im Innern und die Domino-Theorie im Äußeren lange Jahre so dominieren konnten. Natürlich ermöglichte das breite außenpolitische Einvernehmen den USA, in der Weltpolitik geschlossen und druckvoll aufzutreten. Gleichzeitig behinderte es aber eine differenzierte Analyse der Ursachen vieler Konflikte und die Entwicklung alternativer Politiken. In den späten 1960er und frühen 1970er Jahren begann der breite Konsens zu erodieren. Die Bürgerrechtsbewegung und die Watergate-Ermittler deckten schwere politische Missstände auf und ließen viele Amerikaner an den Grundlagen ihres Regierungssystems zweifeln. Kein Ereignis beschädigte den außenpolitischen Konsens aber mehr als der Vietnamkrieg. In seinem Gefolge zerfiel die außenpolitische Elite in zwei große Lager, die bei allen inhaltlichen Unterschieden aber internationalistisch ausgerichtet blieben.

Die *liberalen Internationalisten* argumentierten, dass die Fokussierung auf den Ost-West-Konflikt und die NATO übertrieben und eine stärkere Betonung der Nord-Süd-Beziehungen notwendig sei. Sie forderten eine Entspannungspolitik mit der Sowjetunion, Abrüstungsmaßnahmen, verbesserte Handelsbeziehungen zwischen Ost und West und eine größere Berücksichtigung der Menschenrechte und des Umweltschutzes als Teil der Außenpolitik. Außerdem plädierten sie für eine enge wirtschaftliche Zusammenarbeit der USA, Europas und

Japans, um die Weltwirtschaft zu steuern und die Wechselkurse zu stabilisieren. Als Mittel der Politik sahen sie vor allem offene Diplomatie, multilaterales Vorgehen sowie eine Stärkung internationaler Organisationen, vor allem der UNO. Gewaltanwendung wurde abgelehnt. Jimmy Carter war derjenige Präsident, der sich am meisten mit der Agenda des liberalen Internationalismus identifizierte. In einer weniger durch die Erfordernisse des Amts verfälschten Form war sie beim demokratischen Präsidentschaftskandidaten von 1972, George McGovern, zu finden. Auch Präsident Bill Clinton darf als moderater Vertreter dieser außenpolitischen Schule gelten, vor allem in seinen ersten Regierungsjahren.

Die *konservativen Internationalisten* hielten an der Überzeugung fest, dass der Kommunismus die größte Bedrohung für die USA darstellte. Um ihre Sicherheit zu gewährleisten, mussten die Vereinigten Staaten militärisch auf der ganzen Welt präsent sein und den sowjetischen Expansionismus eindämmen. Dazu sollten sie die Bündnissysteme stärken, die alten Partner im Konflikt mit der UdSSR stützen und neue Partner hinzugewinnen sowie den Freihandel fördern. Allerdings gab es bei den konservativen Internationalisten zwei Flügel: Die Realpolitiker setzten auf Gleichgewichtspolitik, Anerkennung von Einflusszonen und Interessenausgleich über ideologische Differenzen hinweg und nutzten die Geheimdiplomatie als Instrument ihrer Außenpolitik. Präsident Nixon, sein Außenminister Kissinger sowie die Präsidenten Ford und Bush sr. standen dieser Schule am nächsten. Die Moralpolitiker dagegen hielten stärker am ideologischen Gegensatz zur Sowjetunion fest und bauten auf eine Politik der militärischen Aufrüstung, um Moskau zu Zugeständnissen zu zwingen. Die Auseinandersetzung mit der UdSSR musste ihrer Ansicht nach zu aller Zeit und überall erfolgen. Präsident Reagan vertrat viele dieser Auffassungen.

Mit dem Zerfall der Sowjetunion und dem Ende des Kalten Kriegs zerbrach der internationalistische Konsens, der die außenpolitische Elite der Vereinigten Staaten bei allen weltanschaulichen Unterschieden verbunden hatte. Neben die liberalen und konservativen Internationalisten traten jetzt zwei weitere Gruppen.

Die *konservativen Unilateralisten* halten zwar an einer aktiven weltpolitischen Rolle der USA fest, stehen aber internationalen Organisationen, insbesondere der UNO und dem IWF, und dem Prinzip des Multilateralismus mit großer Skepsis gegenüber. Unter der Maxime ‹America first› soll Washington seine nationalen Interessen wenn nötig auch im Alleingang durchsetzen. Im Zentrum der Forderungen der konservativen Unilateralisten steht eine ‹Nationale Raketenabwehr› (National Missile Defense = NMD) zur Abwehr potenzieller Angriffe von so genannten ‹Schurkenstaaten› (rogue states). In internationalen Organisationen dürfen sich die USA ihrer Meinung nach nur dann engagieren, wenn sie damit ihre gesellschaftspolitischen Vorstellungen befördern. So bekämpfen die konservativen Unilateralisten unter anderem die Familienplanungs-Programme der UNO, internationale Regeln für den Umweltschutz und großangelegte Hilfen für in Not geratene Volkswirtschaften. Um diese Ziele zu erreichen, sollen die USA notfalls auch ohne Partner handeln. Präsident Bush jr. und einige seiner wichtigsten Berater wie Vizepräsident Richard Cheney oder Verteidigungsminister Donald Rumsfeld teilen viele Forderungen dieser Schule.

Die *Non-Internationalisten*, die vor allem seit den frühen 1990er Jahren an Stärke gewannen und Anhänger an den Rändern des politischen Spektrums haben, wollen das internationale Engagement der Vereinigten Staaten begrenzen und sich außenpolitisch nur sehr selektiv engagieren. Globalisierung, unfaire Handelspraktiken von Billiglohnländern, Freihandel und Immigration sind für sie hauptverantwortlich für die wachsende Ungleichheit bei den Einkommen. Auf der politischen Rechten vertrat der zweimalige Bewerber um die Präsidentschaftsnominierung der Republikaner und spätere Kandidat der Reform-Partei, Pat Buchanan, viele dieser Positionen, auf der politischen Linken der Verbraucheranwalt und Präsidentschaftskandidat der Grünen Partei im Jahr 2000, Ralph Nader. Aber auch ein Populist wie der unabhängige Präsidentschaftskandidat von 1992 und 1996, Ross Perot, zählte zu den Non-Internationalisten.

Insgesamt blieb die Elite auch nach dem Ost-West-Konflikt stärker internationalistisch ausgerichtet als die Bevölkerung. So waren alle vier wichtigen Kandidaten bei den Präsidentschaftswahlen 2000 – Gore, Bradley, Bush, McCain – bekennende Internationalisten. Anti-Internationalisten wie Buchanan und Nader erhielten dagegen kaum Stimmen. Bis zu den Terroranschlägen vom 11. September 2001 vollzog sich die außenpolitische Debatte allerdings nicht mehr wie in den 1950er und 1960er Jahren in engen Bahnen, sondern hatte viele Facetten und verfolgte zum Teil konträre Ansätze. ‹Nine-Eleven› einte die außenpolitische Elite jedoch in einem Maße, wie das nur der japanische Angriff auf Pearl Harbor oder der Beginn des Kalten Kriegs getan hatte. Die Anschläge schwächten die Position der Non-Internationalisten und ließen innenpolitische Widerstände gegen ein weiteres weltpolitisches Engagement der USA in sich zusammenfallen. Je mehr Bush allerdings einen Krieg gegen den Irak in den Mittelpunkt seiner Anti-Terror-Politik stellte, desto weniger homogen wurde die Haltung der außenpolitischen Elite.

Öffentlichkeit

Oft beklagt die außenpolitische Elite das Desinteresse ihrer Landsleute am internationalen Geschehen. In der Tat war 1988 ein Drittel der Amerikaner nicht fähig, ein einziges NATO-Mitglied zu benennen, und drei Viertel konnten den Persischen Golf nicht auf einer Landkarte finden. Nicht-Wissen in solchen Fragen heißt aber nicht, dass die Bürger keine klaren außenpolitischen Prioritäten und Ziele haben. So war sich die große Mehrheit der Bevölkerung in den Jahren des Kalten Kriegs einig, dass Amerika der Sowjetunion entgegentreten und seine Bündnispartner unterstützen müsse. Selbst der Vietnamkrieg fand bis in die späten 1960er Jahre eine breite öffentliche Unterstützung. Erst unter dem Eindruck der steigenden Gefallenenzahlen und der fehlenden politischen Perspektiven für eine Lösung des Konflikts zerfiel dieser Konsens. Seitdem fanden sich die unterschiedlichen weltanschaulichen Präferenzen, die schon bei den Eliten festzustellen waren, auch in der Bevölkerung. Die internationale Umwelt blieb in den 1970er und 1980er Jahren wichtig genug, damit ihr die amerikanische Öffentlichkeit hohe Aufmerksamkeit schenkte. Mit dem Wegfall der kommunistischen Bedrohung ging das Interesse der Amerikaner an der Welt und damit an der Außenpolitik des eigenen Landes indes deutlich zurück. Umfragen des Chicagoer ‹Council on Foreign Relations› dokumentieren diesen Trend.

Nicht nur rutschten außenpolitische Probleme auf der Prioritätenliste der Bevölkerung weit nach unten, sondern es wurden auch in erster Linie solche Probleme wahrgenommen, die einen starken innenpolitischen Bezug haben. So lauteten die Antworten auf die Frage des Council, welches denn die wichtigsten außenpolitischen Probleme der USA seien, im Oktober 1999 folgendermaßen: 82 % Verhinderung der nuklearen Proliferation, 81 % Beendigung des Zustroms von Drogen, 80 % Sicherung amerikanischer Arbeitsplätze, 79 % Bekämpfung des internationalen Terrorismus. Diese Zahlen ähneln den 1994 erhobenen Daten, unterscheiden sich aber markant von den 1990 und 1985 ermittelten, die Fragen der Landes- und Bündnisverteidigung als am wichtigsten einstuften. Die Amerikaner zeigten sich also meist nur dann bereit, außenpolitische Aktivitäten ihrer Regierung zu unterstützen, wenn sie von ihrer innenpolitischen Relevanz überzeugt sind. Für die Politiker war es deshalb in den 1990er Jahren schwieriger als in den Jahrzehnten davor, die Bevölkerung für ihr außenpolitisches Engagement zu gewinnen. Allerdings ist es nicht richtig, daraus eine isolationistische Grundstimmung der US-Bürger abzuleiten, wie dies oft in den Medien getan wird. Eine sorgfältige Analyse der Umfragedaten zeigt, dass eine deutliche Mehrheit der Amerikaner eine aktive Teilnahme der Vereinigten Staaten am internationalen Geschäft wünscht, ja sogar als unabdingbar betrachtet, multilaterales Vorgehen unilateralem vorzieht und der UNO positiv gegenübersteht.

Die Anschläge vom 11. September 2001 haben die Bereitschaft der US-Bürger, einen aktiven außenpolitischen Kurs ihrer Regierung mitzutragen, ähnlich nachhaltig gestärkt wie der japanische Angriff auf Pearl Harbor 1941. Für seine Kampagne gegen den Terror erhielt Präsident Bush die höchsten Zustimmungsraten in der Geschichte der Meinungsumfragen. Eine überwältigende Mehrheit der Amerikaner unterstützte gleichzeitig eine Militäraktion gegen die Drahtzieher der Attentate und die Formierung einer internationalen Anti-Terrorismus-Koalition. Wie lange dieser neue internationalistische Konsens anhalten wird, hängt sicherlich von den Erfolgen, den Kosten und den Mitteln des Kampfs gegen den Terror ab. Während der Vorbereitung eines Kriegs gegen den Irak zeigte sich, dass die Bevölkerung mehrheitlich ein multilaterales Vorgehen, wenn möglich mit UN-Mandat, bevorzugt.

Interessengruppen

Das politische System der USA ist wie kein zweites offen für die Einwirkung von Interessengruppen. Dies gilt seit den 1970er Jahren auch für den Bereich der Außenpolitik. Mit dem Einflussverlust der Parteien und dem Zerbrechen der traditionellen Machtstruktur im Kongress in Folge des Vietnamkriegs und der Watergate-Affäre entstand ein Vakuum, in das ethnische, wirtschaftliche und weltanschauliche Lobbys stießen. Zu den schlagkräftigsten außenpolitischen Interessengruppen zählen heute die Unternehmerverbände, die Agrarlobby und die Gewerkschaften, das ‹American-Israel Public Affairs Committee› (AIPAC) und die Vertretung der Exil-Kubaner sowie die Umweltschützer und Menschenrechtsorganisationen. Sie versuchen auf unterschiedlichen Wegen, Entscheidungen zu beeinflussen:

Erstens bauen Verbände und ausländische Regierungen auf enge persönliche Kontakte zwischen ihren Repräsentanten und den Politikern, um sich Zutritt zum Inneren der Macht zu verschaffen. Vor den Reformen der 1970er Jahre waren es dabei meist die Führer der Organisation selbst, die diese Kontakte pflegten. So konnte der Vorsitzende des AIPAC, Cy Kennen, damals noch Präsidenten und Außenminister direkt am Telephon für seine Ansichten zu gewinnen versuchen. Seither hat sich eine deutliche Professionalisierung des persönlichen Lobbying vollzogen. Heute heuern Verbände und ausländische Regierungen oft darauf spezialisierte Firmen oder Ex-Abgeordnete und Ex-Regierungsmitarbeiter an, um Zugang zu den Entscheidungsträgern zu erhalten und ihre Position verdeutlichen zu können. Als zum Beispiel der angolanische Rebellenführer Savimbi 1985 nach Washington kam, um für militärische Unterstützung gegen das prosowjetische Regime in seinem Land zu werben, beauftragte er eine Anwaltskanzlei, ihm Gesprächstermine mit wichtigen Parlamentariern zu besorgen und eine Imagekampagne zu organisieren. Michael Deaver, der stellvertretende Stabschef Reagans, vertrat nach seinem Ausscheiden aus dem Weißen Haus als Lobbyist Kanada, Südkorea, Mexiko, Saudi Arabien und karibische Zuckerproduzenten.

Zweitens versuchen Verbände und ausländische Regierungen, über Medienkampagnen direkt auf die Entscheidungsträger in Washington oder indirekt auf die amerikanische Bevölkerung einzuwirken. Viele Staaten beschäftigen Public Relations-Firmen oder schalten Anzeigen, um die Politik der USA in ihrem Sinne zu beeinflussen. Im ersten Halbjahr 2001 etwa gab Japan fast 25 Millionen Dollar, Israel mehr als 5 Millionen Dollar für diesen Zweck aus. Nach den Anschlägen vom 11. September 2001, bei denen 15 der 19 Flugzeugentführer aus Saudi-Arabien stammten, wandte die saudische Regierung mehr als 5 Millionen Dollar auf, um das Image ihres Landes in den Vereinigten Staaten durch Fernseh- und Radiowerbung sowie Anzeigen in Zeitungen und Zeitschriften zu verbessern.

Drittens versuchen Verbände seit dem Zerfall der politischen Hierarchien, über so genanntes ‹Graswurzel-Lobbying› möglichst viele Bürger für ihre Ansichten zu gewinnen und Druck an der Basis aufzubauen. Die direkt gewählten Repräsentanten und Senatoren sind für diese Art der Beeinflussung nämlich besonders empfänglich. Vor allem

Gruppen wie Greenpeace, der Sierra Club oder Amnesty International bedienen sich Unterschriften-, Postkarten-, Telefon- und Email-Kampagnen für ihre Ziele. Während der Debatte um die Ratifizierung der Panamakanal-Verträge 1977 zum Beispiel initiierte der ‹Conservative Caucus›, eine der engagiertesten Anti-Vertrags-Gruppen, eine groß angelegte Unterschriftenaktion. In ihrem Verlauf sollten in jedem Bundesstaat 100 000 Bürger versichern, bei den nächsten Wahlen für keinen Kandidaten zu stimmen, der für das Abkommen votiert. Die moderne Kommunikationstechnologie erleichtert es dabei insbesondere Nicht-Regierungsorganisationen (Non-Governmental Organizations = NGOs) mit geringen Eigenmitteln, Einfluss auf die Außenpolitik zu nehmen und selbst die Agenda zu bestimmen.

Viertens setzen Verbände mit der dramatischen Verteuerung der Wahlkämpfe verstärkt auf Spenden, um Zugang zu den Entscheidungsträgern zu erhalten. Über ‹Political Action Committees› (PACs) können sie einen Kandidaten in jeder Wahlkampfphase mit maximal 5000 Dollar unterstützen (hard money). Für Spenden, die der Parteiarbeit dienen, gab es lange Jahre keine Obergrenze. Mit dem Verbot solcher ‹soft money›-Zuwendungen zum 6. November 2002 wird der relative Einfluss der PACs ansteigen. Zwar ist es meist sehr schwer, ein Quidproquo zwischen Spenden und Entscheidungen von Politikern nachzuweisen. Klar ist aber auch, dass ein Geber privilegierten Zugang zu den Akteuren erwartet. Dies kann durchaus den Gang der Außenpolitik beeinflussen. So opponierte die Clinton-Regierung wahrscheinlich auch deshalb so heftig gegen die Bananen-Importverordnung der EU, weil der Vorstandsvorsitzende von Chiquita Inc. ein wichtiger Geldgeber der Demokraten ist und die Interessen seines Unternehmens direkt im Weißen Haus vertreten konnte.

Fünftens schließlich schmieden Verbände in Einzelfragen Koalitionen über ideologische Grenzen hinweg, um ihren Anliegen mehr Durchschlagskraft zu verleihen. Während der Ratifizierungsphase des NAFTA-Vertrags im Jahr 1993 arbeiteten zum Beispiel weltanschaulich so unterschiedliche Lobbys wie Umweltverbände und Gewerkschaften eng zusammen, um von mehreren Seiten Druck auf die Abgeordneten auszuüben und Umwelt- und Sozialstandards in das Abkommen einzubringen. Manche Verbände kooperieren auch mit Akteuren in der Regierung, um für ihre Interessen zu werben. Geradezu legendär ist das ‹eiserne Dreieck› von Rüstungslobby, Verteidigungsministerium und Parlamentariern, in deren Wahlkreis sich entsprechende Produktionsstätten befinden. Allerdings hat das ‹eiserne Dreieck› mit der Diffusion der Kompetenzen im Kongress und dem Ende des Ost-West-Konflikts an Macht eingebüßt.

Freilich darf man den Einfluss von Verbänden auch nicht überschätzen. Die amerikanische Außenpolitik ist mehr als die Summe der Präferenzen von Lobbys. Der wichtigste Grund dafür liegt darin, dass die Exekutive mit ihren großen Bürokratien eigene Ziele hat. Wenn nationale Interessen auf dem Spiel stehen oder eine Administration geschlossen ein außenpolitisches Vorhaben verfolgt, dann bleiben Lobbys in der Regel wenig Einwirkungsmöglichkeiten. Auch verfügen die Abgeordneten über eigene weltanschauliche Präferenzen, die durch noch so kunstvoll inszenierte Kampagnen nicht verändert werden können. Verbände müssen zudem immer den Mainstream der amerikanischen Außenpolitik im Blick haben, da extreme Positionen in der Regel nicht mehrheitsfähig sind. Schließlich nutzen Parlamentarier die Verbände oft für ihre Zwecke, indem sie sich etwa Vorlagen für eigene Gesetzentwürfe von den Verbänden erstellen lassen.

Zu erwähnen sind in diesem Zusammenhang auch die ‹Denkfabriken› oder ‹Ideenagenturen› (Think Tanks), von denen es allein in Washington mehr als einhundert gibt. Landesweit beläuft sich die Zahl auf gut eintausend. Obwohl sich die meisten mit innenpolitischen Fragen beschäftigen, beziehen viele zunehmend auch in der Außenpolitik Positionen. Während sich einige Think Tanks wie die ‹Brookings Institution› einer objektiven Politikanalyse verschrieben haben oder wie die ‹Rand Corporation› reine Auftragsforschung betreiben, kann man die meisten von ihnen als weltanschauliche Lobbys einordnen. Das konservative ‹American Enterprise Institute›, das linke ‹Institute for Policy Studies› oder das grüne ‹World Watch Institute› verfolgen etwa dezidierte inhaltliche Ziele. Reine außenpolitische Think Tanks sind das linksliberale ‹Carnegie Endowment for International Peace› und das konservative ‹Center for Strategic Studies›. Dazu kommen seit den 1970er Jahren immer mehr ‹Advocacy Tanks›, die keine originäre Politikanalyse betreiben, sondern eine bestimmte ideologische Linie propagieren, darunter die rechte ‹Heritage Foundation›, das antikommunistische ‹Committee on the Present Danger› und das neokonservative ‹Project for The New American Century›. Über Konferenzen, Pamphlete und Medienauftritte ihrer Mitarbeiter versuchen sie, für die von ihnen vertretene Sicht außenpolitischer Probleme zu werben und die Agenda der Regierung zu beeinflussen. Besondere Bedeutung kommt den Denkfabriken in den Vereinigten Staaten deshalb zu, weil die Parteien primär Vehikel für das Akquirieren von Wahlkampfspenden sind und deshalb nicht die Fähigkeit besitzen, eigene außenpolitische Ideen zu entwickeln. In dieses Vakuum stoßen die Think und Advocacy Tanks, indem sie Republikanern wie Demokraten Konzepte und Stichworte liefern. Da es in den USA zudem keine Parteiorganisationen mit festangestellten Mitarbeitern und keine parteinahen öffentlichen Stiftungen gibt, die die nach einer Wahlniederlage ihrer Regierung etwa 2000 ausscheidenden Politiker und Spitzenbeamten auffangen können, überwintern viele von ihnen in den Denkfabriken, bis ihre Partei wieder den Präsidenten stellt. Reagan zum Beispiel rekrutierte viele enge außenpolitische Berater von CIA-Chef William Casey über Sicherheitsberater Richard Allen bis zu UNO-Botschafterin Jeanne Kirkpatrick aus den Mitgliedern des ‹Committee on the Present Danger› sowie aus der Heritage Foundation. Einige der wichtigsten außenpolitischen Mitarbeiter von Bush jr. wie Vizepräsident Richard Cheney, Verteidigungsminister Donald Rumsfeld und dessen Stellvertreter Paul Wolfowitz gehören dem ‹Project for The New American Century› an, das «Amerikas globale Führerschaft» verwirklichen will und schon 1998 einen Regimewechsel im Irak und die Neuordnung des Nahen Ostens forderte.[2]

Medien

Die Massenmedien nehmen seit langem eine wichtige Rolle in der amerikanischen Außenpolitik ein. Schon der Kriegseintritt der USA gegen Spanien 1898 war von der Hearst-Presse vorbereitet worden. Auch in den Tagen des Zweiten Weltkriegs und der Frühphase des Kalten Kriegs ließen sich die Medien bisweilen für die Außenpolitik der Regierung einspannen. So konnte die Eisenhower-Regierung während der U2-Krise und die Kennedy-Regierung während der Kubakrise die ‹Washington Post› beziehungsweise die ‹New York Times› mit Verweis auf das nationale Sicherheitsinteresse davon abhalten, wahre Berichte zu veröffentlichen. Mit der Eskalation des Vietnamkriegs zerbrach diese Zusammenarbeit. In der zweiten Hälfte der 1960er Jahre erreichte der Einfluss der Medien eine neue Dimension. Die Fernsehübertragung der Anhörungen des Außenpolitischen Ausschusses des Senats zu Vietnam 1966 trug maßgeblich zum Entstehen einer öffentlichen Opposition bei. Präsident Johnson sah die kritische Haltung der ‹New York Times› zum amerikanischen Engagement als an Hochverrat grenzend an und stellte wegen ihres großen Einflusses auf die öffentliche Meinung resignierend fest: «Ich kann diesen Krieg nicht ohne die Unterstützung der New York Times führen.»[3] 1971 meinte er auf die Frage, was sich denn während seiner dreißig Jahre in Washington am meisten gewandelt habe: «All ihr Kerle in den Medien. Die ganze Politik hat sich wegen euch verändert.»[4] Die Veröffentlichung der geheimen ‹Pentagon-Papiere› zum Vietnamkrieg durch die ‹New York Times› 1971 beschädigte die Glaubwürdigkeit der amerikanischen Politik in Indochina nachhaltig. Letztlich wurde der Krieg nicht nur auf den südostasiatischen Schlachtfeldern verloren, sondern auch in den Wohnstuben der USA, wo jeden Abend die Bilder der Kämpfe und die Gefallenenzahlen über den Schirm liefen und kritisch von CBS-Starmoderator Walter Cronkite kommentiert wurden.

Hatten die Reporter während des Vietnamkriegs noch unbeschränkten Zugang zu den Schlachtfeldern gehabt, so änderte sich dies in den Jahrzehnten danach. Beim Golfkrieg 1990/91 etwa regulierte das Verteidigungsministerium den Zugang der Medien zum Kriegsgeschehen. Reporter wurden von den Kämpfen ferngehalten und konnten die Truppen nur in organisierten, von Militärberatern begleiteten Gruppen besuchen. Außerdem stellte das Pentagon ihnen Bildmaterial und Informationen zur Verfügung, um sie für eine positive Berichterstattung zu gewinnen. Alle ihre Berichte und Filme wurden «aus Sicherheitsgründen» zensiert. Aufgrund der heftigen Proteste und einer Verfassungsklage lockerte das Verteidigungsministerium 1992 seine Bestimmungen. Es kam zur Einrichtung eines ‹Media Pools›, dem 45 rotierende Vertreter der US-Medien angehören, die von bevorstehenden Militärschlägen informiert werden sollen. Tatsächlich wurde der ‹Media Pool› zwei Tage vor den Angriffen auf Afghanistan am 7. Oktober 2001 von der Aktion in Kenntnis gesetzt. Während des Irakkriegs begleiteten viele Journalisten die Streitkräfte als ‹eingebettete Korrespondenten›.

Aber nicht allein das Verhältnis von Militär und Medien ist Wandlungen unterworfen, auch das Interesse der amerikanischen Öffentlichkeit an internationaler Politik verändert sich – und mit ihm der Platz, den die Medien der Auslandsberichterstattung einräumen. Die Dekade nach dem Kalten Krieg sah dabei ein nachlassendes Interesse der US-Bürger am Weltgeschehen. Der ‹Miami Herald› fand bei einer Umfrage heraus, dass internationale Themen bei den Lesern nur auf

Rang neun der Beliebtheitsskala standen. 1996 stellte die ‹Los Angeles Times›, die viertgrößte Zeitung des Landes, ihre wöchentliche ‹Weltberichterstattung› mangels Nachfrage ein. Das Nachrichtenmagazin ‹Time› reduzierte die Zahl seiner Auslandskorrespondenten von 1989 bis 2001 von 33 auf 24. Sieht man vom ‹Wall Street Journal›, von der ‹New York Times›, von der ‹Washington Post› und vom ‹Christian Science Monitor› ab, so sind außenpolitische Nachrichten und Analysen dünn gesät im amerikanischen Blätterwald. Dasselbe gilt in noch viel stärkerem Maße für das Fernsehen, wo selbst der bekannteste Nachrichtensender ‹Cable News Network› (CNN) der Gerichtsverhandlung gegen den Football-Star O. J. Simpson und Clintons Affäre mit der Praktikantin Monica Lewinsky den Vorzug gab vor internationaler Berichterstattung (das weltweit empfangbare ‹CNN-International› wird in London produziert und nicht in die amerikanischen Kabelkanäle eingespeist). Der Fernsehsender ABC schloss von 1986 bis 2001 zehn seiner 17 Auslandsbüros. Die positivsten Ausnahmen bei der außenpolitischen Berichterstattung bilden die vom halböffentlichen ‹Public Broadcasting Service› (PBS) ausgestrahlte ‹Newshour with Jim Lehrer›, die jeden Werktag abends 60 Minuten die nationalen und internationalen Geschehnisse analysiert, und das vom ‹National Public Radio› (NPR) produzierte ‹All Things Considered›. Dazu kommt das riesige Angebot zu internationalen Fragen auf den Homepages des State Department, des Pentagon und von Nicht-Regierungsorganisationen wie der ‹Arms Control Association›. Letztlich gibt es also zwei Öffentlichkeiten in den USA: Eine kleine Gruppe von außenpolitisch Interessierten, die über die meisten Informationen und die besten Analysen der Welt verfügt, und eine große Gruppe von Bürgern, die die Welt in der Regel erst wahrnimmt, wenn ihr Präsident ins Ausland reist, sich humanitäre Katastrophen abspielen, Terroristen amerikanische Einrichtungen attackieren oder die eigenen Truppen in Gefahr geraten. Die Anschläge vom 11. September 2001 haben das Interesse der US-Bürger an der internationalen Politik – und damit die Berichterstattung in den Medien über entsprechende Themen – allerdings nachhaltig verstärkt.

Heute bekommen nicht nur mehr Amerikaner als je zuvor ihre außenpolitischen Informationen über das Fernsehen, sondern diese Informationen kommen noch dazu oft live. Die Vietnam-Reportagen mussten noch mit dem Flugzeug in die Sendestationen nach Amerika geflogen werden, um ausgestrahlt werden zu können. Jetzt berichten die Reporter von CNN und anderen Nachrichtenkanälen rund um die Uhr direkt über tragbare Videofone vom Typ ‹Talking Head› oder Satellitentelefone aus den entlegensten Winkeln der Erde. Damit finden selbst Bilder und Berichte von Bürgerkriegen, Hungersnöten und Militärcoups in ehemals medial unerschlossenen Gebieten ihren Weg ins US-Fernsehen. Die Entscheidungsträger in Washington sind über wichtige Weltgeschehnisse meist schon über CNN, das Internet oder per Fax informiert, bevor die Kabelberichte aus der amerikanischen Botschaft im jeweiligen Land eingehen. Immer wieder wird deshalb argumentiert, das Fernsehen veranlasse über seine Berichterstattung die Politik, entweder außenpolitisch aktiv zu werden oder einen Einsatz abzubrechen (CNN-Effekt). So bestätigte der damalige Außenminister Eagleburger, dass die TV-Bilder von verhungernden Kindern in Somalia die Bush-Regierung im Herbst 1992 mit bewogen, Soldaten zu einer humanitären Mission in das afrikanische Land zu entsenden. Als Clinton ein knappes Jahr später ihren Abzug verkündete, tat er dies auch, weil nach Gefechten mit einem der rivalisierenden Clans ein toter US-Soldat vor laufenden Kameras durch Mogadischu geschleift worden und die Operation daraufhin ins innenpolitische Kreuzfeuer geraten war. Allerdings waren die Medien nicht per se so mächtig geworden, sondern die Politiker in Washington hatten in diesem Fall Rahmenbedingungen geschaffen, in denen ihr Gewicht stark ansteigen konnte. Medien können Entscheidungen über Truppeneinsätze nämlich nur dann beeinflussen, wenn die Regierung unschlüssig und ohne klares Konzept ist, wenn sie es versäumt, eine breite Koalition in Kongress und Öffentlichkeit für ihre Politik zu schmieden oder wenn sie ihr Mandat überschreitet. Im Fall Somalia bot die Regierung keine überzeugende geostrategische Erklärung für das Engagement, während seine tragischen Begleitumstände von den US-Bürgern an den Fernsehbildschirmen verfolgt werden konnten.

II. Geschichte

5. Zwischen Internationalismus und Isolationismus (1917–1939)

Auch wenn sich die USA zu Beginn des 20. Jahrhunderts außenpolitisch auf Zentralamerika und Asien konzentrierten, wurden sie allmählich global aktiv. Nach Ausbruch des Ersten Weltkriegs setzten sie zwar lange Zeit alles daran, nicht in diesen Konflikt hineingezogen zu werden. Kommerzielle Interessen, der deutsche U-Boot-Krieg und die überlegene Propaganda der Alliierten veränderten aber langsam die Stimmung zuungunsten Deutschlands, vor allem an der Ostküste der Vereinigten Staaten. Auf die Versenkung des britischen Passagierschiffs Lusitania im Mai 1915, bei der 128 Amerikaner umkamen, reagierte Washington mit scharfen Protesten. Berlin entschuldigte sich, zahlte Reparationen und versprach, künftig mehr Vorsicht bei Torpedierungen walten zu lassen. Präsident Wilson konnte so 1916 im Wahlkampf verkünden, die Interessen des Landes geschützt und es aus dem Krieg herausgehalten zu haben. Selbst als Deutschland am 31. Januar 1917 den unbegrenzten U-Boot-Krieg erklärte, beantwortete er dies zunächst nur mit dem Abbruch der diplomatischen Beziehungen und der Forderung, die amerikanische Handelsflotte zu bewaffnen. Erst die Versenkung von drei US-Schiffen durch deutsche U-Boote am 18. März 1917 wendete das Blatt. Zwei Wochen später ersuchte der Präsident den Kongress, Deutschland den Krieg zu erklären. Der Angriff auf die USA, so Wilson, mache diesen Schritt nötig; der wichtigere Grund für den Kriegseintritt sei aber, dass er den Vereinigten Staaten erlaube, eine dominierende Rolle bei den künftigen Friedensverhandlungen zu spielen. Am 6. April 1917 folgte das Parlament der Aufforderung des Präsidenten. Amerika war in die Weltpolitik eingetreten.

Die USA im Ersten Weltkrieg

Sosehr Wilson in den ersten drei Kriegsjahren versucht hatte, die Vereinigten Staaten aus dem europäischen Großmächtekonflikt herauszuhalten, so vehement stürzte er sich nun in ihn hinein. Zunächst musste jedoch eine einheitliche innenpolitische Front geschmiedet werden, schließlich hatte jeder achte Abgeordnete im Repräsentantenhaus gegen die Kriegserklärung gestimmt, opponierte eine starke sozialistische Bewegung gegen den Eintritt und drohten Spannungen zwischen den europäischen Einwanderergruppen. Der Präsident schuf deshalb eine Propagandabehörde, die den Krieg als Kampf des Guten gegen das Böse darstellte: Die USA verhinderten nun nicht nur die Übernahme Kontinentaleuropas durch eine ihnen feindlich gesinnte Macht, sondern führten einen Kreuzzug der Demokratien gegen die überkommenen Monarchien. Opposition gegen ein solch hehres Ziel sollte moralisch wie praktisch unmöglich sein. Neue Gesetze erlaubten es, mehrere tausend vermeintlich anders Gesinnte einzusperren oder zu deportieren. Die Einzelstaaten und Kommunen unterstützten diese Linie und verboten selbst so unverdächtige Dinge wie deutschen Sprachunterricht und das Spielen deutscher Musik. Viele Amerikaner deutscher Herkunft anglisierten ihre Namen. Aber nicht nur nach innen, auch nach außen musste mobilgemacht werden, denn Amerika war auf den Krieg schlecht vorbereitet. Zwar konnte die Zahl der Soldaten innerhalb eines Jahres auf fast fünf Millionen Mann verzwanzigfacht werden, aber es standen bis ins Frühjahr 1918 zu wenige Schiffe zur Verfügung, um sie nach Europa zu bringen. Die wichtigste Hilfe der USA für ihre europäischen ‹Assoziierten› stellten in dieser Zeit ein 10-Milliarden-Dollar-Darlehen sowie Waffen- und Lebensmittellieferungen dar. Erst im Sommer 1918 kam eine große Zahl amerikanischer Soldaten zum Einsatz. Sie entschieden binnen weniger Monate den Krieg.

Wilson leitete aus diesem Erfolg eine zentrale Rolle für die USA beim Friedensschluss ab. Der Frieden sollte getragen werden von den ‹14 Punkten›, die der Präsident in einer Rede am 8. Januar 1918 verkündet hatte. Seine wichtigsten Forderungen lauteten: Verbot von Geheimabkommen, Abrüstung, Freiheit der Meere, Abbau der Zölle, Beendigung der Kolonialregime, Rückzug der Kriegsparteien aus den besetzten Gebieten, Selbstbestimmungsrecht für «wohldefinierte nationale Bestrebungen» und Schaffung einer Organisation der kollektiven Sicherheit. Während die Deutschen hofften, die ‹14 Punkte› zur Grundlage eines Friedensvertrags machen zu können, beharrten England und Frankreich auf einem scharfen Vorgehen gegenüber dem geschlagenen Feind. Das Waffenstillstandsabkommen vom 11. November 1918 unterminierte Wilsons Friedenskonzept in bedeutenden Punkten: Es gab keine Obergrenze für deutsche Reparationszahlungen, Elsass-Lothringen, das Saargebiet und die linksrheinischen Gebiete gerieten unter französische Kontrolle, und den Territorien der neu geschaffenen Staaten Polen und Tschechoslowakei wurden Gebiete mit mehrheitlich deutscher Bevölkerung zugeschlagen.

Die Eckpunkte des Friedensvertrags waren also schon festgelegt, als der amerikanische Präsident im Dezember 1918 zu den Verhandlungen in Paris eintraf. Seine Position wurde weiter geschwächt durch den Verlust der Mehrheiten seiner Demokratischen Partei in beiden Häusern des Kongresses im Januar 1919. Um seine innenpolitischen Kritiker zu besänftigen, sah sich Wilson gezwungen, die Gründungsakte des von ihm so sehr gewünschten Völkerbunds um nationale Souveränitätsrechte bei der Einwanderung und bei Zöllen zu ergänzen. Im Gegenzug setzten die europäischen Siegermächte ihre Vorstellungen bei Territorial- und Wirtschaftsfragen durch. Auch durchkreuzten sie die Absicht des US-Präsidenten, Deutschland möglichst schnell in Europa zu reintegrieren. Nicht einmal Mitglied im Völkerbund durfte das Land werden. Wilson akzeptierte diese Auflagen in der Hoffnung, er könne im Völkerbund auf ihre Abmilderung hinwirken, wenn der Krieg erst weiter zurückliege. Zunächst musste aber der Senat dem Vertrag, der am 28. Juni 1919 von den deutschen Delegierten im Spiegelsaal von Versailles unterzeichnet worden war, mit einer Zweidrittelmehrheit zustimmen. Diese Mehrheit zu gewinnen, erschien schwierig, aber nicht unmöglich. Nur eine kleine Gruppe harter Isolationisten lehnte den Vertrag rundweg ab. Entscheidend war das Abstimmungsverhalten einer Gruppe enttäuschter Idealisten und skeptischer Realisten. Um Druck auf sie auszuüben, begab sich Wilson auf eine dreiwöchige Werbetour durch die Vereinigten Staaten. Gerade als der Präsident sein Ziel erreicht zu haben schien, erlitt er einen Schlaganfall. Damit fiel er in der entscheidenden Phase der Senatsdebatte als Wortführer der Vertragsbefürworter aus. Schlimmer noch, die Krankheit machte ihn unflexibel und intolerant, so dass kein Kompromiss mit den schwankenden Senatoren gefunden werden konnte. Am 19. November 1919 und nochmals am 19. März 1920 lehnte der Senat den ‹Versailler Vertrag› und damit Amerikas Teilnahme am Völkerbund ab. Die Mitwirkung der USA an der Weltpolitik schien ein Intermezzo zu bleiben.

Außenpolitische Zurückhaltung in den 1920er Jahren

Obwohl die Vereinigten Staaten vor dem letzten Schritt auf die Weltbühne zurückschreckten, so hatte sie der Krieg doch als Großmacht, ja als Weltmacht im Werden etabliert. Sie waren von einem Schuldner- zu einem Gläubigerstaat geworden, ihre Auslandsinvestitionen hatten sich verdoppelt, die Handelsflotte war bei Kriegsende um zwei Drittel größer als bei Kriegseintritt, die heimische Wirtschaft boomte. Präsidenten, die diese starke Position für eine aktive Außenpolitik genutzt hätten, sahen die 1920er und 1930er Jahre aber nicht.

Die Wahl des Republikaners Warren Harding mit 61 Prozent der Stimmen im November 1920 war ein klares Votum der Amerikaner gegen ein engagiertes Mitwirken in der internationalen Politik, wie es Roosevelt, Taft und Wilson betrieben hatten. Es schien, als sei die Nation von der Teilnahme am Weltkrieg erschöpft und wolle sich allein auf innenpolitische Probleme konzentrieren. Nur in zwei außenpolitischen Bereichen setzten die USA unter Harding Akzente. Zum einen waren sie 1921/22 Gastgeber für eine Konferenz in Washington, die mit drei Verträgen zur Rüstungskontrolle und Stabilisierung der politischen Situation in Fernost beitrug: Im ‹Fünf-Mächte-Vertrag› stimmten die führenden Seemächte USA, Großbritannien, Frankreich, Japan und Italien einer Begrenzung ihrer Flottengrößen zu, im ‹Vier-Mächte-Vertrag› wurde Tokio im Gegenzug für Zugeständnisse beim Schlachtschiffbau eine hegemoniale Rolle im westlichen Pazifik eingeräumt, und im ‹Neun-Mächte-Vertrag› versuchten die Unterzeichner, die territoriale Integrität Chinas zu gewährleisten. Zum anderen gestaltete Harding die Beziehungen zu Lateinamerika neu, indem er die Politik konstanter militärischer Interventionen in den südlichen Nachbarländern beendete und begann, dort stationierte Truppen zurückzuholen. Auch gab er eine von US-Streitkräften besetzte Insel an Kuba zurück, entschädigte Kolumbien für die 1903 erfolgte Übernahme seiner damaligen Provinz Panama und nahm Beziehungen zur mexikanischen Revolutionsregierung auf. Mäßigung, Ausgleich und Selbstbeschränkung bildeten die Eckpunkte von Hardings Außenpolitik.

Nach Hardings Tod 1923 übernahm sein Vizepräsident Calvin Coolidge die Amtsgeschäfte. Wie für seinen Vorgänger spielte für ihn die Außenpolitik nur eine untergeordnete Rolle. In seiner Autobiographie verlor er kein einziges Wort darüber. Allerdings musste sich auch Coolidge ab und an mit Fragen der internationalen Politik beschäftigen. Er hielt sich dabei an die von Harding aufgestellten Leitlinien.

Über Sondergesandte ließ der Präsident einen Disput mit Mexiko über die Förderrechte amerikanischer Ölkonzerne entschärfen und Wahlen in Nicaragua überwachen. Sein besonderes Interesse an Lateinamerika dokumentierte er 1928 mit einem Besuch der ‹Sechsten Konferenz amerikanischer Staaten› in Havanna. Zusammen mit Frankreich initiierten die Vereinigten Staaten im selben Jahr den ‹Briand-Kellogg-Pakt›, der Krieg als Mittel des Streitaustrags für unzulässig erklärte und den innerhalb weniger Jahre 62 Staaten unterzeichneten. Europa spielte in den außenpolitischen Überlegungen der USA in dieser Zeit kaum eine Rolle. Wie die meisten seiner Landsleute glaubte Coolidge, die Europäer blickten immer nur dann über den Atlantik, wenn sie ihre eigenen Probleme nicht in den Griff bekämen. Trotzdem arbeitete die US-Regierung zusammen mit Privatbanken und Unternehmen daran, das europäische Finanzsystem zu stabilisieren, den transatlantischen Handel anzukurbeln und die Vergabe von Darlehen an Deutschland zu befördern. Der ‹Dawes-Plan› stellte Berlin 1924 frische Gelder für die Begleichung der Reparationen zur Verfügung, der ‹Young-Plan› reduzierte 1929 die deutschen Zahlungsverpflichtungen von 32 auf 8 Milliarden Dollar. Zugrunde lag diesem Engagement der Gedanke, dass ein ökonomisch erfolgreiches Deutschland Frieden und Wohlstand für den gesamten Kontinent bedeute. Bis auf diese Initiativen blieb das außenpolitische Engagement der USA aber sporadisch und inkonsistent.

Außenpolitik im Schatten der Großen Depression

Im Gegensatz zu Harding und Coolidge interessierte sich ihr Nachfolger Herbert Hoover für Außenpolitik. Schon während des Ersten Weltkriegs hatte er sich um die Nahrungsversorgung der darbenden Zivilbevölkerung in Europa gekümmert und in den Jahren danach jene US-Behörde geleitet, die sich der Linderung des Hungers in der Alten Welt widmete. Auch als Handelsminister von 1921 bis 1928 war er permanent in internationale Fragen involviert. In seinem Streben nach einer besseren Weltordnung setzte er wie seine beiden Vorgänger auf friedliche Mittel. In seiner Inauguralrede sagte er im März 1929 eine Politik der Nicht-Intervention in Lateinamerika zu. Während seiner Präsidentschaft verließen US-Marineinfanteristen Nicaragua und kündigten ihren Abzug aus Haiti an. Das Außenministerium vermittelte darüber hinaus erfolgreich bei Disputen zwischen Peru und Chile sowie zwischen Peru und Kolumbien. Bei den Rüstungskontrollverhandlungen gelang es den USA auf der ‹Londoner Flottenkonferenz› 1930, das acht Jahre zuvor erzielte Moratorium beim Bau von Schlachtschiffen zu verlängern und auf Kreuzer, Zerstörer und U-Boote auszudehnen. Nach der Eroberung der chinesischen Provinz Mandschurei durch japanische Truppen im Jahr 1931 forderte Hoover beide Seiten auf, die Feindseligkeiten einzustellen, und weigerte sich, die Annexion anzuerkennen. Ein militärisches Eingreifen der Vereinigten Staaten oder die Verhängung von Sanktionen gegen Tokio lehnte er aber mit dem Hinweis ab, die Aggression Japans bedrohe nicht die Freiheit oder das ökonomische und moralische Wohlbefinden des amerikanischen Volks. Zwar versuchte die Regierung, Japan mit Plänen für einen Ausbau der amerikanischen Militärpräsenz in Schanghai und Guam einzuschüchtern, aber die Taktik schlug fehl, als Hoover verkünden ließ, die USA würden internationale Streitfälle ausschließlich mit friedlichen Mitteln lösen.

Seit Anfang der 1930er Jahre wurde das außenpolitische Engagement Washingtons dadurch zusätzlich beschränkt, dass immer mehr Energie in die Bekämpfung der ‹Großen Depression› floss. Ausgelöst hatten sie der Crash des Aktienmarkts an der Wall Street im Oktober 1929 und die schwere Fehlreaktion der amerikanischen Zentralbank, die der Wirtschaft Liquidität entzog statt neues Geld ins Bankensystem zu pumpen. Auch in Europa kam es daraufhin zu massiven ökonomischen Problemen. Ausgeweitet zur Weltwirtschaftskrise wurden die nationalen Konjunkturabschwünge aber erst durch die markanten Zollerhöhungen und Währungsabwertungen der nächsten Jahre, mit denen die einzelnen Staaten ihren Industrien internationale Wettbewerbsvorteile zu verschaffen versuchten. Mit dem ‹Smoot-Hawley Tariff Act› machten die USA 1930 dabei den unrühmlichen Anfang und veranlassten andere Länder zu ähnlichen protektionistischen Schritten. Ein Jahr später gab Großbritannien seine lange Freihandelstradition auf. Im Durchschnitt verdreifachten die Industriestaaten von 1929 bis 1934 ihre Zölle und ruinierten damit den Welthandel, der um nicht weniger als zwei Drittel einbrach.

Als Franklin Delano Roosevelt 1933 ins Weiße Haus einzog, lag die Arbeitslosigkeit bei 25 Prozent und große Teile der Mittelschicht waren verarmt. Der neue Präsident konzentrierte sich mit seiner Politik des ‹New Deal› ganz auf die Linderung der Not und die Schaffung neuer Arbeitsplätze. Die Folge war der Rückzug Washingtons aus der internationalen Politik. Obwohl Roosevelt in seiner bisherigen Karriere immer internationalistisch orientiert gewesen war, verkündete er in seiner ersten Inauguralansprache explizit, sich um den Aufschwung zuhause kümmern zu wollen («First things first») und Fragen der Weltwirtschaft als zweitrangig zu betrachten. Wenn er in seiner ersten Amtszeit außenpolitisch aktiv wurde, dann um der amerikanischen Wirtschaft direkt oder indirekt zu helfen. Von der Aufnahme diplomatischer Beziehungen zur Sowjetunion 1933 versprach sich der Präsident eine Verbesserung der Exporte, von den Zollsenkungen 1934 eine Ankurbelung des internationalen Handels. Zwar verurteilte er privat den italienischen Eroberungsfeldzug gegen Äthiopien 1935, die deutsche Aufrüstung und die Besetzung des Rheinlands 1936, die Rolle Francos im spanischen Bürgerkrieg und die japanische Aggression gegen China. Aber er war nicht bereit, in diesen innen- und wirtschaftspolitisch schwierigen Zeiten sein politisches Kapital darauf zu verwenden, einen isolationistischen Kongress zu bekämpfen. Die Parlamentarier verabschiedeten 1935, 1936 und 1937 Neutralitätsgesetze, um das Land aus allen weltpolitischen Händeln herauszuhalten. Viele vertraten darüber hinaus die Ansicht, schon die Teilnahme am Ersten Weltkrieg sei ein Fehler gewesen. Ein Untersuchungsausschuss des Senats verstieg sich sogar zu der These, lediglich die Wall Street habe die USA damals in einen innereuropäischen Konflikt hineingezogen.

Den wichtigsten außenpolitischen Akzent setzte Roosevelt in der ersten Hälfte seiner zwölfjährigen Präsidentschaft mit der ‹Good Neighbor Policy› gegenüber Lateinamerika. Er zog die Truppen aus Haiti ab und gab das ‹Platt-Amendment› zum amerikanisch-kubanischen Vertrag von 1903 auf, das Washington ein Interventionsrecht auf der Insel einräumte. 1936 nahm er als erster US-Präsident an einem interamerikanischen Gipfel außerhalb der Vereinigten Staaten teil. Im selben Jahr unterstützte er das ‹Buenos-Aires-Protokoll›, das in folgendem Satz gipfelte: «Die hohen Vertragsparteien erklären jede Intervention, egal ob direkt oder indirekt und aus welchen Gründen auch immer, in die internen oder externen Angelegenheiten durch eine der Parteien für unzulässig.» Der Senat stimmte zu. Es schien, als ob die USA ihrer Politik der Einmischung in die Belange seiner südlichen Nachbarn dauerhaft abgeschworen hatten.

Weiter als bis Lateinamerika reichte das außenpolitische Engagement der Vereinigten Staaten in dieser Zeit aber nicht. In seiner zweiten Inauguralansprache am 20. Januar 1937 erwähnte Roosevelt außenpolitische Probleme mit keinem Wort. Solange London und Paris gegen Hitler standen, solange die Sowjetunion zu schwach für außenpolitische Abenteuer war, schien den USA keine Gefahr aus Europa zu drohen. Zudem dominierten Großbritannien, Frankreich, Holland und Portugal den Pazifikraum von Indien bis Hawaii und verhinderten damit, so die Sicht in Washington, eine ungezügelte japanische Expansion. Geschützt durch zwei Ozeane konnten sich Politiker und Bürger den Luxus leisten, nach innen zu schauen und die Welt Welt sein zu lassen. Die Vereinigten Staaten gehörten keinem Bündnis an, ihre Armee verfügte über einen Haushalt von 500 Millionen Dollar und umfasste lediglich 185 000 Mann. Kein einziger Soldat war im Ausland stationiert. Obwohl sich Roosevelt seit Ende 1937 mehrmals für eine «Quarantäne» der Störenfriede in der Weltpolitik aussprach, widersetzte er sich zunächst allen Forderungen der Briten und Franzosen, den Ankündigungen auch Taten folgen zu lassen. Den aus Deutschland und Österreich fliehenden Juden kam der Präsident mit einigen Gesten entgegen, stand ihrem Schicksal aber insgesamt indifferent gegenüber. Auch wenn er die von Hitler ausgehende Gefahr deutlich sah, gab es noch zur Jahreswende 1938/39 keinerlei Anzeichen für einen grundlegenden Kurswechsel in der amerikanischen Außenpolitik.

6. Eintritt in die Weltpolitik (1939–1945)

In den ersten 150 Jahren ihrer Geschichte hatten die Vereinigten Staaten zwar immer wieder Kriege geführt, Verträge geschlossen und sich an Konferenzen beteiligt. Zu einer dauerhaften Mitwirkung am internationalen Geschehen waren sie aber nicht bereit gewesen. Um die USA zu einem Eintritt in die globale Politik zu bewegen, bedurfte es schon einer direkten und unabweisbaren Bedrohung der eigenen Sicherheit und Unversehrtheit. Aber selbst die Eroberungskriege Deutschlands in Europa und Japans in Ostasien wurden von den Vereinigten Staaten zunächst nicht als eine solche Gefahr wahrgenommen. Nach der Besetzung der Tschechoslowakei und dem Überfall auf Polen am 1. September 1939 durch deutsche Truppen erklärte Präsident Roosevelt in einer Ansprache vor dem Kongress nicht weniger als vier Mal, dass seine Politik das Land aus dem Krieg heraushalten solle. Hinter den Kulissen arbeitete er jedoch mit Erfolg daran, das im Neutralitätsgesetz von 1937 festgeschriebene Embargo für Rüstungsgüter zu lockern. So konnte die US-Regierung schon im November 1939 Großbritannien und Frankreich Waffen gegen sofortige Bezahlung (Cash-and-Carry) verkaufen. Obwohl sich Roosevelt damit eindeutig auf die Seite der Alliierten stellte, kam ein stärkeres Engagement angesichts der massiven Opposition in Bevölkerung und Parlament nicht in Betracht. Die eigenen Kriegsvorbereitungen blieben gering. Zwar bewilligte der Kongress nach verzweifelten Appellen des Armeechefs eine Erhöhung der Truppenstärke auf 375 000 Mann. Aber sogar nach der Kapitulation Frankreichs betonte der Präsident in einer Wahlkampfrede am 30. Oktober 1940: «Ich habe es bereits vorher gesagt, aber ich werde es wieder und wieder und wieder sagen: Eure Jungs werden in keinen Krieg geschickt.»

Nach seiner zweiten Wiederwahl im November 1940 schlug Roosevelt allerdings einen aktiveren Kurs ein. Er brachte das ‹Leih- und Pachtgesetz› (Lend-Lease Bill) durch den Kongress, das Großbritannien erlaubte, sich Kriegsmaterial in den USA zu borgen mit der Auflage, es später zurückzugeben. In einem seiner berühmten ‹Kamingespräche› (Fireside chats) versprach der Präsident am 29. Dezember

1940, alles zu tun, den von den Achsenmächten angegriffenen Nationen zu helfen, sich selbst zu verteidigen. Seine Landsleute rief Roosevelt auf, die Vereinigten Staaten in das «Arsenal der Demokratie» zu verwandeln. Die Unterstützung Großbritanniens mit amerikanischen Rüstungsgütern habe aber nur das eine Ziel, den Krieg von Amerika und seiner Bevölkerung fernzuhalten. Der deutsche Überfall auf Russland am 22. Juni 1941 und der rasche Vormarsch der Wehrmacht ließen indes die Gefahr ansteigen, dass das Deutsche Reich in kurzer Zeit den ganzen Kontinent von Paris bis Moskau unter seine Kontrolle brachte. Dies konnte man in Washington nicht hinnehmen. Ein Europa, das von einer den USA feindlich gesinnten Macht dominiert worden wäre, verfügte über genügend Ressourcen, um die amerikanischen Interessen und die Sicherheit des Landes zu gefährden. Innerhalb weniger Monate ordnete der Präsident nun zahlreiche Maßnahmen an, die die Vereinigten Staaten immer mehr zur Kriegspartei machten. Zunächst erklärte er eine atlantische Neutralitätszone, die fast bis Island reichte, ließ sie von der Navy patrouillieren und die Position deutscher U-Boote an die Briten weitergeben. Als ein deutsches U-Boot im September 1941 ein Torpedo auf einen US-Zerstörer feuerte, ordnete der Präsident an, alle feindlichen U-Boote zu beschießen, die in Sichtweite kämen. Im Oktober weitete Roosevelt das ‹Leih- und Pachtgesetz› auf die Sowjetunion aus und überzeugte den Kongress, fast alle Beschränkungen für den Handel aufzuheben. Amerikanische Schiffe konnten von nun an Waren direkt in britische Häfen liefern.

Trotz des verstärkten amerikanischen Engagements stand es im Spätherbst 1941 nicht gut um die Anti-Hitler-Allianz in Europa. Die Wirtschafts- und Militärhilfe der USA hatte die deutsche Expansion nicht aufhalten können. Auch in Ostasien verschlechterte sich die strategische Lage. Japans Großmachtpläne hatten sich in den 1930er Jahren in der Übernahme der Mandschurei und in der Invasion Chinas manifestiert. Um seine Eroberungspolitik fortsetzen zu können, benötigte Tokio Rohstoffe, insbesondere das Öl Südostasiens. Ein wichtiger Schritt zur Erreichung dieses Ziels war die im Sommer 1940 beginnende Besetzung des französischen Kolonialreichs in Indochina. Die Erwartung der Regierung in Tokio, die Vereinigten Staaten würden ihr wegen des Kriegs in Europa freie Hand in Asien geben, erfüllte sich indes nicht. Roosevelt hatte zwar lange versucht, den sich abzeichnenden Konflikt mit Japan diplomatisch einzuhegen, aber keinen Erfolg damit gehabt. Im September verhängte Washington ein Handelsembargo, das de facto auch für Rohöllieferungen galt, und fror die japanischen Vermögenswerte in den Vereinigten Staaten ein. Das britische Empire und auch Niederländisch-Ostindien (das heutige Indonesien) schlossen sich diesen Maßnahmen an. Damit verschärften sich die wirtschaftlichen Probleme Japans dramatisch. Gefangen «im Netz seiner eigenen Aggression» (Gottfried-Karl Kindermann) sah sich das Kaiserreich vor die Wahl gestellt, seine Expansionspolitik aufzugeben, aus Südostasien und China abzuziehen und einen Ausgleich mit Washington zu suchen oder an den Eroberungen festzuhalten und dafür auch einen Krieg mit den USA vom Zaun zu brechen. Die japanische Militärführung entschied sich für die zweite Möglichkeit. Ihr Plan war es, die amerikanische Militärmacht im Pazifik mit einer schnellen Attacke zu zerstören, sich der Rohstoffquellen Südostasiens und Niederländisch-Ostindiens zu bemächtigen und dann aus einer Position der Stärke mit Washington in Friedensverhandlungen einzutreten.

Der Überfall auf Pearl Harbor

Am 7. Dezember 1941 griff Japan an. Mit einem Überraschungsschlag versenkten 352 japanische Maschinen, die von sechs Flugzeugträgern aus gestartet waren, an einem Sonntagmorgen in nur zwei Stunden große Teile der in Pearl Harbor auf Hawaii vor Anker liegenden US-Pazifikflotte. 2403 Amerikaner kamen dabei ums Leben. Der japanische Botschafter in Washington, der Außenminister Cordell Hull vom Abbruch der diplomatischen Beziehungen kurz vor dem Angriff informieren sollte, überbrachte seine Botschaft wegen Übersetzungsproblemen erst eine Stunde *nach* Beginn der Attacke. Am 8. Dezember erklärte der Kongress der Vereinigten Staaten Japan den Krieg. Drei Tage später ließen Hitler und Mussolini Kriegserklärungen an die USA folgen, um deren Streitkräfte in einen Kampf auf beiden großen Ozeanen zu verwickeln, bevor sie voll mobilisiert waren. Die amerikanische Regierung hatte bis zuletzt gezögert, den zwei europäischen Aggressoren mit eigenen Truppen entgegenzutreten. Jetzt befand sie sich im Krieg mit den mächtigsten Militärmaschinen der Erde. Mehr noch: Der japanische Überraschungsangriff veränderte die innenpolitische Gemütslage so fundamental wie kein anderes Ereignis in der bisherigen amerikanischen Geschichte. Die Anti-Kriegsstimmung der Bevölkerung und der Kongressabgeordneten, auf die Japan bei seiner Attacke gesetzt hatte, war wie weggeblasen. «Remember Pearl Harbor» wurde zum Schlachtruf der USA im Zweiten Weltkrieg.

Schon bald nach dem japanischen Angriff auf Pearl Harbor kam die These auf, Roosevelt habe im Vorfeld davon erfahren und die Flotte nicht unterrichten lassen, um den amerikanischen Kriegseintritt zu beschleunigen. Sie erhielt erneute Aufmerksamkeit, als der Historiker John Toland 1982 in seinem Buch ‹Infamy: Pearl Harbor and Its Aftermath› angebliche neue Beweise für sie vorlegte.[1] Allerdings hielten seine Quellen einer genauen Überprüfung nicht stand. Alles, was Toland und andere Revisionisten anführen konnten, war ein Sammelsurium von Verdächtigungen, Halbwahrheiten und Gerüchten. Acht offizielle Untersuchungsausschüsse und eine Unzahl von Veröffentlichungen erbrachten letztlich kein verwertbares Indiz für die These vom gezielten Verschweigen wichtiger Informationen durch den Präsidenten. Ein in den frühen 1990er Jahren vorgetragenes Argument, Churchill habe von den japanischen Angriffsplänen auf Pearl Harbor gewusst, aber Roosevelt nicht davon in Kenntnis gesetzt, weil er Washingtons Kriegseintritt wollte, konnte ebenfalls nicht erhärtet werden.[2] Wie so oft ist die Erklärung für den «Tag der Niedertracht» (Roosevelt) banaler, als dies die Verschwörungstheoretiker wahrhaben wollen. Japan war vom militärischen Standpunkt aus betrachtet ein glänzend vorbereiteter und exzellent ausgeführter Überraschungscoup gelungen. Die militärische Führungsspitze der Vereinigten Staaten hatte ihren Gegner unterschätzt, die Bedeutung von Flugzeugträgern für die Kriegführung verkannt, ihre Aufmerksamkeit auf die falschen Ziele gerichtet, die zur Verfügung stehenden Geheimdienstinformationen fehlinterpretiert und zu keinem Gesamtbild zusammengefügt, schließlich die vorliegenden Studien ignoriert. Die örtlichen Flottenkommandanten versäumten es, auf die Warnungen aus Washington angemessene Vorbereitungen zu treffen, etwa durch Ausrufung des Alarmzustands oder großangelegte Aufklärungsflüge. Henry Kissinger hat ein solches Versagen bei anderer Gelegenheit mit dem Satz richtig charakterisiert, es gebe nun einmal keinen Schutz gegen die eigenen Vorurteile.

Die Kriegsziele und der Aufbau der Allianz

Anfang 1942 waren die USA also Partei im größten Krieg der Geschichte geworden und sahen sich gewaltigen Herausforderungen gegenüber: Japan kontrollierte den Westpazifik und überrannte Ost- und Südostasien, Deutschland beherrschte Kontinentaleuropa, seine Truppen standen vor Moskau und seine U-Boote fügten den alliierten

Verbänden schwere Schäden im Atlantik und in der Karibik zu. Die wichtigsten Kriegsverbündeten, Großbritannien und die Sowjetunion, kämpften mit dem Rücken zur Wand. Die eigene Wirtschaft hatte sich noch nicht völlig von der Großen Depression erholt und war nicht auf Krieg eingestellt, das Militär war nicht auf einen Konflikt dieses Ausmaßes vorbereitet. 45 Monate später hatten die Vereinigten Staaten und ihre Alliierten, vor allem die Sowjetunion, Italien, Deutschland und Japan besiegt und waren im Verlauf des Kriegs zur dominierenden militärischen, wirtschaftlichen und technologischen Macht der Welt aufgestiegen. Ihre politischen Interessen und ihr Einfluss reichten bis in den letzten Winkel der Erde. Mit Ausnahme der Sowjetunion waren die Großmächte der Vorkriegszeit nur mehr ein Schatten ihrer selbst, entweder geschlagen und besetzt oder von den Kämpfen ausgeblutet. Die europäischen Kolonialreiche in Afrika, Asien und im Nahen Osten bröckelten.

Zu verdanken hatten die USA ihre einzigartige Stellung einer gewaltigen wirtschaftlichen, diplomatischen und militärischen Anstrengung. Ihre leistungsfähige Ökonomie zeigte sich den gigantischen Herausforderungen gewachsen und produzierte bald mehr Rüstungsgüter als die Volkswirtschaften aller anderen Kombattanten zusammen. Unter dem Eindruck eines Berichts Albert Einsteins über deutsche Atombombenpläne initiierte der Präsident nach dem Überfall auf Pearl Harbor zudem ein geheimes Nuklearprogramm, das so genannte ‹Manhattan-Projekt›. Die in seinen Laboratorien in Los Alamos entwickelten Kernwaffen sollten 1945 den Krieg im Pazifik entscheiden. Wie bei der Bekämpfung der Wirtschaftskrise im Inneren erwies sich Roosevelt im Krieg als willensstarker und inspirierender Führer. In seiner Hand liefen alle Stränge der Außenpolitik zusammen. Seine Außenminister und ihre Bürokratien spielten eine untergeordnete Rolle, heikle diplomatische Missionen übertrug er entweder seinen engen Vertrauten Sumner Welles und Harry Hopkins oder führte sie trotz seiner Kinderlähmung, die ihn an den Rollstuhl fesselte, selbst durch. Mit Churchill traf Roosevelt in den Kriegsjahren zehn Mal zusammen, mit Stalin drei Mal. Vom Verlauf dieser Gespräche unterrichtete der Präsident in der Regel keinen einzigen Mitarbeiter. In der besten Wilsonschen Tradition verstand er es auch, der amerikanischen Beteiligung am Krieg eine besondere moralische Dimension zu verleihen. Immer wieder erklärte er öffentlich, Amerika sei vier unveräußerlichen menschlichen Freiheiten überall auf der Welt verpflichtet: der

Freiheit der Rede, der Freiheit der Religion, der Freiheit von Not und der Freiheit von Furcht (freedom of speech, freedom of religion, freedom from want, freedom from fear). Auch die von Washington initiierte ‹Erklärung der Vereinten Nationen›, das Gründungsdokument der Kriegsallianz gegen die Achsenmächte Deutschland, Italien und Japan, atmete diesen Geist. In ihr verpflichteten sich die USA, Großbritannien, die Sowjetunion, China und 22 andere Staaten am 1. Januar 1942 nicht allein dazu, alle Ressourcen in den Dienst des gemeinsamen Sieges zu stellen und keinen Sonderfrieden mit einem der Feinde einzugehen. Vielmehr bekannten sich die Unterzeichner auch zur ‹Atlantikcharta›, die Roosevelt und Churchill im August 1941 verkündet hatten. Dort waren als Kriegs- und Friedensziele unter anderem die Wiederherstellung der demokratischen Freiheiten, die Durchsetzung des Selbstbestimmungsrechts der Völker, die Demilitarisierung der Aggressorstaaten, die Stärkung der wirtschaftlichen Zusammenarbeit und die Schaffung eines «größeren und permanenten Systems allgemeiner Sicherheit» festgeschrieben. Freilich stand damit die Frage im Raum, ob und wenn ja, wie diese Grundsätze auch für die Allianzpartner zu gelten hatten. Die UdSSR und Großbritannien praktizierten die Maximen der Charta ja selbst nicht. Auch wenn sich Roosevelt in den folgenden Jahren primär um die Stärkung der Koalition gegen den gemeinsamen Feind bemühte, so versuchte er doch mit Nachdruck, London zur Beendigung seiner Sonderrechte in China zu bewegen und eine Entkolonisierung dieses Landes zu erreichen.

Mit dem wichtigsten neuen Verbündeten, der Sowjetunion, gestaltete sich die Zusammenarbeit nicht nur wegen der ungelösten weltanschaulichen Differenzen schwierig. In Washington hatte man nicht vergessen, dass Lenin 1917 mit dem Friedensvertrag von Brest-Litowsk aus der Allianz gegen das Deutsche Reich ausgeschert war und Stalin von 1939 bis 1941 mit Hitler paktiert hatte, um seinem Imperium ein Drittel Polens sowie Litauen, Lettland und Estland einzuverleiben. Außerdem hatte Washington während des finnisch-sowjetischen Winterkriegs 1939/40 mit Finnland sympathisiert. Gleichzeitig war sich die amerikanische Führung der zentralen Bedeutung des sowjetischen Widerstands gegen Deutschland bewusst. Bei einer Niederlage der Roten Armee würde sich Hitler ganz auf Großbritannien und den Krieg in Nordafrika konzentrieren können und alle Invasionspläne der USA erschweren. Stalin verlangte für die Fortführung der Kämpfe von Washington und London allerdings drei Dinge: die unbegrenzte

Versorgung mit Kriegsmaterial, die vertragliche Anerkennung der sowjetischen Grenzen, wie sie vor Hitlers Invasion 1941 existierten, und die sofortige Eröffnung einer zweiten Front.

Roosevelt ordnete an, den ersten Punkt mit hoher Dringlichkeit zu behandeln. Tatsächlich erhielt die UdSSR bis Kriegsende von den USA Rüstungs- und Versorgungsgüter im Umfang von 11,1 Milliarden Dollar und rangierte damit hinter dem britischen Empire (31,6 Mrd.) auf Rang zwei der Empfängerliste. Auf Stalins Forderung, seine Vorkriegsannexionen völkerrechtlich zu sanktionieren, reagierte Roosevelt ausweichend, um weder seinen Bündnispartner zu verprellen noch die Prinzipien der ‹Atlantikcharta› zu kompromittieren. Auch beim Aufbau der zweiten Front im Westen kam der Präsident der Sowjetunion zunächst nicht entgegen, weil er davon eine Schwächung der amerikanischen Streitmacht im Pazifik befürchtete. Zudem sprach sich Churchill dagegen aus. Er wollte erst die deutsche Feuerkraft durch massive Bombardierungen reduzieren, um die Verluste an Menschenleben bei der Landung auf dem Kontinent möglichst gering zu halten. Stattdessen plädierte der britische Premierminister für eine rasche Invasion der alliierten Truppen in Nordafrika, wo er einen geringeren deutschen Widerstand erwartete und eine Stärkung der traditionell wichtigen Position Großbritanniens im Mittelmeerraum erhoffte. Roosevelt stimmte zu. Nach dem Luftangriff Doolittles auf Tokio im April 1942 und der gewonnenen Schlacht mit der japanischen Flotte um die Midway-Inseln Anfang Juni suchte er auch in Europa einen schnellen Feindkontakt. Damit wollte er die innenpolitische Aufmerksamkeit weg vom Pazifik und hin auf den Krieg gegen Deutschland und Italien lenken sowie die Stalin in Aussicht gestellte zweite Front, wenn auch nicht im Westen, so doch zumindest im Süden eröffnen. Im November 1942 landeten starke alliierte Verbände unter US-General Dwight D. Eisenhower in Algerien und Marokko. Nach der Kapitulation der deutsch-italienischen Heeresgruppe in Nordafrika begannen die Westmächte im Sommer 1943 mit der Invasion Siziliens ihren Angriff auf Hitlers «Festung Europa».

Der Krieg in Europa

Im Zentrum der Überlegungen des amerikanischen Präsidenten stand der möglichst schnelle Sieg über Deutschland. Auch wenn sich schon bald Konturen abzeichneten, wie er mit dem Feind nach dessen Niederlage umzugehen gedachte, so wollte er über die Einzelheiten erst später gemeinsam mit den Verbündeten beraten. Ein langfristiges Engagement in Europa strebte Roosevelt nicht an, da er hoffte, Großbritannien würde dort Sicherheit und Stabilität garantieren können. Auch vertraute er auf die wirtschaftliche Überlegenheit der Vereinigten Staaten und sein Verhandlungsgeschick, um die Entwicklungen später in ihm genehme Bahnen zu lenken.

Eine grundsätzliche Entscheidung über die Nachkriegsordnung in Europa traf Roosevelt allerdings schon auf der ‹Konferenz in Casablanca› mit Churchill im Januar 1943, als er die «bedingungslose Kapitulation» Deutschlands zum Kriegsziel erhob. Er betrachtete es nämlich als schweren Fehler Wilsons, das Deutsche Reich am Ende des Ersten Weltkriegs in dem Glauben bestärkt zu haben, es könne einen Verhandlungsfrieden geben. Roosevelt strebte vielmehr eine tiefgreifende Umgestaltung der deutschen Gesellschaft an, die nur nach dem Eingeständnis der totalen Niederlage möglich sein würde. Außerdem wollte er mit seinem Drängen auf eine «bedingungslose Kapitulation» des Feinds Stalin trotz der ausbleibenden Front im Westen des guten Willens der anglo-amerikanischen Partner versichern und dem sowjetischen Führer die Furcht nehmen, der Westen würde einen Separatfrieden mit Hitler schließen und sich dann gegen die UdSSR wenden. Schließlich sollte durch diese Festlegung auch Moskau darauf verpflichtet werden, den Krieg bis zum Ende zu führen. Allerdings waren weder Churchill noch Stalin von Roosevelts Forderung nach einer «bedingungslosen Kapitulation» begeistert, weil sie befürchteten, Deutschland würde nach der Verkündung dieses Ziels umso hartnäckigeren Widerstand leisten. Im Herbst kamen Vertreter der drei Alliierten in Moskau überein, den größten Kriegsverbrechern nach dem Sieg den Prozess zu machen. Wie aber Deutschland als Ganzes zu behandeln war, blieb zwischen den Allianzpartnern umstritten. Auch die erste Gipfelkonferenz der Großen Drei Ende 1943 in Teheran brachte kein Ergebnis in dieser Frage. Roosevelt neigte einer Zerschlagung Deutschlands in fünf Staaten und einer Bestrafung des Feinds zu. Churchill wollte an der Einheit des Landes festhalten, um kein Machtvakuum im Herzen Europas entstehen zu lassen. Stalin sprach sich für drakonische Maßnahmen und die Eliminierung Deutschlands als Machtfaktor aus. Angesichts dieser divergierenden Vorstellungen setzten die Drei einen ‹Europäischen Beratungsausschuss› ein, um Vorschläge für die künftigen Besatzungszonen zu erarbeiten.

Im Frühjahr 1944 begannen das amerikanische Militär und das US-Außenministerium mit ihren Nachkriegsplanungen für Deutschland. Danach sollten die Deutschen möglichst bald nach der Kapitulation wieder die Zivilverwaltung übernehmen, damit die Lebensmittelversorgung sichergestellt war. Als Schatzminister Henry Morgenthau davon erfuhr, beklagte er sich bei Roosevelt über die zu nachsichtige Behandlung des Kriegsgegners, zumal der Präsident die Erkenntnisse über den deutschen Völkermord an den Juden zu verdrängen schien. Seiner Ansicht nach sollten die Deutschen für die Verbrechen des Nazi-Regimes hart bestraft und als künftige Gefahrenquelle ausgeschaltet werden. In seinem ‹Programm, um Deutschland vom Beginn eines III. Weltkriegs abzuhalten› schlug der Schatzminister vor, Deutschland komplett zu demilitarisieren und zu deindustrialisieren, sein Schul-, Universitäts- und Mediensystem von Grund auf neu zu ordnen, Ostpreußen und das Saargebiet den Nachbarstaaten zuzuschlagen und den Rest des Landes in einen Nord- und einen Südstaat aufzuteilen. Auf der ‹Quebec-Konferenz› mit Churchill im September 1944 stimmte Roosevelt dem ‹Morgenthau-Plan› zu und nötigte dem britischen Premier sein Einverständnis ab. Dabei handelte es sich jedoch nur um eine «taktische, zeitweise Unterstützung» des Präsidenten, wie der Historiker Michael Beschloss überzeugend darlegt.[3] In der für seinen Regierungsstil typischen Manier instrumentalisierte Roosevelt die Initiative Morgenthaus, um seinen Außen- und Kriegsminister, aber auch Churchill klar zu machen, dass er es ernst meinte mit der Umgestaltung Deutschlands, und um Stalin zu versichern, dass die USA den gemeinsamen Feind nicht schonen würden. Als dieses Ziel erreicht war und sich in Regierung und Öffentlichkeit massive Proteste gegen den ‹Morgenthau-Plan› erhoben, distanzierte sich der Präsident umgehend von den Vorschlägen. In die geheime Direktive JCS 1067 für die künftige Verwaltung Deutschlands, deren Endversion im April 1945 vorlag, flossen zwar Morgenthaus Gedanken wieder ein; so gab die Direktive vor, dass Deutschland «nicht für den Zweck der Befreiung, sondern als ein besiegter Feindstaat» besetzt, die Schwerindustrie abgebaut, Kartelle entflochten, das Militär abgeschafft und harte Denazifizierungs-Maßnahmen durchgeführt werden sollten. Aber JCS 1067 ließ auch zahlreiche Schlupflöcher, die ein amerikanischer Militärgouverneur nutzen konnte, um seine Vorstellungen einer angemessenen Besatzungspolitik durchzusetzen.

Militärisch war die Niederlage des Deutschen Reichs nach der geglückten Invasion alliierter Truppen in der Operation OVERLORD am 6. Juni 1944, dem sogenannten «D-Day» (D steht für Day, Tag), in der Normandie absehbar, auch wenn die Wehrmacht verbissen weiterkämpfte. Allein in den acht Wochen nach der Landung fielen 16 000 amerikanische Soldaten und wurden 78 000 verwundet. Als Roosevelt Anfang Februar 1945 in Jalta auf der Krim mit Churchill und Stalin zur zweiten Kriegskonferenz zusammenkam, war der militärische Ring um den Feind aber bereits eng geschlossen. Den Sieg vor Augen, einigten sich die Großen Drei darauf, Deutschland nach der Kapitulation in vier Besatzungszonen aufzuteilen, wobei auch Frankreich eine Zone bekommen sollte. Die Alliierten kamen ebenfalls überein, dass die nach dem Ersten Weltkrieg festgelegte Curzon-Linie die neue Ostgrenze Polens zur Sowjetunion bilden würde. Außerdem erhielt der amerikanische Präsident Stalins erneute Zusage, wenige Monate nach der Niederlage Deutschlands gegen Japan in den Krieg zu ziehen und die USA in Ostasien militärisch zu entlasten. Von Roosevelt wiederholt auf das Schicksal Polens angesprochen, erklärte Stalin, das sei eine Frage von «Leben und Tod»[4] für sein Land, und lehnte Forderungen nach einer unabhängigen Regierung ab. Er sicherte lediglich zu, Nicht-Kommunisten ins dortige Kabinett aufzunehmen zu wollen.

Später ist Roosevelt immer wieder vorgehalten worden, sich der auf der Krimkonferenz abzeichnenden sowjetischen Annexion Mittel- und Osteuropas nicht vehementer widersetzt zu haben. Vom Symbol erfolgreicher alliierter Kooperation wandelte sich ‹Jalta› in den Jahren nach dem Krieg mehr und mehr zu einem Synonym für die Beschwichtigung kommunistischer Aggression. Zwar konnte der amerikanische Präsident Stalin eine ‹Erklärung über das befreite Europa› abringen, die allen Völkern die freie Wahl ihrer Regierungsform versprach. Aber es war klar, dass der sowjetische Diktator in den von der Roten Armee kontrollierten Gebieten tun und lassen würde, was ihm beliebte. Offenbar glaubte Roosevelt, dass die Einbindung der UdSSR in das System der Vereinten Nationen mäßigend auf deren Außenpolitik wirken würde. Der wichtigste Grund für die Vermeidung einer offenen Konfrontation mit Stalin lag jedoch darin, dass die USA die UdSSR nach wie vor im Krieg gegen Japan brauchten. Um die sowjetische Übernahme Mittel- und Osteuropas zu verhindern, hätte es militärischer Drohungen und wahrscheinlich des Einsatzes der US-Streitkräfte bedurft. Nach zwei Weltkriegen in einem Vierteljahrhundert war Roosevelt, und mit ihm das amerikanische Volk, zu einem weiteren Waffengang allerdings nicht bereit. Hitlers Expansionskrieg und Stalins Sicherheitsparanoia war es letztlich zuzuschreiben, dass die Region östlich der Elbe unter die Dominanz Moskaus geriet. Roosevelt nahm das Unvermeidliche hin. Entgegen anderslautender Vermutungen gibt es keine Anzeichen, dass sein sich rapide verschlechternder Gesundheitszustand den Ausgang der Unterredungen in Jalta maßgeblich beeinflusst hätte.

Das Schicksal Deutschlands war jedenfalls besiegelt. Mit der Ardennenoffensive bäumte sich die Wehrmacht in der zweiten Dezemberhälfte 1944 jedoch noch einmal an der Westfront auf und brachte die überraschten amerikanischen und britischen Verbände in schwere Bedrängnis. Erst im Januar gewannen die Alliierten aufgrund ihrer Luftüberlegenheit wieder die Oberhand. In der Hoffnung, den zähen deutschen Widerstand endlich zu brechen, bombardierten Briten und Amerikaner in der Nacht vom 13. zum 14. Februar 1945 Dresden. Zehntausende Bewohner und Flüchtlinge starben in dem Flammenmeer. Damit schlug Hitlers erbarmungsloser Krieg gegen die Zivilbevölkerung, den er mit den Luftangriffen auf Rotterdam, London und Coventry sowie mit der Einkesselung Leningrads begonnen hatte, auf Deutschland zurück. Am 25. April begegneten amerikanische Truppen bei Torgau an der Elbe erstmals sowjetischen Streitkräften. Am 30. April beging Hitler Selbstmord, am 7. und 9. Mai 1945 kapitulierte die deutsche Wehrmacht bedingungslos. Amerika feierte den ‹VE-Day›, den ‹Victory in Europe›-Tag. Diesen Triumph sollte Roosevelt aber schon nicht mehr erleben. Wenige Wochen zuvor, am 12. April 1945, war der Präsident im Kurort Warm Springs in Georgia einem Schlaganfall erlegen.

Entscheidung im Pazifik

Während sich bei Roosevelts Tod die Kämpfe in Europa ihrem Abschluss näherten, lag es an seinem Vizepräsidenten und Nachfolger Harry S. Truman, den Krieg im Pazifik zu Ende zu bringen. Dort leistete Japan nämlich weiter erbitterten Widerstand. Zwar waren die amerikanischen Verbände seit dem Sommer 1942 in der Offensive, störten erfolgreich den japanischen Rohstoffnachschub und begannen im Oktober 1944 mit der Invasion der besetzten Philippinen. Aber bei ihrem Vordringen stießen sie immer wieder auf japanische Truppen, die bis zum Letzten kämpften. Bei der Einnahme der beiden strategisch wichtigen japanischen Heimatinseln Iwo Jima und Okinawa im ersten Halbjahr 1945 verloren die USA mehr als 30 000 Soldaten. Eine Eroberung der Hauptinsel hätte wahrscheinlich ein Vielfaches an amerikanischen Opfern gefordert, zumal Tausende von japanischen Kamikazekämpfern für Selbstmordaktionen in Flugzeugen und Booten bereitstanden. Der US-Generalstab ging von bis zu 500 000 gefallenen und verwundeten GIs aus. Das wollte Truman unter allen Umständen verhindern. Während der Potsdamer Konferenz forderte er gemeinsam mit dem neuen britischen Premier Attlee und dem Einverständnis des nationalchinesischen Führers Chiang Kai-schek in der ‹Potsdamer Erklärung› die japanischen Streitkräfte zur bedingungslosen Kapitulation auf. Die Alternative sei «sofortige und völlige Zerstörung» (prompt and utter destruction). Ohne explizit darauf einzugehen, meinte Truman damit den Abwurf einer neuen Waffe, von deren Entwicklung er erst nach Roosevelts Tod erfahren hatte und von deren erfolgreichem Test er während der Konferenz informiert worden war: der Atombombe. Als das Kaiserreich nicht einlenkte, ordnete der Präsident den Einsatz des nuklearen Sprengsatzes an. Aber auch nach der Vernichtung Hiroshimas am 6. August 1945 mit 130 000 Toten gab Japan nicht auf. Erst nach der Kriegserklärung der Sowjetunion am 8. August und einem zweiten Atomschlag auf Nagasaki einen Tag später, bei dem 73 000 Einwohner ums Leben kamen, kapitulierte Japan unter der Bedingung, dass Kaiser Hirohito seinen Thron behalten dürfe. Die USA akzeptierten.

Der Einsatz von Atombomben mit ihrer gewaltigen Zerstörungskraft ist wiederholt als überflüssig kritisiert worden. Dabei wird übersehen, dass durch die hartnäckige Weigerung der japanischen Militärführung, den verlorenen Krieg zu beenden, eine Eroberung des Landes durch alliierte Truppen erforderlich gewesen wäre. Dies hätte den Krieg um viele Monate, wenn nicht Jahre verlängert und zu Verlusten geführt, die vermutlich höher gelegen hätten als die in Hiroshima und Nagasaki. Schon die Bombardierung Tokios mit konventionellen Brandbomben in der Nacht vom 9. zum 10. März 1945 hatte mehr Tote gefordert als die zweite Atombombe. Der Nuklearschlag ermöglichte den japanischen Streitkräften eine ehrenvolle Kapitulation, da angesichts der Zerstörungskraft der neuen Waffe weiterer Widerstand zwecklos erschien. Ein Abwurf über unbewohntem Gebiet zu Einschüchterungszwecken wurde von den USA nicht ernsthaft erwogen, weil sie zu diesem Zeitpunkt nur über zwei funktionstüchtige nuklea-

Konflikt	Direkte Kriegskosten in Mrd. $ (2002)	In % am BIP zu Zeit des Kriegs
Revolutionskrieg (1775–83)	2,2	63
Krieg von 1812 (1812–15)	1,1	13
Mexikanischer Krieg (1846–48)	1,6	3
Bürgerkrieg (1861–65)	62,0	104
Spanisch-amerikanischer Krieg (1898)	9,6	3
Erster Weltkrieg (1917–18)	190,6	24
Zweiter Weltkrieg (1941–45)	2896,3	130
Koreakrieg (1950–53)	335,9	15
Vietnamkrieg (1964–72)	494,3	12
Golfkrieg (1990–91)	76,1	1

Tabelle 4: Kosten wichtiger Kriege für die USA (Quelle: The Economist, 22. 2. 2003, 71)

re Sprengsätze verfügten. Erst die Zerstörung Nagasakis bewog den Tenno, «das Unertragbare zu ertragen» und die Kapitulation anzuordnen.[5] Damit endete der Zweite Weltkrieg. Er war der teuerste Krieg in der amerikanischen Geschichte, sowohl was den Verlust an Menschenleben als auch was die finanziellen Belastungen anlangt: Mehr als 400 000 US-Soldaten starben, 670 000 wurden verwundet, die direkten Kriegskosten summierten sich auf das 1,3-fache des Bruttoinlandsprodukts.

Pläne für die Nachkriegsordnung

Die Priorität der amerikanischen Politik lag seit dem Eintritt in den Weltkrieg darauf, einen raschen militärischen Sieg zu erringen. Das heißt allerdings nicht, dass die USA keine Vorstellung davon hatten, wie die Welt nach der Niederlage Deutschlands und Japans aussehen sollte. Im Gegenteil, gerade was die Neustrukturierung des internationalen Systems betraf, entwickelten die Vereinigten Staaten schon während des Kriegs vielfältige Initiativen. In ihrem Mittelpunkt standen eine globale Organisation kollektiver Sicherheit und Institutionen, die das Funktionieren der Weltwirtschaft garantieren sollten.

In der Frage der Nachkriegsordnung wurde deutlich, wie pragmatisch Roosevelt realpolitisches Kalkül und idealistische Vision miteinander verband. So sprach er häufig von den «vier Polizisten» USA, UdSSR, Großbritannien und China, die nach dem Sieg in ihren jeweiligen Einflusszonen für Stabilität sorgen sollten. Gleichzeitig hielt er an Wilsons Idee einer weltumspannenden Organisation kollektiver Sicherheit fest. Schon seit Juni 1942 arbeiteten Mitarbeiter des State Department an Plänen für eine neue globale Institution und stimmten ihre Ideen mit der Führung des Kongresses ab. Gut zwei Jahre später einigten sich Vertreter der USA, Großbritanniens, der Sowjetunion und Chinas auf Dumbarton Oaks, einem Anwesen in Washingtons Stadtteil Georgetown, auf ‹Vorschläge zur Einrichtung einer Allgemeinen Internationalen Organisation›. Offen blieb noch die Frage nach dem Abstimmungsmodus im wichtigsten Organ, dem Sicherheitsrat. Stalin bestand trotz amerikanischen Widerstands auf einem allumfassenden Vetorecht für die permanenten Mitglieder und setzte sich damit auch weitgehend durch. In Jalta akzeptierte Roosevelt nämlich ein Vetorecht der fünf großen Siegermächte bei allen nicht-prozeduralen Entscheidungen. Am 26. Juni 1945 unterzeichneten 51 Staaten die ‹Charta der Vereinten Nationen›. Die Wahl von San Francisco als Konferenzort und von New York als des künftigen Sitzes der Weltorganisation unterstrich die Tatsache, dass die USA die treibende Kraft hinter der Planung und Gründung der UNO waren und auch in Zukunft eine wichtige Rolle zu spielen beabsichtigten. Außerdem sollte die Ansiedelung der UNO in den Vereinigten Staaten sicherstellen, dass die amerikanische Öffentlichkeit und der Kongress nicht das Interesse an der Organisation verlören.

Washington hatte für den Aufstieg Hitlers und den Krieg in Europa aber nicht nur den Fehlschlag der alten Sicherheitsorganisation, des Völkerbunds, sondern auch die Weltwirtschaftskrise verantwortlich gemacht. Ein besonderes Ziel der USA war deshalb die Schaffung einer neuen globalen Wirtschaftsordnung, die eine Rückkehr zum zerstörerischen ökonomischen Nationalismus der 1930er Jahre verhindern würde. Zu diesem Zweck kamen im Sommer 1944 Repräsentanten von 44 Ländern in Bretton Woods im amerikanischen Bundesstaat New Hampshire zusammen. Die wichtigsten Verhandlungsführer waren Harry Dexter White vom US-Schatzministerium und der britische Star-Ökonom John Maynard Keynes. Unter ihrer Leitung vereinbarten die Teilnehmer ein System zur Überwindung von

Abwertungswettläufen, destabilisierenden Kapitalflüssen und Protektionismus. Dies wollten sie zum einen dadurch erreichen, dass die Wechselkurse der wichtigsten Währungen fixiert und nur bei fundamentalen Ungleichgewichten im internationalen Konsens verändert würden. Ein ‹Internationaler Währungsfonds› sollte das Finanzsystem überwachen und Kredite an Länder vergeben, deren Zahlungsbilanz vorübergehend unausgeglichen war. Zum anderen einigten sich die Unterhändler darauf, den freien Austausch von Gütern zu fördern und die dafür notwendigen Regeln und Verhandlungen durch eine ‹Internationale Handelsorganisation› (ITO) betreuen zu lassen. Schließlich würde eine ‹Internationale Bank für Wiederaufbau und Entwicklung› oder kurz ‹Weltbank› langfristige Kredite für Projekte in Europa und in Entwicklungsländern vergeben. Alle drei Institutionen sollten im System der künftigen UNO verankert werden. Zwar wurde die Internationale Handelsorganisation wegen Widerständen in den USA und Großbritannien nie errichtet, aber der Zollabbau sollte im Rahmen diverser GATT-Verhandlungsrunden rasch vorankommen. Insgesamt ermöglichte das in Bretton Woods geschaffene System in den beiden Jahrzehnten nach dem Krieg einen historisch einmaligen Aufschwung der Weltwirtschaft. Die USA hatten sowohl die Verhandlungen dominiert und ihre Präferenzen durchgesetzt als auch ihre herausgehobene Stellung in den Abstimmungsverfahren in IWF und Weltbank festgeschrieben. Jedes Land erhielt nämlich ein Stimmengewicht, das in etwa seiner ökonomischen Leistungsfähigkeit entsprach. Dies stellte die Billigung des Kongresses sicher. Auch verfügte Washington damit de facto über eine Vetoposition bei der Gestaltung der internationalen Wirtschaftspolitik. Die Welt nach dem Sieg über die Achsenmächte würde zumindest im ökonomischen Bereich stark von den Vereinigten Staaten beeinflusst werden.

7. Vom heißen zum Kalten Krieg (1945–1949)

Der Zweite Weltkrieg veränderte die internationale Lage und insbesondere die Rolle der Vereinigten Staaten in der Welt grundlegend. Vor seinem Beginn hatte es sieben Großmächte gegeben: Deutschland, Frankreich, Großbritannien, Italien, Japan, die Sowjetunion und die USA. Nach 1945 standen die Vereinigten Staaten weit über allen anderen Mächten: Sie hatten den Weltkrieg durch ihre Entschlossenheit und Wirtschaftskraft entschieden. Sie verfügten über das Monopol bei Atomwaffen. Ihre Industrieanlagen waren unbeschädigt und produzierten die Hälfte aller Güter der Erde. Ihr Prestige bei ihren Partnern und in vielen Kolonialländern stand wegen ihrer politischen und moralischen Führungsrolle auf dem Zenit. Auch die amerikanischen Initiativen für eine prosperierende und friedliche Welt waren weit fortgeschritten: Die UNO sollte zwischenstaatliche Konflikte regeln, der Internationale Währungsfonds, die Weltbank und die Internationale Handelsorganisation stabile Grundlagen für die Erholung der Nachkriegswirtschaft schaffen. Allerdings gab es keine Pläne der USA, sich langfristig militärisch in Europa und Ostasien zu engagieren.

Spannungen mit der Sowjetunion

Dass es anders kam und die Vereinigten Staaten zum dauerhaften Spieler in der Weltpolitik wurden, lag in erster Linie an der zunehmenden Furcht der amerikanischen Regierung, die UdSSR wolle ihr Imperium mit aller Macht ausweiten. Schon vor der Kapitulation Deutschlands und Japans hatten sich die amerikanisch-sowjetischen Beziehungen verschlechtert. Eine Allianz der größten kapitalistischen Macht der Erde mit dem einzigen kommunistischen Staat war an und für sich schon ungewöhnlich gewesen. Nur Hitlers Expansionspolitik hatte sie ermöglicht. Nach der Beseitigung dieser Gefahr blieb nichts, was das Bündnis hätte zusammenhalten können.

Zunächst schien es, als ob die Vereinigten Staaten ihre Außenpolitik mit einem Handicap fortsetzen mussten: Ihr neuer Präsident Harry S. Truman war nämlich in internationalen Angelegenheiten völlig unerfahren. Die Demokratische Partei hatte den Senator aus Missouri im

Sommer 1944 überraschend und ohne aktives Zutun Roosevelts als Kandidaten für die Vizepräsidentschaft bei den Wahlen im November nominiert. Als er nach Roosevelts Tod als 33. Präsident der USA vereidigt wurde, war er gerade 82 Tage Vizepräsident gewesen. Er kannte weder Churchill noch Stalin, er verfügte über keine außenpolitischen Berater, ja, er hatte selbst mit seinem Außenminister noch kein richtiges Gespräch geführt. Roosevelt, so vertraute Truman seiner Tochter Margaret an, «habe nie mit ihm vertraulich über den Krieg oder die Außenpolitik gesprochen oder darüber, was er für eine Friedensordnung nach dem Krieg im Sinne hatte».[1] Er war ahnungslos, was Roosevelt, Churchill und Stalin in Jalta vereinbart hatten. Das neue Amt fand ihn unvorbereitet, verwirrt, sogar verängstigt. Aber Truman verfügte über einen wachen Verstand, eine rasche Auffassungsgabe und Mut. Seine umgängliche und unprätentiöse Art ließen ihn nicht nur bei seinen ehemaligen Senatskollegen, sondern auch bei der Bevölkerung als ‹einen von uns› erscheinen. Was ihm an Charme, rhetorischer Brillanz, intellektueller Aura eines Roosevelt fehlte, machte er durch eine unverblümte Sprache, sein unkompliziertes Wesen sowie durch schiere physische Energie wett. Ob der neue Mann im Weißen Haus sich aber auch gegenüber Stalin behaupten können würde, musste sich auf der Gipfelkonferenz der Alliierten in Potsdam vom 17. Juli bis zum 2. August 1945 erweisen. Truman hatte sich eifrig auf die Konferenz vorbereitet und war begierig, «Mr. Russland» und «Mr. Großbritannien» kennen zu lernen. In uramerikanischer Weise glaubte er, die meisten Probleme beruhten auf Missverständnissen und könnten in persönlichen Begegnungen ausgeräumt werden.

Trumans Hauptziele in Potsdam bestanden darin, die UdSSR zum Eintritt in den Krieg gegen Japan zu bewegen, die politische Zukunft Mittel- und Osteuropas und insbesondere Polens zu regeln sowie eine Einigung über die Besetzung Deutschlands zu erzielen. Außerdem wollte er eine Arbeitsbeziehung mit dem sowjetischen Staatsführer herstellen und dessen Zustimmung zu einer Internationalisierung der Binnenwasserstraßen erhalten. Nur beim ersten Punkt war der US-Präsident erfolgreich. In allen anderen wichtigen Fragen überdeckte bereits die amerikanisch-sowjetische Rivalität die Kriegskooperation. Das Verhältnis wurde vor allem durch Stalins kompromisslose Haltung bei der künftigen Ordnung Mittel- und Osteuropas belastet. Auch schuf Stalin durch die Westverschiebung Polens und die Massenvertreibungen der Deutschen, die in den übernommenen Gebieten lebten, absprachewidrig Fakten. Hier gelang es Truman nur, die Aussicht auf freie Wahlen und eine humanitäre Handhabung der Umsiedelungen im Schlusskommuniqué zu verankern. Kritiker bezichtigten den Präsidenten umgehend der Naivität: Er habe sich mit Versprechungen Stalins zufrieden gegeben. Später gestand Truman tatsächlich ein, in Potsdam «ein unschuldiger Idealist» gewesen zu sein. Allerdings hätte er wohl auch bei einem härteren Auftreten nicht mehr erreichen können. Der sowjetische Diktator lehnte nämlich substanzielle Zugeständnisse in ihm wichtigen Angelegenheiten kategorisch ab. Ergebnisse gab es deshalb nur in Fragen, die ohnehin kaum umstritten waren, wie der Demilitarisierung Deutschlands, der Bestrafung der Kriegsverbrecher oder der Reparationszahlungen. Der Verhandlungsverlauf stärkte bei Truman die Überzeugung, dass eine Zusammenarbeit mit Stalin nach Ende des Kriegs ausgeschlossen sei und er nur die Sprache der Macht verstehe. Unmittelbare Folge dieser Einsicht war der Befehl, Japan nach seiner Kapitulation ohne die Alliierten zu besetzen und General MacArthur das alleinige Oberkommando zu übertragen.

Es gibt kein gemeinhin akzeptiertes Datum für den Beginn des Kalten Kriegs. Er entwickelte sich in den zwei, drei Jahren nach dem Sieg der Alliierten über die Achsenmächte. Dagegen sind der Streitpunkt und die Region, an denen sich der Kalte Krieg entzündete, unumstritten: Es ging um die Nachkriegsordnung in Mittel- und Osteuropa. Zwar zeigte sich Stalin 1945 und Anfang 1946 zu einigen Kompromissen bereit; so erlaubte er relativ freie Wahlen in Ungarn und der Tschechoslowakei, die Bildung repräsentativer Regierungen in Finnland und Österreich und verbot den kommunistischen Parteien in Frankreich, Italien, Griechenland und Spanien, Umsturzversuche zu unternehmen. Aber der sowjetische Diktator ließ keinen Zweifel daran, dass er den Aufbau einer Sicherheitszone für wichtiger hielt als ein gutes Verhältnis zu den Westmächten. Diese waren ihrerseits beunruhigt durch die rasche Installierung kommunistischer Regime in den von der Roten Armee besetzten Gebieten (Polen, Rumänien, Bulgarien, Ostdeutschland), die Eingliederung der baltischen Staaten Litauen, Estland und Lettland in die UdSSR und die große Zahl an sowjetischen Truppen, die nach der ‹Befreiung› in Mittel- und Osteuropa verblieben. Vor allem das Schicksal Polens besaß für Truman und die amerikanische Öffentlichkeit zentrale Bedeutung bei der Beantwortung der Frage, ob man mit Moskau künftig kooperieren könne.

Stalin hielt jedoch unnachgiebig an dem Ziel fest, seinen Machtbereich mit fast allen Mitteln auszuweiten und zu festigen. In diesen Zusammenhang gehören schon während des Zweiten Weltkriegs die Liquidierung polnischer Offiziere in Katyn, die Verweigerung der Hilfe für die Aufständischen in Warschau und der Aufbau von kommunistischen Kadern, die die Macht in den besetzten Gebieten übernehmen sollten. Die Vereinigten Staaten dagegen brauchten mehr als ein Jahr, um zu einer definitiven Einschätzung der Lage und der eigenen Rolle in Europa zu gelangen. Als Winston Churchill am 5. März 1946 in einem Vortrag in Fulton, Missouri, vor dem Niedergehen eines «eisernen Vorhangs» (iron curtain) quer über den Kontinent warnte, wurde er von vielen Amerikanern noch wegen seiner angeblichen Uninformiertheit und seines Zynismus kritisiert. Auch in der US-Regierung gab es zu diesem Zeitpunkt noch mehr Tauben als Falken. Selbst Truman, der Churchills Manuskript zuvor mit großer Zustimmung gelesen und den Ex-Premier bei seiner Rede eingeführt hatte, distanzierte sich nun von dessen Aussagen.

Langsam setzte sich aber beim Präsidenten die Einsicht durch, dass für Stalin Sicherheit und territoriale Zugewinne identisch waren und er deshalb seine Eroberungen nie freiwillig aufgeben würde. Wollten die Vereinigten Staaten in Europa nicht weiter an Boden verlieren, so mussten sie ihre Politik überdenken. Damit rückte zwangsläufig das Schicksal Deutschlands in den Mittelpunkt. Eine wirtschaftliche Stabilisierung des durch den Krieg verwüsteten Kontinents und ein Zurückdrängen des sowjetischen Einflusses erforderte nämlich zuallererst, der katastrophalen Versorgungslage in den westlichen Besatzungszonen beizukommen. General Lucius D. Clay, der Militärgouverneur der US-Zone, kommentierte die Lage im März 1946 drastisch: «Es gibt keine Wahl, ob man für 1500 Kalorien Kommunist werden will oder für 1000 Kalorien an die Demokratie glaubt.»[2] Die amerikanische Hilfsorganisation ‹Cooperative for American Remittances to Europe› (CARE) begann nun, Lebensmittelrationen des Militärs aufzukaufen und an die Deutschen zu verteilen. Der praktische und vor allem symbolische Wert der fünf Millionen verschickten CARE-Pakete war überwältigend. Gleichzeitig schränkten die USA den Abbau von Anlagen der deutschen Schwerindustrie ein, beendeten die Reparationslieferungen an die Sowjetunion und stoppten den Abzug ihrer Truppen. Clay setzte sich auch schon früh für eine kontrollierte Demokratisierung in der amerikanischen Besatzungszone ein: Parteien und Zeitungen wurden zugelassen, Wahlen abgehalten, Landesverfassungen ausgearbeitet. Damit ebnete er den Deutschen den Weg zur Übernahme größerer Verantwortung und leitete die demokratische Erneuerung Deutschlands ein. In seiner berühmten ‹Stuttgarter Rede› verkündete US-Außenminister James Byrnes im September 1946 offiziell die Abkehr Washingtons von einer Politik der harten Bestrafung. Vielmehr stellte er seinen Zuhörern amerikanische Hilfe dafür in Aussicht, dass «das deutsche Volk die Regierungsgewalt über Deutschland zurückerhält» und «seinen ehrenvollen Platz unter den freien und friedliebenden Nationen der Welt zurückgewinnt».[3] Anfang 1947 ersetzte sein Nachfolger George Marshall JCS 1067 durch die großzügigere Direktive JCS 1779, die «ein stabiles und produktives Deutschland» zur ökonomischen Gesundung Europas forderte. Dieser Kurswechsel war sowohl Ausdruck der Erkenntnis, dass Deutschland das entscheidende Schlachtfeld des Kalten Kriegs bildete, als auch der Auffassung, dass es durch den Krieg bereits hart genug bestraft worden sei und jetzt eine Chance bestünde, den Deutschen das eigene Modell von individueller Freiheit, politischer Demokratie und liberaler Marktwirtschaft nahe zu bringen.

Zur selben Zeit verschärften sich an der europäischen Peripherie, vor allem im Iran und in der Türkei, die Spannungen zwischen den USA und der Sowjetunion. Während des Kriegs hatten die Alliierten den mit Deutschland sympathisierenden Schah zur Abdankung zugunsten seines Sohns gezwungen und das Land besetzt. Anfang 1946 waren die amerikanischen und britischen Truppen aus dem Iran abgezogen, während die russischen präsent blieben und auf Ölkonzessionen ähnlich denen der Briten drängten. Um ihrem Anliegen Nachdruck zu verleihen, unterstützte die russische Armee ein separatistisches Regime im Norden des Landes. In einer scharfen Protestnote forderte Byrnes daraufhin den sofortigen Rückzug der Roten Armee. Sie verließ den Iran aber erst, nachdem Moskau von Teheran die Bildung einer gemeinsamen iranisch-russischen Ölgesellschaft zugesagt worden war. Das Projekt scheiterte allerdings letztlich am Widerstand des iranischen Parlaments. Wenig später ließ Moskau seine alte Forderung wieder aufleben, den Bosporus und die Dardanellen einer gemeinsamen russisch-türkischen Kontrolle zu unterstellen. Erneut schritten die USA ein. Truman rief die Türkei auf, nicht einzulenken, und schickte den modernsten Flugzeugträger durch die Wasserstraße. Wieder gab Moskau klein bei. Auch der kommunistische Guerillakrieg in Griechenland beunruhigte Washington nachhaltig. Schließlich weigerte sich die Sowjetunion noch, einen Plan des amerikanischen UN-Diplomaten Bernard Baruch zur internationalen Kontrolle der Atomenergie zu akzeptieren, da er bis auf Weiteres das Monopol der USA bei Kernwaffen festgeschrieben hätte. Da die Vereinigten Staaten ihre Streitkräfte in den achtzehn Monaten nach dem Krieg von 13 Millionen auf gut 2 Millionen Mann reduziert und sich fast ganz vom europäischen Kontinent zurückgezogen hatten, wollten sie ihre Nuklearwaffen erst nach einem drastischen Truppenabbau der Roten Armee aufgeben. Der Kreml war dazu nicht bereit und betonte, nur dann vom eigenen Atomwaffen-Programm abzurücken, wenn Washington seine Sprengköpfe zerstöre.

Auf den ersten Blick deckten sich die sowjetischen Ziele und die dafür eingesetzten Mittel mit denen traditioneller Großmächte: Es ging um Ressourcen, Sicherheitszonen und Einflussbereiche. Allerdings unterschieden sich die Aktionen der UdSSR in der Brutalität und Totalität, mit denen sie die Satelliten nach ihrem Vorbild umstrukturierte. Die Etablierung von Einpartei-Diktaturen, die Verstaatlichung der Industriebetriebe, die Kollektivierung der Landwirtschaft, die Verfolgung Oppositioneller standen in krassem Gegensatz zu den Prinzipien, in deren Namen die Vereinigten Staaten in den Krieg gezogen waren. Auch war Washington nach den Erfahrungen der britischen Beschwichtigungspolitik mit Hitler nicht mehr bereit, die aggressive Außenpolitik eines Diktators zu tolerieren. Letztlich blieb Stalins Politik unvereinbar mit den Idealen des Westens, seinen ökonomischen Zielen und seinen Sicherheitsbedürfnissen.

Ende 1946, Anfang 1947 kam es zur entscheidenden Wende in der amerikanischen Nachkriegspolitik. Der Mann, der die neue Politik konzeptionell vorbereitete und ihr später auch den Namen gab, war George F. Kennan, der amerikanische Botschaftsrat in Moskau. Schon im Frühjahr 1946 hatte er einen Geheimbericht nach Washington geschickt, der später als ‹Langes Telegramm› Berühmtheit erlangte. In ihm argumentierte er, die Sowjetunion pflege eine neurotische Betrachtungsweise der Welt. Um ihr Sicherheitsbedürfnis zu befriedigen, strebe sie nach Expansion, bediene sich dazu subversiver Mittel und unterstütze Revolutionen auf der ganzen Welt. Ob der Kreml mit dieser Politik Erfolg habe, hänge sowohl vom «Maß an Zusammenarbeit, Festigkeit und Kraft» der westlichen Welt ab als auch von der «Gesundheit und Kraft unserer eigenen Gesellschaft».[4] Eine Analyse von Trumans außenpolitischem Sonderberater Clark Clifford gelangte zu ähnlichen Ergebnissen, empfahl aber, mehr Gewicht auf die militärische Komponente zu legen, und gipfelte in dem Satz: «Die Sprache militärischer Macht ist die einzige Sprache, die die Anhänger der Machtpolitik verstehen.»[5] Obwohl Truman schon einige Maßnahmen ergriffen hatte, die in die von Kennan und Clifford geforderte Richtung gingen, war noch unklar, ob der Präsident wirklich ein dauerhaftes amerikanisches Engagement in der Welt wünschte.

Truman-Doktrin, Marshall-Plan und Berliner Blockade

Im Februar 1947 informierte die britische Regierung Washington, dass sie wirtschaftlich nicht länger imstande sei, Griechenland und die Türkei zu unterstützen. Truman stand damit am Scheideweg seiner Präsidentschaft, ja der amerikanischen Nachkriegspolitik: Er konnte die Länder sich selbst überlassen und damit demonstrieren, dass die USA keine weit reichenden Verpflichtungen in der Welt übernehmen wollten. Oder er konnte mit einer energischen Antwort die globale Führungsrolle der Vereinigten Staaten bei der Eindämmung der Sowjetunion begründen. Truman und seinen engsten Beratern war die Tragweite der anstehenden Entscheidung bewusst. So äußerte der Präsident, die Hilfe für Griechenland sei nur der Beginn, denn sie bedeute, dass «die Vereinigten Staaten in der europäischen Politik mitmischten».[6] Nach Konsultationen mit seinen engsten außenpolitischen Vertrauten – Außenminister Marshall, Staatssekretär Dean Acheson, Sonderberater Clifford, dem republikanischen Senator Arthur Vandenberg – entschied sich Truman für die Unterstützung Griechenlands und der Türkei. Um die Bevölkerung und den Kongress für diesen Kurs zu gewinnen, wies der Präsident seine Redenschreiber an, die Antwort Amerikas müsse als Reaktion auf «den Ansturm der kommunistischen Tyrannei» dargestellt werden.

Am 12. März 1947 postulierte er vor beiden Häusern des Kongresses: «Es muss die Politik der Vereinigten Staaten sein, die freien Völker zu unterstützen, die sich Unterdrückungsversuchen von bewaffneten Minderheiten oder Druck von außen widersetzen.» Die ‹Truman-Doktrin› war geboren. Umgehend stimmten Senat und Repräsentantenhaus dem Hilfegesetz mit großen Mehrheiten zu. Die Presse pries Truman, die ‹New York Times› verglich seine Rede sogar mit der ‹Monroe-Doktrin›. In der Praxis bedeutete «Unterstützung freier Völker» allerdings bisweilen, auch autoritären Regimen beizustehen, wenn sie von kommunistischer Unterwanderung bedroht schienen. Auf jeden Fall besaß die amerikanische Außenpolitik jetzt eine klare Vorgabe. Jede außenpolitische Aktion Stalins wurde von da an in Washington als Schritt zur Ausdehnung seines Herrschaftsbereichs interpretiert, jede eigene Initiative dem Ziel der Eindämmung dieser Bestrebungen untergeordnet.

Die größte Wirkung entfaltete die ‹Truman-Doktrin› jedoch nicht in Griechenland und der Türkei, sondern in Westeuropa. Ende April kehrte Außenminister Marshall nämlich von Gesprächen aus Moskau mit dem Eindruck zurück, die UdSSR habe keinerlei Interesse an einer Bekämpfung der katastrophalen wirtschaftlichen Zustände in Europa. Um zu verhindern, dass die Sowjetunion Kapital aus der ökonomischen Krise schlug, bat er Planungsstabschef Kennan um Vorschläge. Dieser plädierte für ein großangelegtes Wirtschaftshilfeprogramm. Marshall und Truman stimmten zu. In einer Ansprache an der Harvard-University verkündete der amerikanische Außenminister am 5. Juni 1947 die Grundlinien eines ‹Europäischen Wiederaufbauprogramms› (European Recovery Program = ERP), das schon bald als ‹Marshall-Plan› bekannt wurde. Darin offerierte er den Europäern US-Finanzhilfen, wenn sie sich zu regionaler Kooperation, Privateigentum und freien Märkten bekannten. Obwohl Deutschland im Mittelpunkt der amerikanischen Überlegungen stand, wurde der ‹Marshall-Plan› auch den anderen westeuropäischen Ländern angeboten, um ihn politisch akzeptabel zu machen. In einem Akt «kalkulierten Risikos» schloss Marshall selbst die Sowjetunion und die mittel- und osteuropäischen Staaten nicht prinzipiell von der Offerte aus, wenn sie ihre Wirtschaftsstatistiken offen legten und mit dem Westen zusammenarbeiteten. Man ging jedoch im Außenministerium nicht davon aus, dass Moskau diese Bedingungen annehmen würde. Und in der Tat: Während die Westeuropäer dem Angebot ohne Zögern zustimmten, lehnte es Stalin ab und zwang die Satellitenstaaten, dasselbe zu tun. Selbst die neutrale Tschechoslowakei beugte sich dem Druck aus Moskau. Zwar besuchte der sowjetische Außenminister Molotow noch die erste Planungskonferenz in Paris und schlug vor, jedes Land solle seine eigene Wunschliste präsentieren. Aber als Washington dies nicht akzeptierte, beschimpfte er den Plan als «bösartiges amerikanisches Komplott»[7] und stürmte aus dem Saal. Konfrontiert mit der Alternative, entweder das Geld zu nehmen und den Einfluss der USA im eigenen Herrschaftsbereich zu tolerieren oder sich vom Westen abzuschotten und keine Hilfe zu bekommen, entschied sich Stalin für die zweite Option.

Fraglich blieb allerdings noch die Zustimmung des eigenen Parlaments. Die ersten Reaktionen waren wenig ermutigend. Der Sprecher des Repräsentantenhauses, Sam Rayburn, meinte, die in den Zeitungen kursierende Summe von 6 bis 7 Milliarden Dollar für den ‹Marshall-Plan› würde das Land in den Bankrott treiben. Selbst der internationalistische Senator Vandenberg hielt eine Billigung durch den Kongress für ausgeschlossen. Wieder kam der US-Regierung aber der weltpolitische Gegner zu Hilfe. Mitten in die Parlamentsberatungen des ERP-Gesetzes platzte nämlich im Februar 1948 die Nachricht, dass sich die tschechoslowakischen Kommunisten mit Moskauer Unterstützung an die Macht geputscht hätten. Der Schock über den Fall einer weiteren europäischen Demokratie garantierte ein positives Votum des Kongresses. Der ‹Marshall-Plan› war jetzt mehr als ein humanitäres Hilfeprogramm für die darbenden Europäer, er bildete nun einen Eckstein zur Einhegung des sowjetischen Einflusses. Von 1948 bis 1952 stellten die USA den Europäern mehr als 13 Milliarden Dollar vor allem zum Kauf dringend benötigter Rohstoffe zur Verfügung. Die Dimension des Betrags erschließt sich erst, wenn man ihn auf das Jahr 2002 hochrechnet: Derselbe Anteil am Bruttoinlandsprodukt beliefe sich auf fast 100 Milliarden Dollar. Zusammen umfassten alle amerikanischen Programme für Europa und Japan von 1945 bis 1954 41 Milliarden Dollar, was heute 300 Milliarden Dollar entspricht. Die Gelder gaben eine Initialzündung für die Entwicklung der zerstörten Nachkriegswirtschaften. Zusammen mit den CARE-Paketen führten die Wiederaufbauprogramme zu einem großen Imagegewinn der Vereinigten Staaten in der Welt.

Ihre konzeptionelle Unterfütterung hatte die neue Politik im Juli 1947 in einem Artikel Kennans für ‹Foreign Affairs›, die führende außenpolitische Zeitschrift der USA, erhalten. Unter dem Pseudonym ‹X› argumentierte er dort, dass die UdSSR von der Unvereinbarkeit von Kapitalismus und Sozialismus ausgehe und sich selbst für unfehlbar halte. Die sowjetische Politik beschrieb Kennan als «einen Strom, der in ständiger Bewegung ist und dorthin fließt, wo ihm dies erlaubt wird», bis sie ihr Ziel, die Weltherrschaft, erreicht habe. Anstatt den Kreml einbinden zu wollen, müsse Washington eine «langfristige, geduldige, aber starke und umsichtige Eindämmung (containment) der expansiven Tendenzen Russlands» verfolgen.[8] Der wohl einflussreichste Journalist dieser Tage, Walter Lippmann, gab wenig später seinem Buch, in dem er Kennans Empfehlungen scharf kritisierte, den Titel ‹Der Kalte Krieg› (The Cold War). Damit verfügte die amerikanische Außenpolitik Ende 1947 sowohl über die inhaltlichen Grundlagen als auch über die Begriffe, die sie mehr als vier Jahrzehnte kennzeichnen sollten.

Einen ersten Höhepunkt im Kalten Krieg und eine Zäsur im Verhältnis zwischen den USA und Deutschland bildete die sowjetische Blockade Westberlins. In zähen Verhandlungen hatten sich die Vereinigten Staaten, Großbritannien und die UdSSR 1944 geeinigt, die Stadt in drei Sektoren zu teilen und gemeinsam zu verwalten. Nach der Konferenz von Jalta gestanden sie auch Frankreich einen eigenen Sektor zu. Jede Besatzungsmacht entsandte einen Vertreter in die oberste Regierungsbehörde, die Alliierte Kommandantur. Ihre Arbeit wurde jedoch schon bald durch den eskalierenden Ost-West-Konflikt gelähmt. Seit März 1948 verschärfte die UdSSR ihre Umklammerung der Stadt und erschwerte die Güterversorgung mit der Eisenbahn Schritt für Schritt. Hintergrund der Aktionen war, dass Moskau in seinen außenpolitischen Ambitionen Rückschläge hinnehmen musste. Westeuropa blieb nicht schwach und zerrüttet wie erhofft, und im eigenen Lager widersetzte sich Titos Jugoslawien der Gleichschaltung. Zudem verfügten die Westmächte mit Berlin über einen Vorposten im sowjetischen Satellitengürtel. Als die USA, Großbritannien und Frankreich eine Währungsreform in ihren mittlerweile zusammengelegten Besatzungszonen lancierten, um eine wirtschaftliche Gesundung Westdeutschlands einzuleiten, und das neue Geld auch in ihren Sektoren Berlins einführen wollten, nutzte Stalin dies als Anlass, am 24. Juni 1948 eine Blockade aller Telephon-, Post- und Transportdienste über die Westsektoren Berlins zu verhängen. Obwohl es in Washington nicht wenige Stimmen gab, die eine Preisgabe der Stadt forderten, erklärte Truman: «Wir werden bleiben, Punkt.» General Clay drängte den Präsidenten daraufhin um die Erlaubnis, sich den Weg nach Berlin freizukämpfen. Falls Berlin falle, so Clay, «werde Westdeutschland als nächstes dran sein».[9] Angesichts einer 10:1-Überlegenheit der Sowjets bei den konventionellen Streitkräften in Europa entschloss sich Truman allerdings, Westberlin mit Transportflugzeugen zu versorgen. Dies zeigte Moskau, dass die Vereinigten Staaten die Stadt nicht fallen lassen würden. Zugleich vermied Washington mit dieser Entscheidung eine direkte militärische Konfrontation. In der

Tat wurde Westberlin ein Jahr lang aus der Luft versorgt – ohne dass Stalin etwas dagegen unternommen hätte. In mehr als 275 000 Flügen brachten von der Westberliner Bevölkerung als ‹Rosinenbomber› bezeichnete Transportmaschinen 2,3 Millionen Tonnen Nahrungsmittel, Kohle und andere Güter in die eingeschlossene Stadt. Im Mai 1949 brach die UdSSR ihre Blockade ab, da ihr die westlichen Gegensanktionen schwer schadeten und sich die Gründung der Bundesrepublik nicht mehr verhindern ließ.

Für die Ost-West- wie die West-West-Beziehungen wirkte die ‹Berliner Blockade› wie ein Katalysator: Erstens begann mit ihr endgültig der Kalte Krieg. Zweitens läutete die Blockade eine fundamentale gegenseitige Neubewertung der ehemaligen Kriegsgegner im Westen ein: Die Amerikaner sahen in Westdeutschland nicht mehr den Feind, sondern den zu schützenden potenziellen Partner, die Deutschen in den USA nicht mehr den Besatzer, sondern den Protektor vor der aggressiven Sowjetunion. Schließlich war der Abbruch der Blockade ein wichtiger Sieg der Vereinigten Staaten in dieser Frühphase der bipolaren Konfrontation. Allerdings blieb die Frage des Zugangs nach Berlin ungelöst und beließ Moskau einen wichtigen Hebel für weitere Pressionen gegen den Westen.

Die Gründung des Staats Israel

Die einzige Angelegenheit, in der die USA und die UdSSR – wenn auch aus unterschiedlichen Motiven – in dieser Zeit noch an einem Strang zogen, war die «Gründung eines Judenstaates», wie sie von Theodor Herzl 1897 gefordert worden war. In der ‹Balfour-Deklaration› hatte die britische Regierung 1917 ihre Absicht erklärt, den Juden bei der Schaffung einer nationalen Heimstätte in Palästina zu helfen und dafür wenig später ein Mandat des Völkerbunds erhalten. Als die jüdische Einwanderung nach Hitlers Machtergreifung jedoch sprunghaft anstieg, begann Großbritannien sie zu behindern, weil es seine Ölinteressen in der Region wahren wollte und deshalb auf arabische Proteste Rücksicht nahm. Zionistische Widerstandsbewegungen organisierten daraufhin illegale Einwanderungen und versuchten, die Briten durch bewaffneten Kampf und Terroranschläge aus Palästina zu vertreiben. Aber erst der Holocaust verlieh der zionistischen Bewegung moralische Durchschlagskraft und politischen Einfluss – auch in der amerikanischen Politik. Während Roosevelt sich ihrer Anliegen kaum angenommen hatte, empfand Truman eine tiefe humanitäre Verpflichtung gegenüber den Juden. Außenminister Marshall, der wichtigste Mann im Kabinett, und Verteidigungsminister Forrestal opponierten jedoch heftig gegen jede amerikanische Unterstützung der zionistischen Pläne und wiesen auf die Bedeutung des nahöstlichen Öls und die Notwendigkeit freundlicher Beziehungen zu den arabischen Staaten hin. Seine innenpolitischen Berater legten dem Präsidenten hingegen nahe, Rücksicht auf die jüdischen Wähler im eigenen Land zu nehmen, die eine Staatsgründung mit großer Mehrheit befürworteten. Als Großbritannien 1947 ankündigte, sein Mandat in Palästina aufzugeben, musste sich Truman entscheiden. Über die Proteste von Marshall und Forrestal hinweg beschloss er, dem Teilungsplan der UNO zuzustimmen, der die Schaffung eines jüdischen und eines palästinensischen Staats vorsah. Auch waren die USA die erste Nation, die Israel nach seiner Unabhängigkeitserklärung am 14. Mai 1948 anerkannte. Letztlich gaben nicht die vielfältigen ökonomischen, strategischen und wahltaktischen Argumente den Ausschlag für Truman, sondern moralische Erwägungen. Mit seiner Entscheidung stellte der Präsident die Weichen für eine proisraelische Politik der USA, die bis heute den Grundpfeiler ihres Engagements im Nahen Osten bildet. Allerdings gewährte Washington Israel während des Kriegs, mit dem die arabischen Nachbarn den neuen Staat sofort nach dessen Unabhängigkeitserklärung überzogen, nur politische Unterstützung, behielt das Embargo für Rüstungsgüter bei und plädierte für einen Verhandlungsfrieden. Israels Waffen lieferte der Ostblock, weil sich der Kreml von der Idee leiten ließ, der Einfluss der Kibbuzbewegung werde das Land auf einen sozialistischen Kurs führen und damit der Sowjetunion einen Verbündeten in der Region bescheren. Aber auch die Frustrationen in den USA über Israels Politik nahmen hier ihren Ausgang: Premier David Ben-Gurion widersetzte sich hartnäckig Trumans Drängen auf Zugeständnisse in der Frage der palästinensischen Flüchtlinge und der Grenzen.

Die NATO als Säule der Partnerschaft mit Westeuropa

Im Zentrum der amerikanischen Außenpolitik blieb aber Europa. Hier hatten die sowjetischen Drohgebärden gegen Berlin eine doppelte Konsequenz: Zum einen veranlassten sie Großbritannien und Frankreich, ihren 1947 primär gegen Deutschland geschlossenen ‹Dünkirchener Vertrag› ein Jahr später um die Benelux-Staaten zum ‹Brüsseler Pakt› zu erweitern. Dieses Abkommen besaß eine stärkere antisowjetische Stoßrichtung und sah einen automatischen militärischen Beistand seiner Mitglieder bei einem Angriff von außen vor. Zum anderen führte die Expansionspolitik Moskaus zu einem Umdenken im US-Kongress. Senator Vandenberg gelang es, seine traditionell isolationistische Republikanische Partei auf einen internationalistischen Kurs zu steuern und die Unterstützung des Senats für «regionale und kollektive Selbstverteidigung» zu sichern. Angesichts dieser veränderten innen- und außenpolitischen Voraussetzungen vermochte sich die amerikanische Regierung nicht länger dem Drängen Großbritanniens und Norwegens zu versagen, an einem Verteidigungsbündnis des Westens mitzuwirken. Schließlich konnte Truman nach seinem überraschenden Wahlsieg im November 1948 den eingeschlagenen Kurs konsequent weiterverfolgen.

Im April 1949 unterzeichneten die USA, Kanada, Großbritannien, Frankreich und acht weitere europäische Länder in Washington den Nordatlantikvertrag. Zwar gab er keine militärische Beistandsgarantie, wenn ein Bündnismitglied angegriffen würde, weil dies im amerikanischen Senat nicht durchzusetzen gewesen wäre. Auch begrenzte Artikel 6 die Gültigkeit des Vertrags auf das Territorium der Bündnispartner «nördlich des Wendekreis des Krebses» inklusive des Frankreich angegliederten Algerien. Grund dafür war die Furcht der Vereinigten Staaten, andernfalls in Kriege der europäischen Kolonialmächte in Asien und Afrika hineingezogen zu werden. Aber der zentrale Artikel 5 betrachtete einen Angriff auf ein Mitglied des Bündnisses als Angriff auf alle und verpflichtete die Mitglieder, alles zu unternehmen, was ihnen nötig erschien, um die Attacke zurückzuschlagen. Die NATO löste die zentralen sicherheitspolitischen Probleme der Westeuropäer auf einen Schlag: Sie erhielten die Zusage Washingtons, sie vor einer sowjetischen Invasion oder einem wiedererstarkten Deutschland zu schützen. Niemand hat diese Aufgabenkombination der NATO besser auf den Punkt gebracht als ihr späterer Generalsekretär Lord Ismay in seinem berühmten Diktum, die Allianz sei gegründet worden, um «die Amerikaner drinnen, die Russen draußen und die Deutschen unten zu halten» (to keep the Americans in, the Russians out and the Germans down). Die USA gewannen mit der NATO wichtige Partner für ihre Eindämmungspolitik. In den nächsten fünf Jahrzehnten blieb das Bündnis für die Vereinigten Staaten der Eckstein ihrer sicherheitspolitischen Strategie für Europa.

Ein halbes Jahr nach der Unterzeichnung des Nordatlantikvertrags zündete die Sowjetunion im September 1949 ihre erste Atombombe. Die USA hatten ihr nukleares Monopol verloren. Kennan, einer der schärfsten Gegner der Atomrüstung, musste in der Folge seinen Posten als Chef des Planungsstabs im State Department räumen und wurde durch Paul Nitze ersetzt. Als Truman seinen neuen Außenminister Acheson beauftragte, eine Generalstudie der amerikanischen Sicherheitspolitik durchzuführen, wandte sich dieser an Nitze. Ergebnis der Analysen war ein hochgeheimes Papier, das vom Nationalen Sicherheitsrat verabschiedet wurde und die Dokumentennummer NSC-68 erhielt. Einer der ersten Sätze lautete: «Im Gegensatz zu früheren Aspiranten um die Hegemonie ist die Sowjetunion getrieben von einem neuen fanatischen Glauben, der in Widerspruch zu unserem eigenen steht, und sucht, dem Rest der Welt ihre absolute Herrschaft aufzudrücken.» Weiter schrieb Nitze, das Verhalten Moskaus sei gekennzeichnet von einem neuen Wagemut, der an Verwegenheit grenze. Besonderes Gewicht legte NSC-68 auf den Hinweis, dass die UdSSR schon bald über die nuklearen Mittel verfügen werde, um eine noch aggressivere Außenpolitik zu verfolgen. Im Schlussteil überprüfte das Dokument vier mögliche Antworten der Vereinigten Staaten: Isolationismus, Präventivkrieg, Festhalten am gegenwärtigen Kurs und massiver Aufbau nuklearer und konventioneller Rüstung. Nitze riet, nach einer oberflächlichen Kritik an den ersten drei Möglichkeiten, eindeutig zur letzten Option. Alles in allem war NSC-68 ein Dokument, das sehr stark von seinem Verfasser und seinen rigorosen antikommunistischen Ansichten geprägt war. Obgleich eine Entscheidung des Präsidenten über diese Empfehlung noch ausstand, lag mit NSC-68 Anfang 1950 erstmals ein umfassender Entwurf vor, wie eine scharfe amerikanische Antwort auf die militärische Herausforderung Moskaus aussehen konnte.

8. Konfrontation mit der Sowjetunion (1950–1962)

Ob und wie die Empfehlungen von NSC-68 umgesetzt werden würden, war zu Beginn des neuen Jahrzehnts noch unklar. Truman, der das Memorandum im April 1950 erhielt, stand einem großen Rüstungsprogramm skeptisch gegenüber. Vor allem wollte er eine genaue Aufstellung über die zu erwartenden Kosten. In dieser Situation kam den Befürwortern einer harten Linie ein weiteres Mal ein Akt kommunistischer Expansionspolitik zu Hilfe. Im Juni 1950, mitten in den Debatten über NSC-68, überfiel Nordkorea den Süden des Landes. Damit waren in der amerikanischen Regierung die Würfel gefallen. Die kommunistische Bedrohung sei real, so die nun vorherrschende Einschätzung in Washington, und müsse mit konkreten Maßnahmen beantwortet werden. Die Quellen, die nach dem Zusammenbruch der UdSSR bekannt wurden, zeigen, dass es zwar keinen sowjetischen Masterplan zur Erringung der Weltherrschaft gab und die kommunistische Bewegung heterogener war als von Nitze angenommen. Aber Nordkorea hatte Moskau und Peking vor seinem Angriff konsultiert und schließlich Mao von dem Unterfangen überzeugen können. NSC-68 lag also richtig, was die prinzipielle Stoßrichtung der sowjetischen Außenpolitik anlangte. Auch bereitete Nitzes Papier die amerikanische Regierung konzeptionell auf die kommenden militärischen und politischen Herausforderungen vor. Es gilt deshalb zurecht als eines der Schlüsseldokumente des Kalten Kriegs.

Asiatische Albträume und der Koreakrieg

Schon vor dem Ausbruch des Koreakriegs hatte sich der ost- und südostasiatische Raum zu einem Krisenherd für die Vereinigten Staaten entwickelt. Nur einen Monat nach der Zündung der sowjetischen Atombombe am 29. August 1949 gab es eine weitere schlechte Nachricht für Washington: Der Führer der chinesischen Kommunisten, Mao Tse-tung, vertrieb die Anhänger der Nationalistischen Partei um Chiang Kai-schek nach langjährigem Bürgerkrieg vom Festland und rief am 1. Oktober die Volksrepublik China aus. Eigentlich kam diese Entwicklung für Washington nicht überraschend. Truman hatte ursprünglich nicht Partei ergriffen in dem Konflikt zwischen Chiangs «verrottetster Regierung» der Welt und Maos «Banditen». Zudem hatte er Ende 1945 sogar einen amerikanischen Vermittlungsversuch lanciert. Nach dessen Scheitern gaben die USA zwar weiter Militärhilfe an die Nationalisten, vermieden aber ein tieferes politisches Engagement. Vor dem Hintergrund des sich verschärfenden Kalten Kriegs erhielt Maos Machtübernahme jedoch eine neue Dimension, zumal konservative Republikaner die Chinapolitik Trumans und Achesons scharf kritisierten. Die Frage ‹Wer verlor China?› (Who lost China?) sollte das zentrale außenpolitische Thema des Präsidentschaftswahlkampfs 1952 werden. Gleichzeitig revoltierten Nationalkommunisten in Französisch-Indochina, den späteren Ländern Vietnam, Kambodscha und Laos. Obwohl Washington zögerte, einen Kolonialkrieg zu unterstützen, überwog die Furcht, eine Machtübernahme von Ho Tschi Minhs Guerillas in Vietnam werde ganz Südostasien für Moskaus Einfluss öffnen. Im Frühjahr 1950 begannen die Vereinigten Staaten deshalb, die französischen Truppen mit Waffen und Beratern zu versorgen. Zudem erlaubte es die amerikanische ‹Marshall-Plan›-Hilfe Paris, mehr Ressourcen in die Kriegführung in Südostasien zu stecken.

Schließlich verschlechterte sich auch die Situation in Korea rapide. Im August 1945 hatten sowjetische und amerikanische Streitkräfte die Halbinsel, die seit 1910 eine japanische Kolonie gewesen war, erobert und in einer hastigen und improvisierten Aktion entlang des 38. Breitengrads in Besatzungszonen geteilt. Nach dem Scheitern der Wiedervereinigungs-Bemühungen legten die USA die koreanische Frage der Generalversammlung der Vereinten Nationen zur Beratung vor. Moskau widersetzte sich jedoch einer Lösung. In den daraufhin für den Süden angesetzten und von der UNO überwachten Wahlen ging der autoritäre Syngman Rhee als Sieger hervor. Im Gegenzug übergab Moskau die Macht in Nordkorea an den Nationalkommunisten Kim Il Sung. Als die Vereinigten Staaten und die UdSSR ihre Truppen 1949 abzogen, ließen sie zwei rivalisierende Regime zurück mit dem Anspruch, das ganze Land alleine zu regieren. Washington und Moskau unterstützten ihre jeweiligen Klienten weiter mit Militärhilfe.

Korea spielte in den amerikanischen Sicherheitsplanungen in dieser Zeit eine untergeordnete Rolle. Die Vereinigten Stabschefs, die oberste amerikanische Militärführung, hatten 1947 geschrieben: «Vom

Standpunkt der militärischen Sicherheit haben die USA wenig strategisches Interesse daran, die gegenwärtigen Truppenbasen in Korea zu erhalten.» Außenminister Acheson und der Vorsitzende des auswärtigen Ausschusses des Senats, Tom Connally, spekulierten Anfang 1950 sogar, dass die USA Südkorea bei einem Angriff der Kommunisten preisgeben und sich auf die nächste Verteidigungskette um Japan, Okinawa und die Philippinen zurückfallen lassen müssten. Tatsächlich war die Gefahr einer kommunistischen Invasion realer, als dies selbst die amerikanischen Geheimdienste wahrhaben wollten. Seit seiner Machtübernahme drängte Kim Il Sung Moskau und Peking nämlich immer wieder, ihn bei der ‹Befreiung› Südkoreas zu unterstützen. Dem zögernden Stalin versicherte Kim, die Amerikaner hätten nicht einmal beim Verlust des Giganten China interveniert; an einem begrenzten Krieg auf der koreanischen Halbinsel würden sie deshalb nie teilnehmen. Stalin, der keine militärische Auseinandersetzung mit den USA riskieren wollte, blieb jedoch skeptisch und eröffnete Kim, er müsse sich bei Schwierigkeiten während einer Invasion an Mao wenden. Auch der chinesische Kommunistenführer stand Kims Plänen zunächst reserviert gegenüber, weil er sich auf die Eroberung der von Chiang gehaltenen Insel Taiwan konzentrieren wollte. Aber Mao ließ sich von Kims Versicherung beeindrucken, die Vereinigten Staaten würden auf keinen Fall eingreifen, und stellte mehrere zehntausend Nordkoreaner, die in der chinesischen Revolutionsarmee dienten, für das Unterfangen ab. Der Einmarsch nordkoreanischer Truppen in Südkorea am 25. Juni 1950 kam für Mao wie für Stalin dennoch überraschend. Am meisten überrascht war man allerdings in Washington: Noch eine knappe Woche zuvor hatte die CIA in einer der größten Fehleinschätzungen ihrer Geschichte versichert, Nordkorea werde seine Aktionen auf Propaganda und die Unterwanderung des Südens beschränken.

Entgegen den Erwartungen Kims reagierte Truman entschlossen und rasch. Hätte Nordkorea seine Infiltration des Südens mit Guerillas fortgesetzt, wären die Vereinigten Staaten dem Regime von Rhee wohl kaum zu Hilfe geeilt, zumal man in Washington mit dem autokratischen Staatspräsidenten höchst unzufrieden war. Eine offene Invasion konnte die amerikanische Regierung aber aus mehreren Gründen nicht tolerieren. Erstens fürchtete Truman die verheerende Signalwirkung, falls die USA einem antikommunistischen Land nicht beiständen. Bei einem Erfolg der Invasion, so war er sich sicher, würden Russland und seine Marionetten darin bestärkt, «ein Stück Asien nach dem anderen zu schlucken». Aggressoren, so folgerten die amerikanischen Außenpolitiker aus den Erfahrungen mit der japanischen Übernahme der Mandschurei 1931 und der Münchener Konferenz 1938, musste rechtzeitig und entschieden entgegengetreten werden. Zweitens handelte es sich bei dem Überfall Nordkoreas um die erste bewaffnete Verletzung einer international anerkannten Grenze seit 1945. Wollte man die Vereinten Nationen und das Prinzip der kollektiven Sicherheit nicht schwer beschädigen, blieb keine andere Wahl als die militärische Unterstützung Südkoreas. Drittens schließlich hätte ein Zögern den Republikanern weitere Munition für ihren Vorwurf geliefert, die Demokraten ständen der kommunistischen Bedrohung in Asien untätig gegenüber. Ohnehin agitierte Senator McCarthy seit einiger Zeit wild gegen die «Beschwichtigungspolitik» eines angeblich mit Kommunisten durchsetzten State Department.

Innerhalb weniger Stunden nach der Invasion lancierte Truman einen großangelegten militärischen und diplomatischen Gegenschlag. Schon am Tag nach dem Angriff weitete er die nach ihm benannte Doktrin auf Asien aus, kündigte die militärische Unterstützung Frankreichs in Indochina und der philippinischen Regierung gegen die Huk-Rebellen an und befahl der Siebten Flotte, Taiwan vor einem chinesischen Angriff zu schützen. Gleichzeitig entsandte der Präsident See- und Luftstreitkräfte für eine «Polizeiaktion» nach Korea und erreichte am 27. Juni 1950 die Zustimmung des UNO-Sicherheitsrats für ein militärisches Vorgehen. Damit unternahm zum ersten Mal in der Geschichte eine internationale Organisation konkrete Schritte zum Stopp und zur Bestrafung einer Aggression. Möglich war dies nur geworden, weil Moskau zu diesem Zeitpunkt den Sicherheitsrat boykottierte. Damit protestierte die UdSSR gegen die Vergabe des für China reservierten Sitzes an die nationalchinesische Regierung auf Taiwan und nicht an Peking.

Zwar waren auch andere Länder wie Großbritannien, Kanada, Australien oder die Türkei an der Militäraktion beteiligt, aber die USA stellten 90 Prozent der Truppen und der Oberbefehl lag beim amerikanischen Fünfsterne-General Douglas MacArthur. Ihm bot sich kein erfreuliches Bild: Die nordkoreanischen Truppen hatten binnen weniger Tage Seoul eingenommen und die Verbände des Südens auf ein kleines Gebiet um die Stadt Pusan am südöstlichen Zipfel der Halbinsel zurückgeworfen. In dieser schwierigen Lage gelang es Mac-

Arthur mit einem riskanten Militärmanöver, hinter den feindlichen Linien in Inchon zu landen, die Hauptversorgungslinie der nordkoreanischen Verbände zu unterbrechen und die Invasoren zum Rückzug auf die Vorkriegsgrenzen zu zwingen. Damit war das ursprüngliche UN-Mandat erfüllt. Mit der vollen Unterstützung seiner außenpolitischen und militärischen Berater ordnete Truman nun an, die Streitkräfte über den 38. Breitengrad hinaus vorrücken zu lassen. Innerhalb weniger Wochen, so hatte MacArthur nämlich dem Präsidenten versprochen, könne er die nordkoreanische Armee aufreiben und das Land unter westlichen Vorzeichen vereinigen. In der Tat stießen seine Truppen rasch nach Norden vor. Dies rief jedoch China auf den Plan. Peking forderte die USA ultimativ zum Abbruch der Aktion auf und zog 300 000 Soldaten aus der Volksarmee an der Grenze zu Nordkorea zusammen. Als sich MacArthur davon nicht beeindrucken ließ und eine «Schlussoffensive» einleitete, griffen auf Drängen Stalins chinesische ‹Freiwilligenverbände› in die Kämpfe ein und schlugen die UN-Verbände binnen 14 Tagen weit über den 38. Breitengrad nach Südkorea zurück. Vor die Wahl gestellt, den Konflikt auszuweiten, China anzugreifen und damit den Kriegseintritt der Sowjetunion zu provozieren oder sich mit dem ursprünglichen Ziel der Befreiung Südkoreas zufrieden zu geben, entschied sich Truman für die zweite Option. Wie sehr die amerikanische Regierung daran interessiert war, eine Eskalation zu vermeiden, war schon früher klar geworden: So hatte Truman es peinlich vermieden, Moskau in Verbindung mit dem nordkoreanischen Angriff zu bringen, und Stalin versichert, dass die USA nur die Lage vor dem Krieg wieder herstellen wollten. Aber auch die UdSSR fürchtete eine Ausweitung des Konflikts. Sie unterstützte Nordkorea und China zwar mit Waffen, ja schickte sogar eigene Kampfflugzeuge mit sowjetischen Piloten. Aber die Maschinen wurden mit chinesischen Hoheitszeichen bemalt, und die Piloten hatten Order, nur über dem Meer zu kämpfen, so dass im Falle eines Abschusses keine Wrackteile gefunden werden konnten, die das sowjetische Engagement belegen würden. Die amerikanische Regierung wusste von der Beteiligung Moskaus, verheimlichte dies jedoch der Öffentlichkeit, um nicht unter innenpolitischen Druck zu geraten, die UdSSR schärfer angehen zu müssen.

Vor dem Hintergrund der fehlgeschlagenen Eroberung Nordkoreas und der sich verschlechternden militärischen Lage kündigte Truman am 30. November 1950 auf einer Pressekonferenz eine weltweite Mobilmachung gegen den Kommunismus an. Für großen Wirbel sorgte seine Antwort auf eine Reporterfrage nach einem möglichen Einsatz von Atomwaffen. In der Tat habe er solche Überlegungen angestellt, so Truman, aber die letzte Entscheidung würde er dem Oberkommandierenden vor Ort – also MacArthur – überlassen. Dies war inhaltlich problematisch, denn nach der Gesetzeslage konnte schon damals nur der Präsident einen Atomschlag anordnen. Zudem löste Truman mit seinen unbedachten Bemerkungen einen Sturm der Entrüstung bei den europäischen Verbündeten aus. Nach scharfen Protesten des britischen Premierministers Attlee gegen solche Gedankenspiele versicherte er dann, die Bombe nur einzusetzen, wenn die UN-Truppen in eine aussichtslose Lage geraten sollten. Denen gelang es jedoch Anfang 1951, die nordkoreanisch-chinesischen Verbände wieder über den 38. Breitengrad zurückzudrängen. Als Truman im März 1951 ein Waffenstillstandsangebot vorbereitete, sabotierte MacArthur diese Pläne. Nicht nur drohte er den Chinesen ultimativ mit einer Ausweitung des Kriegs, sondern er forderte auch die Wiedervereinigung Koreas. Damit stellte er die politische Suprematie des Präsidenten in Frage. Truman entließ daraufhin den höchst populären General. Der öffentliche Aufschrei war riesig: Drei von vier Amerikanern hielten zu MacArthur, Trumans ohnehin niedrige Popularitätswerte stürzten auf weniger als 25 Prozent, republikanische Kongressabgeordnete forderten gar ein Amtsenthebungsverfahren. MacArthur kehrte in einem Triumphzug nach Amerika zurück. Ein Untersuchungsausschuss führte jedoch jedermann die Uneinsichtigkeit und Selbstüberschätzung des Generals vor Augen. Zunehmend setzte sich die Einsicht durch, dass der Präsident richtig gehandelt hatte. MacArthur, dem eine glänzende politische Karriere vorhergesagt worden war, verschwand rasch in der Versenkung. In Korea ging der Stellungskrieg noch zwei Jahre weiter. Erst Eisenhowers Amtsantritt im Januar 1953 und Stalins Tod im März desselben Jahrs machten den Weg frei für einen Waffenstillstand. Im Juli schrieben die beiden Konfliktparteien die Vorkriegsgrenze fest. Mehr als eine Million Koreaner und Chinesen sowie 34 000 Amerikaner waren ums Leben gekommen.

Obwohl der Koreakrieg in einem militärischen Patt endete und ihn Historiker später als den «vergessenen» oder den «unbekannten» Krieg bezeichneten,[1] ist seine Bedeutung für die amerikanische Politik in den Formationsjahren der bipolaren Konfrontation kaum zu überschätzen. Zum einen katapultierte er NSC-68 von einem umstrittenen

Entwurf zur leitenden Sicherheitsdoktrin der USA. Schon am 29. September 1950, nur drei Monate nach der nordkoreanischen Invasion, nahm der Nationale Sicherheitsrat NSC-68 als offizielle Politik der Vereinigten Staaten an und beschloss, seine Forderungen «so schnell wie möglich» zu verwirklichen. Truman leitete dazu ein massives Aufrüstungsprogramm ein. Von 1949 bis 1953 stieg der amerikanische Militärhaushalt um mehr als das Dreifache von 14 auf 44 Milliarden Dollar. Die Streitkräfte wurden um eine Million zusätzlicher Soldaten aufgestockt, der Wehrdienst wurde wieder eingeführt, die konventionelle Waffenproduktion massiv erhöht. Zum anderen begannen die Vereinigten Staaten nach Ausbruch des Koreakriegs damit, ihre alten und neuen Partner zu stärken: Japan, Taiwan und Südkorea erhielten wirtschaftliche Unterstützung, Frankreich bekam mehr Militärhilfe für seine repressive Politik in Indochina. Außerdem schlossen die USA mit Australien und Neuseeland den ANZUS-Verteidigungspakt, initiierten die westdeutsche Wiederbewaffnung und begannen den institutionellen Ausbau der NATO zu einem leistungsfähigen Verteidigungsbündnis. Schließlich wirkte sich der Koreakrieg auch auf das Machtgefüge in den Vereinigten Staaten aus. Das außenpolitische Gewicht verlagerte sich nun zunehmend zum Präsidenten, der für den Kriegseintritt nicht einmal eine formale Erklärung des Kongresses gesucht hatte. Die ‹imperiale Präsidentschaft› warf ihre Schatten voraus.

Erfolge in Europa

Mit Ausnahme Japans blieben Südost- und Ostasien Regionen, die Washington weiter Probleme bereiteten. Dagegen entwickelte sich die Lage in Europa recht positiv. Die Politik der Vereinigten Staaten, die wirtschaftliche und militärische Kooperation der ehemaligen Kriegsgegner zu fördern, zeitigte schon bald die ersten Erfolge. Die USA wurden gar zum «Geburtshelfer Europas» (Beate Neuß).[2] So stieß der Plan des französischen Außenministers Robert Schuman vom Frühjahr 1950, eine Montanunion zwischen Frankreich, der Bundesrepublik, Italien und den Benelux-Staaten zu schaffen, in den Vereinigten Staaten auf große Zustimmung. Obwohl es durchaus Befürchtungen gab, die Europäer wollten im Kohle- und Stahlbereich ein Kartell zum Nachteil der USA bilden, unterstützte Washington das französische Projekt, weil es die Eingliederung der Bundesrepublik in die westeuropäische Staatenwelt beförderte und die Verbündeten im Kampf mit der Sowjetunion stärkte. Zwar wartete die US-Regierung nicht mit eigenen Vorschlägen auf, um Moskau nicht das Argument an die Hand zu liefern, die europäische Integration werde von Washington gesteuert. Aber sie flankierte die Verhandlungen, indem sie britische Verwässerungsversuche untergrub und Bonn notwendige Konzessionen abrang.

Auch der im Herbst 1950 vom französischen Premierminister René Pleven vorgestellte Plan, nach dem Modell Schumans eine integrierte europäische Armee aufzubauen, besaß nur aufgrund der amerikanischen Unterstützung Erfolgsaussichten. Zunächst stand Washington dem Vorschlag allerdings skeptisch gegenüber: Man wusste, dass Paris ihn nur deshalb unterbreitet hatte, um weitergehende Forderungen der USA nach einer Wiederbewaffnung der Bundesrepublik und ihrer Mitgliedschaft in der NATO zu unterlaufen. Die US-Militärs lehnten den Plan als ineffizient und wenig praktikabel ab. Aber das Eingreifen Chinas im Koreakrieg veränderte die Lagebeurteilung der amerikanischen Regierung. Jetzt hielt sie nicht nur eine globale Auseinandersetzung mit den kommunistischen Mächten für vorstellbar, sondern sie vermutete auch, dass der Höhepunkt der von der UdSSR ausgehenden Gefahr für Europa bereits 1952 – zwei Jahre früher als bis dahin angenommen – erreicht sei. Um so schnell wie möglich einen deutschen Wehrbeitrag zu erhalten, gab die amerikanische Regierung nun das Ziel eines sofortigen und direkten NATO-Beitritts der Bundesrepublik auf und näherte sich den französischen Vorstellungen an. Unter intensiver Vermittlung der USA und der Abgabe zahlreicher Garantien kam schließlich im Mai 1952 der ‹Vertrag über eine Europäische Verteidigungsgemeinschaft› (EVG-Vertrag) zu Stande. Seine Ratifikation sollte zwar im August 1954 in der französischen Nationalversammlung scheitern, aber seine Unterzeichnung war Ausdruck der Bereitschaft der Vereinigten Staaten, sich diplomatisch mit ganzer Energie für die westeuropäische Zusammenarbeit einzusetzen.

Von Truman zu Eisenhower

Trumans größte außenpolitische Leistung war es, die sowjetische Herausforderung angenommen und ein langfristiges internationales Engagement der USA begründet zu haben. Seine Außenpolitik betrieb er resolut, aber umsichtig. So verhinderte er während des Höhepunkts der Berliner Blockade eine Eskalation der Spannungen, und so erkannte er im Koreakrieg, dass das Vorrücken bis an die chinesische Grenze überambitioniert gewesen war, und akzeptierte den Status quo ante. Letztlich schuf er internationale Institutionen und Strukturen, die sowohl den USA als auch den Partnern Sicherheit und Prosperität brachten und vier Jahrzehnte überdauern sollten. Außenminister Dean Acheson schrieb später zu Recht, er sei ‹Present at the Creation› gewesen – anwesend bei der Schaffung einer neuen weltpolitischen Architektur.[3] Dieses System dominierten die Vereinigten Staaten. Die Europäer schlossen sich ihm trotzdem an, weil es sich um ein ‹Imperium durch Einladung› (Geir Lundestad),[4] nicht um eines durch Zwang handelte, und alles bot, was sie zu diesem Zeitpunkt erstrebten: Schutz vor der UdSSR und Deutschland, Aussicht auf ökonomische Prosperität und Festigung der demokratischen Regierungsform. Beim Aufbau des amerikanischen Imperiums kam den führenden US-Politikern zugute, dass sie in einem System sozialisiert worden waren, in dem Überzeugungskraft, Verhandlungsgeschick und Kompromissfähigkeit Voraussetzung für politischen Erfolg bildeten. Im Gegensatz zur Sowjetunion, wo ein Diktator seinen Willen mit brutaler Gewalt durchsetzte und dieses Verhalten auch gegenüber den Ländern in seinem Einflussbereich praktizierte, behandelten sie ihre Verbündeten deshalb nicht wie Satelliten, sondern wie Partner.

Truman hatte sich entschieden, auf eine nochmalige Kandidatur zu verzichten, obwohl ihn die Verfassung nicht daran gehindert hätte. Erst sein Nachfolger sollte nämlich vom 1951 in Kraft getretenen 22. Verfassungszusatz betroffen sein, der die Amtszeit des Präsidenten auf zwei Perioden begrenzte. Truman hätte es allerdings nicht leicht gehabt, eine Wiederwahl zu erringen – schließlich war es den Republikanern gelungen, den populären Weltkriegsgeneral Dwight D. Eisenhower als ihren Kandidaten zu gewinnen. Eisenhower setzte sich bei den Wahlen im November 1952 klar gegen Adlai Stevenson durch. Sein Sieg führte nicht nur wieder einen Republikaner nach zwanzig Jahren demokratischer Herrschaft ins Weiße Haus, sondern er bedeutete auch den Triumph des internationalistischen Flügels der Republikanischen Partei über den isolationistischen. Außenpolitische Themen hatten Eisenhowers gesamten Wahlkampf durchzogen. Der General war mit der kostspieligen Aufrüstung der Truman-Regierung und ihrer Führung des Koreakriegs hart ins Gericht gegangen, hatte sich aber in den meisten anderen Fragen moderat gegeben und seinem Vizepräsidentschaftskandidaten Richard Nixon und seinem späteren Außenminister John Foster Dulles die aggressive Wahlkampfrhetorik überlassen. Letzterer verhieß sogar ein «Zurückrollen» des sowjetischen Einflusses, weil «Eindämmung» nur ein «Laufrad ist, das uns im besten Falle an der selben Stelle halten wird, bis wir erschöpft umfallen».[5]

Nach der Amtsübernahme agierte Eisenhower außenpolitisch meist pragmatisch und ausgewogen. Entscheidungen sollte ein ausführlicher und offener Diskussionsprozess im Nationalen Sicherheitsrat vorausgehen. Kontroverse Vorschläge ließ Eisenhower erst einmal durch seinen Außenminister ventilieren. Dieses Vorgehen verleitete viele zeitgenössische Beobachter zu dem Urteil, der Präsident kümmere sich wenig um die Einzelheiten der Außenpolitik und gewähre Dulles freie Hand. Erst in den 1980er Jahren belegten die Historiker Fred Greenstein und Stephen Ambrose auf Grundlage der neu zugänglichen Akten, dass Eisenhower die Regierungsgeschäfte sehr viel detailkundiger und aktiver führte, als die Kritiker geglaubt hatten.[6] Aufgrund seiner langen militärischen Karriere verstand er es nämlich geschickt, Verantwortung zu delegieren, sich die letzte Entscheidungshoheit aber vorzubehalten. Zudem besaß er klare außenpolitische Prioritäten. Seine beiden glänzenden Wahlsiege, seine durchweg hohe Popularität, aber auch sein Image, über der Parteipolitik zu stehen, halfen ihm, beharrlich auf die Verwirklichung dieser Ziele hinarbeiten zu können.

Gleich nach seinem Amtsantritt leitete Eisenhower eine umfassende Überprüfung der amerikanischen Außenpolitik ein. Auch wenn die Studie viele der außenpolitischen Prämissen seines Vorgängers bestätigte und die Fortsetzung der globalen Führungsrolle Washingtons unterstrich, wich sie in einem zentralen Punkt von der Politik Trumans ab. Weil die USA finanziell nicht in der Lage seien, die Kommunisten auf der ganzen Welt durch Kriege einzudämmen, so argumentierte Eisenhower, müssten sie ihr nukleares Arsenal vergrößern. Gerade in Europa, wo die Sowjetunion im konventionellen Bereich, also bei Truppen und Panzern, deutlich überlegen war, konnten Atomwaffen ein Gleichgewicht relativ kostengünstig herbeiführen. Das neue außenpolitische Konzept der Regierung, der ‹New Look›, sah deshalb eine Reduzierung der Streitkräfte bei gleichzeitigem Ausbau der nuklearen Fähigkeiten vor. Den Kern des Konzepts bildete die Doktrin der Abschreckung. So wollten die USA nicht nur einen nuklearen Angriff der UdSSR mit einer sofortigen und massiven atomaren Vergeltung beantworten, sondern auch eine konventionelle Attacke.

Diese Strategie war für Washington auch noch aus einem anderen Grund attraktiv: Während die USA von Westeuropa aus und mit B-52-Langstreckenflugzeugen den gesamten Ostblock mit Atomwaffen erreichen konnten, schien die kleine sowjetische Bomberflotte nicht fähig, die amerikanische Luftabwehr zu überwinden. Allerdings hing die Überzeugungskraft der Doktrin der massiven Vergeltung ganz davon ab, wie glaubwürdig die Drohung war, Atomwaffen auch wirklich einzusetzen. Schon wenige Jahre später sollte der Sputnik-Schock die Grundlagen der US-Planungen obsolet werden lassen. Der massive Ausbau des amerikanischen Atomarsenals von 6000 auf 18 000 Sprengköpfe von 1953 bis 1960 erlaubte es Eisenhower jedoch, den Verteidigungshaushalt in seiner Amtszeit um real 50 Prozent zu reduzieren. Dabei war die Welt in den 1950er Jahren kein ruhiger Ort. Im Gegenteil, vielfältige Ereignisse und Entwicklungen sorgten für ein hohes Maß an Erschütterung und Instabilität: Stalin starb, seine Nachfolger stritten um das Erbe, im Ostblock regte sich Widerstand gegen die Herrschaft Moskaus, es kam zu dramatischen Durchbrüchen in der Raketentechnik, nationale Befreiungsbewegungen bedrängten europäische Kolonialherren sowie prowestliche Diktatoren und bedienten sich dazu bisweilen sowjetischer Unterstützung. Die Eisenhower-Regierung versuchte, die labile weltpolitische Lage in ihrem Sinne zu stabilisieren, indem sie bestehende Allianzen erweiterte, neue schuf, mit sozialistischen Ideen sympathisierende oder mit Moskau paktierende Staatschefs in der Dritten Welt bekämpfte und Antikommunisten förderte, ohne aber bei alledem die Rivalität mit der UdSSR eskalieren zu lassen.

Konsolidierung der westlichen Allianz

Am 5. März 1953, nur sechs Wochen nach Eisenhowers Amtsantritt, starb Stalin. Um in den folgenden Diadochenkämpfen außenpolitisch den Rücken frei zu haben, sandte die neue sowjetische Führung um Ex-Geheimdienstchef Beria Entspannungssignale in Richtung USA aus. Der amerikanische Präsident, der um die Einheit der westlichen Allianz fürchtete, ging darauf nicht ein. Auf Forderungen nach einem Gipfeltreffen mit seinem sowjetischen Gegenüber reagierte er zunächst reserviert. Die Niederschlagung des ostdeutschen Volksaufstands durch die Rote Armee Mitte Juni 1953 und die anschließende Absetzung und Liquidierung Berias bestärkten Eisenhower in der Ansicht, dass nur beständiger Druck das Verhalten der Sowjetunion ändern könne. Beide Führungsmächte waren zu diesem Zeitpunkt mehr daran interessiert, ihre Einflusszonen zu konsolidieren als in Verhandlungen einzutreten, deren Ausgang ungewiss war.

Das änderte sich erst, als die beiden Lager mit der Aufnahme der Bundesrepublik in die NATO und mit der Gründung des Warschauer Pakts im Mai 1955 ihren Formierungsprozess abgeschlossen hatten. Jetzt blieben zwar nur zweitrangige Fragen zu verhandeln, aber genau dies erlaubte Einigungen und Gipfelbegegnungen. Konkretesten Ausdruck fand das einsetzende Tauwetter zwischen Ost und West im Abschluss des ‹Österreichischen Staatsvertrags› im selben Monat, der die Besatzung des Landes beendete und es in die Unabhängigkeit entließ. Es gab aber noch einen weiteren Grund für Eisenhower, auf eine Verständigung mit Moskau hinzuarbeiten: Mitte 1955 präsentierte die Sowjetunion auf einer Luftfahrtsshow eine beeindruckende Zahl neuer Langstreckenbomber. Damit hatten die USA ihr De-facto-Monopol für einen Einsatz von Atomwaffen verloren. Im Juli 1955 trafen Eisenhower und der sowjetische Staatspräsident Bulganin in Genf zum ersten amerikanisch-sowjetischen Gipfel seit der Potsdamer Konferenz zusammen. Allerdings sprachen beide Seiten die Ursachen der Spannungen nicht an, sondern trugen Initiativen zu Propagandazwecken vor. So besaß Eisenhowers ‹Open skies›-Vorschlag, der den beiden Staaten Überflugrechte über das Territorium des anderen gewähren sollte, keine Chance auf die Zustimmung Moskaus. Das bloße Faktum indes, dass es zu einem Gipfel ohne größere Konfrontationen gekommen war, ließ im Westen Hoffnungen auf eine Stabilisierung der Beziehungen und auf eine Veränderung der harten sowjetischen Politik wach werden. Das Wort vom ‹Geist von Genf› machte die Runde. In der Tat schien sich in der UdSSR etwas zu bewegen: Im Februar 1956 rechnete der neue starke Mann im Kreml, Nikita Chruschtschow, auf dem XX. Parteitag der KPdSU in einer Geheimrede mit Stalin ab und verkündete, ein Krieg mit der kapitalistischen Welt sei nicht unvermeidlich. Vielmehr gebiete die Existenz von Nuklearwaffen, eine Politik der «friedlichen Koexistenz» mit den kapitalistischen Mächten zu verfolgen. Dass der sowjetische Generalsekretär damit aber keine Entspannung einleiten, sondern im Gegenteil den Gegner mit gewachsenem Selbstbewusstsein herausfordern wollte, solange dies keinen Krieg bedeutete, sah man im Westen nicht überall.

Auch war Moskau nicht bereit, den osteuropäischen Satelliten mehr Freiheiten zu gewähren. Als es in den beiden Schlüsselstaaten

Polen und Ungarn im Sommer 1956 zu Protesten gegen die kommunistische Herrschaft kam, erwog die sowjetische Führung wie vor drei Jahren in der DDR den Einsatz der Streitkräfte. In Polen blies Chruschtschow die geplante Militäraktion zwar ab, nachdem der neue Generalsekretär Gomulka den Verbleib seines Landes im Warschauer Pakt und den Erhalt der sozialistischen Staatsform versprochen hatte. Aber in Ungarn spitzte sich die Lage zu. Dort schaffte der Reformkommunist Imre Nagy das Einparteiensystem ab, bildete eine Koalitionsregierung und forderte den Abzug der sowjetischen Truppen. Am 1. November 1956 verkündete er die Neutralität Ungarns und seinen Austritt aus dem Warschauer Pakt. Dies wollte der Kreml nicht hinnehmen. Drei Tage später zerschlug die Rote Armee die ungarische Revolution, setzte ein neues kommunistisches Regime ein und exekutierte Nagy und seine wichtigsten Helfer. Eisenhower und Dulles, die ja immer wieder die «Befreiung» der Nationen hinter dem Eisernen Vorhang versprochen hatten, agierten in diesen Wochen passiv. Zwar war ihre Aufmerksamkeit auch von der sich zeitgleich verschärfenden Suezkrise und vom Präsidentschaftswahlkampf beansprucht. Aber der amerikanische Präsident stellte in einer Fernsehansprache klar, dass er bei aller Wünschbarkeit eines Endes der sowjetischen Dominanz in Osteuropa «diese Politik natürlich nicht mit dem Mittel der Gewalt» ausführen könne.[7] Damit wurde die Kluft zwischen Rhetorik und Taten der US-Regierung für jedermann unübersehbar. Angesichts des nuklearen Potenzials der UdSSR konnte eine amerikanische Militäraktion zwar nie ernsthaft zur Debatte stehen, aber Washington unternahm auch nichts, was die politischen oder ökonomischen Kosten der Intervention für Moskau erhöht hätte. Obwohl die Sowjetunion Streitkräfte an der Grenze zu Ungarn zusammenzog und ins Land brachte, erfolgten keine Sanktionsdrohungen. Washington setzte nicht einmal die UNO gezielt als Druckmittel ein. Letztlich handelten die USA wie ein Zuschauer, der selbst kein Interesse an dem Geschehen besaß. Der hohe moralische Anspruch der ‹Befreiung› war einer realpolitischen Beurteilung der Lage gewichen.

Die UdSSR triumphierte: Nicht nur hatte sie das Ausscheren eines Satelliten aus dem Warschauer Pakt verhindert, sondern der weltpolitische Rivale hatte dies auch toleriert. Offenbar neigte sich, wie Chruschtschow immer öfter verkündete, die Waagschale im Systemwettkampf zugunsten der UdSSR. Ein knappes Jahr später, am 4. Oktober 1957, verbuchte Moskau mit dem Start des Sputnik-Satelliten einen weiteren Erfolg. Damit bewies die Sowjetunion, dass sie über das Know-how für den Bau von Interkontinentalraketen verfügte und die USA nun direkt bedrohen konnte. Eisenhower beurteilte die Lage nüchtern. Als erfahrener Militär wusste er, dass ein Prototyp, selbst ein erfolgreich getesteter, noch keine einsatzfähige Waffe darstellte. Mittelfristig, so war er sich aber ebenfalls klar, würde man freilich die Strategie der massiven Vergeltung überdenken müssen, weil die ihr zugrundeliegende Drohung mit der Entwicklung der sowjetischen Waffentechnik unglaubwürdig wurde. Fast das gesamte politische Establishment und die Öffentlichkeit der USA reagierten dagegen panisch. Auch Chruschtschows Lageeinschätzung war mehr emotional denn rational bestimmt. Die vermeintlichen Erfolge veranlassten ihn nämlich, eine grundlegende Verschiebung im Mächtegleichgewicht zu postulieren und aus einer Position der Stärke Druck auf den Westen und insbesondere auf die Vereinigten Staaten auszuüben.

Der richtige Ort für Pressionen war schnell gefunden: Berlin. Mit dem Abbruch der Blockade im Sommer 1949 hatte die sowjetische Außenpolitik zwar eine schwere Schlappe einstecken müssen, aber die ungelöste Frage der Zugangsregeln bot Chruschtschow einen Ansatzpunkt für neue Forderungen. Am 27. November 1958 übermittelte er den anderen großen Siegermächten eine Note, in der er die Vier-Mächte-Verwaltung Berlins für null und nichtig erklärte und die Änderung des Status von Berlin in eine demilitarisierte «freie Stadt» forderte. Falls binnen sechs Monaten keine Lösung gefunden werde, wolle er mit der DDR einen Friedensvertrag unterzeichnen und ihr die Kontrolle über den Zugang zur Stadt übertragen. Das polternde Auftreten des sowjetischen Generalsekretärs überdeckte allerdings eine Position der Schwäche. Berlin riss nämlich ein riesiges Loch in den Eisernen Vorhang, durch das jedes Jahr Hunderttausende von Ostdeutschen in den Westen flohen. Der DDR-Wirtschaft und der ohnehin schon schwachen Legitimation des SED-Regimes erwuchs daraus schwerer Schaden. Zum Verdruss Adenauers zeigten sich die USA kompromissbereit. Auch in den westlichen Hauptstädten fragte man sich immer ernsthafter, ob der Status von Berlin tatsächlich das Risiko eines militärischen Konflikts wert war, wenn es dem sowjetischen Parteichef doch offenbar nur um eine Frontbegradigung ging. In mehreren internen Diskussionen äußerte Eisenhower, dass die Lage Berlins «unnormal» sei und er sich mit der Idee einer ‹Freien Stadt› unter UN-

Jurisdiktion anfreunden könne. Auf der ‹Genfer Außenministertagung› im Sommer 1959 – der letzten großen Deutschlandkonferenz – kam es zwar zu keiner Einigung zwischen den vier Mächten, aber die Westalliierten zeigten sich mit dem Moskauer Vorschlag einverstanden, das Berlin-Problem getrennt von der Wiedervereinigungsfrage zu behandeln. Bei einem amerikanisch-sowjetischen Gipfel in Camp David im September 1959 versäumte es Chruschtschow jedoch, seine Forderungen mit Nachdruck zu vertreten. Ganz gleich, ob er Verhandlungen führte oder Konflikte vom Zaun brach, der starke Mann der UdSSR agierte inkonsequent und hielt einmal eingeschlagene Strategien nicht lange durch. Ein Ultimatum nach dem anderen verstrich, ohne dass Chruschtschow seinen Drohungen Taten folgen ließ. Einen in Camp David vereinbarten Vier-Mächte-Gipfel in Paris zur Berlin-Frage ließ der sowjetische Parteichef nach dem Abschuss eines US-Spionageflugzeugs vom Typ U-2 über sowjetischem Territorium kurzfristig platzen. Dies gestattete es Eisenhower, auf Zeit zu spielen und der entscheidenden Frage auszuweichen, wie weit er zu gehen bereit war, um die amerikanischen Rechte in Berlin zu verteidigen. Sein Nachfolger sollte diese Möglichkeit nicht mehr haben.

Krisenherd Dritte Welt

Während sich der Kalte Krieg in Europa trotz der Berlinkrise verstetigte und beide Seiten stillschweigend die jeweilige Einflusszone des anderen respektierten, verschärften sich im Zuge der Entkolonisierung die Konflikte in anderen Weltregionen, vor allem in Südostasien und im Nahen Osten. Um befürchteten sowjetischen Terraingewinnen entgegenzuwirken, richtete die Eisenhower-Regierung 1954 die ‹Nahrung für den Frieden-Behörde› ein. Sie sollte US-Agrarüberschüsse an Entwicklungsländer verteilen und dort eine proamerikanische Stimmung schaffen. Aber Washington mischte auch bei der Regierungsbildung in Staaten der Dritten Welt mit und schaltete sich in Kolonial- und Bürgerkriege ein. Zugrunde lag diesen Aktionen die Philosophie der Containment-Doktrin, deren zentrale Schwäche Walter Lippmann schon 1947 kritisiert hatte. Sie würde, so argumentierte er, die Vereinigten Staaten nämlich automatisch in alle Arten von Konflikten hineinziehen, sobald man ein sowjetisches Engagement vermutete. Damit könnte nicht nur Moskau wählen, wo die Auseinandersetzungen stattfinden sollten, sondern die USA würden sich auch in der unangenehmen Lage wiederfinden, wenig lebensfähige und undemokratische

Regime unterstützen zu müssen. Statt sich zum Gefangenen einer Globalstrategie zu machen, riet Lippmann zur Aufstellung klarer Kriterien, die eine Fall zu Fall-Analyse der amerikanischen Interessen in einem Konflikt erlaubten.[8]

Die Eisenhower-Regierung beherzigte Lippmanns Warnungen insofern, als sie sich bemühte, militärische Abenteuer zu vermeiden. So intervenierte sie nicht mit Truppen, um Länder der Dritten Welt auf prowestlichem Kurs zu halten, sondern setzte die CIA dafür ein. Die beiden wichtigsten Geheimdienstoperationen dieser Art fanden 1953 im Iran und in Guatemala statt. Im Iran hatte Schah Resa Pahlewi unter dem Druck einer starken antibritischen Unabhängigkeitsbewegung 1951 den charismatischen Nationalisten Mohammed Mossadegh zum Premierminister ernannt. Gleich nach seinem Amtsantritt nationalisierte dieser die britisch kontrollierte Ölindustrie und zwang den Schah zum Verlassen des Landes. Truman konnte Großbritannien zwar von einer Militäraktion gegen den Iran abbringen, aber er ließ die CIA Maßnahmen zur Schwächung Mossadeghs vorbereiten. Unter Eisenhower wurde dieser Kurs verschärft, weil der iranische Premier in den Augen von CIA-Chef Allen Dulles zu eng mit der sowjetgesteuerten kommunistischen Partei des Landes kooperierte. Im Juli 1953 begann der US-Geheimdienst mit planmäßigen Aktionen zur Destabilisierung der Regierung Mossadegh und ermunterte die Armee, den Premier zu stürzen. Nach dem Putsch ermöglichte der neue starke Mann, General Zahedi, dem Schah die Rückkehr und festigte mit Hilfe der CIA seine Herrschaft. Auch erhielt der Iran von Washington Wirtschaftshilfe und Unterstützung beim Aufbau seiner Armee und seines Geheimdienstes.

Fast gleichzeitig führte die CIA eine ähnliche Aktion im amerikanischen ‹Hinterhof›, in Guatemala, durch. Dort hatte Präsident Jacobo Arbenz 1952 Kommunisten in die Regierung berufen und eine Agrarreform eingeleitet, die eine Verstaatlichung der Ländereien der ‹United Fruit Corporation› einschloss. Als die US-Regierung bei der ‹Organisation Amerikanischer Staaten› (OAS) keine Unterstützung für eine harte Linie fand, ließ sie die CIA eine Invasion von einigen Hundert Exilguatemalteken organisieren, die Arbenz zum Amtsverzicht zwangen und eine autoritäre Herrschaft errichteten. Der neue Präsident Armas machte Agrarreformen und Verstaatlichungen rückgängig, unterdrückte Parteien und Gewerkschaften und verfolgte Oppositionelle. Die Vereinigten Staaten stützten das Regime mit Wirtschafts- und

Militärhilfe, weil sie in ihm einen wichtigen Partner im Kampf gegen die kommunistische Bedrohung sahen und die Interessen der United Fruit Corporation in Guatemala schützen wollten.

Unkalkulierbare Risiken scheute die Eisenhower-Regierung jedoch, ja, sie war sogar bereit, enge Verbündete zu brüskieren, um im sich beschleunigenden Dekolonisierungsprozess nicht an Einfluss in der Dritten Welt zu verlieren. Am deutlichsten wurde dies in der Suezkrise. So begrüßten die USA zunächst den 1954 erfolgten Putsch von General Nasser gegen König Farouks inkompetente und korrupte Monarchie in Ägypten. Washington vermittelte sogar einen Vertrag über Militärbasen zwischen Kairo und London, der die Herrschaft Großbritanniens über Ägypten beendete. Nasser profilierte sich jedoch zusehends mit harscher Rhetorik gegen Israel und antikolonialistischen Parolen als Führer der arabischen Welt. In der Sowjetunion sah der ägyptische Staatschef im Gegensatz zu den USA keine Bedrohung für die Region, sondern einen nützlichen Hebel, um dem Westen Zugeständnisse abzuringen. Diese Strategie funktionierte zunächst nicht schlecht. Chruschtschow, der weit mehr als Stalin auch in dieser Weltregion Fuß fassen wollte, ließ Kairo Waffen aus der Tschechoslowakei liefern. Das rief natürlich die Eisenhower-Regierung auf den Plan. Sie hoffte zunächst, Ägypten mit dem Angebot großzügiger Finanzhilfen für den Bau des Assuan-Hochdamms auf Westkurs zu halten. Ohne Erfolg: Nasser widersetzte sich den gleichzeitigen Bemühungen Washingtons und Londons, eine Lösung für den arabisch-israelischen Konflikt zu finden. Auch bekämpfte er den von den USA gewünschten ‹Bagdad-Pakt›, der die Sowjetunion an ihrer Südflanke von der Türkei bis zum Iran eindämmen sollte, als neokolonialistisches Instrument. Die ägyptische Anerkennung von Maos China brachte das Fass zum Überlaufen. Die Vereinigten Staaten zogen ihr Finanzierungsangebot unter dem Beifall jüdischer Organisationen und der heimischen Baumwollindustrie zurück.

Nasser erhöhte daraufhin den Einsatz. Er verstaatlichte die britisch-französische Suezkanal-Gesellschaft, mit deren Einnahmen er den Bau des Staudamms finanzieren wollte. Paris und London stellten sich auf eine militärische Intervention ein. Nicht nur gingen 70 Prozent der westeuropäischen Ölimporte durch den Kanal, sondern eine Hinnahme der Aktion hätte auch den Großmacht-Status der beiden Staaten beschädigt. Eisenhower hingegen glaubte, dass die Krise nicht schwerwiegend genug sei, um den Einsatz von Gewalt zu rechtfertigen. Dem britischen Premier drohte der Präsident sogar, eine unilaterale Aktion Londons werde möglicherweise nicht ohne Folgen für die amerikanische NATO-Mitgliedschaft bleiben. Frankreich drängte nun Israel, dem Ägypten sowohl die Benutzung des Kanals verboten als auch seinen Zugang zum Roten Meer gesperrt hatte, mit Truppen zum Suezkanal vorzurücken. Dies sollte Paris und London den Vorwand liefern, selbst militärisch zu intervenieren. Am 29. Oktober 1956 begann die Aktion. Eisenhower und Dulles waren außer sich, weil sie befürchteten, der Angriff werde nur den arabischen Nationalismus stärken und die Aufmerksamkeit der Welt von der sowjetischen Invasion in Ungarn ablenken. Im UN-Sicherheitsrat stimmten die USA mit der UdSSR gegen Frankreich und Großbritannien. Moskau schlug sogar eine gemeinsame Militäraktion zur Beendigung der Krise vor. Washington erhöhte nun seinen politischen und ökonomischen Druck, indem es ein Ölembargo gegen seine beiden NATO-Partner verhängte und das schwächelnde britische Pfund nicht mehr stützte. Großbritannien erklärte sich notgedrungen zum Rückzug bereit. Frankreich und Israel folgten. Allerdings erfüllte sich die Hoffnung der Eisenhower-Regierung nicht, mit dem harten Vorgehen gegen die Verbündeten das eigene Ansehen in der arabischen Welt steigern zu können. Vielmehr stieg Chruschtschows Prestige in der Region, da er Ägypten Waffen geliefert, mit markigen Worten Beistand versprochen und die Finanzierung des Assuan-Damms zugesagt hatte. Auch Nasser mäßigte seine Politik und Rhetorik nicht, sondern verstärkte seine Angriffe auf prowestliche arabische Regime. Schließlich blieb das amerikanische Verhältnis zu Frankreich und Großbritannien nachhaltig belastet.

Die Unterbindung der kolonialen Ambitionen der beiden europäischen Verbündeten bedeutete auch, dass die Vereinigten Staaten zunehmend allein waren bei dem Versuch, antisowjetische Regime in der Region zu stärken. Schon am 5. Januar 1957 verkündete Eisenhower, die USA würden jedem Land in der arabischen Welt militärisch beistehen, das sich einer «offenen bewaffneten Aggression durch eine vom internationalen Kommunismus kontrollierte Nation» ausgesetzt sehe.[9] Diese Absichtserklärung wurde schnell als ‹Eisenhower-Doktrin› bekannt. Tatsächlich sandte der amerikanische Präsident ein Jahr später 14 000 Marines in den Libanon, um die prowestliche christliche Regierung im Kampf gegen arabisch-nationalistische Aufständische zu unterstützen. Kommunisten waren allerdings nirgends zu entdecken. Obwohl die Unruhen bereits abgeflaut waren, als die US-

Truppen an Land gingen, hatte Washington demonstriert, dass die ‹Eisenhower-Doktrin› nicht nur auf dem Papier existierte.

Aufbruch zu neuen Grenzen: John F. Kennedy im Weißen Haus

Insgesamt hatte die Eisenhower-Regierung wenig Skrupel an den Tag gelegt, in Staaten der Dritten Welt zu intervenieren. Aber es wurde immer wieder deutlich, dass sie unkalkulierbare Risiken scheute und nichts unternahm, um die Sowjetunion in ihrer Einflusszone ‹zurückzurollen›. Wie schon für Truman, so stellten auch für Eisenhower die Entwicklungen in Westeuropa und Japan den größten außenpolitischen Erfolg dar. Die Demokratien und Volkswirtschaften in diesen Regionen florierten und kooperierten aufs engste mit den Vereinigten Staaten. Im Nahen Osten und in Südostasien dagegen hatten die USA ihre Position unter Eisenhower nur mit Mühe behaupten können. Und noch immer saß der Sputnik-Schock tief.

Im Wahlkampf des Jahres 1960 sah sich der Kandidat der Republikaner und designierte Nachfolger Eisenhowers, Vizepräsident Richard Nixon, deshalb Vorwürfen des demokratischen Bewerbers John F. Kennedy ausgesetzt, während der vergangenen acht Regierungsjahre habe die Sowjetunion militärisch zu den USA aufgeschlossen, ja sie sogar überholt. Es bestehe eine «Raketenlücke» gegenüber der UdSSR, der Verteidigungshaushalt sei über Gebühr gekürzt worden, dem Kreml sei es sogar gelungen, einen kommunistischen Vorposten in Kuba zu installieren, kurzum: Eisenhower habe die Sicherheit der Vereinigten Staaten vernachlässigt. Er selbst werde im Falle seiner Wahl massiv aufrüsten. Sein Vorgänger habe Grenzen für die amerikanische Rolle in der Welt akzeptiert. Er werde das nicht tun. Nicht zuletzt angesichts dieser Vorwürfe warnte Eisenhower in seiner Abschiedsansprache vor einem «militärisch-industriellen Komplex», der großen politischen Einfluss ausübe. Ungesagt, aber zwischen den Zeilen zu lesen, blieb die Botschaft, dass es einen in militärischen und internationalen Angelegenheiten erfahrenen Mann brauche, diesen «Komplex» in die Schranken zu weisen. Ob sein Nachfolger ein solcher sein würde, ließ Eisenhower offen.

Tatsächlich musste Kennedys Verteidigungsminister Robert McNamara bald eingestehen, dass es eine Raketenlücke nicht gab, da nukleare Mittelstreckenraketen vom Typ Thor in Großbritannien und vom Typ Jupiter in Italien stationiert waren und die Entwicklung von Interkontinentalraketen sowie U-Boot-Raketen Fortschritte machte.

Am 20. Januar 1961, dem Tag der Amtsübergabe, besaßen die USA zudem eine 12:1-Überlegenheit bei einsatzfähigen Nuklearwaffen. Aber von diesen Fakten ließ sich der neue Mann im Weißen Haus seinen Tatendrang nicht nehmen. In seinen sechs Jahren als Abgeordneter und seinen acht Jahren als Senator von Massachusetts hatte Kennedy sich wiederholt für eine kraftvolle Außenpolitik ausgesprochen, die Truman-Regierung wegen des «Verlusts» Chinas angegriffen und ein verstärktes amerikanisches Engagement in der Dritten Welt gefordert. Als Chruschtschow wenige Tage vor Kennedys Amtsübernahme den unausweichlichen Triumph des Kommunismus durch «nationale Befreiungskriege» in den Kolonialreichen verhieß, betrachtete Kennedy das als persönliche Herausforderung. In seiner Inauguralansprache betonte der neue Präsident deshalb: «Lassen wir jede Nation wissen, ... dass wir jeden Preis zahlen, jede Bürde tragen, jeden Freund unterstützen, uns jedem Feind entgegenstellen werden, um den Erfolg und das Überleben der Freiheit sicherzustellen».[10] «Jeden Freund unterstützen» wollte der Präsident vor allem in der Dritten Welt, dem neuen Schlachtfeld der Supermächterivalität. Ein ‹Friedenscorps› (Peace Corps) aus jungen, idealistischen Amerikanern sollte den Entwicklungsländern beim Aufbau funktionierender ökonomischer Strukturen helfen, die neu geschaffene ‹Behörde für Internationale Entwicklung› (AID) armen Ländern nichtmilitärische Unterstützung gewähren. Durch Wirtschaftshilfe und soziale Reformen hoffte Kennedy, den Nationalismus dieser Länder in demokratische Bahnen lenken und sowjetischem Einfluss entgegenwirken zu können. Gleichzeitig sollte eine massive Aufstockung des Verteidigungshaushalts garantieren, dass die USA in der Dritten Welt auch militärisch eingreifen konnten, wenn Moskau dort seine Stellung auszubauen drohte.

Das Schweinebucht-Debakel und der Gipfel von Wien

Dass er sich «jedem Feind entgegenstellte», wollte Kennedy ebenfalls demonstrieren. Sein erstes Ziel war Kuba. Dort hatte Fidel Castro am 1. Januar 1959 Diktator Batista vertrieben, mit seinen Rebellen die Macht übernommen und damit so deutlich wie niemand zuvor oder danach die amerikanische Hegemonialposition in der Hemisphäre herausgefordert. Im ersten Jahr unterstützten die USA Castro noch, er wurde sogar nach Harvard eingeladen, um eine Rede zu halten. Der Revolutionsführer ging aber schnell daran, den traditionell starken amerikanischen Einfluss auf der Insel zurückzudrängen und Kritiker ins Gefängnis zu werfen. Im Februar 1960 empfing Castro eine sowjetische Handelsdelegation, wenig später nahm er offizielle diplomatische Beziehungen zu Moskau auf. Einige Wochen danach versprach der Kreml Kuba die Lieferung von subventioniertem Öl und technische Hilfe. Die Spannungen wuchsen, als Castro US-Eigentum verstaatlichen ließ. Im Oktober 1960 verhängten die Vereinigten Staaten deshalb ein Embargo, das bis heute in Kraft ist.

Noch unter Eisenhower hatte die CIA im März 1960 begonnen, Exilkubaner für eine Invasion der Insel in Guatemala zu trainieren und auszurüsten. Kennedy fand bei seinem Amtsantritt also ausgearbeitete Pläne für einen Sturz Castros vor. Der Präsident stimmte in der Annahme zu, die amerikanische Verwicklung könne geheim bleiben. Gleichzeitig machte er deutlich, dass es keine direkte US-Unterstützung geben werde, wenn die Mission in Schwierigkeiten gerate. Als die 1453 Exilkubaner am 17. April 1961 in der Schweinebucht an Land gehen wollten, zeigte sich, dass die Aktion logistisch von der CIA stümperhaft vorbereitet und die Hoffnung, einen Volksaufstand gegen Castro auslösen zu können, ohne Grundlage war. Von Exilkubanern geflogene Bomber hatten alle Ziele auf der Insel verfehlt und die kubanische Luftwaffe völlig intakt gelassen. Die in einer Sumpflandschaft an Land gehenden Rebellen wurden von übermächtigen Streitkräften innerhalb von 72 Stunden besiegt. Castro ließ mehr als 100 000 angebliche Regimegegner verhaften. Kennedy widersetzte sich dem Drängen der CIA, mit Flugzeugen in die Kämpfe einzugreifen. Für den Präsidenten endete die ganze Aktion trotzdem in einem Desaster. Castro lehnte sich noch enger an Moskau an, das jetzt auch Militärgüter an Kuba zu liefern begann. Im Februar 1998 wurde ein streng geheimer Bericht veröffentlicht, den die CIA über die Operation hatte anfertigen lassen und dessen einziges Exemplar 36 Jahre lang in einem Safe im Büro des CIA-Direktors lag. Der Bericht zeichnet ein schonungsloses Bild von dem Dilettantismus, mit dem das Unternehmen vorbereitet worden war. Kaum ein CIA-Offizier sprach Spanisch, die exilkubanische Truppe war miserabel ausgebildet, die amerikanischen Ausbilder behandelten die Rebellen «wie Dreck». Überdies hatten US-Medien detailliert von den angeblich geheimen CIA-Plänen berichtet. Das Fiasko war programmiert: Kennedy war falsch informiert worden, aber auch Opfer seiner Angst geworden, bei einer Ablehnung der Operation als schwach zu erscheinen. Dem Debakel sollte ein zweites auf dem Fuß folgen.

Nur zwei Monate nach der gescheiterten Invasion traf sich Kennedy mit dem sowjetischen Parteichef Chruschtschow zu einem hastig arrangierten Gipfel in Wien.[11] Bei diesem Treffen suchte der sowjetische Generalsekretär, die Entschlossenheit und Standfestigkeit des jungen Präsidenten nach dem Schweinebucht-Fiasko auf die Probe zu stellen. Gleich zu Beginn der Gespräche insistierte er wie schon mehrmals seit 1958 darauf, dass die Siegermächte das Deutschlandproblem endlich lösen und einen Friedensvertrag abschließen sollten, der Ostdeutschland anerkannte und Ostberlin als seine Hauptstadt akzeptierte. Ohne rasche Fortschritte, so drohte Chruschtschow, würde Moskau einen Separatvertrag mit der DDR unterzeichnen und ihr die Kontrolle über den Zugang nach Westberlin übertragen. Damit wäre die DDR in der Lage gewesen, Westberlin von der Bundesrepublik abzuschotten. Kennedy antwortete auf die Forderungen des sowjetischen Parteichefs mit der Bemerkung, Westeuropa sei nicht Laos, sondern zentral für das nationale Interesse der USA. Chruschtschow stieß sofort nach: «Ich will Frieden. Aber wenn Sie Krieg wollen, dann ist das Ihr Problem.» Kennedy beendete die Unterredung mit den Sätzen: «Dann, Herr Vorsitzender, wird es Krieg geben. Es wird ein kalter Winter sein.»[12]

Trotz der starken Worte am Ende war klar, dass der Präsident auf solche brutalen Drohungen nicht vorbereitet gewesen war. Er hatte gehofft, in Wien ein Atomteststopp-Abkommen abschließen und eine Arbeitsbeziehung mit Chruschtschow herstellen zu können. Stattdessen trieb der sowjetische Generalsekretär mit seiner aggressiven Wiederholung des Berlin-Ultimatums die beiden Mächte in die gefährlichste Konfrontation seit Anfang der 1950er Jahre. Chruschtschow verließ Wien mit dem Eindruck, Kennedy sei «zu intelligent und zu schwach» und würde wohl den Druck von akuten Krisensituationen nicht aushalten. Die Antwort des amerikanischen Präsidenten auf den Bau der Berliner Mauer am 13. August 1961 erschien dem Generalsekretär als Bestätigung seiner Einschätzung. Zwar reagierte Kennedy mit einigen markigen Gesten und Worten, aber er war nicht bereit, «wegen der Zugangsrechte auf einer Autobahn ... oder weil die Deutschen die Wiedervereinigung wollten» den Tod einer Million Amerikaner zu riskieren. Tatsächlich hatten sich die USA bereits früher damit abgefunden, sich mit Moskau über den Status von Berlin arrangieren zu müssen. Mit dem Mauerbau waren die Einflusszonen in Europa im wahrsten Sinne des Wortes zementiert.

Die Kubakrise

Schon 14 Monate später, Mitte Oktober 1962, kam es zu einem weiteren ‹Showdown› zwischen Kennedy und Chruschtschow: der Raketenkrise. Über Jahre hatte der sowjetische Parteichef ein Berlin-Ultimatum nach dem anderen aufgestellt und mit den militärtechnologischen Erfolgen der Sowjetunion geprahlt. Erreicht hatte er damit kaum etwas. Wollte er bei den Streitkräften und beim zunehmend als Rivalen auftretenden China nicht als Papiertiger erscheinen, benötigte er einen überzeugenden strategischen Erfolg. Er ließ deshalb insgeheim nukleare Mittelstreckenraketen nach Kuba schaffen. Chruschtschow begründete das später damit, dass er einen neuen Invasionsversuch der USA verhindern wollte. Tatsächlich gab es Notfallpläne in Washington, das Castro-Regime mit Gewalt zu beseitigen, sollte eines von mehreren Szenarien eintreten: eine sowjetische Militäraktion gegen Westberlin, ein Volksaufstand gegen Castro, die Stationierung offensiver Waffen auf der Insel. Allerdings existierten wohl keine konkreten Interventionsabsichten.

Seit September 1961 berichteten US-Zeitungen über die Verlegung sowjetischer Waffen nach Kuba. Chruschtschow versicherte Kennedy, die Waffen seien rein defensiv. Am Morgen des 16. Oktober 1962 unterrichtete Sicherheitsberater McGeorge Bundy den Präsidenten jedoch darüber, dass ein U-2-Spionageflugzeug Aufnahmen gemacht hatte, die zeigten, dass auf Kuba ballistische Nuklearraketen stationiert wurden, welche amerikanische Städte erreichen konnten. Auch befand sich ein sowjetischer Schiffskonvoi mit weiteren Trägersystemen auf dem Weg nach Kuba. Das war für Kennedy aus mehreren Gründen nicht akzeptabel: Zum einen fühlte er sich von Chruschtschow persönlich hintergangen, zum anderen würden der Kreml, aber auch die oppositionellen Republikaner eine Hinnahme der Stationierung als weiteren Beweis für die angebliche Führungsschwäche des Präsidenten auffassen. Schließlich hätten atomare Mittelstreckenraketen in Kuba die Verwundbarkeit der USA dramatisch erhöht. Die nächsten 13 Tage diskutierten Kennedy und ein kleiner Zirkel von Beratern, wie man auf die Herausforderung reagieren solle. Während der gesamten Krise war der Entscheidungsprozess in einem ‹Executive Committee› (ExComm) des NSC im Weißen Haus konzentriert. Die Diskussionen hielt ein Aufzeichnungsgerät fest, von dem nur Kennedy, sein Bruder Robert, seine Sekretärin und die beiden Sicherheitsbeamten wussten, die das System installiert hatten. Wir befinden uns damit in der einmaligen Situation, über ein

Wortprotokoll einer der wichtigsten Krisen im Kalten Krieg zu verfügen, ohne dass die meisten Teilnehmer von den Aufnahmen Kenntnis besaßen. Erst 1997 wurden die Tonbänder öffentlich zugänglich gemacht und Umschriften publiziert. Da in den frühen 1990er Jahren auch Teile der sowjetischen Archive geöffnet wurden und hohe Überläufer aus Kuba die Position Havannas dokumentierten, wissen wir über den Verlauf der Krise besser Bescheid als über fast jedes andere außenpolitische Ereignis in den letzten fünfzig Jahren.

Heute ergibt sich aus diesen Quellen folgendes Bild: Kennedy und seine Berater waren sich einig, dass der sowjetische Zug nicht unbeantwortet bleiben dürfe, vorerst aber nichts an die Öffentlichkeit gelangen sollte. Im ExComm wurden mehrere Optionen beraten und dem Präsidenten zur Entscheidung vorgelegt: 1) der Versuch, über private Gespräche mit Chruschtschow und Castro die Krise zu entschärfen; 2) eine Invasion Kubas; 3) ein Geschäft mit den Sowjets über die 15 amerikanischen Jupiter-Raketen in der Türkei, die Anfang 1962 dort stationiert worden waren; 4) eine Blockade der Insel, Quarantäne genannt, weil ‹Blockade› nach dem Völkerrecht ein kriegerischer Akt war. Private Gespräche, das wurde bald klar, waren nicht praktikabel, da die Raketen innerhalb einer Woche einsatzbereit sein würden und Chruschtschows Drohpotenzial damit immens angestiegen wäre. Kennedy wählte die Option der Quarantäne und der öffentlichen Konfrontation. Am 22. Oktober hielt er eine Fernsehansprache, warf den Russen vor, ihn belogen und heimlich Offensivwaffen auf Kuba stationiert zu haben. Wörtlich sagte der Präsident: «Die 1930er Jahre haben uns eine klare Lektion erteilt: Wenn man aggressives Verhalten ungebremst und unangefochten zulässt, führt es zu Krieg.» Chruschtschow informierte Kennedy daraufhin, dass die Mittelstreckenraketen auf Kuba den gleichen defensiven Auftrag hätten wie die amerikanischen in der Türkei. Angesichts der Entschlossenheit des US-Präsidenten und der konventionellen Überlegenheit der Vereinigten Staaten im Krisengebiet ließ der sowjetische Führer die mit weiteren Raketen beladenen Transportschiffe kurz vor Erreichen der Quarantänezone abdrehen. Es begann sich ein Geschäft abzuzeichnen: Abzug der sowjetischen Raketen und Verifikation durch die UNO im Gegenzug für die amerikanische Garantie, nicht mit Gewalt gegen Kuba vorzugehen. Im ExComm meinte man, die Krise damit beigelegt zu haben. Überraschend forderte Chruschtschow jedoch am 27. Oktober eine öffentliche Erklärung Washingtons, seine Jupiter-Raketen aus der Türkei abzuziehen. Die Lage drohte zu eskalieren, als die sowjetischen Streitkräfte ein U-2-Spionageflugzeug über Kuba abschossen, und ein anderes, das irrtümlich in sibirischen Luftraum eingedrungen war, abfangen wollten. Allerdings gelang es der zweiten U-2, unbeschadet aus dem Luftraum zu entkommen. Der Präsident zeigte sich nun zusätzlich bereit, die Raketen aus der Türkei zurückzuholen, obwohl die Mehrheit seiner Berater dagegen war. Sie warnten vor einem Glaubwürdigkeitsverlust für die USA, wenn die Sicherheit eines NATO-Verbündeten kompromittiert werde. Ohne alle ExComm-Mitglieder in Kenntnis zu setzen, bot Kennedy über den sowjetischen Botschafter Dobrynin Chruschtschow folgendes Tauschgeschäft an: Wenn Moskau seine Raketen aus Kuba abzöge, würde er wenige Monate später die amerikanischen Raketen aus der Türkei zurückbeordern. Kennedy betonte aber: «Wenn Sie irgendein Dokument veröffentlichen, das ein Geschäft andeutet, dann ist es gestorben.» Der sowjetische Parteichef willigte ein, wahrscheinlich aus Furcht, die Ereignisse könnten außer Kontrolle geraten. Am 28. Oktober erklärte er in einer Fernsehansprache die Krise für beendet.

Chruschtschow hatte nicht bekommen, was er wollte, nämlich eine Verbesserung der eigenen strategischen Position und eine öffentliche Brüskierung der USA. In der sowjetischen Führung sah man das ähnlich. Die Raketenkrise – oder Karibikkrise, wie sie in der UdSSR hieß, weil man die Stationierung von Raketen nicht zugeben wollte – unterminierte die Autorität des Generalsekretärs und trug wesentlich zu seiner Entmachtung im Oktober 1964 bei. Castro fühlte sich von der Sowjetunion hintergangen, zumal sie im Dezember 1962 auch noch ihre 42 leichten Bomber abzog. China verkündete in der Dritten Welt, man könne sich auf die UdSSR nicht verlassen. Kennedy dagegen galt als der führungsstarke Präsident, der Moskau in die Schranken gewiesen und den Abzug der Raketen erzwungen hatte. Tatsächlich entschied er sich über die meisten Berater hinweg für eine Kompromisslösung, um eine nukleare Auseinandersetzung zu verhindern. Hierin liegt die eigentliche Leistung Kennedys, denn tatsächlich war die Gefahr eines Atomkriegs höher als meist angenommen. Zufällige Raketentests, Koordinationsmängel zwischen den Hierarchiestufen des Militärs, unbeabsichtigte Luftraumverletzungen, Castros Versuche, ein weiteres U-2-Flugzeug abzuschießen, hätten fast einen nuklearen Konflikt zwischen den Supermächten ausgelöst. Die Hauptlehre aus der Kubakrise lautete deshalb, ähnlich dramatische Konfrontationen bereits im Vorfeld zu verhindern, da in ihnen die Marge für Fehleinschätzungen überaus gering war. Allerdings blieb der amerikanisch-sowjetische Kompromiss zur Beilegung der Krise nicht ohne Folgen für das transatlantische Verhältnis. Obwohl das Tauschgeschäft mit den Jupiterraketen erst Ende der 1980er Jahre bekannt wurde, sahen die Europäer, allen voran der französische Staatspräsident Charles de Gaulle, deutlich, dass die USA wie schon während der Suez- und Berlinkrise auch in der Kubakrise ihre eigenen Interessen über die der europäischen Verbündeten gestellt hatten. De Gaulle zog daraus die Konsequenz, eigene Atomwaffen anzustreben, aus der militärischen Kommandostruktur der NATO auszuscheiden und auf eine von den USA unabhängige ‹Dritte Macht Europa› hinzuarbeiten.

9. Der Vietnamkrieg (1965–1973)

Der Bau der Berliner Mauer und die Kubakrise ein Jahr später markierten einen Wendepunkt im Ost-West-Verhältnis. Europa stand nun nicht mehr im Mittelpunkt des Kalten Kriegs, und die USA und die UdSSR versuchten verstärkt, direkte Konfrontationen mit der Gefahr eines nuklearen Schlagabtauschs zu vermeiden. Die Stabilisierung des bipolaren Konflikts bedeutete aber nicht, dass Washington von seiner Politik der Eindämmung der Sowjetunion abrückte oder Moskau seine Unterstützung befreundeter Regime und antikolonialistischer Rebellen in der Dritten Welt aufgab. Im Gegenteil, seit Anfang der 1960er Jahre betrachteten es die USA mit zunehmender Sorge, dass das kommunistische Nordvietnam immer aggressiver die Destabilisierung der Regierung im Süden des Landes betrieb. Sukzessive gerieten die Vereinigten Staaten so in einen Konflikt, der ihre außenpolitischen Energien immer mehr in Anspruch nahm, ja sie schließlich selbst zur Kriegspartei machte. Spätestens seit 1967 dominierte der Vietnamkrieg die amerikanische Innen- und Außenpolitik.

Der Weg in den Vietnamkrieg

Auch wenn erst Präsident Johnson Kampfverbände nach Südvietnam entsandte, hatten seine drei Vorgänger das US-Engagement in Indochina schon Schritt für Schritt ausgeweitet: Getreu der Containment-Doktrin begann Truman, die französische Kolonialverwaltung im Kampf gegen die nationalkommunistische vietnamesische Unabhängigkeitsbewegung (Viet Minh) unter Rebellenführer Ho Tschi Minh zu unterstützen. 1952 kam Washington schon für ein Drittel der französischen Militärausgaben in Indochina auf. Eisenhower befürchtete nach der Teilung Vietnams auf der ‹Genfer Indochina-Konferenz› im Frühjahr 1954, ohne fortgesetzte amerikanische Hilfe werde ein Land nach dem anderen den Kommunisten in die Hände fallen (Domino-Theorie). Mit sieben weiteren Staaten – Großbritannien, Frankreich, Australien, Neuseeland, Thailand, die Philippinen und Pakistan – gründeten die USA im September 1954 die SEATO (Southeast Asian Treaty Organization). Obwohl der Vertrag die Pflicht zu gegenseitigem Beistand im Falle eines Angriffs erklärte, fanden sich die konkretesten Ziele in einem Zusatzprotokoll, das einseitige Garantien der Allianz für Laos, Kambodscha und Südvietnam vorsah. Damit übernahmen die USA nach dem Kollaps der französischen Herrschaft die sicherheitspolitische Verantwortung für Südvietnam, das zu zwei Dritteln vom Gegner kontrolliert wurde. Washington baute darauf, dass dessen von US-Soldaten ausgebildete Armee einen großangelegten Angriff des Nordens erfolgreich zurückschlagen konnte. Auf eine Guerillakriegführung war allerdings niemand vorbereitet. Tausende ausgebildeter Militärkader sickerten aus dem Norden über die neutralen Länder Laos und Kambodscha im Süden ein und bildeten das Herz der ‹Volksbefreiungsarmee› (NLF). Saigon nannte diese von Hanoi gegründete und gesteuerte Rebellenorganisation ‹Viet Cong› (vietnamesische Kommunisten). Am Ende seiner Präsidentschaft zeigte sich Eisenhower über die Entwicklung in Indochina sehr besorgt und versprach eine Verstärkung der amerikanischen Unterstützung. Dabei deckte die US-Wirtschafts- und Militärhilfe schon zu diesem Zeitpunkt den gesamten Etat der Streitkräfte und 80 Prozent des Staatshaushalts Südvietnams.

Bei Kennedys Amtsantritt war die Lage also bereits kritisch, Vietnam, wie der Historiker David Anderson schrieb, eine «Zeitbombe».[1] Der junge Präsident machte deutlich, dass er Südvietnam nicht an den Kommunismus verlieren wolle. Das Land sollte nicht nur zum Test für die amerikanische Glaubwürdigkeit in der Welt, sondern auch für seine eigene werden. Als der südvietnamesische Diktator Diem Kennedy um militärische Unterstützung bat, genehmigte dieser eine massive Aufrüstung der Saigoner Armee, ließ US-Bomber ohne Hoheitszeichen feindliche Nachschubbasen angreifen und stockte die Zahl der Militärberater in seiner Amtszeit von 685 auf 16732 auf. Gleichzeitig hoffte Washington, durch die Unterstützung von politischen und wirtschaftlichen Reformen zum Aufbau eines südvietnamesischen Nationalstaats mit eigener Identität beizutragen. Nur so glaubte man, den Rebellen das Wasser abgraben und dem Land Stabilität verleihen zu können. Diems Unnachgiebigkeit und seine brutale Verfolgung von Oppositionellen, vor allem der Buddhisten, führten aber in Washington zu einer wachsenden Ernüchterung über den Bündnispartner. Im November 1963 putschte die Militärführung und beendete Diems korrupte Cliquenwirtschaft. Wenige Tage später, am 22. November, fiel Kennedy einem Attentat zum Opfer. Es bleibt eine offene Frage, ob er in einer zweiten Amtszeit Südvietnam sich selbst überlassen oder amerikanische Bodentruppen eingesetzt hätte.

US-Kampftruppen in Vietnam

Als Johnson sein Amt antrat, hatte sich Washington mit den Finanzhilfen, der Entsendung der Militärberater und der Duldung des Militärputsches bereits tief in die südvietnamesische Innenpolitik verstrickt. Ein Rückzug schien immer weniger möglich, zumal die Zahl der getöteten Amerikaner stetig anstieg: 1960 waren fünf ungekommen, 1963 schon 123. Auch verbesserte sich nach dem Putsch gegen Diem die Kampfmoral der südvietnamesischen Truppen nicht. Gegen Ende des Jahres 1963 verzeichneten die Viet Cong beträchtliche militärische Erfolge. Johnson fürchtete, jedes Nachgeben in der Vietnampolitik würde ihm als Schwäche ausgelegt, seine Autorität untergraben und damit seine Kampagne für die Bürgerrechts- und Sozialprogramme der ‹Great Society› erschweren. Innerhalb weniger Monate wurde der Vietnamkrieg sein Krieg und begann schon bald, seine innenpolitischen Erfolge zu überschatten.

In einem Wahljahr wollte der Präsident indes unter keinen Umständen in einen Konflikt hineingezogen werden, der das Gespenst des Koreakriegs aufleben lassen und vielleicht zu einer bewaffneten Auseinandersetzung mit China führen konnte. Er verfolgte deshalb eine Strategie von Zuckerbrot und Peitsche, die er bis zum Ende seiner Regierungszeit beibehielt: Er suchte Hanoi dazu zu bewegen, jede Unterstützung der Viet Cong einzustellen und die Unabhängigkeit Südvietnams anzuerkennen. Im Gegenzug würden die USA Nordvietnam Wirtschaftshilfe gewähren. Sollte der Norden allerdings an seiner aggressiven Politik festhalten, so Johnson, müsse er mit massiven Luftangriffen rechnen. Dass dieses Kompromissangebot auf einer eklatanten Fehleinschätzung der nordvietnamesischen Interessen beruhte, erkannte man in Washington nicht. Für Hanoi war keine Lösung akzeptabel, die nicht mit der staatlichen Einheit unter kommunistischen Vorzeichen und mit dem Abbruch des Engagements der ausländischen Mächte in Vietnam endete. Ho hatte nicht zwanzig Jahre Krieg geführt, um sich gerade zu einem Zeitpunkt mit der Festschreibung des Status quo zufrieden zu geben, an dem sich die militärische Waagschale zu seinen Gunsten neigte. Da Hanoi auf das Zuckerbrot also nicht reagierte, setzte Johnson auf die Peitsche. Die Gelegenheit für eine Ausweitung des amerikanischen Engagements ließ auch nicht lange auf sich warten. Am 2. August 1964 wurde der US-Zerstörer ‹Maddox› bei einer Aufklärungsmission von nordvietnamesischen Torpedobooten in internationalen Gewässern im Golf von Tonkin beschossen. Anstatt die Maddox zurückzubeordern, schickte Johnson Verstärkung. 48 Stunden später meldeten die Schiffe einen erneuten Angriff und feuerten aus allen Rohren. Obwohl dem Präsidenten schon wenige Tage danach klar war, dass «diese saudummen Matrosen nur auf fliegende Fische geschossen»[2] hatten und keine zweite Attacke vorlag, ließ er eine vorbereitete Resolution in den Kongress einbringen, die ihn ermächtigte, «alle notwendigen Maßnahmen (all necessary measures) zu ergreifen, um jeden bewaffneten Angriff gegen die Streitkräfte der Vereinigten Staaten zurückzuschlagen und weitere Aggressionen zu verhindern». Die beiden Häuser des Kongresses stimmten der ‹Tonkin Gulf-Resolution› bei nur zwei Gegenstimmen im Senat zu. Sie stellte Johnson einen Blankoscheck für die Kriegführung in Vietnam aus.

Zur selben Zeit setzten sich in der Hanoier Führung jene Kräfte durch, die im Süden offen militärisch intervenieren wollten. Im September 1964 erreichten die ersten regulären Einheiten über den ‹Ho Tschi Minh-Pfad›, der durch Laos und Kambodscha führte, Südvietnam. Zudem unterstützte die neue Führung in Moskau, wo Breschnew und Kossygin im Oktober 1964 Chruschtschow gestürzt hatten, Hanoi nun sehr viel engagierter. Ziel der Sowjetunion war es zum einen, amerikanische Kräfte in Südostasien zu binden, zum anderen, dem ideologischen Abweichler und machtpolitischen Rivalen China klarzumachen, dass der Kreml die kommunistische Führungsmacht sei – auch in Asien und in der Dritten Welt. Peking, das sich selbst als Schutzmacht Hanois sah, erklärte sich im Dezember 1964 zur Entsendung von Soldaten bereit, die Nordvietnam logistisch und militärtechnisch beistehen sollten. Auf dem Höhepunkt der Zusammenarbeit zwischen Hanoi und Peking 1967 befanden sich 170 000 Chinesen im Land. Ende der 1960er Jahre kamen die beiden kommunistischen Großmächte für zwei Drittel des nordvietnamesischen Staatshaushalts auf. Außerdem verhinderte ihr Engagement, dass Washington eine Invasion Nordvietnams jemals ernsthaft erwog. Allerdings gelang es weder China noch der Sowjetunion, die vietnamesischen Kommunisten wirklich unter ihre Kontrolle zu bringen.

Als die Viet Cong Anfang 1965 ihre Terrorattacken auf US-Einrichtungen in Südvietnam verschärften und mehr und mehr Amerikaner töteten oder verletzten, ordnete Johnson am 13. Februar 1965 Bombenangriffe auf den Norden unter dem Codenamen ‹Rolling Thunder› an. Zum Schutz der Luftwaffenbasen entsandte der Präsident unter Beifall des Kongresses und der Öffentlichkeit zwei Bataillone der Marineinfanterie. Weitere 40000 Soldaten folgten innerhalb weniger Wochen, deren militärische Aufgaben allerdings schon offensiver definiert waren. Immer tiefer verstrickten sich die USA nun in den Krieg. Johnson suchte nach Auswegen aus dem Dilemma. Im April und Mai schlug er Hanoi bedingungslose Verhandlungen vor und stellte erneut Finanzhilfen in Aussicht, wenn man zu einer friedlichen Lösung des Konflikts gelange. Angesichts seiner militärischen Erfolge war Nordvietnam aber zu keinen Konzessionen bereit.

Der US-Präsident stand damit vor der Alternative: die amerikanische Unterstützung Südvietnams einzustellen und radikal mit der Politik von zwei Jahrzehnten und drei Vorgängern zu brechen – und sich damit dem Vorwurf auszusetzen, einen Bündnispartner fallen gelassen und eine kommunistische Machtübernahme nicht verhindert zu haben; oder aber den Krieg auszuweiten und darauf zu hoffen, Hanoi an den Verhandlungstisch zu bomben. Johnson entschied sich für die zweite Option. Alle engen außenpolitischen Berater, die der Präsident von seinem Vorgänger übernommen hatte – Sicherheitsberater McGeorge Bundy und sein Stellvertreter Walt Rostow, General Maxwell Taylor, Außenminister Dean Rusk und Verteidigungsminister Robert McNamara – unterstützten ihn vorbehaltlos. Der einzige in der Regierung, der vor den Gefahren einer solchen Eskalation warnte, war George Ball, ein Staatssekretär im Außenministerium. Wenn man erst einmal im Krieg sei, schrieb er, könne man wahrscheinlich den Gang der Dinge sehr bald nicht mehr kontrollieren. Auch zeige das französische Beispiel, dass selbst gut trainierte Truppen einen solchen Krieg nicht automatisch gewännen. Je mehr man sich in Vietnam verstricke, desto unklarer werde auch, wofür man eigentlich kämpfe. Am Ende würden die Amerikaner nur mehr als weiße Kolonialisten gesehen. Balls Argumente verhallten weit gehend unberücksichtigt. McNamara riet dem Präsidenten im Sommer, nur ein massiver Einsatz von US-Streitkräften könne den Viet Cong klarmachen, dass der Krieg nicht zu gewinnen sei. Der kommandierende General Westmoreland berichtete nach Washington, Südvietnam würde fallen, wenn man nicht schnellstens 75000 Mann entsende. Im Juli 1965 beschloss Johnson eine Ausweitung der Luftoffensive und den Beginn der Bodenkämpfe.

Damit leitete der Präsident die Amerikanisierung des Kriegs ein. Schon Ende des Jahres standen fast 200 000 US-Soldaten in Vietnam. Gleichzeitig bemühte sich Johnson, das Ausmaß des militärischen Engagements und seine Kosten vor dem amerikanischen Volk und dem Parlament zu verschleiern. Mitarbeiter drängten ihn, vor den Kongress zu gehen oder eine Fernsehansprache zu halten, um die Kriegsziele in Vietnam zu erläutern und die dafür notwendigen Mittel einzufordern. Aber Johnson lehnte dies aus Furcht vor einer öffentlichen Debatte ab, die seinem Lieblingsprojekt, der ‹Great Society›, Aufmerksamkeit und Gelder zu entziehen drohte.

In der Tat verhinderte der massive amerikanische Truppeneinsatz den Kollaps des südvietnamesischen Regimes. Auch nach den konventionellen Maßstäben der Kriegführung machten die US-Streitkräfte Fortschritte: Mit einer «Tötungsrate» – so das amerikanische Hauptquartier in Saigon – von 15:1 fügten sie dem Feind weit größere Verluste zu als sie selbst hinzunehmen hatten. Schon bald, so hoffte ein auf solche Statistiken fixierter McNamara, würde sich Hanoi deshalb zu Verhandlungen bereit finden. Doch dieser Zeitpunkt kam nicht. Das lag zum einen daran, dass die Bodentruppen in Südvietnam zwar Gebiete erobern, aber nicht militärisch sichern konnten. Zum anderen schreckten Johnson und seine Berater aus Angst vor einer Provokation Chinas davor zurück, das Bombardement Nordvietnams auf seine empfindlichen Stellen auszudehnen: die großen Städte Hanoi und Haiphong und die Eisenbahnverbindung an der chinesischen Grenze. Stattdessen griffen die US-Flugzeuge Nachschubwege nördlich des 17. Breitengrads und kleinere Ortschaften an. Diese Zielplanung war nicht nur von geringer militärischer Bedeutung und offenbarte eine gewisse Hilflosigkeit, sondern schadete auch dem Ansehen der Streitkräfte im eigenen Land und in der Welt. Zudem verloren die USA wegen der von Moskau installierten modernen Flugabwehr immer mehr Maschinen, bis 1968 allein 950. McNamaras Effizienzanalysen waren ernüchternd: Es kostete das Pentagon fast zehn Dollar, um dem Feind Schaden in Höhe von einem Dollar zuzufügen. Die größte Fehlkalkulation Washingtons bestand allerdings darin zu glauben, so viele Soldaten der Viet Cong und Nordvietnams töten zu können, dass Hanoi die Sinnlosigkeit weiterer Kämpfe einsehen würde. Vielmehr beeinträchtigten die Verluste an Menschenleben die amerikanische Kriegführung weit mehr als die nordvietnamesische. Der Gegner sah dies viel klarer. So erkannte Premierminister Pham Van Dong Ende 1966 an, dass die USA militärisch weit überlegen seien. Sie würden am Ende aber trotzdem verlieren, so Pham, weil mehr Vietnamesen als Amerikaner bereit seien, für Vietnam zu sterben und so lange zu kämpfen, wie es nötig sei, um die Amerikaner zu überdauern.

Die Entwicklungen entsprachen Balls Warnungen und Phams Versprechungen. Ende 1966 standen bereits über 400 000 Amerikaner in Vietnam, ohne dass ein Ende des Kriegs absehbar war. Johnson saß nun zwischen allen Stühlen: Die Kritiker auf der politischen Linken warfen ihm vor, amerikanische Ideale zu verraten; die Hardliner, nicht entschlossen genug gegen den kommunistischen Aggressor vorzugehen. Nitze warnte davor, amerikanische Energien auf Nebenkriegsschauplätzen zu vergeuden; stattdessen sollte man sich besser auf die Auseinandersetzung mit der Sowjetunion konzentrieren. Auch mit den Militärs kam es zu Spannungen, weil der Präsident Westmorelands Truppenanforderungen nicht in vollem Umfang erfüllte und die Empfehlung der Vereinigten Stabschefs ablehnte, die Reservisten einzuberufen. Statt Grundsatzentscheidungen zu treffen, legte Johnson mit seinen engsten Beratern die Bombardierungsziele fest und verstrickte sich auch sonst in die Details der Kriegführung. Sein geschickter Umgang mit dem Kongress ermöglichte es ihm immerhin, sich in der Frage der Finanzierung des Vietnamkriegs durchzulavieren. Aber die Popularitätswerte des Präsidenten fielen stetig. Im April 1967 gingen in New York 400 000 Kriegsgegner auf die Straße. Sechs Monate später kritisierte erstmals eine Mehrheit der Amerikaner in Umfragen den Vietnamkrieg als «Fehler», obwohl sich nur wenige für einen sofortigen Rückzug aussprachen. Wichtige Zeitungen und Zeitschriften wie die ‹New York Times› oder ‹Life›, aber auch Walter Cronkite, der angesehenste Fernsehjournalist des Landes, berichteten immer negativer über den Krieg. Selbst im Parlament begann sich Widerstand zu regen. Der mächtige Vorsitzende des Auswärtiges Ausschusses des Senats, William Fulbright, setzte Anhörungen zum Vietnamkrieg an, die landesweit vom Fernsehen übertragen wurden und Ungereimtheiten in der Regierungspolitik offenbarten. Zu entschlossenen Aktionen konnte sich der Kongress aber nicht durchringen. In die Enge getrieben, bot Johnson Nordvietnam im September 1967 an, alle Bombenangriffe einzustellen, «wenn das umgehend zu produktiven Diskussionen» führe. Die nordvietnamesische Führung reagierte nicht einmal darauf, wohlwissend, dass die Fortsetzung des Kriegs für Johnson schwieriger war als für sie. Und in der Tat: Die amerikanischen Medienberichte wurden kritischer und kritischer, von Tag zu Tag wuchs der Widerstand gegen den Krieg. Selbst im innersten Beraterzirkel der ‹Besten und Klügsten›[3] kam es zu Absetzbewegungen. Nachdem Sicherheitsberater Bundy schon 1966 zurückgetreten war, schied im November 1967 McNamara aus, der zunehmend Zweifel an der Gewinnbarkeit des Kriegs bekam und eine Deeskalationsstrategie befürwortete. Er verkörperte wie kein anderer die Unfähigkeit der Administration zu verstehen, wie der Gegner Kosten und Nutzen der Kriegführung berechnete.

Nirgendwo wurde diese unterschiedliche Kalkulation deutlicher als in der ‹Tet-Offensive›. Am 31. Januar 1968, dem vietnamesischen Neujahrstag (Tet), begannen die Viet Cong und nordvietnamesische Truppen mit 80 000 Mann einen Großangriff auf mehr als hundert Städte im Süden, obwohl sie wie in den Jahren davor eine Waffenruhe für die Feiertage versprochen hatten. Vom militärischen Standpunkt aus betrachtet war die Attacke ein Fehlschlag, über die Hälfte der Angreifer kamen ums Leben. Die Viet Cong fielen für den Rest des Kriegs als schlagkräftige Streitmacht aus. Zugleich hatte Nordvietnam aber seine Fähigkeit demonstriert, jederzeit und überall in Südvietnam zuschlagen zu können. Einigen Kommandoeinheiten gelang es sogar, auf das Gelände der US-Botschaft in Saigon vorzudringen und fünf Amerikaner zu töten. Auch wenn die Angriffe nach einigen Wochen vorbei waren, wirkte die Tet-Offensive auf die amerikanische Öffentlichkeit demoralisierend. Selbst die mittlerweile 525 000 US-Soldaten in Vietnam konnten offenbar keine entscheidenden militärischen Fortschritte erzielen, ja nicht einmal die Sicherheit in den großen Städten gewährleisten. Schließlich unterminierte die Offensive die ohnehin angeschlagene Glaubwürdigkeit Johnsons. Der Kriegsverlauf war nicht so positiv, wie der Präsident immer wieder versprochen hatte, und ein Ende der Kämpfe war nicht absehbar. Als Westmoreland 206 000 weitere Soldaten für Vietnam anforderte, brach ein Sturm der Entrüstung in Öffentlichkeit und Kongress los.

Die Quittung der Wähler ließ nicht lange auf sich warten: Bei den Vorwahlen für die Nominierung des demokratischen Präsidentschaftskandidaten in New Hampshire am 12. März 1968 erhielt Johnson nur 300 Stimmen mehr als Senator Eugene McCarthy, ein entschiedener Kriegsgegner. Wenig später sprach sich ein Gremium von außenpolitischen ‹Weisen›, vom Präsidenten zur Klausur ins Weiße Haus gebeten, gegen die bisherige Kriegsstrategie aus. Zermürbt ordnete Johnson in einer landesweit übertragenen Fernsehansprache am 31. März 1968 einen Bombardierungsstopp für Nordvietnam oberhalb des 20. Breitengrads an und verkündete, bei den Wahlen im November nicht mehr anzutreten. Außerdem bot er Hanoi sofortige Verhandlungen an. Am 10. April begannen die USA, Nord- und Südvietnam in Paris Gespräche, die sich indes schon nach einigen Wochen festliefen. Während die Vertreter Washingtons den Abzug der nordvietnamesischen Einheiten aus dem Süden forderten, beharrte Hanois Delegation auf einer Beteiligung der Viet Cong an der Regierung in Saigon. Die frustrierenden Gespräche sollten sich fast fünf Jahre hinziehen. In dieser Zeit starben mehr amerikanische Soldaten in Vietnam als in den Kriegsjahren zuvor.

Mit Johnsons Rückzug blieb es also einem neuen Präsidenten überlassen, den Konflikt zu beenden. Die Euphorie, mit der die 1960er Jahre unter Kennedy begonnen hatten, war einer breiten Desillusionierung gewichen. Die USA hatten nicht nur viel an außenpolitischem Ansehen verspielt, sondern waren auch so sehr auf den Vietnamkrieg fixiert, dass sie kaum andere außenpolitische Initiativen entwickeln konnten. Zwar kämpften Südkorea, Taiwan, die Philippinen, Australien und Neuseeland mit insgesamt 71 000 Mann auf amerikanischer Seite, aber vor allem für die Beziehungen zu den westeuropäischen Partnern wurde der Krieg zunehmend zu einer Belastung. Frankreich und später Großbritannien kritisierten das US-Engagement, auch in der Bundesrepublik nahmen die Anti-Kriegs-Proteste von 1967 an zu. Die amerikanische Öffentlichkeit war stärker gespalten als zu jedem anderen Zeitpunkt seit dem Bürgerkrieg. Hoffnungsträger wie Martin Luther King und Robert Kennedy waren im Frühjahr 1968 Mordanschlägen zum Opfer gefallen, Rassenunruhen und Demonstrationen der Kriegsgegner beherrschten die abendlichen Nachrichtenmagazine.

Der Rückzug aus Vietnam

Als der neue Präsident Richard Nixon am 20. Januar 1969 nach einem knappen Wahlsieg ins Weiße Haus einzog, waren bereits 37 000 Amerikaner in Vietnam gefallen, und der Krieg verschlang fast 40 Prozent des Verteidigungsbudgets. Trotzdem hatte bei den Präsidentschaftswahlen keiner der Bewerber einen bedingungslosen Abzug aus Vietnam gefordert. Nixon gewann die Wahl auch deshalb, weil er einen «ehrenvollen Frieden» (Peace with honor) versprach, und sein Gegenkandidat, Johnsons Vizepräsident Humphrey, in den Augen vieler Wähler eine gescheiterte Regierung repräsentierte.

Nixon war auf die vor ihm liegenden Aufgaben gut vorbereitet. Als Abgeordneter und Eisenhowers Vizepräsident hatte er sich immer wieder mit internationalen Problemen beschäftigt und eine klare außenpolitische Philosophie entwickelt. Angesichts des nationalen und internationalen Belagerungszustands, in dem sich das Weiße Haus wegen des Vietnamkriegs befand, und seiner hochgradigen Konfliktscheu optierte Nixon für ein hierarchisches Entscheidungssystem. In Henry Kissinger, einem angesehenen Harvard-Historiker, fand er einen kongenialen Partner. Als Sicherheitsberater etablierte dieser das am meisten zentralisierte außenpolitische Organisationsmodell in der Nachkriegsgeschichte. «Jeder berichtet Kissinger, und nur Kissinger berichtet dem Präsidenten», hieß es schon bald in Washington.[4] Auf einer Sitzung des NSC stellte Nixon Anfang 1969 klar: «Henry und ich werden den Krieg beenden. Wir wollen, dass ihr Burschen euch um den Rest der Welt kümmert.»[5]

Tatsächlich war es das oberste außenpolitische Ziel Nixons und Kissingers, die Fixierung der US-Außenpolitik auf den Krieg in Vietnam zu überwinden und Handlungsspielraum zurückzugewinnen. Dazu mussten der Konflikt möglichst schnell beendet und die Truppen nach Hause gebracht werden. Erreichen wollten sie dies, indem sie zum einen auf eine ‹Vietnamisierung› des Kriegs setzten, d. h. Südvietnam nach und nach die Hauptlast der Kämpfe übertrugen. In der ‹Nixon-Doktrin› erklärte der Präsident 1969, auch künftig würden die USA ihre asiatischen Verbündeten unterstützen, aber nur in Ausnahmefällen noch eigene Truppen einsetzen. Zum anderen strebten Nixon und Kissinger den Abschluss eines Waffenstillstandsabkommens mit Hanoi an. Anders als Johnson, der mit insgesamt 16 Bombardierungsstopps und mehreren Gesprächsangeboten Nordvietnam zu Kompromissen zu bewegen versucht hatte, gingen sie davon aus, dass Hanoi nur dann ernsthaft verhandeln werde, wenn es aufgrund der militärischen Kräfteverhältnisse dazu gezwungen sei. In der Praxis bedeutete diese Strategie Eskalation, Verhandlungen und Rückzug zur selben Zeit. Schon wenige Wochen nach seiner Amtsübernahme ließ Nixon als Reaktion auf eine erneute kommunistische Offensive in einer Geheimaktion die nordvietnamesischen Aufmarschgebiete in Kambodscha angreifen. Um Druck auf den Gegner auszuüben und ihn zum Einlenken zu veranlassen, entwickelte Nixon die ‹Madman-

Theorie‹: Hanoi sollte glauben, dass er einen Punkt erreicht habe, an dem er alles für ein schnelles Kriegsende tun werde, inklusive des Einsatzes von Nuklearwaffen. Gleichzeitig ordnete Nixon den Abzug von 25 000, wenig später von weiteren 60 000 Soldaten an, und ließ die südvietnamesischen Streitkräfte massiv aufrüsten. Diese Strategie ging militärisch zunächst auf, erwies sich aber politisch als kontraproduktiv: Je mehr Truppen Washington nämlich nach Hause holte, desto geringer wurde der Anreiz für Nordvietnam, bei den Verhandlungen Zugeständnisse zu machen. Nixon sah das natürlich und drohte, wenn es bis zum 1. November zu keinem Durchbruch bei den Pariser Verhandlungen komme, werde er schwerwiegende Maßnahmen ergreifen. Ho, der wenige Monate später starb, lehnte mit dem Hinweis ab, Frieden gebe es erst nach einem amerikanischen Abzug und einem Ende der Unterstützung des südvietnamesischen Regimes.

Damit war Nixon nicht viel weiter als sein Vorgänger. Im Gegensatz zu diesem verfügte er jedoch noch über eine breite Zustimmung der Wähler zu seiner Vietnampolitik, die er durch geschickte Appelle an die «große schweigende Mehrheit» hofierte. Den protestierenden Studenten kam er mit der Abschaffung der Wehrpflicht entgegen. Auch war er im Unterschied zu seinem Vorgänger bereit, den Krieg auszuweiten: Im März 1970 sandte er Truppen nach Kambodscha mit dem Ziel, eine kommunistische Machtübernahme zu verhindern. Um sich die Unterstützung der eigenen Bevölkerung zu sichern, stellte er gleichzeitig den Abzug weiterer 150 000 GIs in Aussicht. Nixon hatte allerdings die Wirkung des Einmarschs in Kambodscha falsch eingeschätzt: Nicht nur erreichten die Proteste der Kriegsgegner einen neuen Höhepunkt, sondern auch die außenpolitische Elite wandte sich enttäuscht von ihm ab. Mehrere Mitarbeiter im NSC-Stab quittierten ihren Dienst. Auch im Kongress, wo die Demokraten die Mehrheit inne hatten, wuchs der Widerstand. Er verabschiedete zunächst einen Gesetzeszusatz, der den Einsatz von Bodentruppen in Kambodscha und Laos verbot. Am 31. Dezember 1970 widerrief das Parlament die ‹Golf of Tonkin-Resolution› und drängte auf eine rasche Beendigung des Kriegs. Das Gerichtsverfahren gegen Leutnant Calley, der 1968 die Exekution von Bewohnern des südvietnamesischen Dorfs My Lai befohlen hatte, unterminierte zudem das Vertrauen in die moralische Mission der USA in Südvietnam. Die Veröffentlichung großer Teile der ‹Pentagon Papers› durch die New York Times im Sommer 1971 tat ein Übriges, um die Glaubwürdigkeit der Vietnampolitik der Administration zu diskreditieren: Die auf Wunsch von McNamara 1967 erstellte Geheimstudie zeigte nämlich, wie Kennedy und Johnson das Ausmaß des amerikanischen Engagements heruntergespielt und die Öffentlichkeit irregeführt hatten. Angesichts der dadurch weiter zunehmenden Ablehnung des Kriegs half es auch nur wenig, dass die Zahl getöteter US-Soldaten seit 1970 stark fiel.

Im Februar 1970 hatte Kissinger in Paris erste Geheimverhandlungen mit einem hochrangigen Vertreter Nordvietnams, Le Duc Tho, begonnen. Sie endeten ergebnislos. In der zweiten Gesprächsrunde, die von Mai bis Juli 1971 dauerte, machte der Sicherheitsberater weitgehende Konzessionen: Im Gegenzug für die Freilassung aller US-Kriegsgefangenen würde Washington bis zum 31. Dezember 1971 seine Truppen aus Südvietnam abziehen, ohne dass Hanoi seine Verbände zurückführen müsse. Für einen Waffenstillstand opferten die Vereinigten Staaten die Lösung der zentralen politischen Frage, nämlich welche Regierung Südvietnam in der Nachkriegszeit haben würde. Allerdings ging Hanoi zunächst nicht auf den Vorschlag ein. Die USA, so wussten die nordvietnamesischen Kommunisten, würden ihre Truppen sowieso verringern, und ein Verbleib des südvietnamesischen Regierungschefs Thieu im Amt schien ihnen zu diesem Zeitpunkt inakzeptabel. In der Tat standen Ende 1971 nur mehr 140 000 Amerikaner in Südvietnam. Zudem bereitete Hanoi eine konventionelle Großoffensive vor. Nach Nixons spektakulärem Peking-Besuch im Februar 1972 fürchtete man dort, wie 1954 von China im entscheidenden Moment fallen gelassen zu werden. Schon einen Monat später drangen mehr als 120 000 nordvietnamesische Soldaten über die demilitarisierte Zone und Kambodscha in den Süden vor. Obwohl ein Gipfel mit Breschnew bevorstand, befahl Nixon eine massive Eskalation des Kriegs. B-52-Bomber griffen nicht nur die feindlichen Truppen, sondern auch Hanoi an. Kriegsschiffe verhängten eine Seeblockade Nordvietnams und verminten den Hafen von Haiphong. Innerhalb kurzer Zeit verlor der Norden 100 000 Soldaten. Moskau und Peking, die – wie von Nixon vorhergesagt – mehr an guten Beziehungen zu den USA als am Schicksal ihres kommunistischen Bruderlands interessiert waren, reagierten verhalten auf das amerikanische Bombardement. Angesichts der hohen Verluste und der Enttäuschung über die UdSSR und China suchte jetzt auch Hanoi ein Ende des Kriegs.

Im Spätsommer 1972 kamen Kissinger und Le zur dritten Verhandlungsrunde zusammen, in deren Verlauf sie sich auf folgende Punkte einigten: Hanoi würde Thieu im Amt belassen, wenn dieser Nordvietnam einen politischen Status im Süden zubilligte; alle Kriegsgefangenen sollten innerhalb von 60 Tagen nach Beginn des Waffenstillstands freigelassen werden; die USA würden ihre verbliebenen Truppen abziehen; alle nordvietnamesischen Soldaten durften im Süden bleiben. Gerade die letzte Forderung rief in Saigon Entsetzen hervor. Aber die politischen Erfordernisse für die Vereinigten Staaten und für Südvietnam waren nicht mehr in Einklang zu bringen. Nixon und Kissinger mussten nun an zwei Fronten agieren: Thieu versuchten sie, mit Versprechungen und Druck zur Annahme der Vereinbarungen zu bewegen, Le wollten sie veranlassen, zumindest einige Forderungen Saigons zu akzeptieren. Nordvietnam weigerte sich jedoch und setzte Mitte Dezember die Verhandlungen aus. Nixon, gestärkt durch einen Erdrutschsieg bei den Präsidentschaftswahlen im November 1972 über George McGovern, ordnete nun für die Weihnachtstage das heftigste Bombardement des Kriegs an. Ziel waren die Militär- und Industrieanlagen Hanois und Haiphongs. Am 8. Januar 1973 nahmen Kissinger und Le die Verhandlungen wieder auf und einigten sich schon am nächsten Tag auf ein Abkommen, das in fast allen Punkten den Überlegungen vom Herbst entsprach. 20 000 Tonnen Bomben, 1500 tote vietnamesische Zivilisten und 26 abgeschossene US-Flugzeuge hatten die politische Lage kaum verändert. Dem widerstrebenden Thieu drohte Nixon, alle Hilfe einzustellen, wenn er die Vereinbarungen nicht akzeptiere, sagte ihm aber auch zu, Südvietnam im Falle eines Angriffs des Nordens beizustehen. Der einzige konkrete Punkt des Pseudo-Waffenstillstands betraf jedoch das Ende des amerikanischen militärischen Engagements in Vietnam. Kissinger und Le erhielten 1973 den Friedensnobelpreis.

An eine Umsetzung der politischen Ziele dachten weder der Norden noch der Süden. Auch wenn Hanoi keine neue Militärhilfe mehr von Moskau und Peking erhielt, bereitete es sich systematisch auf die Invasion des Südens vor, wo ohnehin noch 140 000 seiner Soldaten standen. Dabei kam ihnen zu Hilfe, dass der US-Kongress jedes erneute Engagement in Vietnam verbot, den Umfang der Unterstützung mehrmals reduzierte und Südvietnam nach dem Abzug der Amerikaner ökonomisch zusammenbrach. Kissinger äußerte privat, es habe ihm allein darum gehen können, einen «angemessenen Abstand» (decent interval)[6] zwischen dem Rückzug der GIs und dem Zusammenbruch Südvietnams herauszuverhandeln; nur mit Glück werde sich Saigon länger als anderthalb Jahre halten können. Die Großoffensive des Nordens erfolgte im Frühjahr 1975. Die von Nixon für den Fall einer kommunistischen Aggression versprochenen US-Truppen sah Thieu nie, seine eigenen Verbände leisteten nur schwachen Widerstand. Am 30. April 1975 eroberten die Streitkräfte des Nordens Saigon. Der Vietnamkrieg war zu Ende. Nixon und Kissinger mussten sich vorhalten lassen, einen Krieg vier Jahre verlängert zu haben, dessen Ziel – das Überleben Südvietnams – unrealistisch war, weil es nicht mit akzeptablen Kosten verwirklicht werden konnte. 20 000 Amerikaner und eine weit größere Zahl Vietnamesen hatten seit 1969 diese Illusion mit ihrem Leben bezahlt.

Die politischen und ökonomischen Folgen des Vietnamkriegs

In Vietnam erlitten die USA die einzige militärische Niederlage in ihrer Geschichte. Die lange Dauer der Kämpfe, der Tod von insgesamt 58 000 Soldaten, die immer negativere Berichterstattung in den Medien, die massiven Proteste der Kriegsgegner, die Schönfärbereien und Unaufrichtigkeiten zweier Präsidenten erschütterten das Vertrauen der US-Bürger in die außenpolitische Kompetenz ihrer Führer zutiefst. Die gravierendste Folge des Vietnamkriegs war jedoch das Zerbrechen des gesellschaftlichen Konsenses über die Rolle der USA in der internationalen Politik, vor allem, was das militärische Engagement anlangte. ‹No more Vietnams› wurde zum Motto einer ganzen Generation amerikanischer Politiker und Militärs. Die ‹Weinberger-Doktrin› der 1980er und die ‹Powell-Doktrin› der 1990er Jahre machten den Einsatz von US-Truppen von Bedingungen abhängig wie der Aufstellung eines eindeutigen militärischen Ziels, des Aufbaus einer überwältigenden Streitmacht, der Formulierung einer klaren Exit-Strategie und einer breiten öffentlichen Unterstützung. Sie bildeten bis zum Irakkrieg 2003 die Ecksteine amerikanischer Interventionen.

Auch die ökonomischen Folgen des Vietnamkriegs waren dramatisch. Obwohl die Militäraktion allein 1967 eine Summe von 21 Milliarden Dollar und damit 3 Prozent des Bruttosozialprodukts verschlang, weigerte sich der Präsident, die Steuern zu erhöhen oder Abstriche an seinen innenpolitischen Programmen zu machen. Mit dieser ‹Butter und Kanonen›-Politik schoss das Haushaltsdefizit nach oben, stiegen Inflationsrate sowie das Minus in der Leistungsbilanz an und geriet der Dollar unter Druck. Damit beschädigten die USA auch ihre Rolle als ökonomische Führungsmacht des Westens und unterminierten die von ihnen 1944 in Bretton Woods selbst geschaffene Weltwirtschaftsordnung. Im Bretton Woods-System banden die Mitglieder nämlich den Außenwert ihrer Währungen an den Dollar, der wiederum bei der US-Notenbank zu einem festen Kurs von 35 Dollar pro Unze in Gold eingetauscht werden konnte. Dieser Mechanismus garantierte berechenbare Wechselkurse und war wesentliche Ursache für das präzedenzlose Wachstum des internationalen Handels und der globalen Wirtschaftsverflechtung in den beiden Nachkriegsjahrzehnten. Das System funktionierte solange, wie die USA die Goldeinlösegarantie aufrecht erhielten und die anderen Staaten Vertrauen in die Solidität und Leistungskraft der amerikanischen Wirtschaft hatten. Mit der Eskalation des Vietnamkriegs veränderte sich diese Einschätzung radikal. War der Dollar bis in die späten 1950er Jahre ein knappes Gut und in Westeuropa begehrt, so überschwemmten jetzt immer größere Mengen der US-Währung die internationalen Kapitalmärkte. Die Funktion des Dollar als Leit-, Transaktions- und Reservewährung der Welt erlaubte den Vereinigten Staaten nämlich, die Kosten für ihre Außen- und Innenpolitik teilweise auf andere Länder abzuwälzen, weil diese die amerikanische Währung zu einem festgelegten Kurs aufnehmen mussten. Aber die Rolle des Dollar als Ankerwährung des Systems hatte auch eine Schattenseite: Da der Dollar überbewertet war, verschlechterte sich die internationale Wettbewerbsfähigkeit der US-Unternehmen und stieg das Zahlungsbilanzdefizit an.

Die Vereinigten Staaten nutzten nun die sicherheitspolitische Abhängigkeit der Westeuropäer, insbesondere der Deutschen, um sie unter dem Schlagwort der «Lastenteilung» (burden sharing) zu einem Beitrag zur Lösung ihres Zahlungsbilanzproblems zu veranlassen. So erklärte sich Bonn in den 1960er Jahren nicht nur bereit, Devisenausgleichsabkommen mit Washington zu schließen und Rüstungskäufe in den USA zu tätigen, sondern die Bundesbank verpflichtete sich auch, ihre Dollarguthaben nicht in Gold umzutauschen. Washington kümmerte sich damit jedoch nur um die Symptome, nicht um die Ursachen der Verwerfungen in der Zahlungsbilanz und verfolgte eine Politik der ‹wohlwollenden Vernachlässigung› (benign neglect) der Probleme. Als die Ungleichgewichte sich weiter vergrößerten, immer mehr Gold aus den USA abfloss und die Vereinigten Staaten ihr erstes Defizit im Außenhandel seit 1893 erwirtschafteten, konfrontierte Nixon im August 1971 die Welt mit einem fait accompli: Er hob die Goldeinlösegarantie auf und setzte im ‹Smithsonian Agreement› eine Abwertung des

Dollar durch. Anstatt sich der gebotenen strikten fiskalischen und monetären Disziplin zu unterwerfen und das internationale Währungsregime zu bewahren, gab Washington mit dem ‹Nixon-Schock› das Bretton Woods-System auf, um seine ökonomische und politische Handlungsfreiheit zu erhöhen. 1973 zerbrach des System endgültig, als sich die EG-Staaten unter deutscher Führung weigerten, den Dollar weiter zu stützen. An die Stelle fester traten nun flexible Wechselkurse, die jeder Nation Autonomie bei der Gestaltung ihrer Geldpolitik gewährten. Aufgrund ihrer Handlungen in den 1960er und frühen 1970er Jahren hatten die USA ihre Rolle als monetäre Führungsmacht der Welt verloren. Die Kosten des Systemzerfalls verteilten sich aber unterschiedlich: Während stark schwankende Wechselkurse für die Länder Europas massive Probleme mit sich brachten, weil der Außenhandelsanteil ihrer Volkswirtschaften so hoch war, waren die Vereinigten Staaten wegen ihrer geringen weltwirtschaftlichen Verflechtung von der Auf- und Abwärtsbewegung des Dollar nur gering betroffen.

10. Aufstieg und Fall der Entspannungspolitik (1962–1979)

Nach einer langen Konfrontationsphase begannen sich die amerikanisch-sowjetischen Beziehungen in den 1960er Jahren zu verbessern. Die Kuba-Krise hatte beiden Seiten vor Augen geführt, dass eine ungezügelte Fortsetzung ihrer Großmachtrivalität im Nuklearzeitalter katastrophale Folgen haben konnte. Schon 1963 richteten sie eine direkte Telexverbindung zwischen Weißem Haus und Kreml ein, den so genannten ‹heißen Draht›, um die Kommunikation in akuten Krisensituationen zu erleichtern. Auch die darauffolgenden Jahre arbeiteten beide Mächte hauptsächlich im Nuklearbereich zusammen.

Im Juli 1963 nahmen die USA, Großbritannien und die UdSSR Gespräche über eine Beendigung aller Atomtests auf. Da Chruschtschow jedoch Vor-Ort-Inspektionen verweigerte, konnten sich die drei Parteien lediglich auf ein Abkommen über das Verbot von Atomtests im Weltraum und unter Wasser einigen. Mitte der 1960er Jahre setzte in Washington und Moskau auch ein Umdenken in der Frage der nuklearen Proliferation ein. Während die Vereinigten Staaten Großbritannien und die Sowjetunion China bei der Entwicklung ihrer Nuklearteehnologie zunächst erfolgreich unterstützt hatten, wollten sie nun verhindern, dass weitere Länder in den Besitz von Kernwaffen gelangten. Vor allem der Kreml drückte aufs Tempo, weil sich das Verhältnis zu China immer mehr abkühlte und Peking 1964 seine erste Atombombe getestet hatte. Zudem fürchtete Moskau eine nukleare Bewaffnung der Bundeswehr. Tatsächlich hatten die USA der Bundesrepublik und anderen europäischen NATO-Partnern angeboten, zusammen einen mit amerikanischen Nuklearraketen bestückten Flottenverband (Multilateral Force = MLF) aufzustellen und gemeinsam über den Einsatz seiner Waffen zu entscheiden. Als am Ende aber nur Bonn als Interessent übrig blieb, gaben die Vereinigten Staaten 1965 die MLF-Pläne auf. Damit war der Weg frei für eine Einigung mit der Sowjetunion.

Im Dezember 1966 vereinbarten Washington und Moskau die zentralen Artikel des späteren ‹Atomwaffensperrvertrags› (Non-Proliferation Treaty = NPT). In ihm verpflichteten sich die Nicht-Nuklearmächte, keine eigenen Kernwaffen herzustellen oder zu erwerben. Im Gegenzug versprachen die Nuklearmächte (ursprünglich nur die USA, die UdSSR und Großbritannien; seit 1991 auch Frankreich und China), keine waffentechnisch relevanten Technologien weiterzugeben, keine Kernwaffen gegen Nicht-Nuklearmächte einzusetzen und auf die Reduzierung und letztendliche Abschaffung ihrer eigenen Bestände hinzuarbeiten. Auch blieb die zivile Nutzung der Kernenergie weiterhin erlaubt. Im Juni 1968 empfahl die Generalversammlung der Vereinten Nationen ihren Mitgliedern, den Vertrag zu unterzeichnen. Nach der Ratifizierung durch 43 Mitgliedsstaaten trat er zwei Jahre später in Kraft. Der Atomwaffensperrvertrag bildete einen Höhepunkt der Zusammenarbeit zwischen Washington und Moskau im nuklearen Bereich.

Ihre eigene Militärstrategie unterzogen die USA in den 1960er Jahren ebenfalls einem Wandel. Die massive sowjetische Aufrüstung bei Interkontinentalraketen versetzte Moskau nämlich in die Lage, die Vereinigten Staaten im Kriegsfall zu vernichten. Um diese Gefahr zu verringern, suchte Washington dem nuklearen Automatismus der ‹massiven Vergeltung› zu entfliehen. Die amerikanische Regierung ging deshalb zur Doktrin der ‹flexiblen Antwort› (flexible response) über. Nach wie vor hielt sie zwar wegen der Überlegenheit des Warschauer Pakts bei Truppen und Panzern in Mitteleuropa an der prinzipiellen Möglichkeit des Ersteinsatzes von Atomwaffen fest, aber dieser Schritt stand jetzt erst ganz am Ende der Eskalationsleiter. Konventionelle Angriffe sollten zunächst konventionell beantwortet, Nuklearwaffen nur dann eingesetzt werden, wenn alle anderen Mittel der Abwehr versagt hätten. 1967 wurde die ‹flexible response› zur leitenden strategischen Doktrin der NATO. Die europäischen Verbündeten der USA, die zunehmend an der amerikanischen Nuklear-Garantie zu zweifeln begonnen hatten, erhielten damit zumindest auf dem Papier eine Rückversicherung, dass Washington sie im Ernstfall mit Atomwaffen verteidigen würde.

Im August 1968 intervenierten die Rote Armee und andere Streitkräfte des Warschauer Pakts in der Tschechoslowakei, um die reformerische Regierung Dubček zu stürzen und den so genannten ‹Prager Frühling› zu beenden. Der Einmarsch unterbrach zunächst die partielle amerikanisch-sowjetische Kooperation. Aber schon wenige Monate später sollte sich das Verhältnis wieder deutlich verbessern.

Dreiecks-Diplomatie mit Moskau und Peking

Das außenpolitische Hauptziel von Präsident Nixon war die Beendigung des Vietnamkriegs. Ihm war klar, dass dieses Ziel leichter zu erreichen war, wenn er dafür die Unterstützung, zumindest die Tolerierung, der beiden traditionellen Schutzmächte Hanois besaß. Schon in den ersten Wochen nach der Amtsübernahme ließ Nixon seinen Sicherheitsberater Kissinger deshalb einen geheimen Kanal zu Sowjetbotschafter Dobrynin einrichten, um auf Umwegen Druck auf Nordvietnam auszuüben und Ho zum Einlenken zu bewegen. Die UdSSR war ebenfalls an einem Ausbau der Beziehungen interessiert. Nicht nur hoffte sie auf einen besseren Zugang zu den westlichen Märkten und die Anerkennung der strategischen Parität, sondern sie wollte seit den bewaffneten Grenzzwischenfällen mit China am Ussuri im März 1969 auch das Verhältnis zum Westen stabilisieren, um den Rücken für den Konflikt mit Peking frei zu haben.

Bei Nixons Amtsantritt waren die Voraussetzungen also eher günstig für eine Entspannung zwischen den beiden Supermächten. Allerdings unterschieden sich die jeweiligen Konzeptionen deutlich voneinander. Nixon und Kissinger hofften, die Sowjetunion über ein Geflecht von Abhängigkeiten zu einer verantwortungsvollen Rolle in der internationalen Politik zu bewegen. Wohlverhalten würde belohnt, Regelverstöße würden geahndet werden und zwar über einzelne Sachbereiche und Regionen hinweg. Diese Politik der ‹Koppelung› (linkage) sollte Moskau Anreize bieten, auf eine stabile Weltordnung hinzuarbeiten. Dagegen bedeutete die partielle Kooperation mit den USA für das sowjetische Politbüro keine grundsätzliche Bereitschaft zu globalem Wohlverhalten. Im Gegenteil, ‹Entspannung› hieß für Moskau, in Teilbereichen Verträge abzuschließen und sie auch zu respektieren, in den nicht von Abkommen gedeckten Fragen aber den Systemwettkampf energisch fortzusetzen. Die spätere Ernüchterung über die Entspannungspolitik hatte ihre primäre Ursache in diesen unterschiedlichen Erwartungen und Zielen.

Zunächst machte die ‹Détente›, wie die Entspannung zwischen Washington und Moskau schon bald bezeichnet wurde, allerdings gute Fortschritte. Im November 1969 nahmen beide Seiten die SALT-Gespräche über die Begrenzung von Nuklearwaffen mit interkontinentaler Reichweite auf. Obwohl die amerikanische Delegation offiziell von der ‹Abrüstungs- und Rüstungskontrollbehörde› geleitet wurde, führte Kissinger parallel zu den abwechselnd in Helsinki und Wien stattfindenden Unterredungen Geheimverhandlungen mit Dobrynin. Die westeuropäischen Verbündeten, darunter die lange Zeit widerspenstigen Deutschen, schwenkten auf die Entspannungspolitik ein. Die sozial-liberale Bundesregierung Brandt/Scheel preschte mit ihrer ‹Ostpolitik› sogar so forsch voran, dass Kissinger eine «separate und spezielle Politik» Bonns und das «Risiko zu exzessiver Verhandlungen» befürchtete.[1] Später gestand der Sicherheitsberater allerdings ein, die Gefahr unbedachter deutscher Vorstöße überschätzt zu haben. Die amerikanische Regierung ihrerseits trieb die Verhandlungen mit Moskau voran. Bald begannen beide Seiten Gespräche über ein Handelsabkommen und, gemeinsam mit Frankreich und Großbritannien, über die Verantwortlichkeiten und Rechte der Vier Mächte in Berlin. Im September 1971 unterzeichneten sie das ‹Berlin-Abkommen›, das den Transitverkehr zwischen der Bundesrepublik und Westberlin und den Status der Stadt regelte. Damit war ein Hauptstreitpunkt des Kalten Kriegs beigelegt, der in den Jahren 1948 bis 1961 zu zahlreichen Krisen im Ost-West-Verhältnis geführt hatte.

Nixon und Kissingers Strategie, die amerikanische Außenpolitik aus ihrer Fixierung auf den Vietnamkrieg zu lösen und ihr neuen Handlungsspielraum zu verschaffen, beschränkte sich aber nicht auf die Détente mit der Sowjetunion. Auch mit Peking strebte Washington eine strategische Kooperation an. Bis dahin unterhielten die USA keine Beziehungen zur Volksrepublik und erkannten Taiwan als rechtmäßige Vertretung des chinesischen Volks an. Nixon selbst hatte sich in den 1950er Jahren als scharfer Kritiker Pekings profiliert. Nach seinem Amtsantritt sah er jedoch die Möglichkeit, aus dem Konflikt zwischen der Sowjetunion und China Kapital zu schlagen. Beide kommunistischen Mächte betrachteten die jeweils andere nämlich als größte Gefahr für die eigene Sicherheit und waren deshalb an einem guten Verhältnis zu den Vereinigten Staaten interessiert. Im Frühjahr 1971 signalisierten sich Washington und Peking gegenseitig ihre Gesprächsbereitschaft. Das deutlichste Zeichen war die chinesische Einladung an die US-Tischtennis-Nationalmannschaft, das Land zu Schaukämpfen zu besuchen. Der Begriff ‹Ping-Pong-Diplomatie› wurde schon bald zum Synonym für die Politik der Öffnung gegenüber China. Anfang Juli entsandte Nixon seinen Sicherheitsberater zu geheimen Unterredungen mit Premierminister Tschou En-lai nach Peking. Kissinger stellte Tschou einen radikalen Wandel der amerikanischen Position in der Taiwan-Frage in Aussicht, falls die Volksrepublik den USA bei der Beendigung des Vietnamkriegs helfe. Bis dahin hatte Washington daran festgehalten, dass es zwei souveräne chinesische Staaten gebe. Der Sicherheitsberater konnte Tschou zwar nicht dazu bewegen, die Unterstützung Hanois zu beenden, aber es wurde schnell klar, dass Peking den Krieg gegen einen Verbündeten nicht als Hindernis für eine Annäherung betrachtete. Kissinger, der um die Sorge seiner Gastgeber vor den sowjetischen Truppen an ihrer Grenze wusste, spielte mit diesen Ängsten, indem er ihnen Aufnahmen amerikanischer Spionageflugzeuge von den Stellungen der Roten Armee mitbrachte. Beide Seiten erzielten rasch Einvernehmen in den zentralen Punkten.

In einer sensationellen Ansprache gab Nixon am 15. Juli 1971 einer überraschten Weltöffentlichkeit bekannt, auf Einladung der Pekinger Führung im folgenden Frühjahr in das Reich der Mitte zu reisen. Dafür war Washington sogar bereit, vom alten Verbündeten Taiwan abzurücken. Im Oktober 1971 stimmten die USA einem Antrag bei den Vereinten Nationen zu, die chinesische UN-Mitgliedschaft der Pekinger Regierung zu übertragen. Gegen den Widerstand Washingtons wurde Taiwan aus der Weltorganisation ausgeschlossen. Am 18. Februar 1972 traf Nixon in der Volksrepublik ein. Seinen Höhepunkt fand der Besuch in der Unterzeichnung des ‹Schanghaier Kommuniqués›. In ihm akzeptierten die Vereinigten Staaten die Pekinger Auffassung, dass es nur ein China gab und Taiwan ein Teil davon war, und sagten zu, die eigenen Streitkräfte auf der Insel zu reduzieren, «in dem Maß, wie sich die Spannungen in dieser Region verringern». Noch wichtiger war freilich die gegenseitige Versicherung, dass keine der beiden Nationen «eine Vorherrschaft im asiatisch-pazifischen Raum anstreben sollte und dass sie den Versuchen jedes anderen Landes oder jeder Gruppe von Ländern, eine derartige Vorherrschaft zu etablieren, ablehnend gegenüberstehen».[2] Die Formulierung stellte subtil, aber unmissverständlich klar, dass China und die USA keinerlei sowjetische Aktionen dulden würden, die auf eine Beherrschung Asiens abzielten. Sie war für Peking von großer Bedeutung.

Nixons Öffnung gegenüber China gehört zu den dramatischsten diplomatischen Initiativen des 20. Jahrhunderts. Mit einem Schlag hatte sich damit die weltpolitische Konstellation zugunsten der USA verbessert. Sie besaßen nun größere außenpolitische Handlungsoptionen als der Rivale Sowjetunion. Möglich gemacht hatte diesen Erfolg vor allem die konzeptionelle Fortentwicklung der Containment-Doktrin durch Nixon und Kissinger. Im Gegensatz zu den meisten ihrer Vorgänger und den Grundsätzen von NSC-68 betrachteten sie einen Systemwandel in der UdSSR oder in China nicht als Bedingung für einen Interessenausgleich und substanzielle Vereinbarungen. Es kam Nixon dabei zustatten, dass er als entschiedener Anti-Kommunist ‹Realpolitik› mit den kommunistischen Vormächten betreiben konnte, ohne sich gleich dem Vorwurf der Beschwichtigung oder der Schwäche auszusetzen.

Höhepunkt und Krise der Détente

Nixons und Kissingers ‹Dreiecks-Politik› basierte auf der Annahme, dass die machtpolitische und ideologische Rivalität zwischen Peking und Moskau stärker war als ihre Abneigung gegen die USA. Dieses Kalkül ging auf. Obwohl der Kreml die sowjetische Presse zunächst heftig gegen die amerikanisch-chinesische Annäherung agitieren ließ, lud er Nixon nur wenige Wochen nach dessen Ankündigung seiner Peking-Reise zu einem von Moskauer Seite lange verzögerten Gipfel ein. Um die Entwicklung einer gegen sie gerichteten chinesisch-amerikanischen Allianz zu unterlaufen, war die Sowjetunion jetzt noch stärker als vorher bemüht, einen Ausgleich mit den Vereinigten Staaten zu erzielen. Selbst als die USA im April 1972 eine nordvietnamesische Offensive mit massiven Bombenangriffen beantworteten, hielt der Kreml an seiner Einladung fest. Bei seinem Besuch in Moskau Ende Mai musste Nixon in der ersten offiziellen Sitzung zwar eine stundenlange Tirade Generalsekretär Breschnews und anderer Politbüro-Mitglieder wegen seiner Vietnampolitik über sich ergehen lassen. Aber diese waren in erster Linie für das Protokoll gedacht. Davor und danach behandelte Breschnew Nixon mit ausnehmender Höflichkeit, bot die Entsendung eines hohen Funktionärs nach Hanoi an und lenkte in offenen Fragen der Rüstungskontrollverhandlungen ein.

Die Unterzeichnung der SALT-Verträge war das wichtigste Resultat des Gipfels. Die Verträge bestanden aus zwei Abkommen. Das erste legte für die folgenden fünf Jahre Obergrenzen für nukleare Langstreckenwaffen mit einer Reichweite von mehr als 5000 Kilometern fest. Da beide Seiten Vorteile in unterschiedlichen Waffengattungen besaßen, mussten diese gegeneinander verrechnet werden. Während die Sowjetunion mehr Interkontinentalraketen und höhere Wurfgewichte zugestanden bekam, behielten die USA eine größere Zahl von Sprengköpfen und strategischen Bombern. Die Vereinbarung beendete den

Rüstungswettlauf nicht, sie regulierte ihn vielmehr. Auch sparte sie die wichtige Frage der Mehrfachsprengköpfe (MIRV) aus. Trotz der Obergrenzen für Raketen konnten beide Seiten künftig mehr Sprengköpfe auf die Trägersysteme installieren. Das zweite Abkommen, der ABM-Vertrag (Anti-Ballistic Missile Treaty), schrieb die Zahl der Raketenabwehrsysteme auf maximal zwei, noch dazu regional begrenzte, fest. Damit akzeptierten Washington und Moskau das Konzept der gegenseitig zugesicherten Vernichtung (Mutually Assured Destruction = MAD) als Grundlage ihrer Beziehungen. In seinen Memoiren schrieb Nixon dazu: «Wenn beide Seiten auf Raketenabwehrsysteme verzichteten, dann waren damit ihre Bevölkerung und ihre Territorien wehrlos einem strategischen Raketenangriff ausgesetzt. Und deshalb hatte jede Seite ein letztliches Interesse daran, einen Krieg zu verhindern, der für beide gleichermaßen verheerende Folgen hätte.»[3] Trotz ihrer Schwächen besaßen die SALT-Verträge hohe symbolische Bedeutung. Sie stellten die ersten Rüstungskontrollabkommen in den vier Jahrzehnten des Kalten Kriegs dar und demonstrierten damit, dass Washington und Moskau auch im militärischen Bereich zu Kompromissen fähig waren. Der Sowjetunion schließlich brachten die SALT-Verträge die so lange Jahre angestrebte Anerkennung ihrer strategischen Parität durch die USA. Von nun an konnte sie ihren Status als zweite Supermacht in einem völkerrechtlichen Dokument bestätigt sehen.

Der Gipfel von Moskau bildete den Zenit der amerikanisch-sowjetischen Détente-Politik. Zwar begannen die beiden Seiten schon im November 1972 Gespräche über einen SALT II–Vertrag, aber in anderen Bereichen türmten sich Hindernisse auf. Vor allem die Querelen über die Wirtschaftsbeziehungen mit den USA, auf die der Kreml große Hoffnungen setzte, belasteten das Verhältnis. Auf dem Gipfel hatten beide Seiten einen Handelsvertrag geschlossen, der unter anderem die Frage der sowjetischen Schulden aus dem Zweiten Weltkrieg regelte und Moskau die ‹Meistbegünstigung› (Most Favored Nation = MFN) gewährte. Dies bedeutete, dass die UdSSR Waren zum niedrigstmöglichen Zollsatz in die Vereinigten Staaten liefern konnte. Niemand in der Administration rechnete jedoch mit Senator Henry Jackson. Dieser entwarf im Oktober 1972 einen Gesetzeszusatz, der die Gewährung der Meistbegünstigung von einer liberalen Auswanderungspolitik der Sowjetunion abhängig machte. Jackson, ein führender Kritiker der Détente-Politik und Vorkämpfer für die Menschenrechte, wollte sich damit im Kampf um die Präsidentschaftsnominierung der Demokraten 1976 bei jüdischen und gewerkschaftlich organisierten Wählern profilieren. Emigrationswillige Juden in der UdSSR wären nämlich die Hauptnutznießer der Regelung gewesen, und die Gewerkschaften unterstützten jeden Vorschlag, der den Import von Gütern erschwerte. Schnell fand Jackson im Abgeordneten Charles Vanik einen Mitstreiter. Für die US-Regierung war das ‹Jackson/Vanik-Amendment› eine tickende Bombe. Nicht nur brüskierte es die Sowjetunion, weil es in ihre inneren Angelegenheiten einzugreifen versuchte, sondern es unterminierte auch die Glaubwürdigkeit des Weißen Hauses, einmal gemachte Zusagen einhalten zu können. Kissinger verhandelte nun parallel mit seinen sowjetischen Kollegen und den beiden Parlamentariern. Die UdSSR, die seit 1970 bereits mehr Juden als jemals zuvor ausreisen ließ, sagte zu, dies auch weiterhin zu tun, wenn der Passus nicht in den Vertrag aufgenommen werde. Aber Jackson war das zu wenig. Er wollte ein öffentliches Eingeständnis Moskaus, dass es seinen Bürgern die Reisefreiheit vorenthält. Dazu war der Kreml nicht bereit. Das ‹Jackson/Vanik-Amendment› brach einen Eckpfeiler aus dem ‹Linkage›-Konzept heraus: die Gewährung ökonomischer Vorteile als Anreiz für sowjetisches Entgegenkommen in anderen Bereichen. Nach fast zweijährigen Verhandlungen mit Jackson resignierte Kissinger. In seinen Memoiren hielt er später fest: «Im Sommer 1974 konnten wir der Sowjetunion praktisch keine Vergünstigungen mehr anbieten.»[4] Zwar gelang es ihm noch, Jackson dazu zu bewegen, der UdSSR die Meistbegünstigung erst einmal für 18 Monate zu gewähren und dann zu überprüfen, wie sie in diesem Zeitraum die Ausreiseanträge behandelte; am 20. Dezember 1974 verabschiedete der Kongress das entsprechend modifizierte Handelsabkommen. Aber am 10. Januar 1975 informierte die Sowjetunion das Weiße Haus darüber, dass sie den Vertrag unter diesen Umständen nicht in Kraft setzen werde.

Schon 1973/74 geriet die Détente-Politik also in schwierigeres Fahrwasser. Die beiden Gipfelbegegnungen zwischen Nixon und Breschnew in Washington im Juni 1973 und in Moskau ein Jahr später konnten das Erreichte zwar konsolidieren, aber den Beziehungen keine neuen Impulse verleihen. Verantwortlich dafür war zum einen, dass viele der ‹leichten› Punkte der gemeinsamen Agenda abgearbeitet waren: die Regelung des Berlin-Problems, der Rückzug aus Vietnam, die Anerkennung des Supermacht-Status der Sowjetunion, die Domestizierung des Rüstungswettlaufs, der Abschluss eines Handelsabkommens. In den Mittelpunkt rückte nun aus amerikanischer Sicht die grundsätzliche Frage, inwieweit sich die UdSSR bereit fand, auch außerhalb der vertraglich vereinbarten Bereiche außenpolitisches Wohlverhalten an den Tag zu legen. Dies schien nur begrenzt der Fall zu sein. Die Supermächte-Rivalität ging auch im Zeitalter der Détente weiter, wie sich Ende Oktober 1973 während des Sechs-Tage-Kriegs zeigte, als Moskau und Washington ihre jeweiligen Klienten aufrüsteten und sogar die Möglichkeit einer sowjetischen Intervention im Nahen Osten bestand. Wenig später begannen die Aktivitäten der UdSSR in Afrika, die Beziehungen zu belasten. Dort versuchte der Kreml seit Mitte der 1970er Jahre verstärkt, durch die Vergabe von Militärhilfe an marxistische Gruppen und Regime an Einfluss zu gewinnen. Besonders erzürnt war Washington darüber, dass Moskau seine langjährige Unterstützung der MPLA-Rebellen in Angola ausweitete und Tausende kubanischer Soldaten im Bürgerkrieg an der Seite der MPLA kämpften. Die heute zugänglichen Quellen legen nahe, dass Castro weit gehend auf eigene Rechnung operierte und seine Revolutionsideen ohne Absprache mit dem Kreml zu exportieren versuchte. Damals sah die US-Regierung darin eine flagrante Verletzung der Prinzipien der Détente. Einen der wenigen Erfolge in der Spätphase der Détente bildeten die ‹Konferenz über Sicherheit und Zusammenarbeit in Europa› (KSZE) und die Unterzeichnung der entsprechenden Schlussakte in Helsinki im Sommer 1975. In ihr einigten sich die USA und die Sowjetunion sowie weitere 33 Staaten auf Grundsätze für ihre künftigen Beziehungen. Auch wenn es sich bei der Schlussakte um eine Absichtserklärung ohne völkerrechtliche Bindewirkung handelte, hatte die Entspannungspolitik zumindest ein multilaterales Forum erhalten. Zudem sollten Folgekonferenzen Lösungen für konkrete Probleme im Ost-West-Verhältnis erarbeiten. Dagegen gab es bei den zwischen NATO und Warschauer Pakt 1973 aufgenommenen ‹Verhandlungen über beiderseitig ausgewogene Truppenreduzierungen› (Mutual and Balanced Forces Reductions = MBFR) in Europa keine Fortschritte. Nicht einmal über die Zahlen der im Vertragsgebiet stationierten Soldaten, Panzer und Flugzeuge konnte man sich einigen.

Der zweite Grund für die Stagnation in den amerikanisch-sowjetischen Beziehungen war die veränderte innenpolitische Stimmung in den USA. Nach der triumphalen Wiederwahl Nixons im November 1972 rückte schon bald die Watergate-Affäre ins Zentrum der politischen Auseinandersetzungen. Enthüllungen über den Einbruch einiger Mitarbeiter seines Wiederwahlkomitees in das Wahlkampfbüro der Demokraten im Watergate-Hotel und seine Mitwisserschaft untergruben Nixons Autorität so sehr, dass er auch den Kritikern seiner Entspannungspolitik nicht mehr wirkungsvoll entgegentreten konnte. Am 9. August 1974 trat Nixon als erster Präsident in der amerikanischen Geschichte zurück, um einem Amtsenthebungsverfahren zuvorzukommen. Damit verlor die Détente ihren mächtigsten Befürworter. Sein Nachfolger, der 1973 zum Vizepräsidenten berufene Gerald Ford, hielt allerdings an den Grundlinien von Nixons Außenpolitik fest und beließ Kissinger in Personalunion als Sicherheitsberater und Außenminister (seit August 1973) im Amt.

Kein Mitarbeiter eines Präsidenten besaß jemals mehr Macht in der Außenpolitik als Kissinger in den Jahren 1973 und 1974. Aber auch sein Image erhielt Kratzer. So kam an die Öffentlichkeit, dass Kissinger nach der Veröffentlichung der ‹Pentagon-Papiere› das FBI veranlasst hatte, einige seiner Mitarbeiter im NSC-Stab wegen des Verdachts auf Geheimnisverrat abzuhören. Zunehmend verlor die Außenpolitik der Regierung nun in Kongress und Öffentlichkeit an Unterstützung. 1974 nahm der ‹Senatsausschuss für Geheimdienstaktivitäten› Untersuchungen zur Rolle der CIA in Chile Anfang der 1970er Jahre auf. Auch wenn damals keine Belege für eine direkte amerikanische Beteiligung an Pinochets Militärputsch 1973 gefunden wurden, stellte sich doch heraus, dass der US-Geheimdienst drei Jahre zuvor versucht hatte, die Wahl des Sozialisten Salvador Allende mit allen Mitteln zu verhindern, und die chilenischen Streitkräfte danach von der CIA ermuntert worden waren, die Macht im Staat zu übernehmen. Zudem kam ans Tageslicht, dass der Geheimdienst in den 1960er Jahren mehrere Anschläge auf Castro verübt hatte. Sensibilisiert durch solche Enthüllungen bemühte sich der Kongress, neue außenpolitische Verstrickungen der USA zu unterbinden. 1975 stoppte er den Versuch des Weißen Hauses, den antikommunistischen Rebellen in Angola Militärhilfe zukommen zu lassen. Ford und Kissinger gerieten zunehmend unter Druck: Während auf der Linken Jimmy Carter ihre Détente-Politik als zu wenig ehrgeizig kritisierte und eine stärkere Betonung der Menschenrechte forderte, fand auf der Rechten Ronald Reagan Beifall für sein Argument, die Sowjetunion habe die Entspannung nur genutzt, um sich im globalen Systemwettkampf mit den Vereinigten Staaten Vorteile zu verschaffen. In die Enge getrieben, erklärte Ford während einer Wahlkampfreise im März 1976, künftig «das Wort ‹Détente› zu vergessen».[5] Stattdessen begann er, die Formel «Frieden durch Stärke» zu verwenden.

Auch mit China verbesserten sich die Beziehungen nach dem verheißungsvollen Beginn nicht im erhofften Maße. Im Februar 1973 gingen beide Seiten zwar über die auf Asien beschränkte Schanghai-Erklärung hinaus, indem sie sich in einem Kommuniqué zusagten, jedem Staat, der die Welt dominieren wolle, gemeinsam entgegenzutreten. Damit war natürlich wieder die Sowjetunion gemeint. Aber konkrete Vereinbarungen folgten nicht. Ursache dafür war zum einen, dass die Protagonisten der Öffnungspolitik von der politischen Bühne verschwanden: Nixon trat 1974 zurück, Tschou und Mao starben 1976. Zum anderen zeigte man sich in Peking enttäuscht über die sowjetisch-amerikanische Annäherung, wie sie im SALT I-Vertrag und in der KSZE-Konferenz von Helsinki Ausdruck fand. Die chinesische Führung suchte einen zuverlässigen Verbündeten für den befürchteten Konflikt mit der Sowjetunion, keinen zwischen Moskau und Peking lavierenden Partner. Für die Vereinigten Staaten galt es dagegen, den eigenen Spielraum möglichst groß zu halten und ihn nicht durch die eindeutige Bevorzugung Chinas oder der UdSSR einzuschränken. Auch in der Frage der Aufnahme voller diplomatischer Beziehungen kamen die beiden Länder nicht voran. Washington war nicht bereit, die chinesische Forderung zu erfüllen und seine Botschaft in Taipei zu schließen sowie den Verteidigungsvertrag mit Taiwan zu kündigen. Peking dagegen weigerte sich, die Vereinigung Chinas mit Waffengewalt auszuschließen. Vor diesem Hintergrund überraschte es nicht, dass Fords Besuch in der Volksrepublik im Dezember 1975 keine substanziellen Ergebnisse brachte.

Bewegung im Nahost-Konflikt

Nach dem großen Anfangserfolg ihrer Dreiecks-Politik und der Beendigung des Vietnamkriegs wandten sich Nixon und Kissinger im Herbst 1973 einer weiteren weltpolitischen Krisenregion zu: dem Nahen Osten. Dort war es der Sowjetunion seit der Suezkrise gelungen, sich als wichtigster Waffenlieferant Ägyptens und Syriens sowie als ‹antizionistisches› Sprachrohr der radikalsten arabischen Staaten in internationalen Organisationen zu etablieren. Bis 1973 setzten die USA allerdings darauf, dass Israel militärisch stark genug sei, jeden Angreifer abzuschrecken – aus gutem Grund: Im Sechs-Tage-Krieg

1967 hatte die israelische Armee mit einem Präventivschlag über die arabischen Staaten triumphiert und Ost-Jerusalem, das Westjordanland, die Golan-Höhen und den Sinai erobert. Selbst wenn die Nixon-Regierung nach ihrer Amtsübernahme stärker am Nahost-Konflikt interessiert gewesen wäre, hätte sie kaum Druck auf die Streitparteien ausüben können. Die Situation war verfahren: Im Bewusstsein seiner militärischen Stärke lehnte es Israel ab, sich aus den besetzten Gebieten zurückzuziehen, ohne im Gegenzug Frieden und diplomatische Anerkennung zu erhalten. Die arabischen Staaten bestanden kompromisslos auf der Rückgabe des verlorenen Territoriums und verweigerten jeden Kontakt mit Israel. Gleichzeitig erschien die sowjetische Position in Ägypten und Syrien unerschütterlich.

1972/73 veränderte sich die Lage. Anwar Al-Sadat, seit Nassers Tod 1970 Staatspräsident Ägyptens, verwies schon bald die sowjetischen Militärberater des Landes, um seine Abhängigkeit von Moskau zu reduzieren und seinen Spielraum für eine aggressivere Politik gegen Israel zu vergrößern. Im Oktober 1973, während des jüdischen Yom Kippur-Fests, griffen Ägypten und Syrien Israel an. Die überraschte israelische Armee geriet schnell in eine bedrängte Lage und konnte das Blatt nur dank massiver amerikanischer Militärhilfe wenden. Für ihre offene Unterstützung Israels bestraften die arabischen Staaten – mit Ausnahme des Irak – die USA und andere Industriestaaten mit einem Öl-Embargo, das den Westen in die schwerste Wirtschaftskrise seit dem Zweiten Weltkrieg stürzte. Auch ließ die Situation auf dem Schlachtfeld eine Eskalation des Konflikts befürchten. Nachdem israelische Truppen die 3. Ägyptische Armee östlich des Suezkanals eingekesselt hatten, drohte Moskau mit seinem Eingreifen, falls die Ägypter zur Kapitulation gezwungen würden. Um der Sowjetunion den Ernst der Lage klar zu machen, erhöhte Nixon die Alarmstufe für die amerikanischen Nuklearwaffen. Gleichzeitig übte Washington starken Druck auf die israelische Regierung aus, die schließlich die Versorgung der gegnerischen Truppen erlaubte und in eine Beendigung der Feindseligkeiten einwilligte. Die Krise war beigelegt.

Damit schlug Kissingers Stunde. Ihm war klar geworden, dass ein am Status quo orientierter Ansatz, der allein auf die militärische Stärke Israels baute, nicht ausreichte, um die Lage im Nahen Osten zu entschärfen. Zum ersten Mal seit 1948 widmeten sich die USA nun intensiv der Lösung des arabisch-israelischen Konflikts. Die amerikanische Politik basierte dabei auf drei Prämissen: Israel musste sicher sein, dass die Vereinigten Staaten seine Existenz garantierten; die arabischen Länder, allen voran Ägypten, durften angesichts der dritten Niederlage im dritten Krieg gegen Israel nicht gedemütigt werden; und die Sowjetunion musste als politischer Faktor in der Region ausgeschaltet werden. Kissinger unternahm deshalb auch keinen weiteren Versuch, den Streitparteien einen fertigen Vertrag vorzulegen, der in Verhandlungen zwischen Washington und Moskau entstanden war. Er setzte vielmehr darauf, als Vermittler aufzutreten, die beteiligten Länder zu eigenen Vorschlägen zu animieren, diese zu modifizieren und schließlich einen Kompromiss zu erreichen. Kissinger wurde damit zum «Friedensstifter, Dirigenten, Makler und Katalysator»[6] der amerikanischen Nahost-Politik. In der Tat richteten sich alle Augen auf die amerikanische Regierung: Israel wusste seit dem Yom-Kippur-Krieg, dass es abhängig war von den Waffenlieferungen, der Wirtschaftshilfe und der diplomatischen Unterstützung Washingtons. Die arabischen Staaten erkannten, dass die Sowjetunion zwar Panzer und Flugzeuge liefern, aber allein die USA Israel zu Konzessionen in der Territorialfrage bewegen konnten.

In den acht Monaten nach dem Ende des Kriegs reiste Kissinger zwischen Israel, Ägypten, Syrien, Jordanien und Saudi-Arabien hin und her, um zwischen den verfeindeten Staaten zu vermitteln. Die Medien prägten dafür den Begriff ‹Shuttle-Diplomatie›. Trotz des Waffenstillstands blieb die Lage zunächst prekär: Syrien hielt seine Truppen im Alarmzustand, und die OPEC kündigte im Dezember 1973 an, den Ölpreis zu verdoppeln. Trotzdem gelang es Kissinger, Israel und Ägypten am 18. Januar sowie Israel und Syrien am 31. Mai 1974 zur Unterzeichnung eines Entflechtungsabkommens zu bewegen. Etwa zur selben Zeit nahm Saudi-Arabien die Produktionskürzungen beim Rohöl zurück. Mit großer Anstrengung erreichte Kissinger, dass Israel im September 1975 im Sinai II-Abkommen mit Ägypten in schmerzvolle strategische Konzessionen einwilligte. Im Gegenzug musste sich Washington allerdings verpflichten, militärisch eng mit Israel zusammenzuarbeiten, seine Ölversorgung sicherzustellen und den Transport israelischer Güter durch den Suezkanal zu gewährleisten. Während der Verhandlungen war aber auch deutlich geworden, wie schwierig weitere Fortschritte im Nahost-Konflikt zu erzielen sein würden: Israel verhielt sich weit widerspenstiger als erwartet, Syrien warf Sadat vor, den gemeinsamen Kampf gegen die ‹Zionisten› und für die internationale Anerkennung der PLO aufzugeben, und spaltete damit die arabische Welt. Als größten Erfolg konnte Washington neben den Entflechtungsabkommen das erheblich verbesserte Verhältnis zu Ägypten verbuchen: Kairo nahm wieder diplomatische Beziehungen zu den USA auf, Sadat besuchte im Oktober 1975 als erster ägyptischer Präsident die Vereinigten Staaten und kündigte im März des folgenden Jahres sogar den ‹Vertrag über Freundschaft und Zusammenarbeit› mit der Sowjetunion. Die amerikanische Regierung hatte nicht nur eine enge Partnerschaft mit Israel, sondern auch eine strategische Kooperation mit der arabischen Führungsmacht Ägypten begründet und den Einfluss Moskaus im Nahen Osten zurückgedrängt. Ihr Kalkül, dass die moderaten arabischen Staaten die USA nicht trotz, sondern wegen ihrer guten Beziehungen zu Israel als Makler akzeptierten, war aufgegangen. Ermöglicht wurde die Entspannung im Nahen Osten nicht zuletzt auch durch die außergewöhnlichen Fähigkeiten Kissingers als Verhandlungsführer und Vermittler.

Wenn erfolgreiche Außenpolitik sich darin bemisst, die eigenen Optionen zu erweitern und die der Rivalen einzuschränken, dann war die Ära Nixon-Ford-Kissinger erfolgreich. An ihrem Ende verfügte Washington über mehr außenpolitische Handlungsmöglichkeiten als zu ihrem Beginn: Die Beziehungen zu Moskau und Peking waren stabil, der Krieg in Südostasien zu Ende, die Vereinigten Staaten im Nahen Osten der dominierende Akteur. Aber die amerikanische Nation verlangte nicht nur nach machtpolitischen Erfolgen, sondern auch nach moralischer Führung, ja tief verunsichert durch das Doppel-Debakel aus Vietnamkrieg und Watergate-Affäre, nach moralischer Erneuerung. Diese schien ein unbekannter Außenseiter und außenpolitischer Neuling zu verheißen: James ‹Jimmy› Carter.

Jimmy Carter: Der Idealist im Weißen Haus

Carters knapper Sieg über Gerald Ford bei den Wahlen 1976 bedeutete mehr als das Ende von acht Jahren republikanischer Präsidentschaft, nämlich einen konzeptionellen Bruch in der amerikanischen Außenpolitik. Nicht mehr Geheimdiplomatie und Gleichgewichtsdenken sollten das amerikanische Handeln in der internationalen Politik bestimmen, sondern Moral, Menschenrechte und Demokratie. «Wir können gegenüber dem Schicksal der Freiheit an anderen Orten nie indifferent bleiben», erklärte Carter in seiner Inauguralansprache, «unsere Verpflichtung gegenüber den Menschenrechten muss eine absolute sein.» Auch wollte er die Fokussierung der US-Außenpolitik auf das Verhältnis zur

Sowjetunion verringern, der nuklearen Abrüstung neue Impulse verleihen und sich mehr mit Westeuropa und Japan sowie den Nord-Süd-Beziehungen befassen. Wie er diese zum Teil widersprüchlichen Ziele umzusetzen gedachte, blieb unklar. Carter hatte nie auf Bundesebene Politik gemacht und war in seinen vier Jahren als Gouverneur von Georgia kaum mit internationalen Fragen in Berührung gekommen.

In der Tat geriet Carters Außenpolitik schnell in Schwierigkeiten. Im März 1977 sagte der sowjetische Generalsekretär Breschnew Gespräche mit US-Außenminister Cyrus Vance über SALT II ab. Zum einen war er verärgert über die offene Unterstützung des Weißen Hauses für sowjetische Dissidenten, die er als Eingriff in die inneren Angelegenheiten seines Landes und Verstoß gegen den Geist der Détente betrachtete. Zum anderen erzürnte den Generalsekretär die Veränderung der amerikanischen Verhandlungsposition bei der Rüstungskontrolle. Carter hatte nämlich die zwischen Ford und Breschnew 1974 in Wladiwostok erzielten Vereinbarungen umgeworfen und öffentlich «tiefe Einschnitte» in die jeweiligen Atomarsenale gefordert. Dies war auch ein Bruch der international üblichen Praxis, weitreichende Vorschläge zunächst hinter verschlossenen Türen zu sondieren, und wurde von den Entscheidungsträgern im Kreml als Brüskierung empfunden. Zwar nahmen beide Seiten die SALT-Verhandlungen wenig später wieder auf, aber es zeigte sich bereits, dass einige außenpolitische Ziele Carters nicht miteinander vereinbar waren. Diese konzeptionellen Widersprüche spiegelten sich in der Besetzung der wichtigsten außenpolitischen Ämter: Außenminister Cyrus Vance und Sicherheitsberater Zbigniew Brzezinski standen an den entgegengesetzten Enden des außenpolitischen Spektrums. Während Vance eine Politik des Ausgleichs und der vorsichtigen Diplomatie verfolgte, sah Brzezinski in der internationalen Politik einen Kampf um Macht und war bereit, amerikanische Interessen offensiv zu vertreten. Carter verschärfte diese Situation, indem er die Rivalität der beiden institutionalisierte: Erstmals in der Geschichte gab er seinem Sicherheitsberater Kabinettsrang und das Recht auf unangemeldeten Zugang zum Oval Office. Damit besaß die US-Außenpolitik zwei vom Präsidenten legitimierte Repräsentanten, und es war nicht immer klar, ob der Außenminister oder der Sicherheitsberater maßgebend war. Als Moskau zum Beispiel 1977 begann, seinen jüngsten Klienten Äthiopien über eine Luftbrücke mit Waffen zu unterstützen, und bald kubanische Kampftruppen folgten, forderte Brzezinski Konsequenzen für die SALT-Gespräche. Vance dagegen sah in dem Krieg einen rein lokalen Konflikt und sprach sich gegen jede Koppelung zwischen den zwei Bereichen aus. Carter selbst schwankte zwischen beiden Positionen und traf keine klare Entscheidung. In Öffentlichkeit und Kongress verstärkte sich der Eindruck von Konfusion und Schwäche, nicht nur in der Frage, wie die Regierung auf die Entwicklungen am Horn von Afrika reagierte, sondern auch, wie sie die Beziehungen zur Sowjetunion gestaltete.

1978 schien die Administration außenpolitisch Tritt zu fassen. Im März gelang es dem Präsidenten nach einer gewaltigen Kraftanstrengung, die notwendigen 67 Stimmen im Senat für die Ratifizierung der Panamakanal-Verträge zu gewinnen. Die Vereinbarungen sahen vor, die Kanalzone zum 1. Januar 2000 an Panama zurückzugeben, räumten den USA aber das Recht ein, im Notfall militärisch zu intervenieren, um die Wasserstraße offen zu halten und ihre Neutralität zu garantieren. Mit den Verträgen gelang es Washington, ein großes Hindernis auf dem Weg zu einer Normalisierung der Beziehungen zu Lateinamerika aus dem Weg zu räumen. Der Preis war aber hoch: Obwohl der Kanal seine militärische Bedeutung verloren hatte, erwies sich seine Rückgabe bei der US-Bevölkerung als unpopulär. Konservative Politiker, unter ihnen Ronald Reagan, nutzten den Abschluss der Verträge, um Carter die Preisgabe amerikanischer Interessen und die Verschleuderung rechtmäßig erworbenen Eigentums vorzuwerfen. Viele Senatoren, die für die Ratifizierung gestimmt hatten, waren angesichts dieser Stimmungslage später nicht willens, den SALT II-Vertrag zu unterstützen und sich ein zweites Mal für ein progressives Projekt Carters den Unmut ihrer Wähler zuzuziehen.

Triumph und Desaster im Nahen Osten

Dagegen erfuhr der Präsident für ein anderes unter seiner maßgeblichen Mitwirkung ausgehandeltes Vertragswerk fast einhellige Zustimmung: die Camp David-Abkommen zwischen Israel, Ägypten und den USA. Sie sollten der größte außenpolitische Erfolg Carters werden. Vorausgegangen waren ihm allerdings frustrierende Verhandlungen, die sich über 18 Monate hingezogen hatten. Obwohl sich der Präsident mit großer Energie der Lösung des Nahost-Konflikts gewidmet hatte, stieß der amerikanische Einfluss an seine Grenzen. Die arabischen Staaten vertraten unterschiedliche Auffassungen, was in den von den USA angeregten Friedensverträgen mit Israel stehen solle. In

Israel hatte im Juni 1977 Menachem Begin das Amt des Premierministers übernommen und klar gestellt, dass seine Regierung sich weder aus dem Westjordanland zurückziehen noch von der Siedlungspolitik in den besetzten Gebieten abrücken werde. Carter schien im Oktober sogar bereit zu sein, Moskau wieder in die Nahost-Diplomatie einzubinden. In dieser schwierigen Lage entschloss sich der ägyptische Präsident zu einem dramatischen Schritt: Im November reiste er nach Jerusalem und rief in einer Ansprache vor der Knesset zur Überwindung des arabisch-israelischen Konflikts auf. Es ist viel darüber spekuliert worden, warum Sadat diese Reise unternommen hat. Die Quellen legen nahe, dass es weniger seine Furcht vor einer sowjetischen Teilnahme an den Nahost-Verhandlungen war als die Angst, die USA könnten sich angesichts der vielen Enttäuschungen und des innenpolitischen Drucks proisraelischer Gruppen von der Region abwenden. Auch hatte die Entfremdung mit Syrien ein solches Ausmaß angenommen, dass Sadat jetzt zu einem separaten Friedensschluss mit Israel bereit war, solange auch der Status der Palästinenser befriedigend geregelt würde. Die sich anschließenden ägyptisch-israelischen Verhandlungen gerieten aber rasch ins Stocken, weil Begin in den Fragen des Siedlungsbaus und der Zukunft des Westjordanlands und Gazas hart blieb.

Im September 1978 entschloss sich Carter, direkt in die festgefahrenen Gespräche einzugreifen. Er lud Sadat und Begin auf den Präsidentenlandsitz Camp David in Maryland ein und vermittelte persönlich in dreizehntägigen Gesprächen zwei Rahmenvereinbarungen. Die erste betraf den Status des Westjordanlands und Gazas, die zweite einen Friedensvertrag zwischen Israel und Ägypten. Carter hoffte, die erzeugte Dynamik würde zu raschen Fortschritten führen. Dem war aber nicht so. Sobald Begin und Sadat aus dem von Presse und heimischen Interessengruppen abgeschirmten Camp David in ihre Hauptstädte zurückgekehrt waren, ließ ihre ohnehin geringe Kompromissbereitschaft weiter nach. Da tat es auch nichts zur Sache, dass beide im Oktober den Friedensnobelpreis verliehen bekamen. Vor allem der israelische Premierminister spielte auf Zeit, weil er hoffte, Carter werde im nahenden Präsidentschaftswahlkampf eine stärker proisraelische Position einnehmen müssen. Seine Ankündigung, die Siedlungen im Westjordanland absprachewidrig auszubauen, brachte Carter in Rage. Einem wütenden Brief fügte der Präsident per Hand hinzu: «Ich muss Ihnen mit größter Sorge und Bedauern sagen, dass die Ausführung dieses Schritts zu diesem Zeitpunkt die ernstesten Folgen für unsere Beziehung haben wird.»[7] Nur Carters Beharrlichkeit war es zu verdanken, dass die Verhandlungen am Ende doch erfolgreich waren. Er flog sogar eigens nach Kairo und Jerusalem, um die letzten Hindernisse aus dem Weg zu räumen. Am 26. März 1979 unterzeichneten Sadat und Begin im Garten des Weißen Hauses einen Friedensvertrag zwischen ihren Ländern. Washington hatte das scheinbar Unmögliche geschafft: Frieden zwischen Israel und dem wichtigsten arabischen Land zu stiften. Natürlich war der amerikanische Erfolg nicht umsonst: Washington verpflichtete sich zu einer massiven Erhöhung der Wirtschafts- und Militärhilfe an Israel und Ägypten, die im Verhältnis 3:2 zu gewähren war. Seit 1979 sind die beiden Länder die wichtigsten Empfänger von US-Auslandshilfe. Ein weiterer Preis war das ungelöste Schicksal Palästinas. Nach der Unterzeichnung des Friedensvertrags mit Ägypten besaß Begin keinen Anreiz mehr, in dieser Frage Zugeständnisse zu machen. Auch Sadat fand sich damit ab, dass angesichts der Intransigenz des israelischen Premierministers sowie der radikalen Haltung Syriens und der PLO kaum Fortschritte zu erzielen waren. Carter zog sich schließlich aus der aktiven Vermittlerrolle zurück, um sich einer anderen, akuteren Krise zu widmen.

Die Freude über die Camp David-Abkommen und den israelisch-ägyptischen Friedensvertrag währte nämlich nicht lange. Im Nahen Osten, wo Carter gerade noch den größten Triumph seiner Amtszeit gefeiert hatte, musste die amerikanische Außenpolitik 1979 auch eine schwere Niederlage einstecken. Im Iran geriet nämlich die autoritäre Herrschaft des Schah immer mehr ins Wanken. Seit Mitte der 1950er Jahre war er der wichtigste strategische Verbündete der USA in der Region gewesen. Als Führer der ökonomisch und militärisch bedeutendsten Macht im Nahen Osten bekämpfte er nicht nur radikale Gruppen innerhalb und außerhalb seines Landes, sondern bildete auch ein Gegengewicht zum sowjetfreundlichen Irak und unterhielt gute Beziehungen zu Saudi-Arabien wie zu Israel. Angesichts wachsender Unruhen in den 1970er Jahren schwankte der Schah zwischen Repression und Liberalisierung, ohne jedoch der Opposition Herr zu werden. In Washington schenkte man den Entwicklungen lange Zeit nur geringe Beachtung. Bei einem Staatsbesuch zur Jahreswende 1977/78 lobte Carter den Iran noch als «Insel der Stabilität in einem der unruhigsten Gebiete der Welt». Als sich die Krise Ende 1978 zuspitzte, war die amerikanische Regierung deshalb ohne klares Konzept. Während Brzezinski eine harte Linie vertrat und den Schah an der Macht halten wollte, baute Vance auf Kontakte zur gemäßigten Opposition und die Einsetzung einer Koalitionsregierung. Aber die Ereignisse überschlugen sich. Am 16. Januar 1979 verließ der Schah das Land für einen langen «Urlaub», und die USA standen ohne ihren wichtigsten Partner da. Zudem war es den Vereinigten Staaten weder gelungen, den Auflösungserscheinungen bei den iranischen Streitkräften entgegenzuwirken, noch, die moderate Regierung zu stabilisieren. Hauptgrund dafür war, dass der führende schiitische Geistliche des Iran, Ayatollah Khomeini, zunächst vom Exil in Paris aus, dann nach seiner triumphalen Rückkehr am 1. Februar im Land selbst die Revolution vorantrieb.

Trotzdem konnten Washington und die von Khomeini eingesetzte provisorische Regierung im Laufe des Sommers zumindest ein Arbeitsverhältnis herstellen. Nachdem Carter aber dem krebskranken Schah Ende Oktober die Einreise in die USA erlaubt hatte, besetzte eine Gruppe militanter Studenten am 4. November 1979 die amerikanische Botschaft und nahm mehr als 70 Mitarbeiter gefangen. Khomeini und der radikale islamische Flügel der Revolutionsbewegung sahen in diesem wohl schwersten Bruch mit dem Prinzip der diplomatischen Immunität in der neueren Geschichte eine Chance, die gemäßigten Kräfte auszuschalten. Sie priesen die Botschaftsbesetzung und untergruben die Versuche der Regierung, die Geiselfrage politisch zu lösen. Am 6. November trat das Kabinett um Premier Bazargan zurück, und ein fundamentalistischer Nachfolger übernahm die Macht. Washington lancierte nun eine Reihe öffentlicher und geheimer Initiativen, um die gefangengesetzten Botschaftsangehörigen zu befreien, jedoch ohne Erfolg. Als im April Geheimverhandlungen mit Emissären der neuen iranischen Regierung in Paris scheiterten, brach der Präsident die diplomatischen Beziehungen zu Teheran ab und befahl einen militärischen Befreiungsversuch. Da drei der acht eingesetzten Hubschrauber aber technische Probleme hatten, musste das schlecht geplante Kommandounternehmen ergebnislos abgebrochen werden. Beim Auftanken in der Wüste stieß dann auch noch ein Hubschrauber mit einem Frachtflugzeug zusammen. Acht Soldaten starben. Außenminister Vance, der gegen die Aktion gewesen war, trat umgehend zurück. Die Bilanz war katastrophal: Die Geiseln blieben in Haft, die islamischen Fundamentalisten konsolidierten ihre Macht, und das Ansehen der USA in der Welt war schwer beschädigt. Carters Präsidentschaft sollte sich von diesen Fehlschlägen nicht mehr erholen. Erst am 20. Januar 1981, dem Tag der Übergabe der Amtsgeschäfte an Ronald Reagan, kamen die Geiseln frei – nachdem Carter acht Milliarden Dollar an eingefrorenen iranischen Geldern freigegeben hatte, die Teheran nach dem Angriff des Irak dringend benötigte.

Das Ende der Entspannungspolitik

Ende der 1970er Jahre glaubte man in der US-Regierung immer weniger an die Bereitschaft der Sowjetunion zu einer substanziellen Zusammenarbeit. Die kubanischen Kampftruppen in Angola und Äthiopien, die Unterstützung eines Coups marxistischer Militärs in Afghanistan, schließlich der Einmarsch vietnamesischer Streitkräfte in Kambodscha wurden in Washington als Schachzüge Moskaus gesehen, um mit Hilfe seiner Satelliten in strategisch bedeutenden Regionen Fuß zu fassen. Selbst in Europa, das seit dem Mauerbau seine zentrale Rolle als Schauplatz im Ost-West-Konflikt verloren hatte, schien der Kreml eine Veränderung des Gleichgewichts herbeiführen zu wollen. Bereits seit Mitte des Jahrzehnts ersetzte die Sowjetunion nämlich ihre alten Mittelstreckenraketen in Mittel- und Osteuropa durch wesentlich zielgenauere, weiterreichende und mit Dreifachsprengköpfen ausgestattete Flugkörper vom Typ SS-20. Da der Westen dem nichts Adäquates entgegenzusetzen hatte, befürchteten die westeuropäischen Staaten, insbesondere die Bundesrepublik, das Entstehen einer ungleichen Sicherheitslage im Bündnisgebiet. Damit wäre ein ‹Abkoppeln› der Vereinigten Staaten in den Bereich des Möglichen gerückt. Carter nahm diese Sorgen anfangs nicht ernst und widersetzte sich dem Bonner Drängen, die Mittelstreckenraketen in die SALT II-Verhandlungen einzubeziehen. Bundeskanzler Schmidt betrachtete dies als weiteres Indiz für eine immer unberechenbarere amerikanische Politik, die den Sorgen der Westeuropäer zu wenig Beachtung schenkte. «Ich muss diese Frage in aller Offenheit und mit Nachdruck ansprechen», betonte er, «damit Carter endlich kapiert, worum es bei SALT geht: um das strategische Gleichgewicht, auch in Europa.»[8]

Tatsächlich lenkte der US-Präsident im Laufe des Jahres 1978 ein, zumal er Schmidt schon in der Frage der Neutronenbombe zunächst eine Zustimmung abgerungen, dann aber seine Entscheidung revidiert und den Kanzler düpiert hatte. Dass Carter zunehmend bereit war, dem Kreml auch im Rüstungsbereich entgegenzutreten, wurde im Juni 1978 bei seiner Ansprache an der US-Marineakademie in Annapolis klar. Dort stellte er Moskau vor die Alternative: «Die Sowjetunion kann Konfrontation oder Kooperation wählen. Die Vereinigten Staaten sind hinreichend vorbereitet, jede Wahl anzunehmen.»[9] Bei einem Gipfel mit den Staats- und Regierungschefs Großbritanniens, Frankreichs und der Bundesrepublik auf der Antillen-Insel Guadeloupe schlug der US-Präsident Anfang 1979 vor, den sowjetischen SS-20 amerikanische Mittelstreckenraketen gegenüberzustellen. Die Europäer stimmten zu. Moskau sollten allerdings zunächst Verhandlungen über eine Begrenzung dieser Systeme auf beiden Seiten angeboten werden. Würde jedoch in einer festgelegten Frist keine Einigung erzielt, so sollten US-Mittelstreckenwaffen in mehreren europäischen NATO-Ländern stationiert werden. Schon wenige Monate zuvor hatte Carter die Sowjetunion mit der Nachricht überrascht, zum 1. Januar 1979 volle diplomatische Beziehungen zu China aufzunehmen. Damit war klar, dass Washington einer Stärkung der strategischen Partnerschaft mit der Volksrepublik Vorrang gegenüber dem SALT II-Vertrag einräumte.

Tatsächlich verzögerte sich dessen Abschluss weiter. Erst im Sommer war es so weit. Als Carter und Breschnew am 18. Juni 1979 in Wien ihre Unterschriften unter das Rüstungskontrollabkommen setzten, kamen kurz Erinnerungen an bessere Tage der Détente auf. Die siebenjährigen Verhandlungen hatten einen 78 Seiten langen Vertrag zum Ergebnis, gefolgt von einem Protokoll und einer Prinzipienerklärung. Wie im SALT I-Abkommen ging es nicht um Abrüstung, sondern um eine Regulierung des Rüstungswettlaufs. Es wurden gleiche quantitative Obergrenzen eingeführt, bei den Startsystemen von 2400, bei den Trägersystemen mit Mehrfachsprengköpfen von 1320, die Zahl bestimmter Typen von Interkontinentalraketen eingefroren, die Entwicklung anderer verboten. Der Vertrag sollte bis Ende 1985 gelten, bis dahin ein Folgeabkommen ausgehandelt werden. Obwohl es im Senat durchaus skeptische Stimmen gab, schien die Ratifizierung nicht ernsthaft in Frage gestellt. In den letzten Augusttagen verkündete jedoch der Vorsitzende des Ausschusses für Auswärtige Beziehungen, Frank Church, eine sowjetische «Kampfbrigade» sei in Kuba entdeckt worden. Solange sie nicht abgezogen werde, so Church, bestehe keine Aussicht für eine Zustimmung des Senats zu SALT II.

Das amerikanisch-sowjetische Verhältnis war also schon sehr abgekühlt, als der Kreml mit einem Paukenschlag die Entspannungspolitik beendete. Am 27. Dezember 1979 gab das Politbüro dem Drängen der afghanischen Kommunisten nach, die im April des Vorjahres die Macht übernommen hatten, und schickte Invasionstruppen über die Grenze. Ziel war es zum einen, den zunehmend widerspenstigen Premierminister Amin durch einen Gefolgsmann Moskaus zu ersetzen, zum anderen, den afghanischen Regierungstruppen im Kampf gegen die muslimischen Widerstandskämpfer beizustehen. Nachdem die Ratifizierung von SALT II ungewiss schien und die NATO am 12. Dezember im Rahmen des Doppelbeschlusses entschieden hatte, mit 198 Pershing II-Raketen und 464 Marschflugkörpern nachzurüsten, glaubte Moskau offenbar, bei der zu erwartenden Verschlechterung der Beziehungen zu den USA nicht mehr viel verlieren zu können. Das sollte sich jedoch als gewaltige Fehleinschätzung erweisen.

11. Verschärfung und Überwindung des Kalten Kriegs (1980–1991)

Die USA reagierten auf den sowjetischen Einmarsch in Afghanistan schnell und hart. Außenminister Vance kündigte an, man wolle Moskau «einen Preis zahlen lassen für seine brutale Invasion».[1] Vor allem der Präsident war empört. Für ihn stellte der Einmarsch nicht nur einen machtpolitischen Schachzug Moskaus dar, wie er im Wettkampf der Supermächte um Einflusszonen und strategische Stützpunkte bisweilen zu erwarten war, sondern er fühlte sich persönlich von Breschnew hintergangen: In der «schärfsten Botschaft seiner Präsidentschaft» hatte ihn Carter nämlich über den heißen Draht wissen lassen, die Invasion sei «eine klare Bedrohung des Friedens», und zum sofortigen Abzug der Truppen aufgefordert.[2] Die Antwort des Generalsekretärs, der Einmarsch diene der Abwehr einer Bedrohung von außen, betrachtete der Präsident als Lüge und Beleidigung seiner Intelligenz. Seine Frustration brachte Carter wenige Stunden nach Breschnews Replik in einem oft zitierten Satz zum Ausdruck. «Diese Aktion der Sowjets hat zu einem dramatischeren Wandel meiner Meinung über die letztendlichen Ziele der Sowjets geführt, als alles, was sie in meiner bisherigen Amtszeit getan haben.»[3]

Carters tiefe Enttäuschung mündete in eine Reihe von Maßnahmen, die den Kreml für seine Aggression bestrafen sollten. Als erstes berief er den amerikanischen Botschafter in Moskau zu Beratungen zurück. Dies hatten die USA nicht einmal nach den Einmärschen der Roten Armee in Ungarn 1956 und in der Tschechoslowakei 1968 getan. Dann strengte der Präsident eine Verurteilung der sowjetischen Invasion in Sicherheitsrat und Generalversammlung der UNO an, verhängte ein Weizenembargo, stellte die Lieferung von Hochtechnologie-Produkten ein, zog den SALT II-Vertrag aus dem Senat zurück und gab einen Boykott der für den Sommer 1980 in Moskau angesetzten Olympischen Spiele bekannt. In seiner Ansprache zur Lage der Nation vor beiden Häusern des Kongresses warnte Carter schließlich am 23. Januar 1980 die Sowjetunion, dass jeder «Versuch einer fremden Macht, die Kontrolle über die Region des Persischen Golfs zu erringen, als Angriff auf die vitalen Interessen der Vereinigten Staaten betrachtet und eine solche Macht mit allen dafür notwendigen Mitteln, auch militärischen, zurückgeschlagen werde».[4] Diese Erklärung wurde schon bald als ‹Carter-Doktrin› bezeichnet. Ihre Ernsthaftigkeit untermauerte der Präsident mit der Ankündigung, den Verteidigungshaushalt in jedem der nächsten fünf Jahre real um fünf Prozent zu erhöhen. Gleichzeitig intensivierten die USA ihre Beziehungen zu China und begannen, die Mujaheddin über den pakistanischen Geheimdienst mit Waffen zu unterstützen.

Während Carter für seine harten Maßnahmen zuhause weitgehende Zustimmung fand, hielten viele Europäer sie für eine Überreaktion. Kanzler Schmidt traf die Stimmung vieler Deutscher nicht allein auf der politischen Linken, als er im Wahlkampf sagte: «Wir können uns keine Gesten der Stärke leisten und keine markigen Zeichen der Unerschütterlichkeit. Wir haben die Schnauze voll davon.»[5] Im Kern kreiste der Streit um die Frage, ob die Entspannung teilbar war, wie Europa und insbesondere Westdeutschland argumentierte, oder für alle Weltregionen zu gelten habe, wie die Vereinigten Staaten meinten. Der Graben zwischen europäischer regional- und amerikanischer Globalpolitik begann sich immer weiter zu öffnen. Aber auch das taktische Vorgehen Carters war umstritten. Indem der Präsident nämlich das gesamte amerikanisch-sowjetische Verhältnis, angefangen bei offiziellen Besuchen bis hin zu Kunstausstellungen, von der Präsenz der Roten Armee in Afghanistan abhängig machte, gab er jeden Spielraum für Fortschritte in Einzelbereichen auf.

Es gab zwei Gründe für diesen kompromisslosen Kurs: Zum einen brach der moralische Rigorismus des Präsidenten durch, der ihn jede, auch nur partielle, Kooperation mit dem Aggressor kategorisch ablehnen ließ, solange die Tat nicht gesühnt war. Zum anderen wollte Carter innenpolitische Anwürfe entkräften, er habe sich vor der Afghanistan-Intervention gegenüber Moskau, aber auch in den Fragen der Neutronenbombe und der Geiselnahme in Teheran unentschlossen und sprunghaft gezeigt. Der Präsident und seine Berater hielten den Zeitpunkt für gekommen, Moskau in seine Schranken zu verweisen und so den eigenen Bürgern wie der Welt zu demonstrieren, dass die amerikanische Regierung handlungsfähig war. Damit vollzog Carter einen entscheidenden Bruch in der Sowjetunionpolitik der Vereinigten Staaten. Selbst wenn der Détente in seinen ersten drei Amtsjahren, ja eigentlich schon seit 1974, viel von ihrem Anfangselan verloren gegangen war, so hatten die in ihrer Hochzeit geschaffenen Strukturen für Verhandlungen doch fortbestanden. Ebenso betonten beide Seiten bis Ende 1979, am grundsätzlichen Ziel der Entspannung festzuhalten. Nach der sowjetischen Intervention in Afghanistan verabschiedeten sich die USA aber von diesen Strukturen und von diesem Ziel. Insofern bedeutete der Januar 1980, wie der Politikwissenschaftler Raymond Garthoff festgestellt hat, einen «schärferen Wendepunkt» in den Beziehungen zwischen Washington und Moskau als der Amtsantritt Reagans ein Jahr später. Schon unter Carter bewegten sich die Vereinigten Staaten «von der Nixon-Kissinger-Politik des Managements der sich entwickelnden sowjetischen Macht zurück zur Truman-Eisenhower-Kennedy-Politik der Eindämmung».[6]

Sollte der Präsident gehofft haben, sich mit seiner neuen harten Linie gegen Angriffe bei den Wahlen im November 1980 wappnen zu können, so wurde er enttäuscht. Seine größten Probleme – sein offensichtlicher Wankelmut, der Vorwurf, den Sowjets nicht rechtzeitig entgegengetreten zu sein, die Unfähigkeit, die Geiselfrage in Teheran zu lösen – ließen sich nicht so leicht übertünchen. Das Fehlen einer kohärenten Außenpolitik war zwar nicht ausschlaggebend für Carters Wahlniederlage. Aber es verfestigte den Eindruck einer wachsenden Ineffektivität seiner Regierung, der sich auch bei seiner Handhabung der Wirtschaftskrise aufgedrängt hatte.

Reagans Kreuzzug gegen das «Reich des Bösen»

Nach vier gescheiterten Präsidenten verlangte das Land offenbar nach einer Führungspersönlichkeit. Johnson war am Vietnamkrieg zerbrochen, Nixon hatte sich mit dem Watergate-Skandal moralisch disqualifiziert. Sein Nachfolger Ford erholte sich politisch nie von seiner Amnestie für seinen Vorgänger, Carters vier Jahre im Weißen Haus waren geprägt von einer langen Liste innen- und außenpolitischer Fehlschläge. Ronald Reagan dagegen versprach eine starke Hand und klare Prinzipien. Als Gouverneur von Kalifornien in den Jahren 1967 bis 1975 hatte er sich als Sprecher des rechten Flügels der Republikanischen Partei etabliert, wobei er sich oft einer holzschnittartigen Argumentation bediente. Fast wäre es ihm schon 1976 gelungen, Ford die Nominierung seiner Partei zu entreißen. 1980 war die Zeit reif für Reagan. Obwohl er mit 69 Jahren der älteste Präsidentschaftskandidat in der amerikanischen Geschichte war, schlug er Carter mit einem klaren Sieg. Seit Roosevelt, der 1932 über Hoover triumphiert hatte, war Reagan der erste Herausforderer, der einen gewählten Amtsinhaber bezwang. Da die Republikaner zudem den Senat eroberten und im Haus Zugewinne erzielten, konnte er sich auf ein breites öffentliches Mandat berufen.

Reagan war vor allem gewählt worden, damit er die Wirtschaft saniere und die amerikanische Rolle in der Welt stärke. Dabei unterschied er sich deutlich von allen republikanischen Präsidenten seit Theodore Roosevelt: Er war weder isolationistisch wie seine Amtsvorgänger vor dem Zweiten Weltkrieg noch ein Realpolitiker wie Eisenhower, Nixon oder Ford. Vielmehr bediente er sich einer konservativen Kreuzzugsrhetorik, die an den «Roll back»-Jargon von John Foster Dulles erinnerte. Für Reagan war die Sachlage klar: Amerika musste der globalen Herausforderung Moskaus auch global Einhalt gebieten. Die UdSSR bildete die Wurzel der Instabilität auf der Welt, sie fachte Bürgerkriege an, unterstützte Terroristen, stellte die größte Bedrohung der Menschenrechte auf der Welt dar und war bereit, «jedes Verbrechen zu begehen, zu lügen, zu betrügen», um ihre Ziele zu erreichen. Die Détente war eine «Einbahnstraße», die von der Sowjetunion nur für ihre eigenen Zwecke instrumentalisiert wurde.[7] In einer berühmt-berüchtigten Ansprache vor der ‹Nationalen Vereinigung protestantischer Christen› im Jahr 1983 machte der Präsident die UdSSR als «Zentrum des Bösen in der modernen Welt» aus und bezeichnete ihr Einflussgebiet als das «Reich des Bösen» (evil empire).[8] Im Kalten Krieg ging es also in Reagans Augen nicht nur um machtpolitische Konkurrenz, sondern auch um richtig oder falsch. Der Konflikt musste allerdings nicht bis zum bitteren Ende ausgetragen, sondern konnte überwunden werden, wenn die sowjetischen Führer einsahen, dass ihr System schlecht war und es abschafften. Unauflösbare Interessengegensätze gab es im Weltbild dieses Präsidenten nicht. Wiederholt äußerte er schon in seiner ersten Amtszeit die Hoffnung, die Spitzenpolitiker der UdSSR in einem persönlichen Treffen von den guten Absichten der USA überzeugen und die Differenzen beilegen zu können. Das Mittel, das Reagan bis dahin einsetzen wollte, um dem Kreml die Aussichtslosigkeit seiner Expansionspolitik klar zu machen, war das der politischen, militärischen und ideologischen Konfrontation. Frieden sei, so der Präsident, nur durch Stärke zu gewährleisten. Er werde deshalb den Verteidigungshaushalt massiv aufstocken und Moskau demonstrieren, dass es ein intensiviertes Wettrüsten ökonomisch und technologisch nicht durchhalten könne.

Als ersten Schritt im Systemwettkampf mit der UdSSR stimmte der Präsident einer Erhöhung des Rüstungsbudgets um 15 Prozent auf 233 Milliarden Dollar im Fiskaljahr 1981/82 zu. Das Fünfjahresprogramm für 1982 bis 1986 sah sogar Gesamtausgaben für die Verteidigung von 1,5 Billionen Dollar vor. Auch wenn der Kongress in den darauf folgenden Jahren weniger Mittel als geplant bewilligte, sah die erste Reagan-Amtszeit die massivste Aufrüstung seit dem Vietnamkrieg. Der Anteil des Verteidigungshaushalts stieg in den ersten fünf Jahren seiner Präsidentschaft von vier auf mehr als sechs Prozent des Bruttoinlandsprodukts und trug damit wesentlich zum explodierenden Budgetdefizit bei. Aus den sprudelnden Geldquellen wurden die Flotte gestärkt, die atomare Zweitschlagsfähigkeit ausgeweitet, die MX- und Midgetman-Interkontinentalraketen gebaut, der B1- und der Stealth-Bomber entwickelt sowie weitere Hochtechnologie-Projekte auf den Weg gebracht. Allerdings bedarf das oft gezeichnete Bild von Reagan als einem blinden Advokaten militärischer Hochrüstung der Differenzierung. Denn trotz seiner scharfen Kritik am SALT II-Vertrag während des Wahlkampfs hielt er sich bis 1985 an die darin mit der Sowjetunion vereinbarten Obergrenzen – obwohl das Abkommen ja nie formal in Kraft getreten war. Auch war der Präsident davon überzeugt, dass Nuklearwaffen unmoralisch und die Doktrin der nuklearen Abschreckung zutiefst verwerflich seien. Als ihm der Kernphysiker Edward Teller vorschlug, einen Laser zu bauen, der anfliegende Interkontinentalraketen abschießen könne, war Reagan deshalb begeistert. In einer Rede am 23. März 1983 verkündete er einer staunenden Öffentlichkeit die Entwicklung einer ‹Strategischen Verteidigungsinitiative› (Strategic Defense Initiative = SDI), die die amerikanische Bevölkerung im Kriegsfall vor der nuklearen Vernichtung bewahren sollte. Gleichzeitig wollte Reagan der Sowjetunion mit SDI deutlich machen, dass sie den Rüstungswettlauf mit den USA nicht würde gewinnen können. Der Machtpolitiker und der Utopist verschmolzen bei diesem Präsidenten auch in der Verteidigungspolitik. Allerdings verstärkten die Art der Ankündigung des SDI-Projekts und seine strategischen Implikationen im In- und Ausland Zweifel an Reagans Regierungsstil und seiner multilateralen Ausrichtung. Denn obwohl SDI am Prinzip der ‹Mutual Assured Destruction› rüttelte und damit die Grundfesten der westlichen Verteidigung zur Disposition stellte, lancierte der Präsident die Initiative, ohne Verteidigungs- und Außenminister oder die Bündnispartner konsultiert zu haben.

Nicht zuletzt wegen SDI blieben die Beziehungen zur Sowjetunion fast während der gesamten ersten Amtszeit Reagans angespannt. Auch wenn der verschärfte Systemwettkampf Moskau nun wieder ins Zentrum der amerikanischen Außenpolitik rückte, maß die Administration direkten Kontakten zu Moskau keine hohe Bedeutung zu. Botschafter Dobrynin etwa verlor seinen privilegierten Zugang zum Außenministerium, der ihm einst unter Nixon gewährt worden war, und auch die telephonische Direktverbindung zwischen State Department und sowjetischer Vertretung wurde gekappt. Den von Breschnew geäußerten Wunsch nach einem Gipfel machte das Weiße Haus davon abhängig, dass Moskau zunächst weltpolitische Zurückhaltung an den Tag legte. Zwar hob Reagan bald nach seinem Amtsantritt Carters Lieferstopp für Weizen auf, aber damit wollte er nur ein Wahlkampfversprechen an die heimische Agrarlobby einlösen. Nach der Ausrufung des Kriegsrechts in Polen im Dezember 1981 verhängten die Vereinigten Staaten mit dem Erdgasröhren-Embargo sogar eine weitere Strafmaßnahme gegen Moskau, und die CIA begann mit der Unterstützung der oppositionellen Gewerkschaftsbewegung Solidarnosć. Auch wenn beide Seiten mit dem Beginn von Rüstungskontroll-Gesprächen über Mittelstrecken- (Intermediate Nuclear Forces = INF) und Interkontinentalraketen (Strategic Arms Reduction Talks = START) im Juni 1982 in Genf ihren diplomatischen Dialog wieder aufnahmen, so blieb er auf technische Fragen beschränkt. Insgesamt dienten die ersten beiden Amtsjahre der Reagan-Regierung dazu, die vermeintliche militärische Schwäche der USA zu überwinden und der sowjetischen Führung klar zu machen, dass eine Normalisierung der Beziehungen nur dann möglich sei, wenn sie über einen längeren Zeitraum außenpolitisches Wohlverhalten demonstrierte habe.

Auch im Jahr 1983 überschatteten die Rückschläge die Fortschritte im bilateralen Verhältnis. George Shultz, der nach nur einem Jahr die Leitung des Außenministeriums von Alexander Haig übernommen hatte, schlug zunächst versöhnlichere Töne gegenüber der Sowjetunion an und konnte Reagan zu einer Mäßigung seiner konfrontativen Rhetorik veranlassen. Aber den Abschuss eines südkoreanischen Passagierflugzeugs, das irrtümlich in den Luftraum der UdSSR eingedrungen war, durch einen sowjetischen Abfangjäger in der Nacht vom 31. August auf den 1. September brandmarkte Reagan als «Akt der Barbarei» und «Massaker».[9] In einem solchen Klima war an eine Intensivierung des Dialogs nicht zu denken. Ihren Höhepunkt erreichten die Dissonanzen im Spätherbst, als der Deutsche Bundestag am 22. November 1983 beschloss, am nächsten Tag mit der Stationierung der amerikanischen Mittelstreckenraketen zu beginnen. Der Kreml brach daraufhin sowohl die INF- als auch die START-Gespräche ab. Für Reagan war die Nachrüstung ein Triumph, da die NATO bewiesen hatte, dass sie trotz massiver sowjetischer Propaganda einen gefassten Beschluss auch durchsetzen konnte. Zusätzlich verkompliziert wurde eine Annäherung der Supermächte durch die häufigen Wechsel in der sowjetischen Führung. Innerhalb von 29 Monaten hatte die KPdSU nicht weniger als vier Generalsekretäre: Breschnew, der seit 1980 kaum mehr arbeitsfähig war, starb im November 1982, seine beiden Nachfolger, Juri Andropow (bis Februar 1984) und Konstantin Tschernenko (bis März 1985) litten unter schweren Gesundheitsproblemen und amtierten jeweils nicht viel länger als ein Jahr.

Um so erstaunlicher waren die von Washington seit Anfang 1984 ausgehenden Signale, an einer Verbesserung der Beziehungen interessiert zu sein. Unter dem Einfluss von Shultz gelangte Reagan nämlich zu der Einsicht, dass es die anziehende Konjunktur und der Stand der Rüstungsprojekte den USA erlaubten, mit Moskau aus einer gestärkten Position wieder in einen Dialog einzutreten. Angesichts der schwindenden Unterstützung in Bevölkerung und Kongress für den Konfrontationskurs gegenüber der Sowjetunion war es in einem Wahljahr außerdem auch politisch klug, Bereitschaft zum Abbau der Spannungen zu dokumentieren. An der aufgeschlosseneren Politik der Administration änderte auch die Entscheidung des Kreml nichts, keine sowjetische Mannschaft zu den Olympischen Spielen in Los Angeles im Sommer 1984 zu schicken. Die Begründung, die US-Behörden schürten eine «anti-sowjetische Hysterie», war wenig überzeugend. Vielmehr handelte es sich dabei wohl um eine Retourkutsche für den amerikanischen Boykott vier Jahre davor. Reagan ließ sich davon aber nicht beirren und nutzte eine Ansprache an die Vollversammlung der Vereinten Nationen am 24. September für das bis dahin deutlichste Kooperationsangebot an Moskau: «Amerika hat seine Stärke wiedererlangt», erklärte der Präsident, «wir sind bereit für konstruktive Verhandlungen mit der Sowjetunion.»[10] Der Kreml bekundete seinerseits Interesse. Schon wenige Monate später vereinbarten beide Seiten, vom 12. März 1985 an drei Delegationen in Genf parallel über Mittelstreckenraketen, Interkontinentalraketen sowie strategische Verteidigungssysteme und weltraumgestützte Waffen verhandeln zu lassen.

Die Eiszeit in den bilateralen Beziehungen ging also schon vor Michail Gorbatschows Wahl zum Generalsekretär der KPdSU Mitte März 1985 zu Ende.

Tauwetter in den Beziehungen zu Moskau

Die Bedingungen für eine grundsätzliche Neubestimmung des amerikanisch-sowjetischen Verhältnisses waren in jenem Frühjahr 1985 günstig: Reagan hatte bei den Wahlen im November 1984 einen Erdrutschsieg über seinen demokratischen Herausforderer Walter Mondale errungen und wollte in seiner zweiten Amtszeit beweisen, dass er nicht nur Kalter Krieger, sondern auch Friedensstifter sein konnte. In der UdSSR trat mit Gorbatschow der jüngste Generalsekretär seit Lenin sein Amt an, dem sogar die «eiserne» britische Premierministerin Margaret Thatcher bescheinigte, der Westen könne mit ihm «Geschäfte machen». Zunächst tasteten sich beide Seiten allerdings ab. Die neue sowjetische Führung versuchte herauszufinden, ob es der US-Präsident ernst meinte mit seinen Kooperationssignalen, zumal er Moskau weiterhin regelmäßig verbal attackierte. Auch wollte Gorbatschow sicher sein, dass es bei dem für ihn zentralen Thema der Abrüstungsverhandlungen zu Fortschritten kam. Die amerikanische Regierung entschied ebenfalls, dass keine übertriebene Eile an den Tag gelegt und der neue Parteichef erst einmal genau beobachtet werden müsse. Letztlich überwog aber bei Reagan und Gorbatschow der Wunsch, den Führer der anderen Supermacht persönlich kennen zu lernen und die eigene Ausstrahlung und Überzeugungskraft an ihm zu erproben.

Am 19. und 20. November 1985 trafen sich die zwei Staatsführer in Genf zum ersten amerikanisch-sowjetischen Gipfel seit sechs Jahren. Auch wenn er keine substanziellen Ergebnissen erbrachte, war zumindest der Dialog auf höchster Ebene wieder eröffnet. Der US-Präsident verließ die Gespräche zuversichtlich, die Beziehungen zu Moskau mit diesem Generalsekretär verbessern zu können. Trotzdem dauerte es fast ein Jahr, bis die beiden wieder zusammenkamen. Gorbatschow wollte keinen neuen Gipfel ohne Abrüstungsvertrag. Sein oberstes Ziel war dabei die Verhinderung von SDI, weil er andernfalls eine Entwertung der sowjetischen Interkontinentalraketen und einen für die UdSSR ökonomisch nicht durchzustehenden Rüstungswettlauf im High-Tech-Bereich befürchtete. Die amerikanische Regierung dagegen wusste, dass sie die besseren Karten in der Hand hielt und Moskau sich ihrer Position annähern musste, um Vereinbarungen zu erzielen.

Angesichts der geringen Dynamik in den Beziehungen entschlossen sich Reagan und Gorbatschow, den nächsten Gipfel bei einem Arbeitstreffen in Reykjavik Mitte Oktober 1986 vorzubereiten. Was als Gedankenaustausch über mögliche Kompromisse bei den Rüstungskontrollverhandlungen begann, mündete in die weitestreichende Diskussion von Vorschlägen für eine drastische Reduzierung oder sogar Eliminierung von Nuklearwaffen in der Geschichte. An einem Punkt stimmten die beiden Staatsführer sogar überein, innerhalb von zehn Jahren ihre gesamten Atomwaffen abzuschaffen. Nur Reagans kategorische Weigerung, sein SDI-Projekt aufzugeben, verhinderte eine Einigung. Auch wenn in Reykjavik keine Vereinbarung geschlossen wurde, waren die jeweiligen Positionen doch so sehr in Bewegung geraten, dass die INF- und START-Verhandlungen neue Impulse erhielten. Schnelle Erfolge blieben aber aus, weil Reagan und Gorbatschow ihre Aufmerksamkeit akuten innenpolitischen Problemen widmen mussten. Während der sowjetische Generalsekretär seine ganze Energie für die Perestroika, den Umbau des Staats- und Wirtschaftssystems, einsetzte, geriet Reagan in die schwerste Krise seiner Amtszeit: die Iran-Contra-Affäre.

Die Iran-Contra-Affäre begann damit, dass Reagans Sicherheitsberater Robert McFarlane und sein Nachfolger John Poindexter geheime Waffenlieferungen an den Iran initiierten. Damit wollten sie zum einen die Beziehungen zu einer Schlüsselmacht im Nahen Osten verbessern, zum anderen die Teheraner Führung dazu bewegen, Druck auf die von ihr finanzierten Hisbollah-Terroristen im Libanon auszuüben, ihre amerikanischen Geiseln freizulassen. Bis zu diesem Punkt war die Strategie nur unklug gewesen, weil sie auf der Illusion beruhte, mit einem radikal antiamerikanischen Regime Beziehungen aufbauen zu können, und Reagans immer wieder beschworenes Prinzip konterkarierte, mit Terroristen nicht zu verhandeln. Mit dem nächsten Schritt wurde aus einer falschen überdies eine gesetzwidrige Politik. Im Herbst 1984 hatte der Kongress der Regierung verboten, die antisandinistischen Widerstandsgruppen in Nicaragua, die Contras, mit Geld für ihre Militäroperationen zu versorgen. Trotzdem verwendete NSC-Mitarbeiter Oliver North Teile der Erlöse aus den Waffengeschäften mit dem Iran, um Nachschub für die Contras zu kaufen.

Im November 1986 flog die Sache auf. Zwei Untersuchungsausschüsse fanden heraus, dass der Präsident zentrale Entscheidungen selbst getroffen hatte, auch wenn er nicht jedes operative Detail genehmigte. Darüber hinaus warfen die Enthüllungen ein schlechtes Licht auf die Organisation des außenpolitischen Apparats und die Führungskraft Reagans. Sicherheitsberater, Stabschef und Präsident ließen ihre Untergebenen gewähren, weil sie nicht in die potentiell illegale Umsetzung ihrer Vorgaben hineingezogen werden wollten. Der Stab des NSC, eigentlich nur zur Koordination und Beratung gedacht, war für die Exekution außenpolitischer Initiativen benutzt worden, um im Falle des Waffen-gegen-Geiseln-Geschäfts die opponierenden Ministerien, im Falle der Contra-Finanzierung den Kongress zu hintergehen. Die Iran-Contra-Affäre beschädigte Reagans Ansehen schwer, ja, kurze Zeit stand sogar die Drohung eines Amtsenthebungsverfahrens im Raum. Der Skandal untergrub des Bild des starken Regierungschefs, der klare Anweisungen gab und diese durch vertrauenswürdige Mitarbeiter ausführen ließ. Stattdessen zeigte er einen Präsidenten, der sich nicht für Details der Außenpolitik interessierte, ihre Exekution lax überwachte und der auch bereit war, die Kompetenzen des Kongresses zu missachten. Allein in den ersten vier Wochen nach dem Bekanntwerden der Affäre fiel seine Zustimmungsrate von 67 auf 46 Prozent. Es dauerte mehrere Monate, bis Reagan ein außenpolitisches Entscheidungssystem gefunden hatte, das seine Schwächen kompensierte. Gleichzeitig setzte ein Exodus der außenpolitischen Hardliner in der Administration ein, angefangen bei CIA-Chef William Casey, der einem Gehirntumor erlag, über Sicherheitsberater John Poindexter und Redenschreiber Pat Buchanan bis hin zu Verteidigungsminister Caspar Weinberger, die im Laufe des Jahres 1987 zurücktraten. An ihre Stelle rückten Männer mit Amtserfahrung und gemäßigten Ansichten wie Colin Powell als Sicherheitsberater oder Frank Carlucci als Chef des Pentagon.

Politisch war Reagan durch den Skandal angeschlagen. Damit erhöhte sich indes für ihn die Attraktivität eines erfolgreichen Gipfels mit Gorbatschow. Als der sowjetische Generalsekretär Anfang 1987 vorschlug, alle sowjetischen und amerikanischen Mittelstreckenraketen abzuschaffen, reagierte der amerikanische Präsident deshalb positiv. Dies fiel ihm umso leichter, als er die ‹Null-Lösung› 1981 selbst angeregt und Gorbatschow die frühere Koppelung seiner Abrüstungsinitiativen an SDI, Interkontinentalraketen oder das britische und französische Kernwaffenarsenal aufgegeben hatte. Am 8. Dezember 1987 unterzeichneten Reagan und Gorbatschow beim Gipfel in Washington den INF-Vertrag. Obwohl er nur fünf Prozent der insgesamt etwa 50000 Atomsprengköpfe auf beiden Seiten betraf, war er in doppelter Hinsicht revolutionär: Der Vertrag sah nicht allein vor, dass die USA und die Sowjetunion alle ihre bodengestützten Kurz- und Mittelstreckenraketen innerhalb von drei Jahren zerstören und damit eine ganze Klasse von Nuklearwaffen eliminieren würden. Vielmehr gewährleistete er auch ein umfangreiches Verifikationssystem mit Vor-Ort-Inspektionen und Überwachungsmaßnahmen.

Für Reagan war dies ein großer Triumph. Die Annäherung der beiden Supermächte, die im INF-Vertrag einen ersten Höhepunkt fand, ging nämlich vor allem darauf zurück, dass Moskau die amerikanischen Positionen übernahm. Gleichzeitig ließ der Präsident auch in dieser Tauwetterphase nicht nach, das kommunistische Herrschaftssystem grundsätzlich in Frage zu stellen. In einer Rede vor dem Brandenburger Tor beispielsweise forderte er den sowjetischen Generalsekretär auf: «Wenn Sie Frieden, wenn Sie Wohlstand für die Sowjetunion und Osteuropa, wenn Sie Liberalisierung suchen ... dann, Herr Gorbatschow, reißen Sie diese Mauer ein.»[11] Auf der persönlichen Ebene verbesserten sich die Beziehungen dagegen weiter. Schon in Washington hatten die beiden Staatschefs beschlossen, sich beim Vornamen zu nennen. Beim Gegenbesuch in Moskau vom 29. Mai bis zum 2. Juni 1988 gewann die Sowjetunion, die er bis dahin nur als abstrakten weltpolitischen Unruhestifter gesehen hatte, für Reagan ein menschliches Antlitz. Auf die Frage, ob er noch immer denke, die UdSSR sei das ‹Reich des Bösen›, antwortete er unzweideutig: «Nein. Ich sprach über eine andere Zeit, eine andere Ära.» Zu substanziellen Vereinbarungen kam es trotz Gorbatschows Drängen und einigen Fortschritten bei den START-Gesprächen in Reagans letztem Amtsjahr nicht mehr. Man wusste in Washington, dass die Zeit für die USA und gegen die Sowjetunion arbeitete und Moskau aufgrund seiner ökonomischen Misere zu weiteren Zugeständnissen gezwungen sein würde. Als sich Reagan im November 1988 in New York zum fünften und letzten Mal mit Gorbatschow traf, hatte er genauso viele amerikanisch-sowjetische Gipfel absolviert wie seine vier Vorgänger zusammen. Die Beziehungen zu Moskau, die sich bei seinem Amtsantritt auf dem tiefsten Stand seit 1962 befunden hatten, waren nun besser als zu jedem anderen Zeitpunkt seit der Oktoberrevolution.

Die europäischen Verbündeten
Obwohl Reagan der Revitalisierung der NATO einen wichtigen Stellenwert in seinem außenpolitischen Programm zugewiesen hatte, kam es in seiner Amtszeit zu ernsthaften Spannungen mit den Partnern über politische, militärische und wirtschaftliche Fragen. Nach seiner Amtsübernahme befürchteten die Westeuropäer, allen voran die sozialliberale Bundesregierung, dass die globale Konfrontationspolitik Reagans auch die regionale Entspannung in Europa beschädige. Als der amerikanische Präsident nach der Machtergreifung des Militärs und der Verhängung des Kriegsrechts in Polen 1981 ein Erdgasröhren-Embargo gegen die Sowjetunion verhängte, brachte dies die Europäer so sehr gegen ihn auf, dass er es im folgenden Jahr wieder beendete. Auch die Bereitschaft Reagans, die Grundlagen der gemeinsamen westlichen Verteidigung in Frage zu stellen, ohne die Verbündeten zu konsultieren, sorgte in den europäischen Hauptstädten wiederholt für Irritationen. So ließ die Ankündigung des Präsidenten vom März 1983, mit SDI einen Schutzschirm vor anfliegenden Interkontinentalraketen zu errichten, in der Alten Welt Ängste wach werden, die USA würden Zonen unterschiedlicher Sicherheit im Bündnis etablieren. Es gelang beiden Seiten jedoch, den aus Reagans Alleingang entstandenen Vertrauensverlust zu begrenzen, zumal sich schon bald abzeichnete, dass SDI wegen ungelöster technologischer Probleme allenfalls in einer fernen Zukunft stationiert werden würde. Mit der Aufstellung von amerikanischen Mittelstreckenraketen in Westeuropa im Spätherbst 1983 dokumentierte die NATO sogar nachdrücklich ihre Handlungsfähigkeit. Trotz heftiger Proteste der Sowjetunion und der Friedensbewegung setzte die Allianz damit den zweiten Teil ihres Doppelbeschlusses von 1979 um. Die Nachrüstung erhöhte nicht nur die Verteidigungsfähigkeit Westeuropas, sondern zeigte auch, dass, wenn es hart auf hart kam, das Bündnis Schwierigkeiten meistern konnte. In Margaret Thatcher, François Mitterrand und Helmut Kohl fand Reagan zudem Politiker an der Spitze der wichtigsten europäischen Verbündeten, die im sich verschärfenden Konflikt mit der Sowjetunion fest an der Seite der USA standen.

Gorbatschows Amtsantritt im März 1985 sorgte allerdings für ein erneutes Aufbrechen der strategischen Divergenzen im transatlantischen Verhältnis. Die US-Administration befürchtete, die Westeuropäer wären bereit, die Verankerung im Bündnis für die vage Aussicht auf Abrüstung und Entspannung mit Moskau zu lockern. Vor allem Bundesaußenminister Hans-Dietrich Genscher geriet bei den Hardlinern um Reagan unter Verdacht, den angeblichen Schallmeienklängen aus dem Kreml zu erliegen und die Geschlossenheit westlicher Politik zu schwächen. Allerdings unternahmen die Vereinigten Staaten schon bald eine Initiative, die Europa seinerseits am amerikanischen Willen zu einer geschlossenen westlichen Politik zweifeln ließ. Reagans und Gorbatschows Beinahe-Einigung über die Verschrottung aller Nuklearwaffen in Reykjavik im Oktober 1986 sahen die NATO-Partner nämlich als Beleg dafür, dass sich Washington über ihre Köpfe hinweg mit der Sowjetunion ins Benehmen setzte, wenn es sich davon Vorteile versprach. Zwar gelang es, die Verstimmungen auszuräumen, aber es zeigte sich, dass der strategische Konsens, der die Vereinigten Staaten und Westeuropa lange Jahrzehnte im Bündnis vereint hatte, immer mehr abnahm.

Auch im wirtschaftlichen Bereich kam es in der ersten Hälfte der 1980er Jahre zu Spannungen mit den Partnern in Europa und Asien. Im Zentrum standen dabei die weltwirtschaftlichen Verwerfungen infolge des hohen amerikanischen Zwillingsdefizits bei Haushalt und Handelsbilanz. Die ‹Reaganomics›, so der von den Medien erfundene Begriff für die Kombination von Steuersenkungen und Ausgabenerhöhungen der Reagan-Regierung, führten im Verbund mit der Hochzinspolitik der Notenbank nämlich dazu, dass der Wechselkurs des Dollar rasant anstieg. Zwischen 1980 und 1985 verdoppelte sich sein Wert etwa gegenüber der D-Mark von 1,71 auf 3,47. Damit wurden amerikanische Güter im Ausland teurer, ausländische Waren in den Vereinigten Staaten hingegen billiger. Was die US-Konsumenten erfreute, fügte den Exporteuren großen Schaden zu. Vor allem die amerikanische Automobil-, Stahl- und Textilindustrie geriet in eine schwere Krise und erhöhte den Druck auf Kongress und Weißes Haus, sie vor der ausländischen Konkurrenz zu schützen. Reagan verschloss sich diesen Forderungen nicht völlig und bewegte zum Beispiel Japan dazu, seine Autoexporte in die Vereinigten Staaten freiwillig zu beschränken.

Trotz solcher protektionistischer Maßnahmen schoss das amerikanische Handelsbilanzdefizit von 28 Milliarden Dollar im Jahr 1981 auf 108 Milliarden Dollar 1984. Einerseits profitierten die Partner der USA von deren expansiver Fiskalpolitik, weil sie die eigene Exportwirtschaft ankurbelte. Andererseits flossen wegen der hohen Zinsen riesige Summen ausländischen Kapitals in die Vereinigten Staaten und finanzierten das rasant wachsende Zwillingsdefizit. Wollten Europa und Japan ihre Staatsanleihen attraktiv halten, so mussten auch sie ihre Zinsen anheben und Einbußen beim Wachstum der Binnenkonjunktur in Kauf nehmen. Am schwersten traf die amerikanische Hochzinspolitik aber die stark verschuldeten Länder Lateinamerikas, die nun steigende Raten für ihre neuen Kredite bezahlen mussten. Es zeigte sich, dass mit dem Übergang zu flexiblen Wechselkursen und der Integration der Kapitalmärkte in den 1970er Jahren die Auswirkungen der US-Wirtschaftspolitik auf den Rest der Welt gewaltig angestiegen waren.

In der ersten Amtszeit gaben sich Reagan und sein wirtschaftspolitisches Team indifferent gegenüber den Klagen der Europäer und Japaner, die amerikanische Hochzins- und Verschuldungspolitik destabilisiere die internationalen Wirtschaftsbeziehungen. Als größte Ökonomie der Erde mit der wichtigsten Währung konnten sich die USA den Luxus leisten, binnenwirtschaftliche Erwägungen in den Mittelpunkt ihrer Überlegungen zu stellen und sich um die Konsequenzen für die Handelspartner nicht zu kümmern. Erst zu Beginn von Reagans zweiter Amtszeit mussten die führenden Wirtschaftspolitiker der Regierung eingestehen, dass der überbewertete Dollar auch den Vereinigten Staaten Probleme bereitete. Vor allem die wachsende protektionistische Stimmung im Kongress sorgte das Weiße Haus, weil sie auch sein Deregulierungs- und Liberalisierungsprogramm bedrohte. Die Regierung rückte jetzt von ihrer Laisser-faire-Haltung ab und bemühte sich um eine Zusammenarbeit mit den wichtigsten Industriestaaten. Im September 1985 kamen Vertreter der USA, Japans, der Bundesrepublik, Frankreichs und Großbritanniens (Gruppe der 5 = G5) bei einem Geheimtreffen im New Yorker Plaza Hotel überein, ihre Notenbanken zu koordinierten Interventionen an den Devisenmärkten zu veranlassen und dadurch den Wert des Dollar nach unten zu bringen. Die ‹Plaza-Vereinbarung› trug dazu bei, dass die amerikanische Währung bis zum Herbst 1986 auf 2,00 D-Mark zurückfiel. Als sich die Handelsbilanz der USA daraufhin aber nicht verbesserte, drohte ein übermäßiger Verfall des Dollar. In der ‹Louvre-Übereinkunft› versuchten die Finanzminister der G7 (G5 plus Italien und Kanada) im Februar 1987 deshalb, die US-Währung zu stabilisieren, indem sie geheime Zielzonen für den Dollarwechselkurs festlegten. Gleichzeitig sollten die europäischen Staaten und Japan ihre Wirtschaften ankurbeln, um mehr amerikanische Importe aufzunehmen und die US-Ökonomie wie eine Lokomotive aus einer Phase langsamen Wachstums zu ziehen. In den Vereinigten Staaten standen 1988 nämlich Präsidentenwahlen an, und eine ökonomische Flaute kam deshalb sehr ungelegen. Als sich die Bundesrepublik weigerte, ihre Stabilitätspolitik durch Zinssenkungen und ein Konjunkturprogramm zu kompromittieren, übte Schatzminister James Baker so lange Druck auf die Bonner Regierung aus, bis diese einschwenkte. Auch wenn solcher Politik ein durchschlagender Erfolg versagt blieb, offenbarte sie doch, dass die USA nach wie vor bereit und imstande waren, ihre starke währungs- und sicherheitspolitische Stellung gegenüber den Verbündeten für binnenwirtschaftliche und wahltaktische Ziele einzusetzen. Wieder einmal setzte damit eine US-Regierung den Satz von Nixons Finanzminister John Connally aus den frühen 1970er Jahren in die Tat um: «Der Dollar ist unsere Währung, aber euer Problem.»[12]

Die Reagan-Doktrin und die Dritte Welt

Als zumindest partiellen Erfolg konnte Reagan die Entwicklungen außerhalb des unmittelbaren sowjetischen Machtbereichs verbuchen. Schon früh in seiner Präsidentschaft hatte er versprochen, der UdSSR nicht nur direkt, sondern auch in der Dritten Welt entgegenzutreten. Konkret bedeutete dies, dass die Vereinigten Staaten Rebellengruppen in ihrem Kampf gegen Moskau-freundliche Regierungen zu unterstützen begannen. Während des Entkolonisierungsprozesses der 1960er und 1970er Jahre hatte die Sowjetunion ihre Stellung in den Entwicklungsländern verbessert. Jetzt sollte ihr Einfluss zurückgerollt werden. Die umfassendste Begründung für diese Politik lieferte der Präsident in seiner Ansprache zur Lage der Nation am 6. Februar 1985, als er sagte: «Wir müssen allen unseren demokratischen Verbündeten beistehen. Und wir dürfen nicht unseren Glauben verlieren in jene, die ihr Leben riskieren – auf jedem Kontinent, von Afghanistan bis Nicaragua –, um der sowjetisch unterstützten Aggression zu trotzen und Rechte zu sichern, welche die unseren von Geburt an sind.» Journalisten bezeichneten diese Strategie der Unterminierung sowjetischen Einflusses in der Dritten Welt bald als ‹Reagan-Doktrin›. Tatsächlich hatte die Umsetzung dieser Strategie sofort nach seiner Amtsübernahme begonnen. Zwischen 1981 und 1989 trainierten, bezahlten und bewaffneten die USA antikommunistische Kämpfer unter anderem in Angola, Mosambik, Kambodscha, Afghanistan und Nicaragua. In El Salvador versorgte Washington die Regierung mit Militär- und Wirtschaftshilfe in einem brutalen Bürgerkrieg gegen linksgerichtete Guerillas. Solche Operationen besaßen den Vorteil, relativ kostengünstig zu sein und sowjetische Interessen zu bedrohen, ohne die Gefahr eines direkten Konflikts mit der UdSSR heraufzubeschwören. Dass die CIA dabei nicht nur genuine Demokraten unterstützte, sondern auch islamische Fundamentalisten, rechte Paramilitärs und afrikanische Stammeskrieger, war der Preis, den man dafür zu zahlen bereit war. Die beiden wichtigsten Aktionen bildeten zweifellos die Hilfeprogramme für die islamischen Widerstandskämpfer in Afghanistan und die Contra-Rebellen in Nicaragua. Triumph und Desaster lagen dabei eng beieinander.

Die Unterstützung der Mujaheddin fand breite Zustimmung in den USA. Reagan baute die Militärhilfe, die über den pakistanischen Geheimdienst an die Widerstandskämpfer verteilt wurde, sukzessive aus. Insgesamt überließ Washington den Mujaheddin in den 1980er Jahren Waffen und Ausrüstung im Wert von zwei Milliarden Dollar. Der Kongress trug diese Politik mit, ja drängte den Präsidenten sogar, den Rebellen mehr und modernere Waffen zur Verfügung zu stellen. 1986 begannen die Vereinigten Staaten, Boden-Luft-Raketen vom Typ ‹Stinger› an die Mujaheddin zu liefern, mit denen diese die Lufthoheit der gefürchteten sowjetischen Hubschrauber brachen. Obwohl Gorbatschow seit 1986 seine Bereitschaft signalisierte, das Afghanistan-Abenteuer zu beenden, hielt der amerikanische Präsident den Druck aufrecht. Der Abzug der Roten Armee 1988/89 stellte den größten Triumph der ‹Reagan-Doktrin› dar. Für die UdSSR und Afghanistan war der fast zehnjährige Krieg eine Katastrophe: Die Invasion schädigte das sowjetische Ansehen in der Welt, belastete den Staatshaushalt schwer und kostete nicht zuletzt mehr als 13 000 Soldaten das Leben. Afghanistan verlor mit anderthalb Millionen Toten fast zehn Prozent seiner Bevölkerung, weitere fünf Millionen waren vertrieben worden oder geflohen. Frieden kehrte aber auch nach dem Ende des direkten sowjetischen Engagements nicht ein. Der Konflikt ging in einen Bürgerkrieg über, und nach dem Fall des sowjetischen Marionettenregimes 1992 bekämpften sich die einzelnen Widerstandsgruppen untereinander. Die USA beendeten zwar ihre Militärhilfe, engagierten sich aber nicht für die Befriedung und den Wiederaufbau des Landes.

Die innenpolitisch umstrittenste Umsetzung der Reagan-Doktrin betraf Nicaragua. Dort hatte sich nach der Revolution von 1979 der marxistische Flügel der ‹Sandinistischen Nationalen Befreiungsfront› gegenüber den gemäßigten Kräften durchgesetzt. Bereits Carter fror deshalb die Entwicklungshilfe für das Land ein. Für Reagan stellten kommunistische Aktivitäten im eigenen ‹Hinterhof› eine offene Herausforderung dar. Er ermächtigte darum im Dezember 1981 die CIA, die sich formierenden antisandinistischen Widerstandsgruppen mit Geld und Ausrüstung zu versorgen. Der Kongress begrenzte allerdings Umfang, Ziel und Art der US-Hilfe. Trotzdem konnten die Contra-Rebellen, geschult und ausgebildet von der CIA in Guatemala, im März 1983 ihren bewaffneten Kampf gegen die nicaraguanische Regierung aufnehmen. Als ein Jahr später jedoch herauskam, dass der amerikanische Geheimdienst die Contras nicht nur logistisch unterstützt, sondern sich auch direkt an der Verminung nicaraguanischer Häfen beteiligt hatte, reagierten die Abgeordneten empört. Im Boland II-Amendment untersagte das Parlament sowohl der CIA und dem Pentagon als auch «jeder anderen in geheimdienstliche Aktivitäten involvierten Behörde oder Einheit» die Verwendung von Mitteln für verdeckte Operationen zugunsten der Rebellen. Reagan gab jedoch nicht auf. Um das Verbot zu umgehen, bat die US-Regierung arabische Potentaten und wohlhabende Privatleute um Gelder für die Contras. Die verzweifelten Versuche, den antisandinistischen Widerstand am Leben zu erhalten, mündeten schließlich in die Iran-Contra-Affäre. Sie war nicht nur illegal, sondern auch überflüssig. Im Frühjahr 1986 hatte der US-Präsident nämlich den Kongress davon überzeugen können, die Hilfe an die Rebellen wiederaufzunehmen. Als die Affäre im Herbst ans Licht kam, zerstörte sie diesen neu gewonnenen Konsens und schwächte Reagans Stellung. Ihm blieb in seinen letzten beiden Amtsjahren nichts anderes übrig, als die Friedensbemühungen von Costa Ricas Präsident Oscar Arias wenig enthusiastisch zu begleiten.

Auch wenn die ‹Reagan-Doktrin› im Kern nur die Unterstützung von antikommunistischen Widerstandsgruppen versprach, so wollte die Administration natürlich auch keine neuen Terraingewinne linksradikaler Kräfte zulassen. Um ein «zweites Nicaragua» zu verhindern, begann Reagan deshalb gleich nach seiner Amtsübernahme, die rechte Regierung El Salvadors in ihrem Kampf gegen revolutionäre Gruppen zu unterstützen. Viele Abgeordnete betrachteten die gravierenden Menschenrechtsverletzungen der Armee und der Todesschwadronen allerdings mit großer Sorge und koppelten die Vergabe eines Teils der

Hilfe an El Salvador deshalb an eine Verbesserung der humanitären Lage im Lande. Der Präsident geißelte dies zwar als «entweder naiv oder unverhohlen verlogen»,[13] musste sich aber beugen. Auch sah sich Reagan angesichts der Befürchtungen der Parlamentarier, in ein neues Vietnam hineingezogen zu werden, zu dem Versprechen genötigt, keine amerikanischen Kampftruppen in die Region zu entsenden. Nach wie vor hielt er aber an der Unterstützung der Regierung in El Salvador fest. Erst der Wahlsieg des gemäßigten José Napoleón Duarte im März 1984 führte zu einer Entspannung sowohl zwischen den Bürgerkriegsparteien in dem zentralamerikanischen Land als auch zwischen Präsident und Kongress in den USA über die richtige Politik gegenüber El Salvador.

Auch in Asien blieb Reagan einem anderen autoritären Herrscher fast bis zu dessen Untergang treu: Ferdinand Marcos. Dieser war von allen US-Präsidenten trotz der offensichtlichen Korruption und Selbstbereicherung hofiert worden, weil er die Philippinen seit seiner Amtsübernahme 1965 auf proamerikanischen Kurs gehalten hatte. Anfang der 1980er Jahre mehrten sich aber die Stimmen im Außenministerium, im Kongress und selbst im Pentagon, die in Marcos mehr eine Gefahr als eine Garantie für die Kooperation mit den Vereinigten Staaten und für die Sicherheit der amerikanischen Militärbasen sahen. Marcos' Herrschaft begann zu wanken, als er in Verkennung der Realität 1985 Präsidentschaftswahlen abhalten ließ und bei der Stimmauszählung ins Hintertreffen geriet. Sein verzweifelter Versuch, die Ergebnisse zu fälschen, wurde von Wahlbeobachtern wie US-Senator Richard Lugar öffentlich angeprangert. Unter dem Eindruck von Massenprotesten sagte sich das Militär von Marcos los. Jetzt ließ auch Reagan den langjährigen Verbündeten fallen. Im einem Telephongespräch forderte er ihn zum Rücktritt auf und versüßte ihm dies mit dem Versprechen, er dürfe sein Vermögen behalten und in Hawaii residieren. Marcos akzeptierte. Im Februar 1986 wurde Corazon Aquino, die Witwe eines von Marcos' Schergen ermordeten Oppositionsführers, als neue Präsidentin der Philippinen vereidigt. Durch sein, wenn auch spätes, Eingreifen hatte Washington damit eine Eskalation des Konflikts verhindert und die seit langem bestehende Partnerschaft mit dem Inselreich noch einmal gerettet.

In Afrika setzte die Reagan-Regierung ebenfalls darauf, der Sowjetunion über Verbündete entgegenzutreten, selbst wenn dies die Zusammenarbeit mit dem international geächteten Südafrika bedeutete. Um diese Kooperation innen- und außenpolitisch akzeptabel zu machen, betonte das Weiße Haus, eine Politik des «konstruktiven Engagements» mit Pretoria zu verfolgen. Als dies aber nicht fruchtete und die Rassenunruhen in Südafrika explodierten, wuchs der Druck auf den Präsidenten. Er verhängte deshalb im September 1985 Strafmaßnahmen gegen das Apartheid-Regime. Den Demokraten im Kongress gingen sie freilich nicht weit genug. Sie sahen den Rassenkonflikt nämlich primär durch die Brille der amerikanischen Bürgerrechtsbewegung der 1960er Jahre: Premier Botha war Segregations-Verteidiger Gouverneur George Wallace, Bischoff Tutu Schwarzenführer Martin Luther King und das Anti-Apartheidgesetz das Bürgerrechtsgesetz. Ein weitreichendes Sanktionspaket des Parlaments belegte Reagan mit einem Veto. Im Herbst 1986 setzten die Abgeordneten allerdings das mächtigste legislative Instrument des Präsidenten zum ersten Mal seit dem ‹War Powers Act› von 1973 in einem außenpolitischen Streitfall außer Kraft. Widerwillig lenkte Reagan ein. Auch wirkte sich die zunehmende Entspannung in den Beziehungen zu Moskau positiv auf die Konflikte im südlichen Afrika aus. Unter amerikanischer Vermittlung vereinbarten Angola, Kuba und Südafrika 1988, dass Namibia eine schwarze Regierung bekommen solle und sich die kubanischen Truppen aus Angola zurückziehen.

In allen diesen Fällen vermied es Reagan, antikommunistische Rebellen und proamerikanische Regierungen mit US-Truppen zu unterstützen. Die einzigen beiden Kampfeinsätze seiner Amtszeit ordnete er in Fällen an, bei denen der Gegner schwach, das Risiko gering und das Engagement leicht zu begrenzen war. Als in Grenada ein militanter Flügel der regierenden marxistischen Partei den amtierenden Premierminister im Oktober 1983 entmachtete und ermordete, ließ der Präsident 6000 Marineinfanteristen in der Operation ‹Urgent Fury› die Insel angreifen. Die offizielle Begründung lautete, dadurch die Sicherheit von rund 1000 US-Bürgern zu gewährleisten und Recht, Ordnung und Demokratie wiederherzustellen. Primär ging es Washington jedoch darum, der Welt zu demonstrieren, dass man kein kommunistisches Regime vor der eigenen Haustür tolerieren werde, zumal kubanische Berater auf der Insel den Bau einer Landebahn überwachten. Nach kurzen, aber heftigen Kämpfen besetzten die amerikanischen Verbände Grenada. Sie schlossen die sowjetische Botschaft, deportierten die Kubaner und übergaben die Verwaltung an eine Polizeitruppe aus mehreren karibischen Staaten. Zwei Monate nach der Invasion verließen die US-Truppen die Insel. 1984 kam es zu freien Wahlen. International erntete Reagan viel Kritik: Die ‹Organisation Amerikanischer Staaten› protestierte scharf gegen die erste militärische Intervention der Vereinigten Staaten in der Karibik seit dem Eingreifen Johnsons in der Dominikanischen Republik 1965. Auch die meisten Redner, die bei einer Sitzung des UN-Sicherheitsrats das Wort ergriffen, verurteilten die Rechtfertigung der USA für die Invasion. Bei den amerikanischen Bürgern und im Kongress war die Militäraktion aber populär, weil sie einen raschen Sieg brachte, nur wenige Opfer kostete und die Soldaten schnell abgezogen wurden. Die Anordnung des Kampfeinsatzes untermauerte auch Reagans Image als führungsstarker Präsident.

Im April 1986 kam es zu einer weiteren Militäraktion. Vorausgegangen war ihr ein Bombenattentat auf die vor allem von amerikanischen Soldaten frequentierte Berliner Diskothek ‹La Belle›, bei der zwei GIs getötet und 229 Personen verletzt worden waren. Aufgrund abgehörter Telefonate gelangten die US-Geheimdienste zu dem Schluss, dass die Botschaft Libyens in der DDR in den Anschlag involviert war. Damit bot sich die Gelegenheit, dem libyschen Revolutionsführer Muammar Al-Gaddafi für seine langjährige Droh- und Terrorpolitik eine Lektion zu erteilen. Am 15. April ließ Reagan die Residenzen Gaddafis in Tripolis und Bengasi bombardieren. Allerdings war auch diese Operation international umstritten. Frankreich und Spanien verweigerten den in Großbritannien gestarteten US-Kampfflugzeugen sogar die Überflugrechte. Die Öffnung der osteuropäischen Archive nach dem Ende des Kalten Kriegs förderte allerdings neue Belege für die Komplizenschaft Libyens bei dem La Belle-Anschlag zu Tage.

Auf den ersten Blick erscheint die Bilanz von Reagans antikommunistischem und antiterroristischem Feldzug positiv: Die sowjetische Invasion in Afghanistan und das marxistische Regime in Grenada wurden ‹zurückgerollt›, US-freundliche Regierungen in El Salvador und auf den Philippinen stabilisiert, Terroristen unterstützende Staaten wie Libyen in ihre Schranken gewiesen, die Konflikte in Angola und Namibia beendet. Aber der Präsident ging dabei bedenkliche Kompromisse mit Gruppen und Regimen ein, welche die Menschenrechte missachteten und nicht demokratisch legitimiert waren. Seine Politik gegenüber Nicaragua und El Salvador etwa führte zu scharfen Auseinandersetzungen mit dem Kongress, spaltete die Öffentlichkeit und verstimmte die Länder Lateinamerikas. Neben Zentralamerika bildete auch der Nahe Osten für Washington eine Quelle von Frustrationen und Enttäuschungen. Nicht von ungefähr nahm der größte außenpolitische Skandal der Reagan-Ära, die Iran-Contra-Affäre, in diesen beiden Weltregionen ihren Ausgang.

Krieg und Frieden im Nahen Osten

Für den Nahen Osten waren die 1980er Jahre eine Dekade ohne große Fortschritte. Ja, es tobten sogar blutige bewaffnete Konflikte. Im Herbst 1980 nutzte Saddam Hussein, der seit 1968 der starke Mann im Irak und seit 1979 auch formal dessen Präsident war, einen Disput mit dem Iran über eine Wasserstraße, um eine Invasion in das Nachbarland zu starten. Die iranische Armee schlug Husseins Truppen aber schnell zurück. Teheran beschloss nun, den Krieg fortzusetzen und das irakische Regime zu beseitigen. Die USA und sämtliche westliche Staaten wollten jedoch unter allen Umständen einen Sieg der radikalen Islamisten verhindern. Die iranischen Erfolge veranlassten Washington deshalb schon bald, Bagdad mit Geheimdienstinformationen, Satellitenbildern, Zivilhubschraubern und Kreditgarantien zu versorgen. 1982 strich das US-Außenministerium den Irak sogar von der Liste der Länder, die seiner Ansicht nach Terrorismus unterstützten. Im Gegenzug stellte der Irak seine Agitation gegen eine israelisch-arabische Friedenslösung ein. Erst als die beiden Kriegsparteien 1987 neutrale Schiffe im Persischen Golf attackierten, engagierten sich die Vereinigten Staaten stärker für eine Beendigung des Konflikts und übernahmen den Geleitschutz für kuwaitische Öltanker. Das war nicht ohne Risiko: Eine US-Fregatte wurde wohl versehentlich von einem irakischen Kampfflugzeug angegriffen, und der erste von der amerikanischen Flotte eskortierte Tanker lief auf eine iranische Mine. Zum größten Unglücksfall kam es, als ein US-Kreuzer am 3. Juli 1988 irrtümlicherweise ein iranisches Passagierflugzeug mit 290 Passagieren abschoss. Das war umso tragischer, als die Teheraner Revolutionsregierung nur zwei Wochen später eine Waffenstillstandsresolution des UN-Sicherheitsrats unterzeichnete, die von den USA und der Sowjetunion im Jahr zuvor ausgearbeitet und vom Irak bereits akzeptiert worden war. Damit endete einer der blutigsten zwischenstaatlichen Konflikte des 20. Jahrhunderts.

Die Ergebnisse der US-Politik in dieser Krise waren zwiespältig: Einerseits hatten die Vereinigten Staaten das Machtgleichgewicht in der

Region erhalten, den revolutionären Expansionsdrang des Iran eingedämmt und das Verhältnis zu den Golf-Scheichtümern verbessert. Andererseits waren sie Beziehungen zu einem Regime eingegangen, das einen Angriffskrieg begonnen und Giftgas gegen den Feind und die eigene kurdische Bevölkerung eingesetzt hatte sowie die Opposition im Land brutal unterdrückte. Auch galten die Vereinigten Staaten nicht mehr als unbedingt verlässlicher Partner, als herauskam, dass sie mitten im Krieg Waffen an den Iran geliefert hatten, um dessen Hilfe bei der Freilassung der amerikanischen Geiseln im Libanon zu bekommen. In der Tat sollten sich die Hoffnungen der Reagan-Regierung, dass sich der Irak nach dem Krieg weniger aggressiv geben und zu einem regionalen Partner der USA entwickeln würde, als folgenschwerer Irrtum erweisen.

Auch im israelisch-arabischen Konflikt gab es in den 1980er Jahren nur wenige Lichtblicke. Sehr viel stärker als sein Vorgänger betrachtete Reagan Israel als wichtigen strategischen Partner bei dem Versuch, den Einfluss der Sowjetunion im Nahen Osten zu reduzieren. Friedensverhandlungen zwischen den Konfliktparteien zu vermitteln, besaß für die US-Administration zunächst keine Priorität. Als größten Erfolg in der ersten Amtszeit Reagans konnte die amerikanische Diplomatie verbuchen, für den reibungslosen Abzug der israelischen Truppen aus dem Sinai gesorgt und damit die israelisch-ägyptischen Beziehungen auf eine sichere Grundlage gestellt zu haben. Dies war um so wichtiger, als Sadat im Oktober 1981 von islamischen Extremisten ermordet worden war. Trotz seiner prinzipiell proisraelischen Ausrichtung geriet der amerikanische Präsident aber immer wieder mit Jerusalem aneinander. Gegen den erbitterten Widerstand Israels und der jüdischen Lobby in den USA setzte Reagan 1981 etwa den Verkauf von AWACS-Aufklärungsflugzeugen an Saudi-Arabien durch. Die Ausdehnung israelischen Rechts auf die Golanhöhen beantwortete Washington mit der Suspendierung eines gerade unterzeichneten bilateralen Kooperationsabkommens gegen die UdSSR.

Alle diese Ereignisse wurden aber schon bald überschattet von den Entwicklungen im Libanon. Seit Anfang 1981 war es an der israelischen Nordgrenze wiederholt zu bewaffneten Auseinandersetzungen zwischen Israel und der PLO, die von Beirut aus operierte, gekommen. Als im Juni 1982 der israelische Botschafter in London einem Attentat zum Opfer fiel, nutzte dies Jerusalem als Vorwand für eine Invasion des nördlichen Nachbarn. In den USA hatte man zwar einen solchen Schritt erwartet; Außenminister Haig begrüßte ihn sogar als Gelegenheit, die syrischen Truppen aus dem Libanon zu vertreiben und das Land neu zu ordnen. Vizepräsident Bush und Verteidigungsminister Weinberger waren aber über das Ausmaß der Militäraktion tief beunruhigt. Reagan stimmte ihnen zu. Um eine Eskalation zu vermeiden, intervenierte er bei Begin mit einem der schärfsten Briefe, den je ein US-Präsident an einen israelischen Premierminister geschrieben hatte. Er gipfelte in dem Satz: «Menachem, eine Weigerung Israels, einen Waffenstillstand zu akzeptieren, wird die Bedrohung des Weltfriedens verschärfen und extreme Spannungen in unseren Beziehungen kreieren.»[14] Erstes Opfer der Auseinandersetzungen war allerdings Haig, der nach nur einem guten Jahr im Amt zurücktrat. In den nächsten Monaten gelang es dem amerikanischen Sondergesandten Philip Habib, ein Ende der Kämpfe im Libanon zu vermitteln. Um den reibungslosen Abzug der PLO-Kämpfer nach Tunesien und Jordanien zu gewährleisten, entsandten die Vereinigten Staaten gemeinsam mit Frankreich und Italien Friedenstruppen nach Beirut. Da Syrien militärisch angeschlagen war und ein prowestlicher Präsident die Regierungsgeschäfte im Libanon übernahm, erschien dem neuen US-Außenminister George Shultz die Zeit günstig für eine amerikanische Friedensinitiative. Am 1. September 1982 hielt Reagan seine erste und einzige Ansprache zum arabisch-israelischen Konflikt. Während die Camp David-Vereinbarungen von 1978 den endgültigen Status (final status) des Westjordanlands und von Gaza nach einer Übergangsperiode offen gelassen hatten, stellte der Präsident nun klar, dass Washington weder eine israelische Annexion noch die Schaffung eines palästinensischen Staats unterstützen werde. Stattdessen sprach er sich für eine Verbindung des Westjordanlands und Gazas mit Jordanien aus. Grundlage für den israelischen Rückzug aus den besetzten Gebieten sollte die UN-Resolution 242 aus dem Jahr 1967 sein, die das Land-gegen-Frieden-Prinzip festgeschrieben hatte.

Die Reaktionen der Konfliktparteien fielen wenig überraschend aus: Während die gemäßigten arabischen Staaten Gesprächsbereitschaft signalisierten, lehnten Israel und Syrien die amerikanischen Vorschläge kategorisch ab. Bevor die US-Regierung aber ernsthaft für den ‹Reagan-Plan› zu werben beginnen konnte, verschlechterten sich die Rahmenbedingungen dramatisch. Libanons Präsident fiel einem Attentat pro-syrischer Gruppen zum Opfer, die israelische Armee marschierte nach dem Abzug der westlichen Armeen in Beirut ein und sah tatenlos zu, wie aufgebrachte Anhänger des ermordeten Staatschefs in die palästinensischen Flüchtlingslager von Sabra und Schatila einfielen und Hunderte von Frauen und Kindern massakrierten. Damit rückte der Libanon wieder ganz nach oben auf der Nahost-Agenda der Administration und zwang sie zu einem erneuten Engagement in dem Bürgerkriegsland. Reagan schickte 1500 Marineinfanteristen zurück nach Beirut, um seine anhaltende Bereitschaft zu einer Lösung des Konflikts zu dokumentieren. Ein von Shultz vermitteltes Abkommen, das den gleichzeitigen Abzug der syrischen und israelischen Truppen aus dem Libanon vorsah, zerfiel schon wenige Tage nach seiner Unterzeichnung. Die Kämpfe zwischen den rivalisierenden Milizen eskalierten, und die amerikanischen Truppen gerieten zwischen die Fronten. Nachdem im April schon die US-Botschaft durch einen Selbstmord-Attentäter in die Luft gesprengt worden war, fuhr ein weiterer Terrorist am 23. Oktober 1983 einen mit Sprengstoff beladenen Lastwagen gegen die Unterkünfte der Marines. 241 von ihnen fanden den Tod. Wenige Monate später kündigte der Präsident gegen den Rat seines Außenministers «die Verlegung» der verbliebenen Soldaten auf Schiffe vor der Küste an. Damit verschwand aber auch das wichtigste Symbol amerikanischen Engagements im Libanon. Nach drei Jahren hatte die Nahost-Politik Reagans wenig Positives vorzuweisen: Der libanesische Bürgerkrieg ging unvermindert weiter, syrische Truppen standen im Osten, israelische im Süden des Landes, die Aussichten auf einen Friedenprozess waren düster, das Prestige der USA in der Region beschädigt.

Auch in Reagans zweiter Amtszeit gab es nur geringe Fortschritte. Zwar näherten sich Israel und Jordanien an, aber ein Durchbruch blieb aus. Das hing damit zusammen, dass nach dem gemäßigten Schimon Peres im Herbst 1986 Yitzhak Schamir israelischer Premier wurde und sich als ebenso unnachgiebiger Verhandlungspartner erwies wie Begin. Aber auch König Hussein zog sich nach dem Beginn des palästinensischen Aufstands, der Intifada, im Dezember 1987 von seiner exponierten Position zurück. Washington fiel zudem wegen der Iran-Contra-Affäre als Makler weit gehend aus. Erst 1988 entwickelte Shultz eine neue Initiative, die allerdings durch die Entscheidung König Husseins unterlaufen wurde, alle rechtlichen und administrativen Beziehungen zum Westjordanland zu kappen und der PLO die Verantwortung für die dort lebenden Palästinenser zuzuweisen. Damit war zwar der ‹Reagan-Plan› von 1982 tot, aber es ergaben sich auch neue Chancen. Die PLO, die durch die Intifada marginalisiert zu werden drohte, suchte nämlich jetzt den Kontakt zur US-Regierung. Washington reagierte positiv, verlangte allerdings eine öffentliche Erklärung, dass sie das Existenzrecht Israels anerkenne und dem Terrorismus abschwöre. Nachdem Yasser Arafat, der Führer der PLO, am 14. Dezember 1988 unter starkem Druck Saudi-Arabiens und Ägyptens eine entsprechende Stellungnahme abgegeben hatte, begannen die Vereinigten Staaten mit PLO-Vertretern Gespräche auf Botschafterebene. Reagan, der über kein Konzept zur Lösung des arabisch-israelischen Konflikts verfügt und mehr reagiert als agiert hatte, räumte für seinen Nachfolger so zumindest ein Hindernis auf dem Weg zu einer aktiveren Nahost-Politik beiseite.

Bush und das Ende des Ost-West-Konflikts

Auf den ersten Blick fand Reagans Nachfolger George Bush bei seiner Amtsübernahme eine relativ stabile Lage vor. Die nächsten drei Jahre sollten allerdings die massivsten Umwälzungen der internationalen Politik seit dem Ende des Zweiten Weltkriegs sehen: Die mittel- und osteuropäischen Satelliten verließen den sowjetischen Orbit, Deutschland wurde wiedervereint, die Sowjetunion zerbrach. Den Niedergang eines Großreichs zu managen, so hat Kissinger treffend festgestellt, gehört zu den «gewaltigsten Aufgaben der Diplomatie».[15] Bush war auf diese Herausforderung besser vorbereitet als fast alle seine Vorgänger. Nicht nur hatte er als amerikanischer UN-Botschafter, Chef des US-Verbindungsbüros in China, CIA-Direktor und Vizepräsident außenpolitische Erfahrung gesammelt, sondern den internationalen Beziehungen gehörte auch sein Hauptinteresse. Schon in seinen ersten beiden Amtsjahren reiste Bush in beinahe so viele Länder wie Reagan in seinen acht. Zudem scharte er ein erfahrenes außenpolitisches Team um sich: Außenminister James Baker war Reagans Stabschef und Schatzminister gewesen, sein Vize Lawrence Eagleburger einst Kissingers rechte Hand, Verteidigungsminister Richard Cheney hatte Ford als Stabschef gedient und dann im Repräsentantenhaus eine steile Karriere gemacht, Sicherheitsberater Brent Scowcroft in dieser Funktion schon unter Ford brilliert, der neue Chef der Vereinigten Stabschefs, Colin Powell, als Reagans letzter Sicherheitsberater gearbeitet. Alle fünf kannten Bush seit vielen Jahren, waren ihm freundschaftlich verbunden und teilten seinen außenpolitischen Pragmatismus.

Im Januar 1989 sah sich die neue Administration ohne große Herausforderungen. Ihr erstes Ziel bestand deshalb darin, die außenpolitischen Altlasten der Reagan-Ära im Verhältnis zum Kongress abzubauen. Schon in den ersten Amtsmonaten legten beide Seiten den langjährigen Streit über die Unterstützung der nicaraguanischen Contras bei. Auch sagte die Regierung zu, die vom Parlament verhängten Sanktionen gegen das Apartheid-Regime in Südafrika konsequenter als bisher durchzusetzen. Schließlich verlor SDI angesichts der geringen technologischen Fortschritte seine prominente Rolle in der Verteidigungspolitik und wurde zu einem kleinen Forschungsprogramm zurückgestuft. Auch gelang es Bush noch in seinem ersten Amtsjahr, dem Vorwurf des rechten Flügels der Republikanischen Partei zu begegnen, er sei außenpolitisch zu moderat und vertrete amerikanische Positionen nicht deutlich genug. Als der Diktator Panamas, Manuel Noriega, durch Wahlfälschung, Unterdrückung von Oppositionellen und Förderung des Drogenschmuggels immer untragbarer wurde, ordnete der Präsident die Operation ‹Just Cause› an. Am 20. Dezember 1989 landeten Marineinfanteristen in Panama, nahmen Noriega gefangen und flogen ihn nach Miami aus, wo ihm der Prozess gemacht wurde. Während die ‹Organisation amerikanischer Staaten› die Intervention mit 20:1-Stimmen verurteilte, unterstützte sie eine Mehrheit der US-Bürger.

Gegenüber der Sowjetunion setzte Bush zunächst auf eine Politik des Abwartens. Um Zeit zu gewinnen und sich ein klareres Bild von Gorbatschows Reformpolitik machen zu können, ordnete der Präsident eine grundlegende Überprüfung des Verhältnisses zu Moskau an. Ihm waren viele der bilateralen Entwicklungen der letzten beiden Jahre zu schnell gegangen. Zudem fühlte sich Bush unwohl bei der Vorstellung, mit dem vor allem in Westeuropa überaus populären Gorbatschow in einen Wettkampf um die öffentliche Meinung eintreten zu müssen. Erst im Mai 1989 rückte er vom Kurs eines «klugen Skeptizismus» ab, wie er ihn beim Nominierungskonvent der Republikaner im Jahr zuvor ausgegeben hatte, und fand freundlichere Worte für die sowjetischen Reformen. Die Politik der USA, so der Präsident, ziele darauf ab, die Eindämmungspolitik hinter sich zu lassen und die UdSSR in die Gemeinschaft der Nationen zu integrieren. Zuvor müsse der Kreml jedoch im konventionellen und nuklearen Bereich abrüsten, den mittel- und osteuropäischen Staaten das Recht auf Selbstbestimmung gewähren sowie den eigenen Bürgern demokratische Freiheiten zugestehen.

Mitten in die Neudefinition der Beziehungen zur Sowjetunion

platzte am 3. Juni 1989 die Nachricht, chinesisches Militär habe Studentenproteste am Platz des himmlischen Friedens in Peking gewaltsam aufgelöst. Hunderte der friedlichen Demonstranten waren getötet, Tausende ins Gefängnis geworfen worden. Bush antwortete darauf in der für ihn typischen Art: Er verurteilte die Anwendung von Gewalt, stornierte Treffen zwischen den Militärs beider Länder und setzte die Waffenverkäufe an China aus. Gleichzeitig betonte er aber, dies sei nicht die Zeit für «emotionale Antworten, sondern für eine vernünftige, vorsichtige Aktion, die die langfristigen Interessen der beiden Länder berücksichtigt und die komplexe innenpolitische Lage in China anerkennt».[16] Schon im Juli entsandte der Präsident Scowcroft und Eagleburger nach Peking, um der dortigen Führung zu versichern, dass er trotz seiner scharfen öffentlichen Rhetorik an guten Beziehungen interessiert sei. Auf einer zweiten Mission im Dezember ließ er Scowcroft die Botschaft übermitteln, «negative Kräfte» in beiden Ländern versuchten, die bilaterale Zusammenarbeit zu unterminieren. Die größte Gefahr, so die Sicht Bushs und seiner außenpolitischen Hauptberater, drohte den USA durch eine Destabilisierung jener Grundstrukturen der internationalen Politik, die viele Jahrzehnte den Frieden gewährleistet hatten. Sie waren deshalb im Zweifelsfall bereit, auch mit den Regierungen autoritärer Staaten zu kooperieren und die demokratische Opposition zu übergehen, wenn dies den Status quo sicherte und die Berechenbarkeit der Beziehungen erhöhte.

Diese Handlungsmaxime leitete die Administration auch gegenüber der Sowjetunion, die von Mitte 1989 an in den Fokus der amerikanischen Außenpolitik rückte. Seit diesem Zeitpunkt geriet das Ostblock-Imperium nämlich immer mehr ins Rutschen. Im Mai baute Ungarn die Stacheldrahtzäune an der Grenze zu Österreich ab, im Juni gewannen Kandidaten der Gewerkschaft Solidarnosć bei den Parlamentswahlen in Polen fast alle zu vergebenden Sitze, im August setzte die Massenflucht von DDR-Bürgern über Ungarn ein. Bush reagierte auf diese Ereignisse zurückhaltend und nüchtern, stets um Mäßigung und eine Entschärfung der Lage bemüht. In den Monaten des größten Triumphs amerikanischer Außenpolitik seit 1945 vermied es die US-Regierung bewusst, Moskau durch Siegesgesten oder unbedachte Handlungen zu brüskieren. Bei seinem Besuch in Polen und Ungarn im Juli 1989 betonte Bush, die Reformen in den beiden Ländern hingen auch von einem Erfolg der Perestroika in der UdSSR ab. Seinen Mitarbeitern sagte er: «Wenn es keinen Gorbatschow gäbe, gäbe es auch nichts von dem, was wir gerade in Polen und Ungarn gesehen haben.»[17] Er wolle dem sowjetischen Präsidenten deshalb das Leben nicht erschweren. Dem wichtigsten sowjetischen Oppositionspolitiker, Boris Jelzin, verwehrte das Weiße Haus bei seinem Besuch in den USA im September deshalb sowohl einen Besuch im Oval Office als auch ein Foto mit dem Präsidenten, um ihm keine Plattform für Kritik an Gorbatschow zu bieten. Die außenpolitische Analyse der Bush-Regierung brachte niemand klarer zum Ausdruck als Eagleburger in einer Rede an der Georgetown University am 13. September 1989. Dort stellte der Vizeaußenminister fest: «Trotz aller seiner Risiken und Unsicherheiten war der Kalte Krieg charakterisiert durch eine bemerkenswert stabile und vorhersagbare Ansammlung von Beziehungen zwischen den Großmächten.» In der sich herausbildenden multipolaren Welt, so Eagleburger weiter, gehe die Fähigkeit der USA und der Sowjetunion zurück, das Geschehen zu beeinflussen. Diese neue Welt werde deshalb nicht notwendigerweise ein friedlicherer Ort sein als die alte. Stattdessen wüchsen die Chancen für Instabilität.

Als Ende des Jahres 1989 die kommunistischen Regime in der DDR und in der Tschechoslowakei, wenig später auch in Rumänien und Bulgarien mit unerwarteter Geschwindigkeit kollabierten, setzte Bush alles daran, der von Eagleburger beschworenen Gefahr der Instabilität entgegenzuwirken. Im Verlauf des Herbstes war der Präsident zu einer immer positiveren Einschätzung von Gorbatschows Reformpolitik gelangt. Vor allem beeindruckte ihn, dass der sowjetische Generalsekretär die Breschnew-Doktrin aufgab, mit der Moskau seit 1968 Interventionen in Satellitenstaaten gerechtfertigt hatte, und keine Maßnahmen ergriff, um die Öffnung der Mauer in Berlin rückgängig zu machen. Auf seiner ersten von sechs Gipfelbegegnungen mit sowjetischen bzw. russischen Staatschefs versuchte Bush Anfang Dezember 1989 in Malta, Gorbatschow die Angst davor zu nehmen, die USA könnten die Schwierigkeiten der UdSSR zum Ausbau der eigenen Machtposition nutzen. Rasch rückte das Schicksal der DDR in den Mittelpunkt der Überlegungen. Hier ging es nämlich nicht nur um einen Regimewechsel wie in den anderen Staaten des Warschauer Pakts, sondern um den potentiellen Verlust des wirtschaftlich, militärisch und psychologisch wichtigsten Mitgliedsstaats im sowjetischen Imperium. Mehr noch, mit dem Ende der kommunistischen Diktatur der SED stand die Wiedervereinigung und damit die deutsche Frage im Raum. Während die britische Premierministerin Thatcher und der französische Staatspräsident Mitterrand in der deutschen Einheit primär eine Veränderung des Gleichgewichts in Europa zu ihren Ungunsten sahen und sie deshalb zu verhindern, zumindest zu verzögern suchten, schätzte Bush die Folgen als weniger beunruhigend ein. Schon bald nach der Öffnung der Mauer am 9. November 1989 war er zu der Überzeugung gelangt, dass die USA den in Gang gesetzten Prozess in Richtung deutscher Vereinigung unterstützen mussten, wenn sie Einfluss auf die Entwicklungen behalten wollten. Gleichzeitig versicherte der amerikanische Präsident Gorbatschow, er werde jede Annäherung der beiden deutschen Staaten «weise und vorsichtig» begleiten und die «legitimen sicherheitspolitischen Interessen» der Sowjetunion berücksichtigen. Bush verließ das Treffen mit dem Eindruck, der sowjetische Generalsekretär habe sich ernsthaft inneren Reformen und einem Wandel in den bilateralen Beziehungen zu den USA verschrieben.

In den nächsten Monaten entfaltete Washington große Aktivitäten, um den Kollaps des sowjetischen Satellitengürtels in möglichst ruhigen und berechenbaren Bahnen ablaufen zu lassen. Rasch rückte die Vereinigung der beiden deutschen Staaten in den Mittelpunkt der amerikanischen Politik. Bush sah die deutsche Einheit dabei in positiverem Lichte als die meisten seiner außenpolitischen Berater. Schon im Mai 1989 hatte er Bonn angeboten, ein «Partner in der Führung» der internationalen Politik zu sein, und damit sein Vertrauen in den langjährigen engen Verbündeten ausgedrückt. Hinzu kam ein strategisches Kalkül: Wenn sich die USA als erste Macht für Kohls Vereinigungspolitik einsetzten, so würde ihnen das Deutschland später nicht vergessen. Die einzigen Bedingungen, die der Präsident für die volle amerikanische Unterstützung stellte, waren der Verbleib der Bundesrepublik in der NATO und die völkerrechtliche Anerkennung der Oder-Neiße-Grenze. Die positive Haltung Washingtons erwies sich nicht nur als entscheidend dafür, dass Paris und London ihren Widerstand gegen die deutsche Einheit aufgaben, sondern auch für Moskaus sukzessives Einlenken. Um ihre Ziele zu befördern, agierten die USA auf mehreren Ebenen gleichzeitig. Zur multilateralen Einbettung der Wiedervereinigung initiierte Washington die ‹Zwei-plus-Vier›-Verhandlungen, in deren Rahmen die Bundesrepublik und die DDR mit den Vertretern der Siegermächte des Zweiten Weltkriegs die außenpolitischen Aspekte der deutschen Einheit regelten. Auf bilateraler Ebene rang Bush Gorbatschow bei seinem Staatsbesuch in den USA am

31. Mai 1990 die Zusage ab, die Deutschen selbst entscheiden zu lassen, welchem Bündnis sie in Zukunft angehören wollten. Dies bedeutete nicht weniger als die sowjetische Zustimmung zur NATO-Mitgliedschaft auch des vereinten Deutschlands. Völkerrechtlich kodifiziert wurde das Ja der UdSSR zur Wiedervereinigung am 12. September 1990 mit dem Abschluss des ‹Zwei-plus-Vier-Vertrags› in Moskau. Symbolischer Höhepunkt des Prozesses, der die Spaltung Europas überwand, war zwei Monate später der KSZE-Gipfel in Paris. Nicht nur kam es zur Unterzeichnung eines ‹Vertrags über die konventionelle Abrüstung in Europa› (KSE), sondern alle Mitgliedsstaaten der NATO und des Warschauer Pakts erklärten auch «die Ära der Teilung und Konfrontation» für beendet und versprachen, «sich gegenseitig die Hand in Freundschaft auszustrecken».

Der Kollaps der Sowjetunion

Das kooperative Verhalten Moskaus bei der deutschen Wiedervereinigung bestärkte Bush in der Auffassung, dass Gorbatschow sein Land fast im Alleingang auf Reformkurs hielt und für eine weitere Verbesserung der bilateralen Beziehungen unersetzlich war. Wie eng das amerikanisch-sowjetische Verhältnis geworden war, ließ sich unter anderem auch daran ablesen, dass sich die beiden Außenminister, James Baker und Eduard Schewardnadse, im Verlauf des Jahres 1990 nicht weniger als neunzehn Mal trafen. Der US-Präsident bemühte sich, die innenpolitische Stellung des Generalsekretärs nicht zu unterminieren. Zwar lehnte er groß angelegte Finanzhilfen ab, weil er glaubte, dass Moskau angesichts der chaotischen Wirtschaftsreformen die Mittel nicht wirksam einsetzen könne. Aber Bush schloss einen Handelsvertrag mit der Sowjetunion und gewährte ihr Kredite für Weizenkäufe in den USA. Als Moskau im Januar 1991 mit Gewalt gegen die Sezessionsbewegungen im Baltikum vorging, protestierte die amerikanische Regierung nur milde, um Gorbatschow nicht zu brüskieren. Auch zögerte Bush lange, bevor er die Beziehungen zu den erstarkenden sowjetischen Republiken ausbaute. Erst im Juni empfing er den gewählten Präsidenten Russlands, Boris Jelzin, im Weißen Haus, obwohl dieser sich bereits seit geraumer Zeit als treibende reformerische Kraft etabliert hatte. Zudem machte Bush in seiner Begrüßungsansprache deutlich, dass die Vereinigten Staaten weiterhin «die engstmögliche offizielle Beziehung zur sowjetischen Regierung von Präsident Gorbatschow» unterhalten würden.[18] Bei einem Besuch in der ukrainischen Hauptstadt Kiew mahnte er einen Monat später sogar, die USA würden keinen «selbstmörderischen Nationalismus» unterstützen, und sprach sich damit gegen die Unabhängigkeitsbestrebungen der meisten Sowjetrepubliken aus.

Das Hauptmotiv für dieses Festhalten Washingtons an einer handlungsfähigen sowjetischen Regierung war die Sorge um die Sicherheit der Nuklearwaffen und um die Einhaltung kürzlich geschlossener Vereinbarungen über die konventionelle Abrüstung in Europa (KSE-Vertrag) und über den Abbau strategischer Nuklearwaffen (START I-Vertrag). Erst nachdem Jelzin den Putschversuch linksreaktionärer Kräfte gegen Gorbatschow im August 1991 niedergeschlagen und de facto die Macht im Staate übernommen hatte, schwenkte die amerikanische Regierung auf die neuen Realitäten ein. Im Verlauf des Herbstes erklärten immer mehr Republiken ihre Unabhängigkeit und eliminierten damit die letzten Reste der bei der Zentralregierung verbliebenen Befugnisse. Gorbatschows verzweifelte Versuche, sich über einen Unionsvertrag zumindest Restkompetenzen zu sichern, schlugen fehl. Acht Tage nach der Bildung der ‹Gemeinschaft Unabhängiger Staaten› (GUS) am 21. Dezember 1991 trat Gorbatschow zurück. Am 31. Dezember 1991 hörte die Sowjetunion auf zu existieren, der Warschauer Pakt hatte sich schon sechs Monate zuvor aufgelöst. Der Kalte Krieg war vorüber.

12. Auf der Suche nach einer neuen Weltordnung (1991–2001)

Mit dem Ende der UdSSR erfüllte sich das alles überwölbende Ziel, das die amerikanische Außenpolitik mehr als vierzig Jahre lang geleitet hatte. Gesiegt hatten die USA im Kalten Krieg vor allem deshalb, weil das sowjetische Zwangssystem demokratischer Freiheit, ökonomischer Stärke und kultureller Vielfalt auf Dauer nichts entgegenzusetzen hatte.

Mit der Überwindung der bipolaren Konfrontation verschwanden allerdings auch die wichtigsten außenpolitischen Handlungsmaximen für die Vereinigten Staaten. Nicht länger hatten alle militärischen Planungen um die Frage zu kreisen, wie man eine nukleare Auseinandersetzung mit der UdSSR verhindern konnte, nicht länger mussten alle regionalen Konflikte vor dem Hintergrund möglicher sowjetischer Einflussgewinne beurteilt werden. Damit verlor auch die Sicherheitspolitik ihre zentrale Stellung. Themen wie die internationalen Wirtschaftsbeziehungen, die Menschenrechte, der globale Umweltschutz, die in der Zeit des Kalten Kriegs von den meisten Präsidenten als «niedrige Politik» (low politics) beiseite geschoben werden konnten oder nur im Rahmen des Systemwettkampfs mit der Sowjetunion gesehen wurden, erhielten ein eigenständiges Gewicht. Der alte Kompass der US-Außenpolitik funktionierte nicht mehr. Die Suche nach einem neuen sollte mehrere Präsidenten beschäftigen. Eine erste Gelegenheit zur Neujustierung der außenpolitischen Prioritätenliste bot sich mit der Krise am Persischen Golf.

Der Krieg gegen den Irak: Vorbote einer neuen Weltordnung?

Noch während sich Bush und sein außenpolitisches Team auf die Gestaltung der deutschen Einheit und die Verbesserung der Beziehungen zur Sowjetunion konzentrierten, stürzte der irakische Diktator Saddam Hussein den Nahen Osten in eine schwere Krise: Am 2. August 1990 überraschte er die Welt mit der militärischen Besetzung Kuwaits. Wenig später erklärte er das kleine Ölscheichtum zur 19. irakischen Provinz. Damit wollte er die 80 bis 100 Milliarden Dollar Schulden aus der Welt schaffen, die er bei der kuwaitischen Regierung während des Kriegs mit dem Iran angehäuft hatte, und sich in den Besitz von weiteren acht Prozent der Weltölreserven bringen. Die Kontrolle von dann insgesamt 20 Prozent der globalen Ölförderung und eines Viertels der weltweiten Reserven hätte den Irak nicht nur zur dominierenden Macht in der Region erhoben, sondern Hussein auch mit den notwendigen Finanzmitteln für weitere Aggressionen versorgt. Obwohl die USA weniger als ein Drittel ihrer Ölimporte aus dem Nahen Osten bezogen, konnten sie ein solches Szenario nicht tolerieren. Ein durch die Invasion gestärkter Irak gefährdete die Stabilität in der Region und bedrohte insbesondere die den USA freundlich gesonnenen Staaten. Vor allem das militärisch schwache, aber über die größten Ölvorräte der Welt verfügende Saudi-Arabien zeigte sich über den Aufmarsch irakischer Truppen an der gemeinsamen Grenze alarmiert und bat um amerikanische Hilfe. Am 7. August 1990 kündigte Bush an, Land-, Luft- und Seestreitkräfte nach Saudi-Arabien zu entsenden. Die Militäroperation erhielt den Namen ‹Desert Shield›.

Es ist wiederholt argumentiert worden, die USA hätten Bagdad im Vorfeld nicht deutlich genug signalisiert, dass sie eine Annexion Kuwaits nicht tolerieren würden. In der Tat hatte Bush versucht, mit Hussein einen Verbündeten in der geostrategisch so wichtigen Region aufzubauen. Auch war die amerikanische Botschafterin im Irak, April Glaspie, als sie am 25. Juli 1990 überraschend zum ersten Mal seit Jahren von Saddam Hussein zur Audienz gebeten wurde, eine klare Warnung schuldig geblieben. Auf die Frage nach der Haltung ihrer Regierung zum irakischen Disput mit Kuwait hatte sie nach den Standardvorgaben des State Department geantwortet, Washington beziehe in solchen Fragen keine Position. Daraus eine stillschweigende Duldung oder sogar Ermutigung der Invasion durch die Vereinigten Staaten zu konstruieren, scheint allerdings überzogen. Wahrscheinlicher ist, dass Hussein glaubte, weder die USA noch andere Länder würden für Kuwait einen Krieg gegen die stärkste Armee der Region führen. Für diese These spricht, dass er seine Truppen unter größter Geheimhaltung aufmarschieren ließ und arabische Staatschefs mit der Versicherung täuschte, er setze weiterhin auf eine diplomatische Lösung des Streits. Wie viele Diktatoren vor ihm schätzte Hussein die Folgen seiner aggressiven Politik falsch ein. Aber auch Washington musste schmerzlich erkennen, dass Hussein nicht der erhoffte willige Partner war, sondern eigene Ambitionen verfolgte.

Schnell waren sich Bush und sein außenpolitisches Team darin einig, dass die irakische Invasion in Kuwait den ersten Test für die Ära nach dem Kalten Krieg darstellte. Vizeaußenminister Eagleburger etwa meinte, man dürfe jetzt nicht «die falschen Standards» für die künftige Politik setzen.[1] Vielmehr gehe es darum, den Muammar Al-Gaddafis und Kim Il Sungs – den Staatschefs Libyens und Nordkoreas – der Welt klar zu machen, dass sich ihr Handlungsspielraum nach dem Ende der Rivalität zwischen den Supermächten nicht erhöht habe. Sicherheitsberater Scowcroft betonte, wenn man der momentanen Krise etwas Positives abgewinnen wolle, dann die reale Möglichkeit, der Öffentlichkeit die neue Kooperation mit Moskau demonstrieren zu können. Diese Überlegungen kulminierten in einer Rede des Präsidenten vor dem Kongress am 11. September 1990, in der er für die Errichtung einer «neuen Weltordnung» plädierte. In ihr sollten die «Herrschaft des Rechts die Herrschaft des Dschungels ersetzen» und «die Nationen die gemeinsame Verantwortung für Freiheit und Gerechtigkeit anerkennen». Die Krise im Golf, so Bush weiter, bilde die erste Bewährungsprobe für diese neue Weltordnung. Er sei entschlossen, sich der Herausforderung zu stellen.[2] Wie fast immer, wenn amerikanische Präsidenten ihr außenpolitisches Handeln öffentlich legitimieren, verschmolzen auch in diesem Fall machtpolitische und idealistische Motive.

Parallel zum Aufbau einer militärischen Verteidigungslinie bemühte sich Washington intensiv darum, eine internationale Koalition gegen Bagdad zu schmieden. Schon am Tag nach der Invasion forderte der Sicherheitsrat der Vereinten Nationen mit 14 : 0 Stimmen einen sofortigen und bedingungslosen Rückzug des Irak aus Kuwait. Besondere Bedeutung maß die US-Regierung dabei der engen Zusammenarbeit mit der Sowjetunion zu. Sie sah die Krise im Golf als Chance, gemeinsam mit dem ehemaligen Rivalen der vielbeschworenen neuen Weltordnung Geltung zu verschaffen. Auf einem Arbeitsgipfel in Helsinki am 9. September 1990 verabschiedeten Bush und Gorbatschow ein Kommuniqué, das alle UN-Resolutionen unterstützte und die Möglichkeit weiterer Maßnahmen ansprach. In den folgenden Monaten erhöhte der Sicherheitsrat den Druck auf Hussein, konnte ihn aber nicht zum Einlenken bewegen. Schritt für Schritt gelangten Bush und seine Berater zu der Einsicht, dass es wohl eines Militäreinsatzes bedürfen würde, um die irakischen Truppen aus Kuwait zu vertreiben. Der Präsident und sein Außenminister bemühten sich nun mit aller

Energie, die Sowjetunion davon zu überzeugen, einer entsprechenden Autorisierung im Sicherheitsrat zuzustimmen. Mit Erfolg: Am 29. November nahm das zentrale UN-Gremium Resolution 678 an, die den Einsatz «aller notwendigen Mittel» zur Befreiung Kuwaits genehmigte, falls sich der Irak nicht bis zum 15. Januar 1991 aus dem besetzten Gebiet zurückzöge. Anfang Januar 1991 stimmten auch die beiden Kammern des Kongresses mit knappen Mehrheiten einem entsprechenden Antrag zu. Nachdem der Irak die diversen UN-Resolutionen nicht befolgt sowie mehrere Vermittlungsversuche der USA und der UdSSR zurückgewiesen hatte, begann am 17. Januar 1991 die Operation ‹Desert Storm› zur Befreiung Kuwaits. An der Militäraktion beteiligten sich 27 Nationen, darunter neben den engen amerikanischen Verbündeten Großbritannien und Frankreich auch viele muslimische Länder wie Saudi-Arabien, Ägypten, Pakistan und Syrien. Formal lag das Oberkommando bei den USA und Saudi-Arabien, aber de facto befehligte der amerikanische General Norman Schwarzkopf die Operation, und die mehr als eine halbe Million im Golf zusammengezogenen US-Soldaten führten auch den Großteil der Kampfhandlungen aus. Zunächst bombardierten die Koalitionstruppen fünf Wochen lang strategische Ziele im Irak und schalteten die Kommando- und Kommunikationszentren, die Flugabwehranlagen sowie die Stromversorgung des Gegners weitgehend aus. Bagdads Versuch scheiterte, Israel durch insgesamt 39 Raketenangriffe in den Konflikt hineinzuziehen und damit die UN-Koalition einer schweren Belastungsprobe auszusetzen. Am 24. Februar begann die Invasion am Boden. Innerhalb von 100 Stunden vertrieben die Streitkräfte der USA und ihrer Alliierten die irakischen Truppen aus Kuwait und vernichteten große Teile von Husseins Armee. Damit waren die Resolutionen der Vereinten Nationen erfüllt. Bush entschied deshalb, die Kampfhandlungen einzustellen. Am 3. März 1991 akzeptierte der Irak alle Bedingungen des Sicherheitsrats für einen Waffenstillstand.

Diplomatisch und militärisch hatten die USA einen überwältigenden Erfolg errungen: Kuwait war frei, den UN-Resolutionen Geltung verschafft worden, Saddam Hussein geschwächt, der Nahe Osten zumindest kurzzeitig ein etwas weniger gefährlicher Ort. Die eigenen Verluste blieben mit knapp 300 gefallenen Soldaten weit niedriger als befürchtet. Selbst die finanziellen Kosten, etwa 60 Milliarden Dollar, wurden zu fast 90 Prozent von Saudi-Arabien, Kuwait, Japan, Deutschland und anderen Staaten übernommen. Die Zustimmungsrate zu Bushs Politik stieg nach dem Sieg im Golfkrieg in den USA auf in der Geschichte der Meinungsumfragen bis dato nicht gemessene 89 Prozent. Allerdings gab es auch Kritik: Der Präsident habe den Angriff zu früh eingestellt und Hussein sich deshalb an der Macht halten können. Bush erwiderte, das UN-Mandat sei auf die Befreiung Kuwaits begrenzt gewesen und die Koalition wäre bei einer Ausweitung des Auftrags auseinandergebrochen; einen Regimewechsel herbeizuführen, hätte die Einnahme Bagdads mit großen Verlusten von Menschenleben auf beiden Seiten bedeutet. Eine längere Besetzung des Landes ohne klare Vorgabe, wann und unter welchen Umständen ein Abzug stattfinden solle, wurde vor allem von Generalstabschef Powell und Schwarzkopf abgelehnt. Auch befürchtete die außenpolitische Führungsgruppe um Bush, eine Ablösung Husseins könne andere Mächte einladen, sich der Erbmasse zu bemächtigen. Schließlich musste sich Washington auch angesichts des sich beschleunigenden Kollapses der Sowjetunion um eine Krise von weltpolitischer Bedeutung kümmern. Sollte Bush den Prognosen der arabischen Koalitionspartner und seiner Geheimdienste vertraut haben, die irakische Opposition werde den Diktator nach seiner Niederlage stürzen, so wurde er in den nächsten Monaten und Jahren enttäuscht.

Wohlstand und Stabilität durch Freihandel

Neben dem Schmieden der Golfkriegskoalition und dem beruhigenden Einfluss auf die Umwälzungen im Ostblock ist die Förderung des Freihandels die dritte bedeutende außenpolitische Leistung von George Bush. Reagan hatte zwar die ersten Freihandelsabkommen der USA mit Israel und Kanada geschlossen, aber Handelsliberalisierungen nur inkonsequent unterstützt und sogar Einfuhrhürden für Stahl und Textilien errichtet. Sein Nachfolger legte dagegen großen Elan an den Tag und beschritt auch neue Wege. Vor Bushs Präsidentschaft waren es vor allem die Industrieländer gewesen, die ihre Märkte füreinander in vielen kleinen Stufen öffneten. Bush dagegen propagierte ein Freihandelsabkommen mit einem Entwicklungsland, in dem die Löhne ein Zehntel des US-Niveaus betrugen: Mexiko. Gegen den Widerstand der Gewerkschaften trieb der Präsident seine radikale Idee voran und überzeugte Kanada, ihr bilaterales Abkommen um den südlichen Nachbarn zu einer ‹Nordamerikanischen Freihandelszone› zu erweitern. Die politischen Hauptziele des Präsidenten bestanden darin, durch eine wirtschaftliche Stabilisierung Mexikos die illegale Einwanderung in die Vereinigten Staaten zu reduzieren und dem Drogenschmuggel langsam das Wasser abzugraben. Ökonomisch versprach er sich vom Abbau der Zölle für sein eigenes Land Produktivitätsgewinne und mehr gut bezahlte Arbeitsplätze, weil US-Unternehmen kapitalintensive Güter leichter nach Mexiko verkaufen und arbeitsintensive Produktionsgänge dorthin auslagern können würden. Für Mexiko sollte die forcierte Verzahnung seiner Wirtschaft mit der amerikanischen einen verbesserten Zugang zum US-Markt und damit zusätzliche Jobs bringen. Die ökonomische Integration würde außerdem die notorisch volatile Währung Mexikos stabilisieren, die Bonität des Landes als Schuldner erhöhen und die Reform seiner veralteten Wirtschaft durch den Transfer von Kapital und Know-how positiv beeinflussen. Der NAFTA-Vertrag, den die Staats- und Regierungschefs der drei nordamerikanischen Länder im Dezember 1992 unterzeichneten, sah die Abschaffung aller Zölle sowie der meisten Hemmnisse für Direktinvestitionen in den nächsten 15 Jahren vor. Damit erfüllten sich in der Tat viele, wenn auch nicht alle Erwartungen. Die makroökonomische Stabilisierung durch NAFTA ließ Mexiko die Schulden- und Währungskrisen der Jahre 1997 und 2002 besser überstehen als viele vergleichbare Staaten. Allerdings traf das Freihandelsabkommen bei Gewerkschaften und Umweltverbänden auf Widerstand, weil sie eine Verschlechterung der amerikanischen Standards befürchteten. Nach Bushs Wahlniederlage fiel es seinem Nachfolger zu, einen wenig begeisterten Kongress für NAFTA zu gewinnen.

Mit NAFTA wichen die USA zwar von ihrer seit den 1940er Jahren verfolgten Strategie ab, Handelsliberalisierungen primär auf globaler Ebene zu verfolgen. Auch Bushs Vorschlag, eine Freihandelszone für den gesamten nord- und südamerikanischen Kontinent zu schaffen, ging in diese Richtung. Aber bilaterale und regionale Freihandelsabkommen sind nach dem GATT erlaubt, sofern sie die Außenzölle nicht erhöhen. Gleichzeitig hielt der Präsident an einer weltweiten Liberalisierungsstrategie fest. So verlieh er der Uruguay-Runde des GATT, die unter Reagan 1986 begonnen worden war, die entscheidenden Impulse. Unter amerikanischer Führung erzielte die Uruguay-Runde Durchbrüche bei einer weiteren Öffnung der nationalen Märkte und der Stärkung bestehender Vereinbarungen. Auch gelang es den USA, drei in den früheren GATT-Runden nicht behandelte Bereiche zumindest ansatzweise zu regulieren: die Dienstleistungen, die intellektuellen Eigentumsrechte und die Direktinvestitionen. Politisch am bedeutendsten waren jedoch die Vereinbarungen über die Landwirtschaft, die vor allem von der europäischen Agrarlobby bisher immer verhindert worden waren. Auf massiven Druck Washingtons stimmte die EU zu, nichttarifäre Handelshemmnisse in Zölle zu überführen und diese zu reduzieren sowie die enormen Exportsubventionen abzubauen. Schließlich kamen die 107 Staaten überein, mit der Welthandelsorganisation (WTO) die erste formale internationale Handelsinstitution in der Geschichte zu schaffen. Die WTO erhielt weit gehende Kompetenzen zur Schlichtung von Streitfällen und zur eigenständigen Überprüfung der Handelspraktiken ihrer Mitglieder.

Auch nach dem Ende des Kalten Kriegs schienen die USA gewillt, das liberale Weltwirtschaftsystem fortzuentwickeln. Das war umso bemerkenswerter, als in den Vereinigten Staaten seit den späten 1970er Jahren die innenpolitischen Widerstände gegen den Freihandel wuchsen. Waren nach dem Zweiten Weltkrieg nämlich nur wenige Unternehmen von Importen betroffen gewesen, so machten Einfuhren 1990 mehr als 13 Prozent des Bruttoinlandsprodukts aus. Damit stieg die Zahl der Betriebe und Arbeiter, die sich der ausländischen Konkurrenz stellen mussten und dabei oft den Kürzeren zogen. Vor allem die Automobil-, Stahl-, Elektronik- und Textilindustrie hatten sich schmerzhaften Anpassungsprozessen zu unterziehen. Was die gesamtwirtschaftliche Leistungsfähigkeit stärkte, weil es Dynamik und Produktivität erhöhte, war jedoch mit individuellen Kosten und sozialen Härten verbunden. Das gute Abschneiden seines innerparteilichen Herausforderers Pat Buchanan, der mit isolationistischen und protektionistischen Parolen auf Stimmenfang ging, und des unabhängigen Anti-Establishment-Kandidaten Ross Perot bei den Wahlen 1992 dokumentierte, dass Bushs Eintreten für den Freihandel bei vielen Bürgern unpopulär war.

Weltunordnung statt Weltordnung?

Auch die angekündigte neue Weltordnung musste Rückschläge verkraften. Schon der Verbleib Saddam Husseins im Amt warf einen Schatten auf den amerikanischen Sieg am Golf. Eine weitere Chance, die Herrschaft des Diktators zumindest ernsthaft zu gefährden, ließ die Bush-Administration mit der Entscheidung verstreichen, die Aufstände der Kurden und der Schiiten 1991 nicht zu unterstützen. Hauptgrund war die Angst, der Irak könne zerfallen und ein Vakuum hinterlassen, das andere Staaten für eigene Expansionsbestrebungen nutzten. Erst nachdem Bagdad die Rebellionen brutal unterdrückt hatte, richteten die USA gemeinsam mit Großbritannien und Frankreich im Norden und Süden des Landes Flugverbotszonen ein, um weitere Luftangriffe der Regierungstruppen zu unterbinden.

George Bush, der so großes diplomatisches Geschick beim Management des Zerfalls des sowjetischen Imperiums und des Golfkriegs an den Tag gelegt hatte, scheiterte mit seinem Bemühen, eine Agenda für die Zeit nach dem Kalten Krieg zu entwickeln. Das hatte zum einen damit zu tun, dass ihn eine hartnäckige Rezession zwang, sich auf die Innen- und Wirtschaftspolitik zu konzentrieren. Zum zweiten bedeutete die Überwindung der bipolaren Konfrontation auch ein Ende der konstanten Konflikte und nationalen Notlagen, die allen Präsidenten seit 1947 eine hohe Entscheidungsautonomie in der Außenpolitik gewährt hatten. Schließlich war Bush mehr ein Taktiker denn ein konzeptioneller Denker. Er bekannte öffentlich, Probleme beim Entwickeln von Visionen – «the vision thing», wie er es nannte – zu haben. Sein Pragmatismus und sein auf persönliche Kontakte setzender Politikstil eigneten sich gut dafür, Krisen zu meistern und Koalitionen zu schmieden. Diese Eigenschaften erwiesen sich aber als Hindernis bei dem Versuch, Antworten auf grundsätzliche Fragen wie das Verhältnis von Interessen und Werten in der Zeit nach dem Kalten Krieg zu geben. Bushs Versprechen einer neuen Weltordnung geriet deshalb an seine Grenzen, wenn Krisen in Regionen auftraten, in denen die Interessen der USA gering waren oder Konflikte nicht zwischen, sondern innerhalb von Staaten aufbrachen. Während seiner letzten anderthalb Amtsjahre schien sogar eine neue Weltunordnung um sich zu greifen.

Am deutlichsten wurde dies beim Zerfall Jugoslawiens. Seit dem Tod Titos 1980 hatten sich die Spannungen zwischen den sechs Teilrepubliken zunehmend verschärft. Nach dem Kollaps der sozialistischen Herrschaftsstruktur schürte Slobodan Milošević, der starke Mann in Belgrad, nationalistische und ethnische Spannungen, um einen großserbischen Staat zu errichten. Angesichts dieser kaum verschleierten Hegemoniebestrebungen betrieben Nationalisten in Kroatien, Slowenien und Mazedonien eine Politik der Loslösung von Jugoslawien. Die Bush-Regierung versagte diesen Republiken die Unterstützung. Bis in den Sommer 1991 trat sie für den Erhalt des Gesamtstaats ein, vor allem, um keinen Präzedenzfall für die Sowjetunion zu schaffen, wo es ebenfalls Unabhängigkeitsbestrebungen der Republiken gab. Als Slowenien und Kroatien dennoch aus dem jugoslawischen Staatsverband ausschieden und die Bundesarmee den Krieg gegen die abtrünnigen Republiken eröffnete, stellte sich Washington auf den Standpunkt, es stünden keine vitalen amerikanischen Interessen auf dem Spiel, die eine entschlossene Politik erforderten. Die USA vermochten sich auch deshalb aus der Jugoslawienkrise herauszuhalten, weil führende EG-Politiker sie explizit zur europäischen Angelegenheit erklärt hatten. Vor dem Hintergrund der späteren Ereignisse zweifelhafte Berühmtheit erlangte dabei der Satz des luxemburgischen Außenministers Jacques Poos: «Das ist die Stunde der Europäer, nicht die Stunde der Amerikaner.»[3] Auch wenn sich die Bush-Regierung vom Frühjahr 1992 an mit diplomatischen und politischen Mitteln wieder etwas stärker im Balkankonflikt engagierte, so fehlte eine stimmige Strategie. Die Aufstellung einer Blauhelmtruppe vor allem aus Briten und Franzosen, die Anerkennung der Unabhängigkeit Bosniens, die Verhängung eines UN-Handels- und eines Waffenembargos fanden zwar die Unterstützung der USA oder gingen auf ihr Drängen zurück. Da Washington aber die Anwendung militärischer Gewalt zur Beendigung der Aggression ausschloss, konnten die serbischen Truppen ihre Politik der brutalen ethnischen Säuberungen ungehindert fortsetzen.

Auch in anderen außenpolitischen Fragen agierte Bush desto weniger souverän, je näher die Präsidentschaftswahlen von 1992 rückten und die lahmende Konjunktur seine Umfragewerte nach unten zog. Um sich nicht dem Vorwurf auszusetzen, er ‹vergeude› Steuergelder für internationale Initiativen, hielt er sich bei der materiellen Unterstützung des russischen Reformprozesses zurück. Das wichtigste amerikanische Hilfeprojekt dieser Jahre, das mit mehreren Hundert Millionen Dollar ausgestatte Nunn/Lugar-Programm zur Sicherung des sowjetischen Atomarsenals und zur Demontage von Trägersystemen, ging auf die Initiative von zwei Senatoren zurück. Der Verkauf von F-16-Kampfbombern an Taiwan düpierte Peking und erfolgte mehr aufgrund wahltaktischer Überlegungen als nüchternen realpolitischen Kalküls. Auch die neue Runde von Nahost-Friedensgesprächen, die mit einer Konferenz in Madrid am 30. Oktober 1991 begonnen worden war, kam nur langsam voran. Zwar verbesserten sich die Rahmenbedingungen mit der erstmaligen Beteiligung der Palästinenser, dem Ende der Moskauer Ambitionen in der Region und der Wahl Yizhak Rabins zum israelischen Ministerpräsidenten Ende Juni 1992 deutlich. Aber im Sommer dieses Jahres kämpfte Bush bereits um sein politisches Überleben und konnte sich kaum mehr als Vermittler im

Nahostkonflikt betätigen. Erst nach seiner Wahlniederlage am 3. November trat er wieder als Außenpolitiker in Erscheinung. Noch vor der Amtseinführung seines Nachfolgers schickte der Präsident auf Drängen der Medien, des Kongresses und humanitärer Organisationen und mit Billigung des UN-Sicherheitsrats 28 000 Soldaten nach Somalia, um in der Operation ‹Restore Hope› Blauhelmtruppen zu helfen, Hunderttausende von einer Hungerkatastrophe bedrohte Bürger mit Nahrungsmitteln zu versorgen. Wenige Tage vor dem Ende seiner Amtszeit unterzeichnete er in Moskau mit Jelzin den START II-Vertrag, der die Reduzierung der jeweiligen strategischen Nukleararsenale auf 3000 bis 3500 Systeme und die Verschrottung von Raketen mit Mehrfachsprengköpfen festschrieb.

Bill Clinton: Der Innenpolitiker im Weißen Haus

Bei den Präsidentschaftswahlen im November 1992 hatten Bush seine außenpolitischen Erfolge wenig genutzt. Er unterlag seinem Herausforderer Bill Clinton, weil die Bürger nach der anhaltenden Wirtschaftskrise des Jahres 1991 einen wirtschafts- und sozialpolitisch engagierten Präsidenten haben wollten. Der Sieg im Golfkrieg sowie seine Rolle bei der deutschen Wiedervereinigung und beim Zerfall der Sowjetunion brachten Bush zwar den Respekt der Wähler ein, aber nicht die für einen Wahlsieg erforderlichen Stimmen: Auch wegen der Teilnahme des unabhängigen Kandidaten Ross Perot, auf den jede fünfte Stimme entfiel, erzielte der Präsident nur 38 Prozent. Clinton, der als Gouverneur von Arkansas kaum internationale Erfahrung besaß, vermied es im Wahlkampf mit wenigen Ausnahmen, sich zu außenpolitischen Themen zu äußern. Wenn er es dennoch tat, dann zollte er Bush für seine Leistungen Anerkennung. Nur selten fand er kritische Worte für den Präsidenten. Eine dieser Ausnahmen stellten seine Angriffe auf dessen Jugoslawienpolitik dar, wo er ihm «Gleichgültigkeit» vorwarf und «echte Führungsqualitäten» forderte.[4] Außerdem kritisierte er, dass Bush gegenüber der chinesischen Führung nicht nachdrücklich genug auf die Einhaltung der Menschenrechte hingewirkt habe.

Nach seiner Wahl stellte Clinton ein außenpolitisches Team zusammen, das ihm den Rücken freihalten sollte für seine innenpolitische Agenda. Mit Warren Christopher berief er einen Mann zum Außenminister, der als Stellvertreter in diesem Amt unter Carter bereits Regierungserfahrung gesammelt hatte. Von Temperament wie Philosophie her war er allerdings mehr ein Verwalter denn ein Gestalter amerikanischer Außenpolitik. Wenn es jemanden gab, der den Beziehungen der USA zu ihrer internationalen Umwelt eine weltanschauliche Orientierung zu geben vermochte, dann war es Sicherheitsberater Anthony Lake. Er hatte zu den jungen Beamten gehört, die Kissingers Stab dereinst aus Protest gegen die Invasion in Kambodscha verließen, und vertrat eine an Idealen, nicht allein an Interessen ausgerichtete Politik. Nach dem Ende der Sowjetunion wollte Lake das nächste große Projekt der USA unter das Motto des «Enlargement», die Ausbreitung von Demokratie, Marktwirtschaft und Menschenrechten, stellen. Da Demokratien keine Kriege gegeneinander führten, so die Philosophie der neuen Regierung, könne damit der Weltfrieden am besten gefördert werden.

Dieser neowilsonianische Ansatz wurde ergänzt durch die Betonung ökonomischer Aspekte der Außenpolitik. Tatsächlich hatte Bush seinem Nachfolger ein hohes Zwillingsdefizit bei Handel und Haushalt hinterlassen und im Golf sogar zum ersten Mal seit dem Unabhängigkeitskrieg die finanzielle Hilfe anderer Staaten für die amerikanische Kriegsführung gesucht. Einige Beobachter leiteten daraus schon den bevorstehenden Abstieg der Vereinigten Staaten als ökonomischer und politischer Führungsmacht ab. Die USA litten an «imperialer Überdehnung» (imperial overstretch), hatte schon 1987 der Harvard-Historiker Paul Kennedy diagnostiziert, und müssten wie andere Imperien vor ihnen die außenpolitischen Verpflichtungen wegen ihrer binnenwirtschaftlichen Schwäche abbauen.[5] Lester Thurow, einer der führenden amerikanischen Ökonomen, sagte 1992 voraus, die Vereinigten Staaten würden in der kommenden «wirtschaftlichen Schlacht» mit Japan und Europa den Kürzeren ziehen.[6] Auch wenn diese Vorhersagen nicht eintraten, gaben sie doch die Stimmung der frühen 1990er Jahre wieder – und prägten sie selbst entscheidend mit. Es entsprach also dem Zeitgeist, dass die Clinton-Regierung nicht allein ihre Innenpolitik auf die Stärkung der Wirtschaft ausrichtete. «Wir müssen unsere ökonomische Wettbewerbsfähigkeit in das Zentrum unserer Außenpolitik stellen», betonte der Präsident etwa 1994 bei der Übermittlung des Haushalts an den Kongress. Augenfälligsten Ausdruck fand diese Neuorientierung in der Einrichtung des ‹Nationalen Wirtschaftsrats› (NEC). Wie der Nationale Sicherheitsrat 1947 die Antwort auf die militärische Herausforderung durch die Sowjetunion gewesen war, so sollte der NEC 1993 die gewachsene Bedeutung der Ökonomie in der internationalen Politik im außenpolitischen System der USA institutionell verankern.

In seiner ersten Amtszeit verwendete Clinton weniger Zeit auf internationale Fragen als jeder andere Präsident vor ihm in den letzten fünfzig Jahren. David Gergen, der vier Regierungen in hohen Funktionen gedient hatte, schätzte, dass ein Präsident unter normalen Bedingungen etwa 60 Prozent seiner Zeit der Außenpolitik widmet. Bei Bush seien es wegen seines besonderen Interesses und wegen der vielen Krisen 75 Prozent gewesen. Clinton dagegen, so Gergen, brachte zu Beginn seiner Amtszeit weniger als 25 Prozent dafür auf. Alle Mitglieder seines außenpolitischen Teams, vom Sicherheitsberater über den Außen- und Verteidigungsminister bis hin zum CIA-Chef hatten Schwierigkeiten, Termine mit dem Präsidenten zu bekommen. Les Aspin sprach Clinton in seinem Jahr als Verteidigungsminister nur zwei Mal unter vier Augen. Als sich nach einigen Monaten herausstellte, dass der Präsident seine Aufmerksamkeit doch hin und wieder internationalen Problemen widmen musste, beschwerte der sich: «Ich bin nicht hierher gekommen, um Außenpolitik zu machen.»[7] Ganz vermeiden ließ sich dies aber nicht. Clinton hatte zwar eine Weltlage vorgefunden, die ruhiger und stabiler war als zu jedem anderen Zeitpunkt seit den 1930er Jahren. Aber aufgrund ihrer weltweiten Verpflichtungen, ihrer wirtschaftlichen Verflechtungen und ihres besonderen Status als einzige Supermacht wurden die USA gleichwohl mit neuen Herausforderungen konfrontiert. Auch richteten sich regionale Krisen nicht nach dem innenpolitischen Kalender des Präsidenten.

Humanitäre Interventionen und Nation-Building: Somalia, Haiti, Balkan

Eine erste solche regionale Krise trat im Sommer 1993 in Somalia auf. Dort war es dem von Bush entsandten Kontingent bis März gelungen, eine Hungerkatastrophe zu verhindern. Die Truppen zogen daraufhin sukzessive ab. Die Clinton-Regierung unterstützte den Somalia-Einsatz enthusiastisch, da er perfekt in ihre außenpolitische Philosophie passte, Frieden und Stabilität durch humanitäre und multilaterale Aktionen zu verbreiten. Im Mai 1993 ging das Kommando im Rahmen von UNOSOM II auf die Vereinten Nationen über, die sich auf Drängen von Generalsekretär Boutros Boutros-Ghali der völligen Befriedung des Landes, der Entwaffnung der rivalisierenden Clans und dem Aufbau staatlicher Strukturen verschrieben. Erstmals in der Geschichte der UNO wurde ein Peacekeeping-Einsatz vom Sicherheitsrat unter Kapitel VII der Charta angeordnet, das einen Einsatz von Militärgewalt erlaubt. Diese ehrgeizige Politik brachte die Mission aber in Konflikt mit den lokalen Kriegsherren. Der mächtigste von ihnen, Mohammed Farah Aidid, bezichtigte die Friedenstruppen der Parteinahme für einen Rivalen und ließ Anfang Juni eine Gruppe pakistanischer UN-Soldaten in einen Hinterhalt locken. 24 von ihnen wurden getötet. Gestützt auf Sicherheitsrats-Resolution 837 ordnete die amerikanische Militärführung vor Ort die Gefangennahme der Verantwortlichen an. Fast unmerklich war damit aus einer humanitären Aktion zur Versorgung von Hungernden eine Kampfoperation geworden. Zu diesem Zeitpunkt standen nur mehr 4000 der ursprünglich 28 000 US-Soldaten in Somalia. Am 3. Oktober 1993 gelang es Aidids Kämpfern, während einer Razzia zwei amerikanische Angriffshubschrauber vom Typ Black Hawk über Mogadischu abzuschießen. Bei den anschließenden Gefechten wurden 78 US-Soldaten verletzt, 18 getötet. Schon am Abend liefen Bilder auf CNN, wie Aidids Männer die Leiche eines Marineinfanteristen an jubelnden Somalis vorbei durch die Straßen schleiften. Was als humanitäre, gewaltfreie Mission begonnen hatte, die eine neue Weltordnung etablieren helfen sollte, endete in einem Fiasko. Einflussreiche Parlamentarier forderten einen sofortigen Abzug der US-Truppen. Tatsächlich erklärte Clinton vier Tage nach den Ereignissen, es sei ein Fehler gewesen, sich von der UNO in den Konflikt zwischen den Clans hineinziehen zu lassen. Die Vereinigten Staaten hätten andere Aufgaben, als «die somalische Gesellschaft wiederaufzubauen»; die Mission werde zum 31. März 1994 beendet. Der demütigende Rückzug aus Somalia erweckte den Eindruck, die neue Regierung sei in der Außenpolitik wankelmütig und inkonsistent. Auch diskreditierte der Fehlschlag die Vereinten Nationen bei vielen Amerikanern. Offenbar ging die Weltorganisation Abenteuer ein, für die letztlich US-Soldaten die Zeche zahlen mussten. Schließlich war der Somalia-Schock auch mitverantwortlich dafür, dass sich weder die UNO noch die USA noch die ehemaligen europäischen Kolonialmächte im Frühjahr 1994 dazu durchringen konnten, dem Genozid der Hutu an den Tutsi im zentralafrikanischen Ruanda Einhalt zu gebieten. Mehr als 500 000 Menschen kamen dabei ums Leben.

Der Eindruck der Konzeptionslosigkeit der Clinton-Regierung drängte sich auch während einer Krise auf, die sich mitten in der Somalia-Intervention vor der eigenen Haustür entwickelte: in Haiti. Auf der Karibikinsel hatte Ende 1991 das Militär gegen den gewählten Präsidenten Jean-Bertrand Aristide geputscht und einen Flüchtlingsstrom Richtung USA entfacht. Bush, der wie seine Vorgänger Haiti wenig Beachtung schenkte, verhängte daraufhin ein Handelsembargo und ließ die Bootsflüchtlinge auf offener See aufgreifen und in ihre Heimat zurückbringen. Clinton kritisierte im Wahlkampf dieses Vorgehen und versprach, Aristide wieder in sein rechtmäßiges Amt einzusetzen. Einmal im Weißen Haus hielt er zum Ärger vieler seiner Wähler an Bushs Politik des Rücktransfers der Flüchtlinge fest. Allerdings schien zumindest die Reinstallierung des gewählten Präsidenten zu gelingen, als die UNO mit dem ‹Governors Island-Abkommen› im Sommer 1993 eine Kompromisslösung zwischen haitianischer Militärjunta und Aristide vermitteln konnte. Zur Implementierung dieser Vereinbarung beschloss der Sicherheitsrat, eine Überwachungstruppe zur Modernisierung der Streitkräfte und zum Aufbau von Polizeikräften zu entsenden. Am 11. Oktober ankerte ein Schiff mit 200 leichtbewaffneten amerikanischen und kanadischen Soldaten und Polizisten vor Haiti. An Land konnten sie aber nicht gehen, weil ein gewalttätiger, von den Machthabern organisierter Mob, der «Somalia, Somalia» skandierte, sie daran hinderte. Am nächsten Morgen verließ die Überwachungstruppe unverrichteter Dinge den Hafen. Die Vereinigten Staaten waren gedemütigt, die Militärjunta triumphierte. Für Sicherheitsberater Lake stellte Haiti jedoch einen Testfall für die Politik der Ausbreitung von Demokratie und Menschenrechten dar. Er drängte Clinton in den folgenden Monaten, nun erst recht mit aller Macht auf einen Regimewechsel in Haiti hinzuwirken. Mit Erfolg: Am 15. September 1994 warnte der Präsident in einer Ansprache an die Nation das haitianische Regime: «Ihre Zeit ist abgelaufen. Treten Sie jetzt zurück, oder wir werden Sie mit Gewalt von der Macht vertreiben.» Vor dem Hintergrund dieser Drohung gelang es einer US-Delegation unter Ex-Präsident Carter, Senator Nunn und General Powell, die Junta zum Abdanken zu bewegen. Amerikanische Truppen landeten auf der Insel und bereiteten die sichere Heimkehr Aristides vor. Im April 1996 verließen die letzten der 20 000 GIs Haiti und übertrugen die Mission den Vereinten Nationen. Damit erreichte der Präsident doch noch sein postuliertes Ziel, die Demokratie auf der Insel zu stärken.

Neben Somalia und Haiti bildete der Balkan die dritte frühe Gelegenheit für die Clinton-Regierung, ihre idealistische außenpolitische

Philosophie in der Praxis zu erproben. Trotz anderslautender Wahlkampfäußerungen folgte Clinton zunächst dem passiven Kurs seines Vorgängers. Auch der neue Mann im Weißen Haus konnte sich nicht dazu durchringen, die mittlerweile zum Hauptziel der serbischen Aggression gewordenen bosnischen Muslime militärisch zu unterstützen, zumal die US-Interessen nur marginal bedroht waren und ihm Colin Powell, der Chef der Vereinigten Stabschefs, wie schon in Somalia vom Einsatz der Streitkräfte wegen der angeblich unkalkulierbaren Folgen nachdrücklich abriet. Außerdem versicherten UNO und Europäer, der ‹Vance-Owen-Plan›, der die serbischen Eroberungen und eine Teilung Bosniens weit gehend akzeptierte, werde den Konflikt beenden. Die europäischen Staaten widersetzten sich deshalb auch Clintons ‹Lift-and-strike»-Initiative, die eine Aufhebung des UN-Waffenembargos und gezielte Luftschläge gegen die Serben vorsah. Erst 1994 rang sich die NATO unter amerikanisch-französischer Führung zumindest zu begrenzten Luftangriffen auf serbische Stellungen um das eingekesselte Sarajewo durch.

Es bedurfte eines besonders schwer wiegenden Ereignisses, um eine Änderung der distanzierten Politik der USA zu bewirken. Dieses Ereignis bildete im Juli 1995 die Einnahme von Srebrenica und Zepa durch den serbischen General Mladić und die systematische Ermordung von etwa 7000 muslimischen Kriegsgefangenen. Beide Städte waren von den Vereinten Nationen zu «sicheren Häfen» (safe havens) erklärt worden, aber die dort stationierten niederländischen Blauhelmsoldaten hatten sich angesichts der serbischen Überlegenheit der Eroberung nicht widersetzt. Clinton wurde nun klar, dass weiteres Stillhalten gegenüber der Politik der ethnischen Säuberungen die moralische Führungsrolle der USA in der Weltpolitik untergraben und seine eigene Präsidentschaft gefährden würde. Nach Srebrenica vollzog er eine Wende seiner bisherigen Politik und drängte auf einen neuen, umfassenden Friedensplan. Der Plan besaß aber nur Erfolgsaussichten, wenn sich die militärische Lage auf dem Balkan änderte. Dies trat ein, als kroatische Verbände im August und September 1995 die serbischen Stellungen in der Krajina überrannten und die NATO nach einem weiteren Granatenbeschuss Sarajewos Luftschläge gegen die bosnischen Serben aufnahm. Unter amerikanischen Druck stimmten nun alle Seiten Friedensgesprächen in Dayton/Ohio zu. Dort setzte Richard Holbrooke, der Abteilungsleiter für europäische Angelegenheiten im US-Außenministerium, massive Pressionen ein, um die Konfliktparteien im November 1995 zur Unterzeichnung eines Abkommens zu bewegen. Es sah das Ende der Kämpfe und die Schaffung einer mit weit reichenden Autonomierechten ausgestatteten Republik Srpska in einem von Muslimen und Kroaten dominierten Staat Bosnien-Herzegowina vor. Eine von der NATO aufgestellte Schutztruppe IFOR (später SFOR) würde mit 60 000 Mann, davon 20 000 Amerikanern, die Einhaltung des Abkommens überwachen. Obwohl Clinton das US-Kontingent zunächst nur für ein Jahr entsenden wollte, wurde das Mandat von ihm und seinem Nachfolger mehrmals verlängert, allerdings bei gleichzeitiger Reduzierung der Gesamtstärke und der eigenen Streitkräfte. Durch das letztlich entschlossene amerikanische Eingreifen gelang es, dem Bürgerkrieg in Bosnien ein Ende zu bereiten und Ordnung in diese instabile Region zu bringen. Die Kosten waren aber beträchtlich: Nicht nur musste die NATO den labilen Frieden mit ihren Soldaten garantieren, sondern de facto kam es auch zur Teilung des Landes. Schließlich brach nach der Befriedung Bosniens der Konflikt zwischen den Serben und den von ihnen beherrschten Ethnien an einer anderen Stelle auf: im Kosovo.

Im Kosovo hatte die fragile Konstruktion von Titos Jugoslawien ihre ersten Risse gezeigt. Dort begann Milošević 1988, ethnische Spannungen anzuheizen, um seine Machtposition in Jugoslawien zu stärken. Im Unterschied zu Bosnien lebten in dem Gebiet nur zehn Prozent Serben, die aber die Polizei und alle Machtpositionen kontrollierten. Trotz der Aufhebung der verfassungsmäßigen Autonomie des Kosovo 1989 durch Belgrad blieb es relativ ruhig, da der Führer der Kosovo-Albaner, Ibrahim Rugova, einen dezidiert gewaltfreien Kurs verfolgte. Mitte der 1990er Jahre verschärfte sich jedoch die Lage. Angesichts der Ausklammerung des Kosovo-Problems aus dem Friedensabkommen von Dayton und des nicht völlig falschen Eindrucks, der Westen akzeptiere mit Gewalt geschaffene Tatsachen, erhielt die bewaffnete kosovarische Befreiungsbewegung UÇK Auftrieb. Ihr Ziel war es, durch Anschläge auf serbische Polizeikräfte Milošević zu unverhältnismäßigen Gegenschlägen zu provozieren und die NATO zum Eingreifen zu zwingen. In der Tat antwortete Serbien auf die Nadelstiche mit der erwarteten Brutalität. Wie zu Beginn in Bosnien, so reagierten die USA und die anderen westlichen Mächte allerdings auch im Kosovo langsam und widersprüchlich. Zu mehr als einer Verurteilung der UÇK als «terroristischer Gruppe» und einer Androhung von Sanktionen gegen Belgrad bei der gleichzeitigen Aufforderung, die

Kämpfe einzustellen, konnte sich die Clinton-Regierung nicht durchringen, zumal der Präsident zu diesem Zeitpunkt wegen der Lewinsky-Affäre bereits um sein politisches Überleben kämpfte.

Erst als im Sommer 1998 die Serben im Guerillakrieg die Oberhand gewannen und mit Massenvertreibungen begannen, erhöhte Washington auf Drängen der neuen Außenministerin Madeleine Albright und des Oberkommandierenden der US- und NATO-Streitkräfte in Europa, Wesley Clark, sein Engagement. Unter amerikanischer Führung verabschiedete der UN-Sicherheitsrat Resolution 1199, die einen sofortigen Waffenstillstand und den Abzug von serbischer Armee und Sonderpolizei aus dem Kosovo forderte. Nachdem der Nordatlantische Rat am 13. Oktober die ‹Activation Order› für Luftschläge gegen Jugoslawien gegeben hatte, schien Milošević einzulenken. Das von serbischen Kräften kurz darauf verübte Massaker im Dorf Račak zeigte jedoch, wie wenig verlässlich seine Zusagen waren. Auf amerikanisches Drängen berief die ‹Kontaktgruppe›, die sich einige Jahre zuvor zur Koordinierung der Bosnien-Politik gebildet hatte, daraufhin für Februar 1999 eine Konferenz mit Vertretern der Serben und der Kosovo-Albaner auf das französische Schloss Rambouillet ein. Ultimativ verlangte sie von den Konfliktparteien die Annahme eines Friedensplans, der die fast vollständige Selbstverwaltung des Kosovo innerhalb der Bundesrepublik Jugoslawien, freie Wahlen und die Entsendung einer NATO-Friedenstruppe vorsah. Während die Vertreter der Kosovo-Albaner den Plan nach einigem Zögern unterzeichneten, verweigerte die serbische Seite ihre Zustimmung. Damit waren die Würfel gefallen. Am 24. März 1999 begann die NATO mit der Operation ‹Allied Force› den Luftkrieg gegen Serbien, um die sich anbahnende humanitäre Katastrophe für die Zivilbevölkerung im Kosovo zu verhindern. Allerdings war der Militärschlag schlecht vorbereitet: Schon nach drei Tagen gingen den Bombern die Ziele aus, für darüber hinaus gehende Angriffe standen zu wenige Maschinen bereit, und der Verzicht auf den Einsatz von Bodentruppen stärkte bei der serbischen Führung den Glauben, die Angriffe überstehen zu können. Erst nach elf Wochen und 40 000 Kampfeinsätzen vor allem amerikanischer Flugzeuge akzeptierte Milošević die Bedingungen des Westens. Bis dahin hatte die serbische Armee allerdings großflächige Vertreibungen im Kosovo durchgeführt und Tausende ermordet. Wenig später nahm die 50 000 Mann starke und von der NATO geführte KFOR-Truppe ihre Arbeit auf, überwachte den Abzug der serbischen Streitkräfte und

Polizeieinheiten sowie die Entwaffnung der UÇK. 1,3 Millionen Kosovaren konnten in ihre Häuser zurückkehren. Die Militäraktion leitete zudem den Fall Miloševićs ein: Im Oktober 2000 wurde er gestürzt. Die Festnahme und Überstellung des Verursachers von vier Kriegen auf dem Balkan an das UN-Kriegsverbrechertribunal in Den Haag im Frühsommer 2001 ging ebenfalls wesentlich auf den Druck Washingtons zurück, das die Vergabe eines 1,3 Milliarden-Dollar-Hilfepakets an Serbien von diesem Schritt abhängig gemacht hatte. Auch wenn die USA erst spät militärisch eingriffen und der kategorische Verzicht auf den Einsatz von Bodentruppen die Kriegsführung erschwerte, war es wie in Bosnien auch im Kosovo vor allem ihrem Engagement zu verdanken, dass massive Menschenrechtsverletzungen unterbunden werden konnten.

«Enlargement» in der Praxis: Russland und China

Die vielen in ihrer Amtszeit ausbrechenden Krisen zwangen die Clinton-Regierung also, sich immer wieder mit internationalen Problemen zu beschäftigen. Dabei wollte sie sich eigentlich auf wenige zentrale Herausforderungen konzentrieren. So blieb Moskau auch nach dem Ende der Sowjetunion im Mittelpunkt der amerikanischen Außenpolitik – allerdings nicht mehr als Bedrohung wie in den 45 Jahren zuvor, sondern als Chance. Meinte es der neue Präsident Clinton nämlich ernst mit seiner Politik der Ausbreitung westlicher Ideale, dann kam dem Gelingen der russischen Transformation hohe Priorität zu. Christopher erklärte die Einführung von Demokratie und Marktwirtschaft in Russland sogar zur «größten strategischen Herausforderung unserer Zeit».[8] Das bevorzugte Instrument, mit dem man dieses Ziel erreichen wollte, war wirtschaftliche Hilfe. Während Bush auf entsprechende Wünsche Moskaus noch zurückhaltend reagiert hatte, betrieb Clinton energisch die finanzielle Unterstützung Moskaus. Hauptgrund dafür war, dass Jelzin von den linkskonservativen Kräften in der Duma immer schärfer attackiert wurde und Washington ihn um fast jeden Preis stützen wollte. Die Europäer trugen diese Politik mit. Schon Anfang April 1993, wenige Wochen vor einem wichtigen Referendum über die Zukunft der Reformpolitik in Russland, traf Clinton mit Jelzin in Vancouver zusammen und sicherte ihm Finanzmittel zu. Damit etablierte er ein Verhaltensmuster, das Washingtons Wirtschaftshilfepolitik in den nächsten Jahren kennzeichnen sollte: Jede größere Krise in Moskau veranlasste die USA, Jelzin weitere Gelder zukommen zu lassen. Auch das zweite wichtige Merkmal der Russlandhilfepolitik konnte man bereits zu diesem Zeitpunkt erkennen: Die Vereinigten Staaten beanspruchten zwar die politische Führung in dieser Frage, waren aber nur sehr begrenzt bereit, die damit verbundenen Kosten aus dem eigenen Haushalt zu finanzieren. Stattdessen übten sie immer stärkeren Druck auf den Internationalen Währungsfonds aus, Darlehen für Russland bereitzustellen, auch wenn es die Auflagen des Fonds notorisch verletzte. Trotz des Tschetschenienkriegs, der Lieferung russischer Nukleartechnologie an den Iran und der Häufung von Berichten über die mangelnde Wirkung der bereit gestellten Mittel hielt die Clinton-Regierung an dieser Politik fest. Im Vorfeld der russischen Präsidentschaftswahlen im Sommer 1996 erreichte sie ihren Höhepunkt: Die USA nutzten ihre starke Stellung im IWF, um gegen die Bedenken seines Direktors einen neuen Kredit für Moskau in Höhe von 10,2 Mrd. Dollar durchzusetzen, den Jelzin unverhohlen für Wahlkampfzwecke verwandte. Im zweiten Wahlgang schlug er seinen Herausforderer, Kommunistenchef Gennadij Sjuganow, klar.

Allerdings mussten die Vereinigten Staaten seit Mitte der 1990er Jahre erkennen, dass der zentrale Pfeiler ihrer Russlandhilfepolitik ins Wanken geriet. Auch wenn mit Jelzin ein demokratisch legitimierter Präsident im Kreml amtierte, verfolgte das Land zunehmend eine autonomere, weniger kooperative Außenpolitik. Vor allem Fragen der europäischen Sicherheit belasteten das amerikanisch-russische Verhältnis. Washington entschloss sich im Herbst 1994 nämlich, über die Initiative ‹Partnerschaft für den Frieden› hinauszugehen, die mittel- und osteuropäischen Ländern eine formale sicherheitspolitische Zusammenarbeit geboten hatte. Jetzt sollten Polen, die Tschechische Republik und Ungarn einen Zeitplan für die angestrebte NATO-Mitgliedschaft erhalten. Moskau reagierte verständlicherweise empört. Auf der OSZE-Tagung in Budapest erklärte Jelzin, der Westen riskiere einen «kalten Frieden», wenn er russische Interessen übergehe.[9] Obwohl sich die Clinton-Regierung bemühte, den Kreml zu besänftigen und die Entscheidung unter anderem mit dem Abschluss der ‹NATO-Russland-Gründungsakte› zu kompensieren, blieben die Beziehungen angespannt. Dazu trug auch bei, dass die USA von ihrer «Russia-First»-Politik abrückten und ihre Kontakte zu den baltischen Staaten, den exsowjetischen Republiken im Kaukasus und zur Ukraine intensivierten: 1996 verdrängte die Ukraine Russland als drittgrößten

Empfänger amerikanischer Auslandshilfe, im Juli 1997 schloss die Allianz auf Drängen Washingtons die ‹NATO-Ukraine-Charta› ab. Im Kaukasus förderten die USA die politische und wirtschaftliche Unabhängigkeit der dortigen Staaten. Konkreten Ausdruck fand dies in der amerikanischen Hilfe für einen Neubau von Pipelines, durch die aserbaidschanisches und turkmenisches Gas und Öl von Baku über Georgien an den türkischen Mittelmeerhafen Ceyhan fließen soll. Dieses Umgehen des russischen Pipelinesystems würde den beteiligten Staaten eigene Einkünfte bescheren und sie so dem Einflussbereich Moskaus entziehen. Schließlich belastete die seit 1994 engagiertere amerikanische Balkanpolitik das bilaterale Verhältnis. Die NATO-Luftschläge gegen die bosnischen Serben im April 1994 und im Sommer 1995 begleitete die russische Regierung mit lautstarken Protesten. Allerdings stimmten beide Seiten darin überein, dass der Disput nicht zum Ausgangspunkt für neue Ost-West-Feindseligkeiten werden dürfe. Mit der Gründung der ‹Kontaktgruppe›, der neben den USA, Großbritannien, Frankreich, Deutschland und Italien auch Russland angehörte, ließen sich diese Spannungen zumindest regulieren. Moskau beteiligte sich sogar an der im Vertrag von Dayton vorgesehenen Schutztruppe IFOR und unterstellte seine Soldaten de facto amerikanischem Kommando. Ähnlich verhielt sich Russland beim Kosovokrieg im Frühjahr 1999: Zunächst verurteilte es die Gewaltanwendung der NATO, bewegte sich aber schon bald auf die Allianz zu und nahm sogar an der KFOR-Operation im Kosovo teil. Der erneute russische Einmarsch in Tschetschenien im Herbst 1999 belastete wie bereits die erste Intervention 1994/95 das bilaterale Verhältnis. Zwar bestritt auch Washington nicht, dass kriminelle Banden das Land kontrollierten und Terroristen dort Unterschlupf fanden. Aber es prangerte den brutalen Feldzug, der selbst vor der Zivilbevölkerung nicht Halt machte, mit deutlichen Worten an.

Am Ende ihrer Amtszeit war die Clinton-Regierung weit von ihrem Ziel entfernt, Russland auf dem Weg zu Demokratie und Marktwirtschaft entscheidend vorangebracht zu haben. Auch hatte sich Moskau nicht zum Juniorpartner der USA in der internationalen Politik entwickelt. Das Verhältnis war vielmehr durch eine Mischung aus Kooperation und Konkurrenz geprägt. Moskau arbeitete mit Washington zusammen, wenn es damit seine Interessen befördern konnte wie bei der unbegrenzten Verlängerung des Atomwaffensperrvertrags 1995 oder dem Atomteststoppabkommen 1996. In Streitfragen wie der Osterweiterung der Allianz oder dem NATO-Einsatz auf dem Balkan akzeptierte Russland meist die Haltung der Vereinigten Staaten, zum Teil wegen amerikanischer Kompensationsangebote, zum Teil aus Einsicht in die eigene Schwäche. In der Innenpolitik oder bei den Beziehungen zu den ehemals sowjetischen Republiken verfolgte der Kreml allerdings eine wenig kompromissbereite Linie. Die Clinton-Regierung war ihrerseits bereit, gelegentliche russische Affronts und Obstruktionen hinzunehmen, um Jelzin nicht zu unterminieren. Der überraschende Rücktritt des russischen Präsidenten und die Stabübergabe an den politisch bis dahin kaum in Erscheinung getretenen Wladimir Putin zum Jahreswechsel 1999/2000 bedeuteten für Washington auch, seine Russland-Politik einer grundsätzlichen Neueinschätzung unterziehen zu müssen.

Wie gegenüber Russland, so setzte Clinton zu Beginn seiner Amtszeit auch gegenüber China zunächst darauf, wenn schon nicht die Demokratie, so doch zumindest die Menschenrechte zu fördern. In bewusster Abgrenzung zur Politik seines Vorgängers sollte Peking durch wirtschaftlichen Druck zu innenpolitischen Reformen bewegt werden. 1993 drohte der Präsident sogar, China wegen der unbefriedigenden humanitären Lage die jährliche Gewährung der Meistbegünstigung (MFN) für Exporte in die USA zu versagen. Bush hatte noch alle entsprechenden Versuche des Kongresses blockiert, Chinas MFN-Status zu widerrufen. Christopher ließ während eines Peking-Besuchs im März 1994 seine Gastgeber sogar wissen, dass der Charakter des künftigen Verhältnisses «signifikant» davon abhänge, wie die chinesische Regierung ihre Bürger behandele.[10] Mit dieser Aussage drohte der Außenminister nichts Geringeres an, als China die zwei Jahrzehnte gültige Basis für die bilateralen Beziehungen aufzukündigen. Schon acht Wochen später vollzog Clinton aber einen abrupten Kurswechsel. Er entkoppelte die Frage der Meistbegünstigung und der Menschenrechte und plädierte nun für eine Politik des «umfassenden Engagements» mit Peking. Hauptgrund dafür war, dass Washington befürchtete, mit einer rigorosen Moralpolitik die Chancen amerikanischer Unternehmen auf dem chinesischen Markt zu schädigen sowie den kommunistischen Hardlinern in die Hände zu spielen und damit jeden Einfluss auf die Entwicklungen in China zu verlieren. In Zukunft sollte Peking selbst entscheiden, in welchen Gebieten es Fortschritte mit den USA erzielen wolle. Washington seinerseits stand für einen Dialog bereit. Noch schneller als mit Russland schwenkte die Clinton-Regierung in ihren Beziehungen zu China also von einem idealistischen auf ein pragmatisches Vorgehen über. An die Stelle der ‹strategischen Partnerschaft›, die das bilaterale Verhältnis von 1972 bis 1989 geprägt hatte, wollte Clinton eine Umarmungsstrategie setzen. Ihr Ziel war es, die aufstrebende Großmacht für eine konstruktive Rolle in der Regional- und Weltpolitik zu gewinnen. Dieses Kalkül ging in den nächsten Jahren jedoch nicht auf. Peking betrachtete nämlich das «umfassende Engagement» als subtile Form der Eindämmung, der man sich nicht unterwerfen wollte, zumal der Kollaps der Sowjetunion Chinas eigene Handlungsfreiheit gerade erst erhöht hatte. Im Gegenteil, beim Export von Raketentechnologie nach Nordkorea und in den Iran, in Handelsfragen und auch bei den Menschenrechten hielt China an seinem Kurs unnachgiebig fest. Die USA hatten sich in eine unangenehme Lage manövriert: Da sie ankündigten, positiv auf chinesisches Wohlverhalten zu reagieren, hielt Peking das Heft des Handelns in Händen. Um die eigene Politik dennoch als erfolgreich darzustellen, war Clinton auf die Kooperation Chinas angewiesen. Die Pekinger Führung wusste dies und setzte ihre Bereitschaft, Washington entgegenzukommen, als politisches Druckmittel ein.

Seit Anfang der 1990er Jahre rückte Taiwan ins Zentrum der bilateralen Beziehungen. Vor allem zwei Ereignisse brachten China dabei gegen die USA auf: Zum einen hatte Bush noch im Wahlkampf dem Verkauf von F-16-Kampfbombern an Taipei zugestimmt und damit ein amerikanisch-chinesisches Kommuniqué aus dem Jahr 1982 untergraben. Zum anderen unternahm Clinton Schritte, die Peking als Stärkung des internationalen Prestiges von Taiwan interpretierte. Um die Gegner seines Kurswechsels in der MFN-Frage zu versöhnen, wertete er die taiwanesische «Mission» in Washington zu einem «Büro» auf. Und unter dem Druck des Kongresses erlaubte er dem taiwanesischen Präsidenten Lee Teng-hui, seine Alma Mater Cornell im Staat New York «privat» zu besuchen. China reagierte entrüstet auf diesen angeblichen Eingriff in seine inneren Angelegenheiten, rief seinen Botschafter aus Washington zurück und blockierte die Entsendung seines amerikanischen Pendants. Pekings Antwort fiel auch deshalb so heftig aus, weil es eine Möglichkeit sah, die nachlassende ideologische Bindewirkung des Kommunismus im Inneren durch nationalistisches Auftreten zu kompensieren. Auch wollte sich kein Politbüromitglied in einer Zeit, wo sich jeder Kader für die Ära nach Deng Xiao Ping in Position brachte, dem Vorwurf der mangelnden Entschlossenheit in einer als vital betrachteten Frage aussetzen. Als sich Taipei 1996 anschickte, die ersten freien Präsidentschaftswahlen in der chinesischen Geschichte abzuhalten und sich ein Kandidat offen für die Unabhängigkeit der Insel aussprach, versuchte Peking, die «abtrünnige Provinz» mit einem Militärmanöver an der Küste zu Taiwan einzuschüchtern. Raketen und scharfe Munition kamen zum Einsatz, ein Flugkörper wurde sogar über die Insel gefeuert. Die USA sandten daraufhin zwei Flugzeugträger in die unmittelbare Nähe Taiwans, um ihre Missbilligung der Manöver zu demonstrieren und Taipei den Rücken zu stärken.

Die Krise verflüchtigte sich zwar, aber auch nach Dengs Tod im Februar 1997, Jiang Zemins Aufstieg zum starken Mann und wechselseitigen Staatsbesuchen Jiangs und Clintons 1997 und 1998 erholten sich die Beziehungen nicht wesentlich. Peking schien vielmehr gewillt, seinen Spielraum gegenüber Washington durch betont herzliche Gipfeltreffen Jiangs mit Jelzin und gemeinsame chinesisch-russische Interessensbekundungen an einer multipolaren, sprich: an einer weniger von den USA dominierten Weltordnung zu erhöhen. Clintons Chinapolitik blieb bis zuletzt widersprüchlich. So kam er den Machthabern in Peking entgegen, indem er 1998 von der seit 1990 üblichen Praxis abrückte, China für seine Menschenrechtsverletzungen vor der entsprechenden UN-Kommission zu verurteilen. Auch stimmte der Präsident zu, seinen Staatsbesuch 1998 am Platz des himmlischen Friedens zu beginnen, wo es neun Jahre zuvor zu dem Massaker an den protestierenden Studenten gekommen war. Obwohl die chinesische Führung einsehen müsse, dass ihr damaliges Verhalten «falsch» gewesen sei, begründete Clinton seinen Kurs, wolle er den Kontakt mit China halten und seine Isolierung verhindern. Damit fand er sich zumindest verbal nah an der von seinem Vorgänger postulierten Position. Allerdings war der Präsident nicht bereit, auch dessen Instrumentarium anzuwenden: Während Bush die hegemonialen Ambitionen Chinas durch klassische Gleichgewichtspolitik und die Stärkung der Allianz mit Japan zu managen suchte, setzte Clinton auf einen Wandel durch Annäherung. Diese Politik erlitt jedoch einen herben Rückschlag, als ein amerikanischer Bomber während des Kosovokriegs im Frühjahr 1999 versehentlich die chinesische Botschaft in Belgrad bombardierte. Trotz einer Einigung über die Aufnahme Chinas in die WTO im Sommer 1999 blieben die Beziehungen zu Peking bis zum Ende von Clintons Amtszeit frostig.

Handelspolitik als Fortsetzung der Innenpolitik

Nicht allein mit China verschlechterten sich die Beziehungen. Auch mit dem zweiten wichtigen Staat in Ostasien, Japan, kam es zu Spannungen. Ursache hierfür war die Politik Washingtons gegenüber Ländern, die hohe Handelsüberschüsse mit den USA erwirtschafteten. Da Japan 1992 für die Hälfte des amerikanischen Defizits von 96 Milliarden Dollar verantwortlich war, geriet Tokio schnell ins Visier des Weißen Hauses. Hatte die strategische Bedeutung Japans als Sicherheitspartner in Ostasien während des Kalten Kriegs alle ökonomischen Divergenzen überstrahlt, so stellte die Clinton-Regierung nun die wirtschaftlichen Ungleichgewichte in den Mittelpunkt des bilateralen Verhältnisses. Zwar beruhte das Handelsbilanzdefizit primär darauf, dass japanische Produkte – insbesondere Autos – den amerikanischen bei Preis und Qualität überlegen und deswegen bei den US-Verbrauchern gefragt waren. Aber Japan schottete seinen Markt auch mit zahlreichen nichttarifären Regulierungen gegen ausländische Produkte ab. Washington übte starken Druck auf Tokio aus, seine Märkte zu öffnen und in den einzelnen Sektoren Importen aus den USA einen gewissen Prozentsatz zuzusichern. Japan weigerte sich hartnäckig, diese Forderungen zu erfüllen. Nur mit Mühe gelang es 1994, einen Handelskrieg zu verhindern. Die Rückstufung Tokios als Bündnispartner zeigte sich auch darin, dass Clinton einen Japan-Besuch im Herbst 1995 wegen des Haushaltsstreits mit dem Kongress kurzfristig absagte und Außenminister Christopher verfrüht von einem Gipfel in Osaka abreiste, um an den Dayton-Verhandlungen teilzunehmen. Erst als sich die amerikanischen Beziehungen zu China im Sommer 1996 verschlechterten und Peking und Moskau sich annäherten, besann sich die Clinton-Regierung auf die traditionell enge Allianz mit Tokio. Der Präsident besuchte jetzt Japan und schloss einen neuen Vertrag über die sicherheitspolitische Zusammenarbeit. Allerdings erholte sich Verhältnis nach den mehr als drei Jahre währenden Handelsstreitigkeiten nur langsam.

Eine große Herausforderung stellte für Clinton schließlich die Ratifizierung der beiden Handelsverträge dar, die er von seinem Vorgänger mehr oder weniger fertig übernommen hatte: NAFTA und die Uruguay-Runde des GATT. Da Bush vor dem Abschluss der Verträge abgewählt worden war, fiel die unbequeme Aufgabe, die erforderlichen Mehrheiten in beiden Häusern zusammenzubringen, seinem Nachfolger zu. Tatsächlich wurde die Debatte um die Ratifizierung von NAFTA zum Wendepunkt in der US-Handelspolitik seit den 1930er Jahren. Bis dahin hatten sich die Präsidenten darauf verlassen können, dass das Parlament einmal ausgehandelte Vereinbarungen auch verabschiedete. Der zunehmende Einfluss von Interessengruppen, die Rezession der frühen 1990er Jahre und das Ende des Kalten Kriegs schwächten aber die Bereitschaft des Kongresses, den freihändlerischen Projekten des Weißen Hauses bedingungslos zu folgen. Gewerkschaften und Umweltschutzverbände opponierten gemeinsam gegen den Vertrag. Ross Perot, der 1992 als unabhängiger Präsidentschaftskandidat 19 Prozent der Stimmen erhalten hatte, polemisierte, durch NAFTA würden amerikanische Jobs mit einem «riesigen Soggeräusch» (giant sucking sound) Richtung Süden verschwinden. Dieses dem Freihandel wenig günstige Klima zwang Clinton, Zusatzklauseln mit Mexiko zu vereinbaren, die den Einwänden der Kritiker Rechnung tragen sollten. Trotzdem verweigerten sich viele Abgeordnete den Appellen des Präsidenten. Mit zahllosen Quidproquo-Geschäften gelang es Clinton jedoch, neben unentschlossenen Demokraten auch genügend Republikaner auf seine Seite zu ziehen, um im November 1993 Mehrheiten in beiden Kammern für NAFTA zu erzielen. Der Präsident hatte nicht nur einen bahnbrechenden Freihandelsvertrag durch den Kongress gebracht, sondern auch seine politische Handlungsfähigkeit demonstriert.

Mit den Auseinandersetzungen um die Annahme der Uruguay-Runde des GATT und die Gewährung des Verhandlungsmandats (fast track authority) für weitere Handelsverträge wurde deutlich, dass es sich beim Widerstand gegen NAFTA nicht um eine Ausnahme gehandelt hatte, sondern um eine deutliche Einflussverschiebung zugunsten protektionistischer Kräfte. Wieder bedurfte es unzähliger Kompensationsangebote des Präsidenten an Abgeordnete, um Anfang 1995 die Zustimmung des Kongresses zum GATT-Vertrag zu erhalten. Allerdings hatte Clinton dafür die Verlängerung seines Verhandlungsmandats opfern müssen. Dieses zeitlich begrenzte Mandat ermöglichte es allen Präsidenten seit den 1970er Jahren, Handelsabkommen abzuschließen, die der Kongress nur als Paket annehmen oder ablehnen, nicht aber mit Zusätzen ergänzen konnte. Clinton war der erste Präsident, dem die Legislative dieses Instrument verweigerte. Ohne es fiel die US-Regierung als berechenbarer internationaler Partner in Handelsfragen aus. Ein erneuter Versuch Clintons, eine Mehrheit im Kongress für ‹fast track› zu erhalten, scheiterte im September 1998 an einem negativen Votum des Repräsentantenhauses. Obwohl sich die meisten republikanischen Abgeordneten für die Gewährung des Verhandlungsmandats aussprachen, versagte ihm die Mehrzahl der Parlamentarier seiner eigenen Partei die Gefolgschaft. Die Gründe dafür waren vielfältig: die gewachsene Skepsis vieler Demokraten gegenüber dem Freihandel, das konstant hohe Defizit der USA im internationalen Güteraustausch, die mexikanische Finanzkrise der Jahre 1994/95, die Clinton mit der Vergabe eines dringend erforderlichen, aber unpopulären 20-Milliarden-Dollar-Darlehens an den südlichen Nachbarn zu überwinden half, der Zorn vieler Parteifreunde darüber, dass sich der Präsident im Wahlkampf 1996 von ihnen distanziert hatte, die sich verhärtenden parteipolitischen Fronten im Zuge des Lewinsky-Skandals, schließlich auch Clintons wenig konsistente Argumentation, warum ‹fast track› wichtig war.

Auch die anderen freihändlerischen Projekte der Clinton-Regierung litten unter einer Kombination widriger weltwirtschaftlicher Umstände, einem zunehmend protektionistischen Kongress und einem skandalgeschwächten Präsidenten. Das auf einem Gipfel aller amerikanischen Staaten in Miami kurz nach der Ratifizierung von NAFTA für das Jahr 2005 verheißene ‹Freihandelsabkommen für die Amerikas› (FTAA) kam angesichts der Finanzkrisen mehrerer lateinamerikanischer Länder in der zweiten Hälfte der 1990er Jahre nicht vom Fleck. Die Strategie, über die ‹Asiatisch-Pazifische Wirtschaftszusammenarbeit› (APEC) eine Liberalisierungspolitik in diesem dynamischen Wirtschaftsraum einzuleiten, wurde von der Asienkrise behindert. Schließlich scheiterte der Versuch, Ende 1999 in Seattle eine neue Verhandlungsrunde im Rahmen des GATT zu lancieren. Da im nächsten Jahr Wahlen anstanden und sich Clintons designierter Nachfolger Al Gore um die Stimmen der Mitglieder von Gewerkschaften und Umweltschutzverbänden bemühte, wollte der Präsident diese wichtigen Wählergruppen nicht durch zu ambitionierte Initiativen verprellen. Die EU kämpfte vor allem um den Erhalt der Agrarsubventionen und konnte den Mangel an amerikanischer Führung nicht wettmachen. Die ‹Millennium-Runde› fiel damit den innenpolitischen Kalkulationen auf beiden Seiten des Atlantiks zum Opfer.

Transatlantische Beziehungen im Umbruch

Mit dem Ende der Sowjetunion war der transatlantischen Zusammenarbeit ihr eigentlicher Zweck, die Eindämmung einer aggressiven Imperialmacht, verloren gegangen. Amerikanische Global- und europäische Regionalstrategie, die sich vierzig Jahre gedeckt hatten, begannen nun auseinander zu driften. Für Europa verlor die Rolle der Vereinigten Staaten als «Beschützer und Befrieder» (Josef Joffe) an Bedeutung. Damit wuchs in der Alten Welt der Wunsch nach größerer außen- und sicherheitspolitischer Autonomie und stärkerer Unabhängigkeit von den Prioritäten der Vereinigten Staaten. Die Währungsunion, die EU-Osterweiterung, selbst die Befriedung des jugoslawischen Bürgerkriegs betrachteten die Europäer als Herausforderungen, die sie ohne Washington bewältigen konnten. Aber auch für die USA büßte Westeuropa den überragenden Rang ein, den es in der amerikanischen Außenpolitik seit 1947 eingenommen hatte. Dies wurde schon in Bushs letzten Amtsjahren deutlich, als Washington es ablehnte, die politische Führung in der Jugoslawienkrise zu übernehmen. In den Tagen des Kalten Kriegs wäre ein solches Verhalten unvorstellbar gewesen.

Unter Clinton setzte sich dieser Kurs fort. Sein Außenminister Christopher erklärte öffentlich, die Zukunft der USA liege im pazifischen Raum. Die APEC-Initiative unterstrich dies nachdrücklich. Wenn es noch eine Rolle gab für Europa in der außenpolitischen Konzeption der Vereinigten Staaten, dann war es die des Juniorpartners bei den eigenen weltpolitischen Ordnungsvorhaben. Schon seit dem NATO-Gipfel von Rom 1993 setzte Washington darauf, das Bündnis zu einer globalen Interventionsallianz umzugestalten. Mit seiner Formulierung «Out of area or out of business» brachte Richard Lugar, der führende Republikaner im Außenpolitischen Ausschuss des Senats, die amerikanische Position auf den Punkt. Der Streit über diese Fragen schwelte aber in den 1990er Jahren nur unter der Oberfläche, weil die NATO-Mitglieder mit den Kriegen auf dem Balkan und der Osterweiterung der Allianz beschäftigt waren. Erst 1999 spitzten sich die Auseinandersetzungen zu: Zum einen setzten die USA beim Gipfel in Washington Ende März durch, dass die Bekämpfung des internationalen Terrorismus ganz nach vorn auf die Agenda der NATO rückte. Zum anderen beschlossen die Europäer im Dezember in Helsinki nach den Erfahrungen der Kosovo-Intervention, die ihnen den Mangel an politischer Entschlossenheit und militärischen Fähigkeiten drastisch vor Augen geführt hatte, eine schnelle Eingreiftruppe aufzustellen. Sie sollte in Fällen, in denen die Allianz als Ganzes nicht beteiligt war, autonom Operationen durchführen können. Dies ging selbst der Clinton-Regierung, die einer stärkeren sicherheitspolitischen

Rolle der Europäer zu Beginn ihrer Amtszeit positiver gegenübergestanden hatte als die Vorgänger-Administrationen, zu weit. Im Vorfeld des EU-Gipfels von Nizza im Dezember 2000 warnte Washington erstmals öffentlich, dass das amerikanische Engagement in Europa gefährdet sei, wenn die geplante Eingreiftruppe die Autorität der NATO untergrabe. Verteidigungsminister William Cohen warf Großbritannien vor, die Allianz zu gefährden, um mehr Mitsprache in der EU zu erhalten, Deutschland, zu wenig für die Verteidigung auszugeben, und Frankreich, mit der Schaffung europäischer Militärstrukturen die Rolle der Vereinigten Staaten in der Alten Welt schwächen zu wollen.

Ohne die disziplinierende Wirkung des Kalten Kriegs verschärften sich die Spannungen auch in anderen Bereichen der transatlantischen Beziehungen. Die USA zeigten sich zum Beispiel irritiert über die Bereitschaft der Europäer, den so genannten Schurkenstaaten Iran, Irak, Nordkorea, Libyen, Kuba und Afghanistan weniger hart gegenüberzutreten, als sie es selbst taten. Während Washington sich der schwierigen Aufgabe der Eindämmung dieser Länder widme, klagte Außenministerin Albright, schlössen andere mit ihnen Wirtschaftsverträge ab. Ein besonderer Dorn im Auge waren dem Kongress die französischen Öl- und Gasgeschäfte mit dem Iran, dem Irak und Libyen sowie die ökonomischen Beziehungen einiger europäischer Staaten mit Kuba. Die Parlamentarier trugen deshalb dem Präsidenten im ‹Helms/Burton-Gesetz› 1996 und im ‹Iran/Libyen-Sanktionsgesetz› 1997 auf, ausländische Firmen für bestimmte Investitionen in diesen Ländern mit Sanktionen zu belegen. Obwohl Clinton die gravierendsten Auswüchse dieser extraterritorialen Anwendung amerikanischen Rechts regelmäßig aussetzte, dauerte es bis zu seinem letzten Amtsjahr, ehe sich das Verhältnis zu den Europäern in diesem Bereich wieder entspannte.

Dagegen blieben die transatlantischen Handels- und Kartellrechtskonflikte auf der Tagesordnung. Nach dem Kalten Krieg hatte man in den amerikanisch-europäischen Wirtschaftsbeziehungen wegen der Struktur und des Umfangs der Handelsströme und wegen der Höhe der gegenseitigen Direktinvestitionen zunächst einen stabilisierenden Faktor für das politische Verhältnis gesehen. Im Verlauf der 1990er Jahre zeigte sich jedoch, dass der Streit über die Bananenmarktordnung der EU, über hormonbehandeltes amerikanisches Fleisch, über gentechnisch veränderte Lebensmittel, über unterschiedliche Auffassungen zu Datenschutz, Unternehmensbesteuerung und Firmenzusammenschlüssen eine korrodierende Wirkung für die Beziehungen entfaltete. Dies hatte zwei Ursachen: Erstens waren die Märkte mittlerweile so eng verflochten, dass Wirtschaftsstreitigkeiten schnell das kulturelle Selbstverständnis der beiden Seiten berührten. Und zweitens zeigten sich die USA und die EU nach dem Ende der sowjetischen Bedrohung weniger bereit, unterschiedliche Auffassungen über ökonomische Fragen zugunsten der sicherheitspolitischen Kooperation hintanzustellen. Je weniger man sicherheitspolitisch aufeinander angewiesen war, desto mehr traten Probleme in den Vordergrund, die ihre Wurzeln in divergierenden Werten und Einstellungen der Gesellschaften haben. So schien es zu Beginn des 21. Jahrhunderts, als ob die transatlantischen Beziehungen vornehmlich aus Disputen über die Todesstrafe in den USA, über den globalen Umweltschutz und über den internationalen Strafgerichtshof bestünden.

Der Nahost-Konflikt: Von der großen Hoffnung zur großen Enttäuschung

Wenigstens in einer Region der Welt schienen die Zeichen günstig zu stehen bei Clintons Amtsantritt. Im Nahen Osten fand er nämlich die besten Rahmenbedingungen für Verhandlungslösungen seit 25 Jahren vor: Der Frieden zwischen Israel und Ägypten war stabil, PLO-Chef Arafat durch seine Unterstützung Saddam Husseins im Golfkrieg und dessen anschließende Niederlage geschwächt, mit Rabin war 1992 ein moderater Premierminister in Israel an die Macht gelangt, der Madrid-Prozess von allen Beteiligten akzeptiert worden. Ohne amerikanisches Zutun einigten sich PLO und Israel bei Gesprächen in Oslo auf eine ‹Deklaration von Prinzipien›, die eine sukzessive Übernahme der Staatsgewalt im Westjordanland und in Gaza durch eine ‹Palästinensische Autonomiebehörde› vorsah. Dass beide Seiten Washington aber nach wie vor als den zentralen Vermittler im Nahen Osten betrachteten, zeigte sich daran, dass sie die Deklaration am 13. September 1993 in einem feierlichen Akt auf dem Rasen des Weißen Hauses unterschrieben. Auch wenn sich die Clinton-Regierung bei den Verhandlungen Israels mit der PLO, Jordanien und Syrien nicht übermäßig exponierte, so begleitete sie den Prozess doch mit sanftem politischen Druck und ökonomischen Anreizen. Clinton traf sich zum Beispiel zwei Mal mit Syriens Staatschef Hafiz Al-Assad, um ihn zu mehr Kompromissbereitschaft zu bewegen, und flog im Oktober 1994 eigens nach Amman, um der Unterzeichnung des israelisch-jordanischen Friedensvertrags beizuwohnen. Als Rabin und Arafat im September 1995 in Washington das Oslo II-Abkommen schlossen, schien die Chance auf ein Ende des arabisch-israelischen Konflikts so groß wie nie zuvor seit der Gründung des jüdischen Staats. Im Januar 1996 gewann Arafat die Wahlen im Palästinensergebiet und versprach, die Passagen in der PLO-Charter zu streichen, die Israel das Existenzrecht absprachen. Selbst für die für Mai 1996 angesetzten ‹Final Status›-Verhandlungen über die schwierigsten Fragen – die Zukunft der Siedlungen, das Rückkehrrecht der palästinensischen Flüchtlinge und den Status Jerusalems – waren Lösungen in Sicht.

Dies alles wurde erreicht ohne direkten amerikanischen Druck. Solange die Rahmenbedingungen günstig waren, glaubte sich die Clinton-Regierung auch nicht stärker engagieren zu müssen. Ende 1995, Anfang 1996 veränderten sich die Verhältnisse aber von Grund auf. Rabin fiel im November 1995 dem Attentat eines religiösen jüdischen Extremisten zum Opfer. Die Hamas vergalt die Ermordung eines ihrer Bombenexperten durch ein israelisches Kommando mit mehreren Anschlägen, bei denen 50 Zivilisten starben. In dem Klima der Unsicherheit gelang es Benjamin Netanjahu vom Likud, Rabins Nachfolger Shimon Peres bei den Wahlen im Mai 1996 knapp zu schlagen. Der neue Premierminister lehnte Prinzipien, Zeitrahmen und Umfang des im Oslo II-Abkommen vereinbarten Rückzugs israelischer Truppen aus den besetzten Gebieten ab. Es folgten fast drei Jahre des Stillstands im Friedensprozess. Die Clinton-Regierung hielt währenddessen zwar beide Seiten zur Erfüllung ihrer Verpflichtungen an, war aber durch den Präsidentschaftswahlkampf, die Lewinsky-Affäre und den Kosovokrieg die meiste Zeit in Anspruch genommen. Selbst das im November 1998 unter großem persönlichen Einsatz des US-Präsidenten ausgehandelte Wye-Abkommen fiel bald auseinander, obwohl sich Netanjahu nur zur Freilassung palästinensischer Gefangener und zum weiteren Rückzug der Armee, Arafat lediglich zur besseren Kontrolle anti-israelischer Terroristen und zur Revision der PLO-Charta verpflichtet hatten. Erst der Wahlsieg Ehud Baraks von der Arbeitspartei im Mai 1999 eröffnete Washington eine neue Chance, aktiv in den Nahost-Konflikt einzugreifen. Die Versuche, zwischen Jerusalem und Damaskus zu vermitteln, schlugen aber fehl und mussten mit dem Tod des syrischen Präsidenten im Juni 2000 auf Eis gelegt werden. Obwohl sich im palästinensisch-israelischen Konflikt seit 1996 viel gegenseitiges Misstrauen angestaut hatte, riskierte Clinton eine persönliche Vermittlung: Er lud Barak und Arafat im Juli 2000 nach Camp David ein, um ähnlich wie Carter vor mehr als zwanzig Jahren durch direkte Vermittlung einen Durchbruch zu erzielen. Jetzt ging es nicht mehr wie in den Oslo-Abkommen um einen graduellen Prozess mit vertrauensstiftenden Teilvereinbarungen, sondern um die Lösung der bisher unüberwindbar erscheinenden ‹Final Status›-Probleme. Obwohl die Ausgangslage wegen der schwachen innenpolitischen Positionen Baraks und Arafats schwierig war, näherten sich die Parteien während der zweiwöchigen Gespräche in zentralen Fragen an. Ein gemeinsames Dokument kam zwar nicht zustande. Aber beide Seiten zeigten, beeindruckt von zahlreichen neuen Vorschlägen des amerikanischen Präsidenten, Bereitschaft weiterzuverhandeln. Die Rahmenbedingungen verschlechterten sich jedoch zusehends: Likud-Chef Ariel Sharon provozierte im September 2000 mit einem Besuch auf dem Tempelberg unnötigerweise die Palästinenser, die unverhältnismäßig mit einer zweiten Intifada antworteten, Barak verlor seine Mehrheit in der Knesset und sah sich Anfang 2001 gezwungen, Neuwahlen auszurufen. Auch hatte Arafat seine Bevölkerung nicht auf schmerzhafte Kompromisse vorbereitet. Palästina und Israel versanken in einer neuen Welle der Gewalt. Trotz seiner großen Talente – seiner raschen Auffassungsgabe, seiner Fähigkeit, sich beiden Parteien als seriöser und einfühlsamer Makler zu präsentieren – und seines in den letzten Amtsmonaten außergewöhnlichen Engagements gelang es dem US-Präsidenten nicht, den Friedensprozess zu einem guten Abschluss zu bringen.

Nach acht Jahren war die Bilanz der Außenpolitik Clintons gemischt. Erfolge hatten sich meist dann eingestellt, wenn der Präsident langen Atem bewies und persönlich in die Entscheidungen involviert war: in Haiti, in Bosnien und im Kosovo, bei der NATO-Osterweiterung. Aber auch die Vermittlung eines Waffenstillstands im Nordirlandkonflikt, die Entschärfung der Nuklearkrise mit Nordkorea, die unbegrenzte Verlängerung des Atomwaffensperrvertrags und die Vereinbarung über einen umfassenden nuklearen Teststopp gehören dazu, selbst wenn der Senat dem letzten Abkommen seine Zustimmung verweigerte. Wie die Nahostpolitik, so kennzeichneten aber viele außenpolitischen Initiativen dieser Regierung mehr taktische denn strategische Erwägungen. Und wie schon Bush am Ende seiner Amtszeit, so improvisierte auch Clinton bei dem Versuch, die internationalen Herausforderungen für die USA zu meistern. Von einem Konzept, wie die Vereinigten Staaten ihre Rolle in der Welt nach dem Ende des Kalten Krieges definierten, waren zum Jahrhundertwechsel allenfalls die Umrisse erkennbar.

George W. Bush: Primat der Innenpolitik, Teil II

Es ist nicht ohne Ironie, dass George W. Bush der Regierung Clinton und damit seinem Konkurrenten Al Gore im Wahlkampf vorwarf, das Land in zu viele außenpolitische Missionen geführt zu haben. Ähnliches hatte Clinton acht Jahre zuvor Bush sr. vorgehalten. Der Kandidat der Republikaner gelobte, sich weniger international zu engagieren als seine Vorgänger. Vor allem sprach er sich gegen «nation building»-Missionen aus und forderte eine «bescheidenere» Außenpolitik. Dies entsprach seinen persönlichen Instinkten und Neigungen: Als Gouverneur von Texas war Bush mit internationalen Problemen lediglich in Form von Handels- und Immigrationsfragen mit Mexiko befasst gewesen. Bei den Wahlen am 7. November 2000 gelang es ihm nicht, ein überzeugendes Mandat für sein Programm zu erhalten. Im Gegenteil: Der Kandidat der Demokraten, Vizepräsident Al Gore, erhielt mehr Stimmen als Bush, und nur ein Urteil des Obersten Gerichtshofs, das die umstrittene Auszählung in Florida beendete, sicherte ihm eine knappe Mehrheit im ausschlaggebenden Wahlmännergremium. War Bush sr. einer der Präsidenten mit der größten internationalen Erfahrung seit dem Zweiten Weltkrieg gewesen, so traf auf seinen Sohn das Gegenteil zu. Allerdings war es schon Harry Truman gelungen, einem weiteren durch Zufall ins Amt gelangten Präsidenten aus der Provinz, ein erfahrenes außenpolitisches Team zusammenzustellen und angesichts der sowjetischen Herausforderung zum Architekten der Nachkriegswelt zu werden. Auch Bush setzte bei der Auswahl seines außenpolitischen Spitzenpersonals auf erprobte Experten. An erster Stelle stand Colin Powell als Außenminister. Er galt als einer der in militärischen und internationalen Angelegenheiten erfahrensten Politiker Washingtons, gehörte zum pragmatischen Flügel der Republikanischen Partei und verfügte über einen ähnlichen Star-Status in Öffentlichkeit und Medien wie vor ihm wohl nur General Marshall, der Außenminister der späten 1940er Jahre. Schon Clinton hatte ihm Ende 1994 erfolglos die Übernahme des State Department angetragen. Wie Powell waren auch Sicherheitsberaterin Condoleezza Rice, Vizepräsident Dick Cheney und Verteidigungsminister Donald Rumsfeld in früheren republikanischen Regierungen aktiv gewesen. Die beiden letzteren hatten unter Bush sr. und Ford das Pentagon geleitet und sich dabei den Ruf erworben, entschlossene Machtpolitiker zu sein, die amerikanische Ziele notfalls auch im Alleingang verfolgen würden.

Wie für Clinton, so spielte auch für Bush Außenpolitik zunächst eine untergeordnete Rolle. Er kümmerte sich in seinen ersten Amtsmonaten vor allem um sein Steuersenkungsprogramm und die Bildungsreform. Seine ersten internationalen Schritte unternahm Bush mit dem Besuch eines ihm vertrauten Landes: Mexiko. Dessen Präsident Vicente Fox, der mit seinem Wahlsieg 1999 eine mehr als 80jährige Diktatur beendet hatte, war auch der erste Politiker, den Bush zu einem Staatsbesuch in Washington empfing. Das starke Interesse am südlichen Nachbarn symbolisierte den Wandel in der US-Außenpolitik, der sich schon unter Clinton angebahnt hatte: Ohne globale Herausforderung gewannen jene Fragen der internationalen Politik an Bedeutung für die Vereinigten Staaten, deren innenpolitische Relevanz hoch war. Mexiko bildete für den amerikanischen Präsidenten insofern zu einem guten Teil Innenpolitik. Bush teilte dabei die Einschätzung seines Vaters und Clintons: Ein stabiler und prosperierender Nachbar im Süden war für die USA von erheblicher wirtschaftlicher Bedeutung und würde die illegale Immigration von jährlich mehr als 500 000 Personen sowie den Drogenschmuggel eindämmen helfen. Außerdem könnten freundliche Beziehungen zu Mexiko, so die Kalkulation im Weißen Haus, Bushs ohnehin für einen Republikaner hohe Sympathiewerte bei den Mexiko-Amerikanern – der am schnellsten wachsenden Bevölkerungs- und Wählergruppe in den USA – weiter ausbauen.

Diese immer stärkere Ausrichtung der amerikanischen Außenpolitik an den Erfordernissen der Innenpolitik konnte allerdings auch weniger harmonische Züge annehmen als in den Beziehungen mit Mexiko. Der geplante Bau einer ‹Nationalen Raketenabwehr› (NMD), die Bush zur zentralen verteidigungspolitischen Initiative seiner Amtszeit erklärte, ist ein Beispiel dafür. Sie sollte die USA vor Angriffen mit Interkontinentalraketen durch «Schurkenstaaten» wie Nordkorea schützen. Schon Clinton sah sich mit dieser vom republikanischen Kongress seit 1995 forcierten Idee konfrontiert und hatte sie kurzerhand zu seiner Politik erklärt. Dass NMD die Beziehungen zu Europa, Russland und China erheblich belastete, weil diese darin mit Recht eine Unterminierung des ABM-Vertrags sahen und einen neuen Rüstungswettlauf befürchteten, zählte in Washington wenig. Für viele

Vertreter der Bush-Regierung war die Raketenabwehr die dem 21. Jahrhundert angemessene Antwort auf die Mahnung George Washingtons in seiner Abschiedsansprache 1796 zum Erhalt «unserer entfernten und abgesonderten Lage». Mehr noch als NMD empörte die Europäer und zahlreiche andere Staaten Bushs einseitige Ablehnung des Kyoto-Protokolls, das im Dezember 1997 ausgehandelt worden war und die für die Erderwärmung verantwortlichen Schadstoffemissionen reduzieren sollte. Clinton hatte das Vertragswerk zumindest halbherzig unterstützt, obwohl eine Ratifizierung durch den Senat außer Frage stand. Der neue Mann im Weißen Haus lehnte das Klimaprotokoll hingegen kurzerhand als angeblich unausgewogen und zu kostentreibend für die amerikanische Wirtschaft ab. Auch das Nein Bushs zur Einrichtung eines permanenten ‹Internationalen Strafgerichtshofs›, eines Lieblingsprojekts vieler europäischer Staaten, bestärkte die Zweifel an der multilateralen Ausrichtung Washingtons. Schließlich erschien die neue Regierung nicht gewillt, sich ernsthaft im eskalierenden palästinensisch-israelischen Konflikt zu engagieren. Im Sommer 2001 verdichteten sich die Anzeichen, dass die USA immer geringere Lasten in der internationalen Politik schultern und ihre weltpolitische Führungsrolle weniger aktiv wahrnehmen wollten als zu jedem anderen Zeitpunkt in den vergangenen sechzig Jahren. Vor allem wurde deutlich, dass die Vereinigten Staaten zunehmend einen unilateralen Kurs steuerten, der selbst auf die Interessen der verbündeten europäischen Länder wenig Rücksicht nahm.

13. Der Krieg gegen den Terrorismus (2001–)

«Heute hat das Pearl Harbor des 21. Jahrhunderts stattgefunden», notierte George W. Bush am Abend des 11. September 2001 in sein Tagebuch.[1] In der Tat bedeuteten die Terroranschläge gegen die Zwillingstürme des Welthandelszentrums in New York und das Pentagon mit über 3000 Toten für die amerikanische Außenpolitik einen ähnlich tiefen Einschnitt wie der Angriff Japans am 7. Dezember 1941. Mehr noch: Seit 1814, als die Briten Washington verwüsteten, hatten die USA auf ihrem Staatsgebiet keine Zerstörung durch eine ausländische Macht mehr erfahren. Der psychologische Schock über den Verlust der Unverwundbarkeit saß tief. Politiker, Öffentlichkeit und Medien in Amerika sahen in den Anschlägen nicht wie die Europäer primär einen terroristischen Akt, sondern vielmehr eine Kriegserklärung islamischer Fundamentalisten. Von einem Tag auf den anderen wandelten sich die Vereinigten Staaten von einem «zurückhaltenden Sheriff»,[2] der die weltweiten Herausforderungen nur zögernd annahm, zu einem entschlossenen Akteur, der seine gesamte Außenpolitik dem Ziel der Bekämpfung des internationalen Terrorismus unterordnete. Dabei definierte Washington sowohl die Inhalte seiner Außenpolitik neu als auch das Verhältnis zu den weltpolitischen Partnern und Rivalen. Wie im Kalten Krieg die Qualität der Beziehungen der USA zu einem anderen Staat primär davon abhing, wie er sich zur Sowjetunion stellte, so richtet sich die Regierung Bush seither danach, ob ein Staat den amerikanischen «Krieg» gegen den Terrorismus unterstützt oder nicht. Diese Neujustierung der US-Außenpolitik verändert auch die Struktur der internationalen Beziehungen fundamental: Das zehn Jahre dauernde «ordnungspolitische Interregnum» (Ernst-Otto Czempiel) war vorüber. Seit dem 11. September 2001 inszeniert George W. Bush, der an internationalen Angelegenheiten bis dato wenig interessierte Präsident, einen der dramatischsten außenpolitischen Kurswechsel in der amerikanischen Geschichte.

Dabei konnten die USA zunächst auf die weitgehende Unterstützung der Weltgemeinschaft bauen. Die EU, die europäischen Staats-

und Regierungschefs und die Generalversammlung der Vereinten Nationen sicherten Washington ihre Solidarität bei der Bekämpfung des internationalen Terrorismus zu. Der UN-Sicherheitsrat betonte in den Resolutionen 1368 und 1373 das «naturgegebene Recht zur individuellen und kollektiven Selbstverteidigung» und signalisierte damit seine Zustimmung zu einer etwaigen gezielten amerikanischen Militäraktion. Die NATO aktivierte zum ersten Mal in ihrer Geschichte Artikel 5 des Washingtoner Vertrags, der den Angriff auf ein Mitglied als Angriff auf die gesamte Allianz definiert. Neben aufrichtiger Anteilnahme spiegelten die Solidaritätsbekundungen auch den Versuch vieler Länder und internationaler Organisationen, Einfluss auf die erwartete harte amerikanische Antwort auf die Anschläge zu behalten und sie in einen multilateralen Prozess einzubetten. Einige Staaten sahen im Schulterschluss mit den USA sogar die Möglichkeit, die bilateralen Beziehungen neu zu gestalten. Die Kooperationsangebote des russischen Präsidenten Putin, die bis hin zur Tolerierung amerikanischer Basen in den ehemaligen asiatischen Sowjetrepubliken reichte, trugen etwa vorübergehend zum Aufbau einer strategischen Partnerschaft zwischen Washington und Moskau bei. Selbst auf die Kündigung des ABM-Vertrags und die zweite NATO-Osterweiterung unter anderem um die baltischen Staaten reagierte Moskau zurückhaltend. Im Gegenzug kam Bush dem russischen Wunsch nach, den weiteren Abbau der jeweiligen strategischen Nukleararsenale am 24. Mai 2002 vertraglich zu fixieren und nicht, wie ursprünglich angekündigt, nur einseitig anzuordnen. Der ‹Amerikanisch-Russische Vertrag über die Reduzierung von strategischen Offensivwaffen› sieht vor, die Zahl der nuklearen Sprengköpfe in dieser Waffengattung bis zum Jahr 2012 auf 1700 bis 2200 zu reduzieren. Auch zu Indien und Pakistan verbesserte sich das Verhältnis der USA im Zuge des Anti-Terror-Kriegs. Selbst die amerikanisch-chinesischen Beziehungen, die im Frühjahr 2001 nach der erzwungenen Landung eines US-Aufklärungsflugzeugs auf Hainan und der Festsetzung seiner Crew einen Tiefpunkt erreicht hatten, entspannten sich.

Die breite internationale Unterstützung für die Vereinigten Staaten in den Monaten nach den Terroranschlägen war auch Folge davon, dass die Bush-Regierung zunächst aktiv für eine Koalition gegen den Terrorismus warb. Um die Weltgemeinschaft positiv zu stimmen, entschied der Präsident, die lange Zeit teilweise zurückgehaltenen Mitgliedsbeiträge bei der UNO zu überweisen und die in den 1990er

Jahren stark gestutzte Auslandshilfe bis 2006 um 50 Prozent zu erhöhen. Auch ging es vor allem auf amerikanische Führung zurück, dass im November 2001 in Doha eine neue Welthandelsrunde begonnen wurde, die mehr als bisher die Anliegen der Entwicklungsländer berücksichtigen will. Schließlich drängte Washington zahlreiche Länder erfolgreich zu einer verstärkten internationalen Kooperation bei der polizei- und geheimdienstlichen Bekämpfung des islamischen Extremismus und bei der Austrocknung seiner Finanzquellen.

Der Krieg in Afghanistan

Trotz seines Werbens um eine multinationale Koalition beteuerte die Bush-Regierung von Anfang an ihre Bereitschaft, nötigenfalls auch militärisch und unilateral gegen den Terrorismus vorzugehen. Bald nach dem 11. September 2001 erhärtete sich der Verdacht, dass Osama bin Laden und seine Al Khaïda-Organisation für die Anschläge verantwortlich waren. Die US-Geheimdienste hatten ihn bereits seit Jahren im Visier und waren sich sicher, dass er auch schon frühere Attentate, etwa gegen die amerikanischen Botschaften in Nairobi und Daressalam im Jahr 1998 oder den US-Kreuzer Cole im Jahr 2000, befohlen hatte. Bush hob deshalb das von Ford 1976 erlassene Verbot der gezielten Tötung politischer Gegner für die Führungsgruppe der Al Khaïda auf. Da bin Laden seit der Machtübernahme der Taliban 1996 in Afghanistan residierte, eng mit dem fundamentalistischen Regime kooperierte und dort terroristische Ausbildungslager unterhielt, rückte dieses Land rasch ins Zentrum der Planungen von Bush und seinen außenpolitischen Beratern. Dass die Regierung dabei freie Hand haben sollte, hatte der Kongress schon drei Tage nach den Anschlägen entschieden. In einer Resolution ermächtigten die Parlamentarier den Präsidenten, «alle notwendige und angemessene Gewalt gegen diejenigen Nationen, Organisationen oder Personen anzuwenden, die nach seinem Beschluss die Terrorattacken des 11. September 2001 planten, anordneten oder durchführten oder solche Organisationen oder Personen beherbergten». Eine ähnlich weitreichende Vollmacht hatte der Kongress nicht einmal Johnson in der Tonkin-Golf-Entschließung 1964 ausgestellt. So gestärkt konnte Bush am 20. September 2001 in einer Rede vor beiden Häusern des Kongresses seine Landsleute auf einen «lang andauernden Feldzug» einstimmen und den Taliban ein Ultimatum stellen: Entweder sie lieferten den Vereinigten Staaten alle führenden Mitglieder der Al Khaïda aus und schlössen sofort und dauerhaft jedes terroristische Ausbildungslager im Land, oder es würde sie das gleiche Schicksal ereilen wie die Terroristen. Für diese Politik fand Bush eine überwältigende Unterstützung der Bevölkerung. In den Wochen nach den Anschlägen schossen die Zustimmungsraten zu seiner Amtsführung auf den historischen Rekordwert von 91 Prozent und verharrten auf hohem Niveau. Der Präsident war bereit, dieses politische Kapital für einen Feldzug gegen den Terrorismus einzusetzen.

Bereits wenige Tage nach den Terroranschlägen hatte der Nationale Sicherheitsrat einen Militäreinsatz in Afghanistan diskutiert und mit entsprechenden Vorbereitungen begonnen. Man war sich einig, dass es nicht ausreichen würde, einige Cruise Missiles auf die Ausbildungslager und den wahrscheinlichen Aufenthaltsort des Terroristenführers abzufeuern, wie dies von Clinton im Jahr 1998 nach den Botschafts-Attentaten in Tansania und Kenia angeordnet worden war. Vielmehr entschied der Präsident, in Afghanistan einen Regimewechsel herbeizuführen. In den Wochen nach den Anschlägen gelang es Washington, breite internationale Unterstützung für einen möglichen Krieg gegen die afghanische Regierung zu gewinnen. Als diese die amerikanischen Forderungen nicht erfüllte, ordnete Bush am 7. Oktober 2001 Luftangriffe auf terroristische Ausbildungslager der Al Khaïda und militärische Einrichtungen der Taliban an. US-Bodentruppen kamen anfangs nicht zum Einsatz. Die Hauptlast der Kämpfe übernahm die Nordallianz, eine lockere Vereinigung von Stammeskriegern, die nur der Hass auf die Kabuler Regierung einte. Finanzielle Anreize in Höhe von 70 Millionen Dollar und die Zusage, sie beim Angriff auf die Taliban logistisch und aus der Luft zu unterstützen, veranlassten sie, gegen die Regierungsverbände loszuschlagen. Aber erst der Einsatz amerikanischer Spezialkommandos und kombinierte Luft-Land-Operationen entschieden nach fünf Wochen den Krieg und beendeten die Terrorherrschaft der Taliban. Nur 110 CIA-Mitarbeiter und 316 Soldaten der US-Sondereinsatzkräfte befanden sich zu diesem Zeitpunkt auf afghanischem Boden. Am 22. Dezember 2001 legte Hamid Karzai seinen Amtseid als neuer Präsident Afghanistans in Kabul ab.

Obwohl die Vereinigten Staaten für den Afghanistankrieg breite internationale Unterstützung erfuhren und mehr als vierzig Länder ihnen Überflugrechte einräumten, zeigte sich, dass sie nur wenig an einer militärischen Mitwirkung der NATO interessiert waren. Mit

Ausnahme Großbritanniens konnten die europäischen Bündnispartner auch nicht viel bieten, was die Vereinigten Staaten nicht selbst hatten. Die Kontinentaleuropäer verfügen weder über größere Krisenreaktionsstreitkräfte für Kampfeinsätze, Großraumflugzeuge für Truppentransporte, Satellitenaufklärung oder ferngesteuerte Lenkwaffen; ihre Militärtechnologie ist veraltet und für die Erfordernisse der modernen Kriegführung nur bedingt geeignet. Lediglich in Nebenbereichen, etwa bei der Überwachung des amerikanischen Luftraums durch AWACS-Flugzeuge oder bei der Patrouille von Seewegen und Küsten, und in wenigen Sonderfällen wie der Minensuche bat Washington die NATO oder einzelne Länder um Hilfe. Von zentraler Bedeutung blieb hingegen die Rolle Europas als logistische Drehscheibe, vor allem wegen der amerikanischen Stützpunkte und der dazugehörigen Infrastruktur in Großbritannien, Deutschland, Italien und der Türkei. Der Hauptgrund, warum die USA eine Teilnahme der europäischen NATO-Partner an der Afghanistan-Operation ablehnten, waren jedoch die Erfahrungen während des Kosovo-Luftkriegs im Frühjahr 1999. Aus der Sicht der US-Militärs hatte die europäische Mitwirkung bei der Zielauswahl nämlich eine effektive Bombardierung erschwert. Seither wollen die Vereinigten Staaten keine alliierte oder andere internationale Beteiligung an militärischen Operationen mehr akzeptieren, in denen die amerikanische Kontrolle nicht gewährleistet ist. Den Verbündeten sollen primär ‹Peace Keeping›- und ‹Nation Building›-Missionen im Anschluss an die Kriegsführung zufallen. Tatsächlich übernahmen die Europäer, insbesondere die Deutschen, nach dem Afghanistankrieg eine wichtige Rolle bei der Stabilisierung der Regierung Karzai und dem Wiederaufbau des Landes. Eine internationale Arbeitsteilung nach der Formel «The US fights, the UN feeds, the EU funds» stellt jedoch keine ausreichende Basis für eine gleichberechtigte Partnerschaft dar.

Die Entwicklung der Bush-Doktrin

Nach der Beendigung der Taliban- und Al Khaïda-Herrschaft in Afghanistan trieb die Bush-Regierung ihre außenpolitische Neuorientierung voran. Die ersten Ergebnisse machte der Präsident am 28. Januar 2002 in seiner Rede zur Lage der Nation öffentlich. Darin identifizierte er nicht nur den Irak, Nordkorea und den Iran wegen ihres Strebens nach Massenvernichtungswaffen als «Achse des Bösen» (axis of evil), der die USA in Zukunft besondere Aufmerksamkeit schenken würden, sondern er führte den Anti-Terrorkrieg auch in seine nächste Phase. In ihr soll es nun nicht mehr allein um die Bestrafung der Verantwortlichen für die Anschläge vom 11. September 2001 und die Verhinderung neuer Attacken gehen. In einer deutlichen Ausweitung der bisherigen Mission erklärte Bush vielmehr, die Vereinigten Staaten würden es nicht erlauben, dass «die gefährlichsten Regime der Welt [sie] mit den zerstörerischsten Waffen der Welt bedrohen». Ziel der USA ist es seitdem, den Terror global auszurotten und mit ihrer präzedenzlosen politischen und militärischen Machtfülle die Welt neu zu ordnen. «Dies ist ein entscheidender Moment», hatte Bush engen Mitarbeitern schon kurz nach den Terrorattacken anvertraut, «wir haben die Gelegenheit, die Welt zu restrukturieren in Richtung Freiheit, und wir müssen es richtig anpacken.»[3] Auch Sicherheitsberaterin Rice vertrat die Auffassung, dass die Vereinigten Staaten mit dem 11. September in eine Zeit eingetreten seien, in der ähnlich wie in den Jahren 1945 bis 1947 ein neues organisierendes Prinzip für die amerikanische Außenpolitik entwickelt werden müsse, das für die folgenden Jahrzehnte richtungsweisend sein könne.

Die Bush-Regierung steht auf dem Standpunkt, dass sie dieses ehrgeizige Ziel nur mit maximaler internationaler Handlungsfreiheit erreichen könne. Sie treibt deshalb die schon vor den Terroranschlägen auf New York und Washington eingeschlagene Strategie, ihre militärische Entscheidungsautonomie zu erhöhen, energisch voran. Bereits der Afghanistankrieg zeigte, dass die Vereinigten Staaten eine Teilung der strategischen Verantwortung und obersten Befehlsgewalt ablehnen. Mit dem ‹Unified Command Plan› forcierten sie die Reorganisation ihrer militärischen Führungsstruktur und ihrer Kommandobereiche in der Absicht, bei internationalen Operationen mit Partnern außerhalb der NATO flexibler zusammenarbeiten zu können. Von nun an können sich die Europäer nicht mehr wie zu Zeiten des Kalten Kriegs darauf verlassen, automatisch zu den zentralen Verbündeten Washingtons zu zählen. Mit dem Satz «Die Mission bestimmt die Koalition» brachte Verteidigungsminister Rumsfeld diesen Sachverhalt auf eine griffige Formel. Auch lehnen es die USA ab, ihre Truppen fremdem Oberbefehl oder ausländischer Jurisdiktion zu unterstellen. Dies ist auch der Hauptgrund, warum sie sich der Errichtung eines permanenten internationalen Strafgerichtshofs widersetzten, der auch amerikanische Soldaten anklagen könnte. Schon darin wurde deutlich, dass die Vereinigten Staaten unter Bush nicht bereit sind, eine

Verrechtlichung der internationalen Politik mitzutragen, wenn sie ihre kurzfristigen machtpolitischen oder ökonomischen Interessen zu beeinträchtigen droht.

Die Mitte September 2002 verkündete neue ‹Nationale Sicherheitsstrategie der Vereinigten Staaten› legte die Grundsätze fest, nach denen Washington die Neuordnung der Welt betreiben will. So soll der angestrebte Erhalt ihrer militärischen Übermacht die USA befähigen, «die Hoffnung auf Demokratie, Entwicklung, freie Märkte und freien Handel in jeden Winkel der Erde zu tragen». «Schurkenstaaten», die Massenvernichtungswaffen besitzen oder erwerben wollen und damit die Sicherheit der Vereinigten Staaten gefährden, wird die amerikanische Regierung in Zukunft unter extremen Umständen mit «antizipatorischer Selbstverteidigung» und mit «präemptiven Handlungen» entgegentreten. Konkret heißt das, dass Washington solche Staaten notfalls unschädlich machen will, bevor sie zu einer Bedrohung werden. Welche Staaten dies sind und wann eine Intervention «gerechtfertigt» ist, entscheiden gemäß der ‹Nationalen Sicherheitsstrategie› allein die USA. Unter den Bedingungen des modernen internationalen Terrorismus besitzt das seit dem Westfälischen Frieden von 1648 geltende Prinzip der Souveränität von Staaten aus Sicht der amerikanischen Regierung damit nur noch eingeschränkt Gültigkeit. Führt man die ‹Nationale Sicherheitsstrategie› und die programmatischen Reden des Präsidenten seit Anfang 2002 zusammen, so ergeben sich die Kernpunkte der Bush-Doktrin. Ihr liegt eine expansive und aktivistische Sichtweise der nationalen Interessen und Werte der Vereinigten Staaten zugrunde. Ziel der Bush-Doktrin ist es letztlich, eine internationale Struktur zu schaffen, in der amerikanische Normen universell gelten, die Washington auch ohne Einschränkungen durchsetzen kann. Dabei nehmen die USA nötigenfalls sogar einen Verstoß gegen das Völkerrecht und die Prinzipien der Vereinten Nationen in Kauf.

Viele Verbündete, insbesondere die Kontinentaleuropäer, fürchten die mit einer solchen Politik einhergehenden Risiken und lehnen auch eine derart unverhüllte ‹Pax Americana› grundsätzlich ab. Der französische Außenminister Hubert Védrine kritisierte die «Achse des Bösen»-Rede als «simplistisch», sein deutscher Kollege Joschka Fischer warnte, «Bündnispartner sind nicht Satelliten», EU-Außenkommissar Chris Patten warf Washington vor, es schalte auf «unilateralistischen Schnellgang».[4] Tatsächlich ließen die Vereinigten Staaten keine Zweifel an ihrer Entschlossenheit, ihren Anti-Terrorkrieg notfalls im Alleingang auszuweiten. Auch hat die Regierung, die bereits vor dem 11. September 2001 zu unilateralen Aktionen neigte, seither mehrere multinationale Projekte zurückgewiesen. So lehnte sie die neuen Durchsetzungsbestimmungen zur ‹Konvention über biologische Waffen› ab und weigerte sich, den ‹Umfassenden Teststopp-Vertrag› dem Senat ein zweites Mal zur Ratifizierung vorzulegen. Dass die USA unter Bush vornehmlich allein agierten und sich dabei wenig um globale Probleme kümmerten, war auch für ihren Ansehensverlust im Jahr nach den Terroranschlägen verantwortlich. Bei einer Untersuchung der Einstellung von 38 000 Personen in 44 Ländern ergab sich, dass die große Mehrheit zwar eine positive Sicht dessen hatte, für was die Vereinigten Staaten stehen, also ihre demokratische Tradition, ihren Lebensstil, ihren ökonomischen Erfolg. Aber ihre konkrete Politik stieß in vielen Ländern auf heftige Kritik, vor allem im Nahen Osten, in Pakistan, in der Türkei und in Argentinien. Selbst in Westeuropa fielen die Zustimmungsraten markant.[5]

Der Irak als Präzedenzfall für die Neuordnung der Welt

Im Frühjahr 2002 erhob die Bush-Regierung einen Regimewechsel in Bagdad zum Testfall für die von ihr angestrebte Neuordnung der Welt. Für viele Partner und Gegner der Vereinigten Staaten wurde die amerikanische Irakpolitik damit zum Schlüssel für die Beantwortung der Frage, ob Washington künftig an einer multilateralen Bewältigung internationaler Herausforderungen festhalten oder unilateral vorgehen würde.

Der Irak war seit dem Golfkrieg von 1991 immer wieder ins Blickfeld der USA gerückt. Seine Verletzung der Waffenstillstandsverpflichtungen und seine Obstruktion der Arbeit der UNSCOM-Inspektoren führten in den folgenden Jahren wiederholt zu ernsten Krisen und neuen Resolutionen des Sicherheitsrats. 1998 verabschiedete der Kongress den ‹Iraq Liberation Act›, der die Vereinigten Staaten verpflichtete, auf einen Regimewechsel in Bagdad hinzuarbeiten, und den Präsidenten bevollmächtigte, irakische Oppositionsgruppen finanziell zu unterstützen. Als der UN-Sicherheitsrat im November 1998 die «flagrante Verletzung» eines Inspektionsabkommens zwischen den Vereinten Nationen und dem Irak konstatierte, ordnete Clinton wenig später unter Berufung auf einen Bruch der Waffenstillstandsvereinbarung von 1991 die Operation ‹Desert Fox› an, in deren Verlauf amerikanische und britische Flugzeuge drei Tage lang strategische Ziele im Irak bombardierten. Bagdad weigerte sich daraufhin, die Waffeninspektoren wieder ins Land zu lassen.

Nach den Anschlägen vom 11. September 2001 schlugen Vertreter des Verteidigungsministeriums den Irak schon in den ersten Sitzungen des NSC als mögliches Ziel eines US-Angriffs vor. Bush stellte dies jedoch mit dem Hinweis zurück, ohne klare Verbindung zwischen Al Khaïda und Saddam Hussein würde ein solcher Schritt nur den Aufbau einer weltweiten Anti-Terror-Koalition behindern. Dennoch wies der Präsident das Pentagon bereits damals an, eine eventuelle Invasion des Irak zu planen. Im April 2002 entschloss er sich zu einer Konfrontationspolitik gegenüber Hussein. Aber erst nach der parlamentarischen Sommerpause Anfang September begann Bush mit dem Versuch, die Welt und die eigene Öffentlichkeit auf seine Ziele einzuschwören. Es ist viel spekuliert worden, was den Präsidenten bewog, diesen Kurs einzuschlagen und ihn trotz der immer deutlicheren Kritik großer Teile der internationalen Gemeinschaft hartnäckig weiterzuverfolgen: Sah er sich gezwungen, nach der ergebnislosen Jagd auf bin Laden ein neues Ziel zu benennen? Wollte er den unvollendeten Job seines Vaters zu Ende bringen? Oder ging es um die Kontrolle der irakischen Ölquellen? Bush selbst bediente sich öffentlich immer wieder folgender Argumente: Hussein sei der 1991 gegenüber der UNO eingegangenen Verpflichtung nicht nachgekommen, seine Massenvernichtungswaffen nachweisbar zu zerstören; nach den Terroranschlägen vom 11. September 2001 müssten die USA deshalb alles daransetzen, den Irak als Gefahrenpotenzial auszuschalten. Dieses Ziel könne aber dauerhaft nur durch einen «Regimewechsel» in Bagdad erreicht werden. In einem späteren Stadium der Debatte betonte der Präsident schließlich, ein Ende der Diktatur Husseins biete eine historische Gelegenheit, den Irak zu demokratisieren, den israelisch-palästinensischen Konflikt zu lösen und die moderaten Kräfte in den arabischen Staaten zu stärken. Die meisten Länder der Welt lehnten diese Sichtweise des irakischen ABC-Waffenarsenals als übertrieben, die zu seiner Zerstörung ins Auge gefassten Mittel als unangemessen und die Hoffnungen für die Nachkriegsordnung im Nahen Osten als illusionär ab.

Bei der Frage, wie die Ablösung Husseins erreicht werden solle, entschied sich Bush für den von Außenminister Powell favorisierten Kurs, zunächst eine neue Resolution des UN-Sicherheitsrats zu suchen. Sie sollte Bagdad zwingen, Rechenschaft über die von ihm nach dem zweiten Golfkrieg offengelegten Programme zur Herstellung von Massenvernichtungswaffen zu geben und die von 1991 bis 1998 im Irak tätigen UN-Inspektoren mit einem ausgeweiteten Mandat wieder ins Land zu lassen. In einer Rede vor der Generalversammlung der Vereinten Nationen forderte Bush am 12. September 2002, die Weltorganisation müsse die gegen Bagdad seit 1990 verhängten Resolutionen mit aller Kraft durchsetzen. Komme es nicht dazu, werde Washington auch allein gegen den Irak vorgehen. In den nächsten acht Wochen verhandelten die USA mit den anderen Mitgliedern des Sicherheitsrats um den Wortlaut der neuen Entschließung. Im Mittelpunkt der Diskussionen stand die Frage, ob – wie von Washington und London gewünscht – ein Automatismus in die Resolution eingebaut werden solle, der einen Waffengang gegen den Irak bei einem Verstoß gegen die neuen Auflagen legalisiere, oder ob dem eine weitere Entscheidung des Sicherheitsrats vorausgehen müsse. Gestärkt wurde Bushs Position am 10. und 11. Oktober, als beide Häuser des Kongresses mit großen Mehrheiten die ‹Ermächtigungsresolution zur Anwendung militärischer Gewalt gegen den Irak 2002› verabschiedeten. Darin autorisierte das Parlament den Präsidenten in einer weiteren beträchtlichen Kompetenzübertragung, «die Streitkräfte der Vereinigten Staaten einzusetzen, wie er es als notwendig und angemessen erachtet» (as he determines to be necessary and appropriate), wenn alle diplomatischen Mittel nachweislich erschöpft seien.

Auch der Sicherheitsrat kam Bushs Forderungen entgegen. In Resolution 1441 stellte er am 8. November 2002 einstimmig fest, dass der Irak seine bisherigen Verpflichtungen «erheblich verletzt» habe, ihm aber eine «letzte Gelegenheit» eingeräumt werden solle, seinen Abrüstungsauflagen nachzukommen. Ultimativ forderte der Rat Bagdad auf, binnen dreißig Tagen «eine auf dem neuesten Stand befindliche genaue, vollständige und umfassende Erklärung» über seine Programme zur Herstellung von Massenvernichtungswaffen und Trägersystemen vorzulegen sowie den Inspektoren «sofortigen, ungehinderten, bedingungslosen und uneingeschränkten Zugang» zu allen Einrichtungen im Lande zu gewähren. Sollte der Irak diese Auflagen nicht erfüllen, drohte der Rat «ernsthafte Konsequenzen» an. Seinen Willen zur Durchsetzung der Entschließung dokumentierte Bush, indem er Streitkräfte in den Persischen Golf zu verlegen begann. Damit stürzte der Präsident die amerikanische Politik aber in ein Dilemma: Einerseits war der Aufbau einer Drohkulisse ausschlaggebend dafür, dass Saddam Hussein Resolution 1441 wenige Tage nach ihrer Verabschiedung akzeptierte und die Inspektoren ihre Arbeit wieder aufnehmen konnten. Andererseits gewann der Truppenaufbau im Golf eine Eigendynamik, welche die meisten Sicherheitsratsmitglieder an der Glaubwürdigkeit von Bushs Versicherung zweifeln ließ, die Entscheidung über einen Krieg sei noch nicht gefallen. Von Januar 2003 an verhärteten sich die Fronten im obersten UN-Gremium.

Mitten in der Irakkrise forderte ein anderer Despot die USA direkt heraus: Nordkoreas Staatschef Kim Jong Il drohte Ende 2002 mit der Wiederaufnahme seines Nuklearprogramms. Nach Angaben der CIA und der ‹Internationalen Atomenergie-Behörde› (IAEA) hatte Pjöngjang Anfang der 1990er Jahre genügend Plutonium aus abgebrannten Uranbrennstäben gewinnen können, um ein bis zwei Nuklearwaffen herzustellen. Dieser Umstand hatte es schon 1993 Kim Jong Ils Vater Kim Il Sung erlaubt, den Weg einer Erpressungspolitik gegenüber Südkorea, Japan und den Vereinigten Staaten einzuschlagen. Nach seiner Ankündigung, aus dem 1985 unterzeichneten Atomwaffensperrvertrag auszuscheiden und neue Kernreaktoren zu bauen, erwog die Clinton-Regierung einen militärischen Präventivschlag. Allerdings gelang es Ex-Präsident Carter, eine ‹Rahmenvereinbarung› zwischen den USA und Nordkorea zu vermitteln. Sie sah die Stilllegung des in Betrieb befindlichen Kernreaktors, den Baustopp für zwei weitere und den Verbleib Pjöngjangs in allen Verträgen vor. Im Gegenzug verpflichtete sich Washington, Nordkorea jährlich 500 000 Tonnen schweres Heizöl zu liefern, dem Land beim Bau zweier Leichtwasserreaktoren zu helfen sowie die politischen und wirtschaftlichen Beziehungen zu verbessern. Tatsächlich entspannte sich daraufhin die Lage, zumal Pjöngjang 1999 nach weiteren Zugeständnissen ein Moratorium für Raketentests verhängte. Aufgeschreckt durch Bushs «Achse des Bösen»-Rede versuchte Kim Jong Il aber seit Ende des Jahres 2002, eine Bestandsgarantie der USA für sein Regime zu erhalten. Außerdem hoffte er, angesichts der prekären wirtschaftlichen Lage seines Landes die Vereinigten Staaten dazu zu bewegen, ihre Heizöllieferungen wieder aufzunehmen. Washington hatte diese im Herbst 2002 eingestellt, als Pjöngjang den Bruch des Abkommens von 1994 zugab. Um sein Drohpotenzial zu erhöhen, entsiegelte Nordkorea nicht nur den stillgelegten Reaktor, sondern kündigte auch den Atomwaffensperrvertrag und beendete das Moratorium für Raketentests. Washington signalisierte nun sein Interesse an einer Fortsetzung des Dialogs. Dass Bush auf die nordkoreanischen Drohungen mit diplomatischen Offerten antwortete, schwächte auf den ersten Blick sein Postulat eines rigorosen Vorgehens gegen die «Achse des Bösen». Denn während die USA auf einen Krieg mit dem Irak zusteuerten, um Saddam Hussein zu stürzen, setzten sie Pjöngjang gegenüber auf eine gewaltfreie Lösung. Diese Ungleichbehandlung zweier «Schurkenstaaten» war indes Ausdruck der Tatsache, dass der eine bereits über Atombomben verfügte, der andere aber nicht. Eine Nuklearmacht ist nämlich militärisch kaum zu sanktionieren. Zudem wollte Washington verhindern, parallel zum Irakkonflikt eine zweite regionale Krise anzuheizen. Damit fand sich die Bush-Regierung gegenüber Nordkorea in einer ähnlichen Situation wie ihre Vorgängerin. Allerdings hatte sie ihren diplomatischen Spielraum mit ihrer harten Rhetorik und der Ablehnung direkter Gespräche mit Pjöngjang selbst beschnitten.

Währenddessen entwickelte sich die Irakkrise zu einem diplomatischen Albtraum für die USA.[6] Powell hatte Bush mit dem Argument zum Gang vor die Vereinten Nationen bewogen, dass sich die Skeptiker im Sicherheitsrat dem amerikanischen Kurs letztlich nicht verweigern könnten. Der Irak würde entweder die Arbeit der Waffeninspekteure behindern, oder diese würden unwiderlegbare Beweise für Verstöße gegen die UN-Auflagen finden. Aber auch nach drei Berichten der Leiter der beiden Inspektorenteams, Hans Blix und Mohammed al-Baradei, an den Sicherheitsrat im Januar, Februar und März 2003 blieb umstritten, inwieweit Bagdad seine Verpflichtungen erfüllte. Trotz intensiver Bemühungen konnten die Vereinigten Staaten und Großbritannien das oberste UN-Gremium nicht davon überzeugen, dass der Irak die Resolution «materiell gebrochen» hatte und von dem Land eine unmittelbare Gefahr ausging, die einen Militärschlag erforderte. Die Auseinandersetzungen über diese Frage belasteten nicht nur die Arbeit im Sicherheitsrat, sondern auch die transatlantischen Beziehungen und gefährdeten den Zusammenhalt von NATO und EU. Während sich neben Großbritannien und Spanien auch Australien und viele mittel- und osteuropäische Länder an die Seite der USA stellten, forderten Frankreich, Deutschland und andere westeuropäische Staaten, die ständigen Sicherheitsratsmitglieder

Russland und China sowie die meisten Entwicklungsländer eine Fortsetzung der Inspektionen. Alle wichtigen arabischen Staaten verurteilten den amerikanischen Kriegskurs. Anfang März versagte das türkische Parlament Washington sogar die Zustimmung zur Stationierung von US-Angriffstruppen im Land, worauf das Pentagon seine Aufmarschpläne revidieren musste. Hinzu kam, dass zwar die amerikanische Öffentlichkeit nach Bushs Ansprache zur Lage der Nation am 28. Januar 2003 und Außenminister Powells Auftritt vor dem Sicherheitsrat am 5. Februar eine Militäraktion gegen den Irak befürwortete, die überwältigende Mehrheit der Bürger in fast allen anderen Staaten der Welt aber einen Krieg ablehnte. Je mehr Druck die USA im Sicherheitsrat ausübten, um die Gegner und Zweifler für ihren Kurs zu gewinnen, desto mehr Zulauf erhielten Anti-Kriegsdemonstrationen. Selbst die engsten europäischen Partner des amerikanischen Präsidenten, die Premierminister Großbritanniens und Spaniens, Tony Blair und José María Aznar, fanden für ihren Kurs innenpolitisch kaum Zustimmung. In der arabischen Welt fiel der Sympathiewert der Vereinigten Staaten auf einen Tiefpunkt. Washington hielt jedoch unbeirrt an seiner Ankündigung fest, gegen den Irak notfalls auch im Alleingang militärisch vorzugehen.

Mitte März 2003 stand die Regierung Bush mit ihrer Irakpolitik vor einem diplomatischen Scherbenhaufen: Im Sicherheitsrat stieß ihre Forderung nach einer weiteren Entschließung, die Bagdads Verstoß gegen Resolution 1441 feststellen und eine Kriegsermächtigung aussprechen sollte, nur bei Großbritannien, Spanien und Bulgarien auf Zustimmung. Es erschien Washington aussichtslos, die für eine Verabschiedung notwendigen neun Stimmen unter den 15 Mitgliedern zu erreichen. Frankreich, unterstützt von Russland, Deutschland und China, drohte sogar unumwunden mit einem Veto. Der amerikanische Präsident entschloss sich deshalb, die Bemühungen um eine weitere Resolution des Sicherheitsrats zu beenden. Nach einem Dreiergipfel mit Blair und Aznar auf den Azoren am 18. März stellte er in einer Fernsehansprache Hussein ein Ultimatum: Entweder er verlasse das Land binnen 48 Stunden, oder es werde zu einem Militärschlag kommen. Die USA beriefen sich dabei auf die Verletzung der Waffenstillstandsvereinbarung aus dem Jahr 1991, die in Resolution 1441 ein weiteres Mal festgestellt worden war. Ohne explizite Billigung des obersten UN-Gremiums hielten aber die meisten anderen Sicherheitsratsmitglieder und die große Mehrheit der Völkerrechtler einen Krieg zur Entwaffnung des Irak für unzulässig. Das Ziel des Regimewechsels widerspricht ohnehin den Statuten der Vereinten Nationen. Das Fehlen eines UN-Mandats und einer breiten internationalen Koalition reduzierte außerdem die Chancen, die gewaltsame Intervention in der arabischen Welt als legitim erscheinen zu lassen.

Trotz dieser gravierenden völkerrechtlichen und praktischen Einwände begannen die USA und Großbritannien am 20. März ihre Militäraktion und beendeten innerhalb von nur drei Wochen die Terrorherrschaft Saddam Husseins. Dabei kamen auf beiden Seiten zwar weit weniger Soldaten und Zivilisten ums Leben als im Golfkrieg 1991 und als von vielen Beobachtern vorhergesagt. Der schwierigste Teil des Unterfangens, die politische Stabilisierung und der wirtschaftliche Wiederaufbau des Irak sowie eine Befriedung des israelisch-palästinensischen Konflikts, steht den Vereinigten Staaten allerdings noch bevor. Es wird sich zeigen, ob die Regierung Bush dazu in der Lage ist, über den Einsatz militärischer Gewalt hinaus politische Konzepte zu entwickeln und erfolgreich umzusetzen.

Epilog

Seit 1898 sind die USA Schritt für Schritt von einer Regional- zur einzigen Weltmacht aufgestiegen. Dabei waren es stets militärische Konflikte, deren siegreiche Beendigung die Rolle der Vereinigten Staaten im internationalen System stärkte: Der Krieg mit Spanien etablierte sie als uneingeschränkte Vormacht in der eigenen Hemisphäre, der Erste Weltkrieg, wenn auch nur kurzzeitig, als wichtigen Akteur in Europa, der Zweite Weltkrieg als dominierende Kraft in Westeuropa und Ostasien, der Kalte Krieg als unangefochtenen Führer des Westens. Im Krieg gegen den internationalen Terrorismus entwickelt Washington sogar globale Ordnungsambitionen. In der Tat sind die USA die erste Macht in der Geschichte, deren Einfluss bis in den letzten Winkel der Erde reicht.

Angesichts dieses langen und intensiven Engagements verwundert es nicht, dass sich eine Kette von Irrtümern, Versäumnissen und Fehlern durch die amerikanische Außenpolitik zieht. Die Weigerung, am Völkerbund teilzunehmen, die Indifferenz gegenüber dem Holocaust, der Vorstoß an die chinesische Grenze im Koreakrieg, die Unterstützung autoritärer Herrscher und Diktatoren, solange sie nur antikommunistisch waren, die Invasion in der kubanischen Schweinebucht, das Vietnamdebakel, die Iran-Contra-Affäre, die Zusammenarbeit mit dem Irak in den 1980er Jahren, die ausbleibende Hilfe für den Aufstand von Schiiten und Kurden nach dem Golfkrieg von 1991 zählen dabei zu den schwersten Verirrungen. Oft haben die Betroffenen dieser verfehlten Außenpolitik einen hohen Preis bezahlt. Aber auch die Vereinigten Staaten büßten für ihre Irrtümer: durch den Tod ihrer Soldaten, innenpolitischen Streit, internationalen Ansehens- und Glaubwürdigkeitsverlust. Beschränkte sich die Bilanz der amerikanischen Außenpolitik auf die genannten Fehlschläge, so würde sie sich nicht sehr von jener anderer Hegemonialmächte unterscheiden. Aber die USA können diesen Beispielen des Versagens eine beachtliche Liste an Leistungen und Erfolgen gegenüberstellen: die Etablierung neuer Demokratien in Mitteleuropa nach dem Ersten Weltkrieg, die Rettung Europas vor dem Eroberungskrieg Nazi-Deutschlands und Ostasiens vor dem Imperialismus Japans, die Transformation der beiden besiegten Feinde zu florierenden Demokratien, den Aufbau internationaler Institutionen wie der UNO, des IWF und der NATO, die allen Teilnehmern mehr Sicherheit, Freiheit und Wohlstand brachten, den Schutz Westeuropas, Südkoreas, Japans und Taiwans vor kommunistischer Bedrohung, die Forcierung der europäischen Integration, die Eindämmung des sowjetischen Expansionismus, die Unterstützung der deutschen Wiedervereinigung, die Befreiung Kuwaits, die Beendigung der serbischen Aggression in Bosnien und im Kosovo. Die Vereinigten Staaten machen am Ende immer das Richtige, scherzte der britische Premierminister Churchill einmal – nachdem sie alle anderen Möglichkeiten ausgeschöpft haben.

Obwohl die USA vor allem in den Ländern Lateinamerikas oft eine wenig zimperliche Hegemonialpolitik verfolgten, entsprang ihr Aufstieg zur Weltmacht nicht so sehr einer bewussten Strategie, die eigene Herrschaft zu erweitern, sondern war mehr Folge und Nebenprodukt von Aktionen, die Washington entweder aufgezwungen wurden oder die es zur Verteidigung anderer übernahm. Der deutsche U-Boot-Krieg, der Überfall auf Pearl Harbor, Hitlers Kriegserklärung, Stalins Vorstoß nach Ost- und Mitteleuropa zogen Washington tief in die Weltpolitik hinein. Einmal herausgefordert, neigten die Vereinigten Staaten durchaus zu Überreaktionen und Simplifizierungen. In Vietnam etwa überschätzten sie den Kommunismus als Triebkraft für die Kriegführung des Nordens und unterschätzten Nationalismus und Antikolonialismus als Motivationsfaktor seines Handelns. Allerdings sorgten die ‹checks and balances› des demokratischen Prozesses, der Wunsch der Bevölkerung, nach großen internationalen Anstrengungen das Engagement wieder zu reduzieren, und das weltanschauliche Leitbild von Demokratie, Menschenrechten und Marktwirtschaft dafür, dass sich die Fehlentwicklungen stets in Grenzen hielten. So konnten weder machtpolitischer Zynismus noch idealistische Schwärmerei dauerhaft die Oberhand in der US-Außenpolitik gewinnen. Dies wiederum verstärkte den Einfluss Washingtons in der Welt, weil viele Länder in den Vereinigten Staaten einen gütigen Hegemonen sahen, der sie nicht wie Kolonien oder Satelliten, sondern wie Partner behandelte. Dass die Bipolarität des Kalten Kriegs ohne große geopolitische Verwerfungen in eine amerikanische Unipolarität überführt werden konnte und sich die potenziellen Rivalen der USA nicht gegen die Supermacht verbündeten, lag bislang in erster Linie an der fehlenden Bedrohung, die von der amerikanischen Vormachtstellung ausging. Auch künftig wird die Außenpolitik der Vereinigten Staaten aber nur dann breite internationale Unterstützung erfahren, wenn nicht die «harte Macht» der militärischen Gewalt im Vordergrund steht, sondern es Washington wie so oft in der Vergangenheit gelingt, seiner weltpolitischen Führungsrolle moralische Autorität und völkerrechtliche Legitimität zu verleihen.

Anhang

Anmerkungen

1. Geographie, Ideen, Ressourcen, Geschichte

1 Walter McDougall: Promised Land, Crusader State. The American Encounter with the World since 1776, Boston 1997.
2 Siehe Monika Ermert: Der Irak sucht im Internet ein Plätzchen. US-Firma kontrolliert «.iq»-Adressen; in: Neue Zürcher Zeitung, 1./2.3.2003, 57.
3 Vgl. «Half a Billion Americans»; in: The Economist, 22.8.2002.
4 Joseph Nye: Das dreidimensionale Schachbrett. Über amerikanische Macht im Zeitalter der Informationsrevolution; in: Neue Zürcher Zeitung, 10.3.2003, 23.
5 Vgl. The Pew Global Attitudes Project: What the World Thinks in 2002, December 4, 2002 (zu finden unter www.people-press.org).

2. Der Präsident

1 Zit. bei Margaret Truman: Harry S. Truman, New York 1972, 603.
2 Vgl. Aaron Wildavsky: The Two Presidencies; in: Trans-Action, Vol. 4 (December 1966), 7–14.
3 Morton Halperin: Bureaucratic Politics and Foreign Policy, Washington 1974, 26.

3. Der Kongress

1 Richard Neustadt: Presidential Power and Modern Presidents: The Politics of Leadership from Roosevelt to Reagan, New York u.a. 1990, 29.
2 Edward S. Corwin: The President. Office and Powers, 1787–1957, New York 1957, 171.
3 Zit. bei George C. Herring: The Executive, Congress, and the Vietnam War, 1965–1975; in: Barnhart, Michael (ed.): Congress and United States Foreign Policy. Controlling the Use of Force in the Nuclear Age, New York 1987, 176–186, hier 177.
4 Zit. in Edwin Dale: The Imperial Congress; in: Across the Board, Vol. 15 (November 1978), 37–43, hier 42.

4. *Die gesellschaftlichen Akteure*

1 David Halberstam: The Best and the Brightest, New York 1986, 135.
2 Zit. bei Petra Steinberger: Gefahr im Verzug. Die neokonservativen Think Tanks und der Ursprung der Bush-Doktrin; in: Süddeutsche Zeitung, 1./2. 3. 2003, 15.
3 Zit. bei Ronald Gerste: 150 Jahre «New York Times»; in: Neue Zürcher Zeitung, 18. 9. 2001, 6.
4 Zit. nach David Halberstam: The Powers That Be, New York 1979, Umschlagtext.

6. *Eintritt in die Weltpolitik (1939–1945)*

1 John Toland: Infamy. Pearl Harbor and Its Aftermath, New York 1982.
2 Siehe James Rusbridger/Eric Nave: Betrayal at Pearl Harbor. How Churchill Lured Roosevelt into World War II, New York 1991; und John Costello: Days of Infamy, New York 1994.
3 Michael Beschloss: The Conquerors. Roosevelt, Truman and the Destruction of Hitler's Germany 1941–1945, New York 2002, 287.
4 Zit. in Robert Dallek: Franklin D. Roosevelt and American Foreign Policy 1932–1945, New York 1979, 513.
5 Zit. nach Beschloss, 2002, 268.

7. *Vom heißen zum Kalten Krieg (1945–1949)*

1 Zit. nach David McCullough: Truman, New York 1992, 355.
2 Zit. nach Beschloss, 2002, 273.
3 Zit. nach U. S. Department of State: Documents on Germany, 1944–1985, Washington D. C., 1985, 99.
4 Das «lange Telegramm» ist abgedruckt bei George F. Kennan: Memoiren eines Diplomaten, Bd. 1, Stuttgart 1968, 552–568, hier 566 f.
5 Zit. nach Encyclopedia of U.S. Foreign Relations, New York/Oxford 1997, Bd. 1, 267.
6 Zit. nach McCullough, a. a. O., 545.
7 Zit. nach ebd., 565.
8 X (George F. Kennan): The Sources of Soviet Conduct; in: Foreign Affairs 25/4 (July 1947), 566–582.
9 Truman und Clay zit. nach Stephen E. Ambrose/Douglas Brinkley: Rise to Globalism. American Foreign Policy since 1938, New York 1997, 98.

8. Konfrontation mit der Sowjetunion (1950–1962)

1 Clay Blair: The Forgotten War: America in Korea 1950–1953, New York 1987; und Jon Halliday/Bruce Cumings: Korea: The Unknown War, London/New York 1988.

2 Beate Neuß: Geburtshelfer Europas? Die Rolle der Vereinigten Staaten im europäischen Integrationsprozeß 1945–1958, Baden-Baden 2000, 63–177.

3 Dean Acheson: Present at the Creation: My Years in the State Department, New York 1969.

4 Geir Lundestad: Empire by Invitation? The United States and Western Europe, 1945–1952; in: Journal of Peace Research XXIII (1986), 263–277.

5 Zit. nach Ambrose/Brinkley, a. a. O., 128.

6 Vgl. Fred I. Greenstein: The Hidden Hand-Presidency. Eisenhower as Leader, New York 1982; und Stephen E. Ambrose: Eisenhower. The President, New York 1984.

7 Dwight D. Eisenhower: Radio and Television Report to the American People on the Developments in Eastern Europe and the Middle East, October 31, 1956; in: Public Papers of the Presidents of the United States, Dwight D. Eisenhower 1956, Washington D. C. 1958, 1061.

8 Walter Lippmann: The Cold War: A Study of U.S. Foreign Policy, New York/London 1947, 13.

9 Special Message to the Congress on the Situation in the Middle East, January 5, 1957; in: Public Papers of the Presidents of the United States, Dwight D. Eisenhower 1957, Washington D. C. 1958, 6–16.

10 Inaugural Address, January 20, 1961; in: Public Papers of the Presidents of the United States, John F. Kennedy, 1961, Washington D. C. 1962, 1.

11 Die beste Darstellung der Gipfelgespräche liefert Michael Beschloss: The Crisis Years: Kennedy and Krushchev 1960–1963, New York 1991, 182–224. Die folgenden Zitate Chruschtschows und Kennedys finden sich, sofern nicht anders belegt, auf Seite 223, 225 und 228.

12 Dieses Zitat wurde von Außenminister Rusk bestätigt und weicht von der offiziellen Mitschrift ab. Siehe Richard Reeves: President Kennedy. Profile of Power, New York u. a. 1993, 171.

9. Der Vietnamkrieg (1965–1973)

1 David L. Anderson: Trapped by Success. The Eisenhower Administration and Vietnam, 1953–1961, New York 1991, 206.

2 Zit. nach Reeves, a. a. O., 374.

3 So der Titel des einflussreichen Buchs von David Halberstam: The Best and the Brightest, New York 1972.
4 Zit. nach Gebhard Schweigler: Politikwissenschaft und Außenpolitik in den USA, München/Wien 1977, 148.
5 Zit. nach Jack Anderson: Mr. Kissinger: 1-Man State Department; in: Washington Post, 18. 10. 1974, D19.
6 Zit. nach Walter Isaacson: Kissinger. Eine Biographie, Berlin 1993, 537.

10. Aufstieg und Fall der Entspannungspolitik (1962–1979)

1 So Kissinger später in einem Interview. «Ich habe Bismarck studiert und bewundert». Henry Kissinger über Sowjet-Rüstung, den Konflikt Moskau-Peking, die Kreml-Führung und Kissinger (II); Der Spiegel, 31/1978 (31. 7. 1978), 99.
2 Zit. bei Richard Nixon: Memoiren, Frankfurt am Main u. a. 1981, 594.
3 Ebd., 637.
4 Henry Kissinger: Memoiren 1973–1974, 3 Bde., München 1982, 1406.
5 »The President's Remarks and a Question and Answer Session», Peoria, Ill., March 5; in: Presidential Documents, vol. 12 (March 15, 1976), 350.
6 William B. Quandt: Peace Process. American Diplomacy and the Arab-Israeli Conflict since 1967, Washington D. C. 2001, 130.
7 Zit. nach ebd., 215.
8 Zit. nach Helga Haftendorn: Sicherheit und Stabilität. Außenbeziehungen der Bundesrepublik zwischen Ölkrise und NATO-Doppelbeschluß, München 1986, 13.
9 «United States Naval Academy», President Carter's Address to Commencement Exercises, Annapolis, June 7, Presidential Documents, vol. 14 (June 12,1978), 1053.

11. Verschärfung und Überwindung des Kalten Kriegs (1980–1991)

1 Cyrus Vance: Hard Choices. Critical Years in America's Foreign Policy, New York 1983, 389.
2 Jimmy Carter: Keeping Faith, New York, 1982, 472.
3 «Transcript of President's Interview with Frank Reynolds on Soviet Reply»; in: New York Times, 1. 1. 1980.
4 «The State of the Union», January 23, 1980, Presidential Documents, vol. 16. (January 28, 1980), 197.

5 Zit. nach «Angst, dass die Sicherungen durchbrennen»; Der Spiegel, 17/1980 (21.4.1980), 21–27.
6 Raymond Garthoff: Détente and Confrontation. American-Soviet Relations from Nixon to Reagan, Washington D. C. 1985, 967 f.
7 «The President's News Conference on January 29th, 1981», Presidential Documents, vol. 17 (February 2, 1981), 66 f.
8 «National Association of Evangelicals», Presidential Documents, vol. 19 (March 14, 1983), 369.
9 «Radio Address to the Nation», September 5, 1983, Presidential Documents, vol. 19 (September 12, 1983), 1199 f.
10 «United Nations: Address before the 39th Session of the General Assembly,» September 24, 1984, Presidential Documents, vol. 20 (October 1, 1984), 1356.
11 «West Berlin. Remarks at the Brandenburg Gate», June 12, 1987, Presidential Documents, vol. 23 (June 22, 1987), 658 f.
12 Zit. nach Barry Eichengreen: Globalizing Capital. A History of the International Monetary System, Princeton 1996, 136.
13 »Speech to Cuban-American Leaders»; in: Presidential Documents, vol. 20 (March 26, 1984), 383.
14 Zit. nach Quandt, a. a. O., 252.
15 Henry Kissinger: Diplomacy, New York 1994, 814.
16 Zit. nach Michael Duffy/Dan Goodgame: Marching in Place. The Status Quo Presidency of George Bush, New York 1992, 182.
17 Zit. nach Michael Beschloss/Strobe Talbott: At the Highest Levels. The Inside Story of the End of the Cold War, Boston u. a. 1993, 92.
18 Zit. nach ebd., 399.

12. Auf der Suche nach einer neuen Weltordnung (1991–2001)

1 Zit. nach ebd. 249.
2 Zit. nach George Bush/Brent Scowcroft: A World Transformed, New York 1998, 371 f.
3 Zit. nach The Wall Street Journal, 9.7.1991, A6.
4 Zit. nach New York Times, 21.5.1992, A29, und National Journal, 15.8.1992, 1890.
5 Paul Kennedy: The Rise and Fall of the Great Powers. Economic Change and Military Conflict from 1500 to 2000, New York 1987, 515.
6 Vgl. Lester Thurow: Head to Head. The Coming Economic Battle Among Japan, Europe, and America, New York 1992.
7 Zit. nach Ambrose/Brinkley, a. a. O., 399.
8 Warren Christopher: The Three Pillars of U.S. Foreign Policy and Sup-

port for Reform in Russia. Address before the Chicago Council on Foreign Relations, March 22, 1993; abgedr. in ders.: In the Stream of History, Stanford 1998, 40–51, hier 45.

9 Rede des russischen Staatspräsidenten, Boris Jelzin, am 5. Dezember 1994; in: Internationale Politik. Dokumente, März 1995, 80–82, hier 80.

10 Warren Christopher: My Trip to Bejing Was Necessary; in: Washington Post, 22. 3. 1994.

13. Der Krieg gegen den Terrorismus (2001-)

1 Zit. nach Bob Woodward: Bush At War, New York 2002, 37.

2 So der Titel eines von Richard Haas herausgegebenen Buchs (The Reluctant Sheriff, Washington D. C. 1997).

3 Zit. nach Michael Hirsh: The Death of A Founding Myth; in: Newsweek (Special Davos Edition), December 2001 – February 2002, 18–22, hier 22.

4 Zit. nach «Who Needs Whom»; in: The Economist, 9. 3. 2002, 30/32, hier 30.

5 Vgl. The Pew Global Attitudes Project, a. a. O.

6 Siehe Steven Weisman: A Long, Winding Road to a Diplomatic Dead End; in: New York Times, 17. 3. 2003.

Weiterführende Literatur

Dokumentensammlungen, Nachschlagewerke und Internetlinks:

Czempiel, Ernst-Otto/Schweitzer, Carl-Christoph: Weltpolitik der USA nach 1945. Einführung und Dokumente, Bonn 1989. *Kurzer Überblick und wichtige Quellen für die Jahre des Kalten Kriegs.*

Encyclopedia of American Foreign Policy, 3 Bde., hgg. von Alexander DeConde, Richard Dean Burns, Frederik Logevall, New York u.a. 2002. *121 Essays zu zentralen Problemen der US-Außenpolitik.*

Encyclopedia of U.S. Foreign Relations, 4 Bde., hgg. von Bruce Jentleson und Thomas G. Patterson, New York/Oxford 1997. *Nachschlagewerk, das auf mehr als 1600 Seiten 1024 Einträge und viele Literaturhinweise bietet.*

Foreign Relations of the United States (FRUS), hgg, vom U.S. Department of State, Washington D.C. 1861 ff. *Offizielle Quellensammlung zur US-Außenpolitik in bisher ca. 350 Bänden. Nach einer 30jährigen Sperrfrist werden der Forschung darin relevante Dokumente aus den Ministerien und Behörden, dem NSC, den Präsidentenbibliotheken und privaten Sammlungen zugänglich gemacht. Die neueren Bände sind online einzusehen unter http://www.state.gov/r/pa/ho/frus/.*

May, Ernest/Zelikow, Philip (eds.): The Kennedy Tapes. Inside the White House during the Cuban Missile Crisis, Cambridge/MA 1997. *Die Wortprotokolle der Diskussionen des Executive Committee während der Kubakrise.*

Public Papers of the Presidents of the United States, Washington D.C. 1957 ff. *Sammlung der öffentlichen Äußerungen amerikanischer Präsidenten seit Herbert Hoover (mit Ausnahme Roosevelts). Die Dokumente seit der Reagan-Präsidentschaft sind einzusehen unter http://www.archives.gov/federal_register/publications/public_papers.html.*

Weekly Compilation of Presidential Documents. *Sammlung der öffentlichen Verlautbarungen des Präsidenten, erscheint jeden Montag. Seit 1993 online unter http://www.access.gpo.gov/nara/nara003.html.*

Alle wichtigen Reden und Dokumente zur amerikanischen Außenpolitik seit Mitte der 1990er Jahre sind im Internet über die Homepages des Weißen Hauses (*http://www.whitehouse.gov*) und des Außenministeriums (*http://www.state.gov*) abrufbar. Ausgezeichnete Links zu diversen Facetten der US-Außenpolitik (Ministerien, Behörden, Verträge, Think Tanks etc.) bieten die University of Michigan (*http://www.lib.umich.edu/govdocs/for-*

pol.html#archives) und die Columbia University (*http://www.columbia.edu/cu/lweb/indiv/dsc/foreign.html*).

Darstellungen und Memoiren:

Acheson, Dean: Present at the Creation, New York 1969. *Memoiren von Trumans Außenminister von 1949 bis 1953.*

Ambrose, Stephen E.: Eisenhower. The President, New York 1984. *Standardwerk zur Eisenhower-Präsidentschaft.*

ders./Brinckley, Douglas: Rise to Globalism. American Foreign Policy since 1938, New York 1997. *Die am weitesten verbreitete Einführung in die Geschichte der US-Außenpolitik.*

Beschloss, Michael: The Crisis Years. Kennedy and Khrushchev 1960–1963, New York 1991. *Glänzende Darstellung der amerikanisch-sowjetischen Beziehungen am Scheitelpunkt des Kalten Kriegs.*

ders.: The Conquerors. Roosevelt, Truman and the Destruction of Hitler's Germany 1941–1945, New York 2002. *Analysiert auf Basis neu zugänglicher Dokumente souverän die amerikanische Deutschlandpolitik während des Zweiten Weltkriegs.*

ders./Talbott, Strobe: At the Highest Levels. The Inside Story of the End of the Cold War, Boston u. a. 1993. *Spannende Schilderung der sowjetisch-amerikanischen Beziehungen in den Jahren 1989 bis 1991 auf Grundlage zahlreicher Interviews mit Entscheidungsträgern.*

Bierling, Stephan: Der Nationale Sicherheitsberater des amerikanischen Präsidenten. Hintergründe und Anatomie einer Karriere (1947–1989), München 1990. *Analysiert die Rolle des Sicherheitsberaters im außenpolitischen System der USA.*

ders.: Partner oder Kontrahenten? Präsident und Kongreß im außenpolitischen Entscheidungsprozeß der USA (1974–1988), Frankfurt a. M. 1992. *Überprüft die Frage, inwieweit sich der Kongress seit 1974 als Spieler bei der Formulierung der US-Außenpolitik etablieren konnte.*

ders.: Wirtschaftshilfe für Moskau. Motive und Strategien der Bundesrepublik Deutschland und der USA, 1990–1996, Paderborn 1998. *Rekonstruiert die Versuche der Bundesrepublik und der USA, die Wiedervereinigung und den Reformprozess in der UdSSR durch Finanzhilfen an Moskau positiv zu begleiten.*

Bush, George/Scowcroft, Brent: A World Transformed, New York 1998. *Mit Kissingers Erinnerungen Höhepunkt der Memoirenliteratur für den an Außenpolitik Interessierten.*

Cannon, Lou: President Reagan. The Role of a Lifetime, New York u. a. 1991. *Noch immer beste Darstellung der Reagan-Präsidentschaft.*

Corwin, Edward S.: The President. Office and Powers, 1787–1957, New York 1957. *Klassiker zur frühen Geschichte des Präsidentenamts.*

Czempiel, Ernst-Otto: Machtprobe. Die USA und die Sowjetunion, München 1989. *Studie zu den amerikanisch-sowjetischen Beziehungen in den 1980er Jahren.*

Daalder, Ivo H./O'Hanlon, Michael E.: Winning Ugly. NATO's War to Save Kosovo, Washington D. C. 2000. *Analyse der amerikanischen Politik vor und während des Kosovo-Kriegs.*

Dale, Edwin: The Imperial Congress; in: Across the Board, Vol. 15 (November 1978), 37–43. *Kritisiert den Kongress wegen seiner Versuche, die Außenpolitik der USA zu beeinflussen.*

Dallek, Robert: Franklin D. Roosevelt and American Foreign Policy 1932–1945, New York 1979. *Beste Studie zu Roosevelts Außenpolitik.*

Dittgen, Herbert: Amerikanische Demokratie und Weltpolitik, Paderborn 1998. *Arbeitet die Charakteristika der US-Außenpolitik heraus.*

Felken, Detlef: Dulles und Deutschland. Die amerikanische Deutschlandpolitik 1953–1959, Berlin/Bonn 1993. *Darstellung der Deutschlandpolitik von Eisenhowers einflussreichem Außenminister.*

Frey, Marc: Geschichte des Vietnamkriegs, München 1998. *Gelungene Einführung in den Vietnamkrieg.*

Gaddis, John Lewis: The Long Peace: Inquiries into the History of the Cold War, New York 1987. *Klassiker der Kalten Kriegs-Geschichtsschreibung in der Tradition der realistischen Theorie der internationalen Politik.*

ders.: We Now Know. Rethinking Cold War History, Oxford 1997. *Reflexionen über Dreh- und Angelpunkte des Kalten Kriegs auf der Basis der erstmals in sowjetischen Archiven zugänglichen Quellen.*

Garthoff, Raymond: Détente and Confrontation. American-Soviet Relations from Nixon to Reagan, Washington D. C. 1985. *Akribische Darstellung der Supermächte-Beziehungen von 1969 bis 1984.*

ders.: The Great Transition. American-Soviet Relations and the End of the Cold War, Washington D. C. 1994. *Fortsetzung der Darstellung der Supermächte-Beziehungen von 1981 bis zur Auflösung der UdSSR.*

Gilpin, Robert: The Political Economy of International Relations, Princeton 1987. *Exzellente Analyse der Entwicklung des internationalen Wirtschafts- und Finanzsystems und der amerikanischen Rolle in ihm.*

Greenstein, Fred I.: The Hidden Hand-Presidency. Eisenhower as Leader, New York 1982. *Weist überzeugend nach, dass Eisenhower sehr viel tiefer in die Außenpolitik involviert war, als von den meisten Zeitgenossen angenommen.*

Haas, Richard N.: The Reluctant Sheriff: The United States after the Cold War, New York 1997. *Argumentiert, dass sich die USA nach dem Kalten Krieg nur widerwillig außenpolitischen Aufgaben zuwenden.*

Hacke, Christian: Zur Weltmacht verdammt. Die amerikanische Außenpolitik von Kennedy bis Clinton, Berlin 1997. *Abhandlung der US-Außenpolitik von 1961 bis 1996.*

Halberstam, David: War in a Time of Peace. Bush, Clinton, and the Generals, New York 2001. *Analysiert das Verhältnis von politischer und militärischer Führung in den 1990er Jahren vom Golfkrieg bis zur Kosovo-Intervention.*

Halperin, Morton: Bureaucratic Politics and Foreign Policy, Washington D. C. 1974. *Klassische Studie zum Einfluss der Bürokratie auf die Außen- und Sicherheitspolitik der* USA.

Herring, George C.: America's Longest War. The United States and Vietnam, 1950–1975, Philadelphia 1986. *Ausgezeichnete Analyse des Vietnamkriegs.*

Hyland, William G.: Clinton's World. Remaking American Foreign Policy, Westport 1999. *Kritische Bestandsaufnahme der Außenpolitik der Clinton-Regierung.*

Junker, Detlev (Hg.): Die USA und Deutschland im Zeitalter des Kalten Krieges, 2 Bde. Stuttgart/München 2001. *Monumentale Aufarbeitung aller wesentlichen Aspekte der deutsch-amerikanischen Beziehungen von 1945 bis 1990 durch 132 Wissenschaftler.*

Kagan, Robert: Macht und Ohnmacht. Amerika und Europa in der neuen Weltordnung, Berlin 2003. *Aufsehen erregendes Buch eines neokonservativen Vordenkers in den USA.*

Kennan, George F.: The Sources of Soviet Conduct; in: Foreign Affairs, Vol. 25/No. 4 (July 1947), 566–582. *Unter dem Pseudonym «X» veröffentlichter richtungsweisender Aufsatz des amerikanischen Diplomaten, in dem er eine Politik der Eindämmung der Sowjetunion fordert.*

Kennedy, Paul: Der Aufstieg und Fall der großen Mächte, Frankfurt 1989. *Prognostiziert auf Grundlage der Analyse des Auf- und Abstiegs von Hegemonialmächten, dass auch das amerikanische Imperium von «imperialer Überdehnung» bedroht ist.*

Kissinger, Henry: Memoiren 1968–1973, München 1979. *Erster von drei Erinnerungs-Bänden mit insgesamt mehr als 4000 Seiten.*

ders.: Memoiren 1973–1974, München 1982. *Behandelt seine Zeit als Außenminister unter Nixon bis zu dessen Rücktritt.*

ders.: Die Vernunft der Nationen. Über das Wesen der Außenpolitik, Berlin 1994. *Parforceritt durch knapp 100 Jahre US-Außenpolitik.*

ders.: Jahre der Erneuerung. Erinnerungen, München 1999. *Der dritte Memoirenband, der seine Jahre unter Präsident Ford umfasst.*

Kolko, Gabriel: Century of War. Politics, Conflict and Society since 1914, New York 1994. *Führende revisionistische Studie zur US-Außenpolitik im 20. Jahrhundert.*

Kull, Steven/Destler, I. M.: Misreading the Public. The Myth of a New Isolationism, Washington D.C. 1999. *Weist nach, dass die immer wieder angenommene außenpolitische Apathie der Amerikaner nach dem Kalten Krieg nicht durch Umfragedaten zu erhärten ist.*

Kupchan, Charles: The End of the American Era., New York 2002. *Argu-*

mentiert, dass die amerikanischen Vormachtsstellung wegen des Aufkommens neuer Rivalen, innenpolitischer Opposition und der Globalisierung zu Ende geht.

Link, Werner: Der Ost-West-Konflikt, Stuttgart 1980. *Gewinn bringende Anwendung des Neorealismus zur Analyse des Kalten Kriegs.*

Lippmann, Walter: The Cold War: A Study of U.S. Foreign Policy, New York/London 1947. *Kritik an Trumans Sowjetunionpolitik vom einflussreichsten Journalisten seiner Tage.*

Lundestad, Geir: Empire by Invitation? The United States and Western Europe, 1945–1952; in: Journal of Peace Research XXIII (1986), 263–277. *Analysiert das Erfolgsrezept der engen transatlantischen Partnerschaft in ihrer Gründungsphase.*

McCullough, David: Truman, New York u.a. 1992. *Beste Truman-Biographie. Gewinner des Pulitzer-Preises.*

McDougall, Walter: Promised Land, Crusader State. The American Encounter with the World Since 1776, Boston 1997. *Analysiert die Entwicklung der US-Außenpolitik vor dem Hintergrund ihres exzeptionalistischen Selbstverständnisses.*

Meier-Walser, Reinhard/Luther, Susanne (Hg.): Europa und die USA, München 2002. *Versammelt 30 Beiträge zum transatlantischen Verhältnis.*

Nathan, James A. (ed.): The Cuban Missile Crisis Revisited, New York 1992. *Guter Überblick über die Kubakrise.*

Neuß, Beate: Geburtshelfer Europas? Die Rolle der Vereinigten Staaten im europäischen Integrationsprozeß 1945–1958, Baden-Baden 2000. *Definitive Darstellung der amerikanischen Europapolitik vom Zweiten Weltkrieg bis zu den Römischen Verträgen.*

Neustadt, Richard: Presidential Power and Modern Presidents: The Politics of Leadership from Roosevelt to Reagan, New York u.a. 1990. *Klassiker unter den vielen Studien über die Macht des Präsidenten.*

Nye, Joseph: Das Paradox der amerikanischen Macht, Hamburg 2003. *Argumentiert, dass die USA nur im militärischen Bereich, nicht aber in der Wirtschaft und bei den ‹weichen› Machtfaktoren eine Hegemonie innehaben und ihre Vormachtstellung deshalb nur durch multilaterale Absicherung behalten können.*

Quandt, William B.: Peace Process. American Diplomacy and the Arab-Israeli Conflict Since 1967, Washington D. C./Berkeley 2001. *Gründliche Untersuchung der US-Nahost-Politik seit dem Sechstagekrieg.*

Paterson, Thomas: The Making and Unmaking of the Cold War, New York 1992. *Gelungene Einführung in die Geschichte des Kalten Kriegs.*

Paulsen, Thomas: Economic Diplomacy. Die Ökonomisierung der amerikanischen Außenpolitik unter Präsident Clinton, 1993–1996, Opladen 1999. *Zeigt, wie Clinton die wirtschaftliche Dimension der Außenpolitik aufwertete.*

Prange, Gordon W./Goldstein, Donald/Dillon, Katherine: Pearl Harbor: The Verdict of History, New York 1991. *Nimmt sich der in den 1980er Jahren aufgekommen Verschwörungstheorien zu Pearl Harbor an und weist sie überzeugend zurück.*

Reeves, Richard: President Kennedy. Profile of Power, New York u. a. 1993. *Solide Aufarbeitung der Regierungsjahre Kennedys.*

Rosati, Jerel: The Politics of United States Foreign Policy, Fort Worth 1998. *Analysiert die innenpolitische Dimension der US-Außenpolitik.*

Rudolf, Peter/Wilzewski, Jürgen (Hg.): Weltmacht ohne Gegner. Amerikanische Außenpolitik zu Beginn des 21. Jahrhunderts, Baden-Baden 2000. *14 deutsche Wissenschaftler geben eine Einschätzung der Außenpolitik Bill Clintons in unterschiedlichen Sachbereichen und Regionen.*

Schlesinger, Arthur jr.: The Imperial Presidency, Boston 1973. *Einflussreiche Abrechnung mit der Usurpation der außenpolitischen Kompetenzen durch den Präsidenten.*

Schweigler, Gebhard: Von Kissinger zu Carter. Entspannung im Widerstreit von Innen- und Außenpolitik 1969–1981, München/Wien 1981. *Untersucht die unterschiedlichen amerikanischen Konzepte zur Entspannungspolitik und die zunehmenden Schwierigkeiten, sie innenpolitisch durchzusetzen.*

Strobel, Warren P.: Late-Breaking Foreign Policy. The News Media's Influence on Peace Operations, Washington D. C. 1997. *Argumentiert, dass die Medien nur Einfluss auf die Haltung der USA bei Friedensmissionen gewinnen kann, wenn die Administration unentschlossen und in sich gespalten ist.*

Toland, John: Infamy: Pearl Harbor and Its Aftermath, Garden City 1982. *Legt angebliche neue Belege für Roosevelts Wissen um den japanischen Angriff auf Pearl Harbor vor. Von Prange u. a. kritisiert.*

Wildavsky, Aaron: The Two Presidencies; in: Trans-Action, Vol. 4 (December 1966), 7–14. *Oft zitierter Aufsatz, der argumentiert, dass es «zwei Präsidentschaften» in den USA gibt, eine innenpolitische, in der die Macht beim Kongress liegt, und eine außenpolitische, in der der Präsident das Sagen hat.*

Woodward, Bob: Bush At War, New York 2002. *Authentische, wenn auch nicht sehr kritische Schilderung der Reaktionen der Bush-Administration auf die Anschläge vom 11. September 2001.*

Zelikow, Philip/Rice, Condoleezza: Sternstunde der Diplomatie. Die deutsche Einheit und das Ende der Spaltung Europas, Berlin 1997. *Zwei Akteure beschreiben die amerikanischen Verhandlungen, die zur Wiedervereinigung führten.*

Personenregister